新能源汽车关键技术丛书

电动汽车电机及驱动：
设计、分析和应用

邹国棠（K. T. Chau）著

樊英　王政　王伟　张淦　花为　译

机械工业出版社

本书总结了作者所在课题组在电动汽车技术中电机及驱动系统方面20多年的研究成果，内容涉及多种电机及驱动系统的结构、设计、分析、控制及应用。在深化传统电机驱动系统如直流电机、交流感应电机、开关磁阻电机、永磁无刷直流电机系统的基础上，本书对当今前沿电机及驱动系统如定子永磁电机、磁齿轮复合电机、永磁游标电机、新型无永磁体电机、ISG以及电子无级变速系统等进行了讨论和分析。本书不仅对多种电机及驱动系统进行了详细的理论和仿真分析，同时还提供了大量的实验数据和应用案例，供读者了解在电动汽车电机及驱动系统研究方面的最新研究成果。

本书可作为电动汽车相关领域工程技术人员、高等院校相关专业师生的参考书，也可供对电动汽车技术感兴趣的人士阅读。

北京市版权局著作权合同登记　图字：01 – 2016 – 4312 号。

图书在版编目（CIP）数据

电动汽车电机及驱动：设计、分析和应用/邹国棠著；樊英等译 . —北京：机械工业出版社，2018.4（2019.10重印）

（新能源汽车关键技术丛书）

书名原文：Electric Vehicle Machines and Drives：Design，Analysis and Application

ISBN 978-7-111-60044-2

Ⅰ. ①电… Ⅱ. ①邹…②樊… Ⅲ. ①电动汽车 – 驱动机构 – 控制系统 – 研究 Ⅳ. ①U469.720.3

中国版本图书馆 CIP 数据核字（2018）第 100218 号

机械工业出版社（北京市百万庄大街22号　邮政编码100037）
策划编辑：刘星宁　责任编辑：间洪庆
责任校对：张晓蓉　封面设计：马精明
责任印制：郜　敏
河北鑫兆源印刷有限公司印刷
2019 年 10 月第 1 版第 2 次印刷
169mm × 239mm · 22.75 印张 · 492 千字
标准书号：ISBN 978 – 7 – 111 – 60044 – 2
定价：99.00元

凡购本书，如有缺页、倒页、脱页，由本社发行部调换

电话服务	网络服务
服务咨询热线：010 – 88361066	机 工 官 网：www. cmpbook. com
读者购书热线：010 – 68326294	机 工 官 博：weibo. com/cmp1952
010 – 88379203	金 书 网：www. golden – book. com
封面无防伪标均为盗版	教育服务网：www. cmpedu. com

译　者　序

随着全球石油资源面临枯竭，以及日趋紧迫的全球大气环境污染和温室效应，以节能、环保为目标的电动汽车近20年来得到迅猛发展与应用。国务院正式发布的《"十三五"国家战略性新兴产业发展规划》，再一次明确了新能源汽车产业的战略地位。作为电动汽车关键技术之一的电机驱动技术，其水平高低直接影响着电动汽车的整车性能。研究适合于电动汽车的车用驱动电机及其驱动技术，已成为电动汽车研究领域近年来的热点内容之一。

本书作者 K. T. Chau 为香港大学电机电子工程学系教授及国际电动车研究中心主任，同时还担任了东南大学客座教授、教育部"长江学者奖励计划"讲座教授。他从事电动汽车电机及驱动的研发已超过了20年，在该领域有着非常丰富的经验。

K. T. Chau 在电动汽车电机及驱动领域拥有非常高的知名度。他治学严谨，科研成果丰富。本书是作者所在课题组对电动汽车，特别是电动汽车电机及驱动方面20多年来研究成果的总结，其中既有应用于电动汽车的传统电机驱动系统如直流电机、交流感应电机、开关磁阻电机、永磁无刷电机的介绍，又有对当今前沿电机及驱动如定子永磁电机、磁齿轮复合电机、永磁游标电机、新型无永磁体电机、ISG系统以及电子无级变速系统等的讨论和分析，内容丰富，创新性强。本书引用大量高水平参考文献，能够最大限度地反映近20年来国内外电动汽车电机及驱动的发展和最新成果，非常值得深入研究和体会。

本书的主要翻译工作由东南大学樊英教授负责统稿，樊英教授负责第1、2章和第7~9章的翻译工作，王伟老师负责第3、4章的翻译工作，张淦老师负责第5、6章的翻译工作，花为教授负责第10、11章的翻译工作，王政教授负责第12、13章的翻译工作。

译者所在的科研团队从事电动汽车电机及驱动的设计、分析及相关研究多年，对国内外电动汽车电机及驱动的发展及最新动态均保持着密切关注。非常感谢机械工业出版社给予的这次翻译机会，让我们能够在翻译本书的同时，也对电动汽车电机及驱动最新技术有了更深刻的认知。希望能够通过我们的努力，为国内相关从业者、科研机构带来方便，为我国电动汽车行业发展贡献出一份绵薄之力。

由于译者学识和能力有限，书中翻译内容难免会出现不能准确反映作者思想之处，敬请有关专家和读者给予批评指正。

译者

原书前言

我出生在一个国际化的大都市里，在过去的几十年中，目睹了周围环境的不断恶化。为了使我们的环境重新恢复生机，从我 1987 年本科毕业设计——电动汽车电池监控开始，一直到 2014 年最新的研究项目——电动汽车轮毂电机驱动，在过去的 20 年里，我一直全身心投入到电动汽车事业当中。现如今，电动汽车已成为全球最为环保、绿色的交通运输方式，在不久的将来，电动汽车定将成为治理环境的最为实际的方式。

多年来，行业内已经出现许多关于电动汽车技术方面的参考书籍，涵盖了纯电动汽车、混合动力电动汽车和燃料电池电动汽车等相关技术，但由于电动汽车技术的多样性和学科交叉性，要在一本书之内囊括最新的研究进展或者进行深度的讨论是非常困难的。近几年，已有讨论具体的电动汽车技术比如电力驱动、混合动力驱动、电池和燃料电池等技术的参考书籍，尽管已有大量学术论文对电动汽车相关技术进行了研究，但仍需要一本对其进行全面讨论的参考书籍，即从纯电驱动、混合驱动和燃料电池三个方面来分析电动汽车的优势以及电动汽车行业今后的发展方向。

本书主要从电力驱动和混合驱动两个角度对纯电力驱动、混合驱动和燃料电池电动汽车进行讨论。对于电力驱动的电动汽车而言，其涉及的电机类型有交、直流的永磁无刷电机和开关磁阻电机。更为细化则可分为定子永磁、磁齿轮、永磁游标和新型无永磁电机等。对于混合驱动的电动汽车而言，则包含了如集成起动发电系统、行星齿轮电动无级变速系统。更为细化则可分为双转子电动无级变速和磁齿轮电动无级变速系统。同时，本书重点介绍了各种电机驱动系统的设计准则、性能分析、实际应用和前景展望。由于不同类型的电动汽车会采用完全不同的驱动系统，因而本书可以为研究员和设计师提供非常重要的参考。

电动汽车无疑是改善环境的最大助力，而我的家庭也是我从事电动汽车研究的最大动力。在这里我尤其要感谢我的儿子 Aten Man – Ho 和我的妻子 Joan Wai – Yi，感谢他们一路上的全力支持。

K. T. Chau

本 书 结 构

本书为电动汽车电机及驱动方面的知识提供了全面的介绍，包括目前最新的研究动态与深入讨论。本书撰写内容所涵盖的读者范围广泛，包括学生、研究人员、工程师、管理人员以及一般读者。本书内容分为两个主题：

- 第一个主题介绍了用于电动汽车的各种电机驱动的知识，包括纯电动汽车和燃料电池汽车。该部分内容由 8 章组成，其中第 2 ~ 5 章介绍了现有电动汽车的电机驱动系统，第 6 ~ 9 章讨论了未来电动汽车的新型电机驱动系统。
- 第二个主题介绍了用于混合动力电动汽车的各种电机系统的知识，该部分内容由 4 章组成，其中第 10 章和第 11 章介绍了用于现有混合动力电动汽车的电机系统，第 12 章和第 13 章阐述了未来混合动力电动汽车的新型电机系统。

全书共分为 13 章，每章又包含不同数目的节和子节。为便于读者能够有选择性地阅读本书，对全书内容概述如下：

- 第 1 章对电动汽车进行了简要介绍，分别对电动汽车的分类，电动汽车发展面临的挑战，以及研发的各种电动汽车技术进行了概述。
- 第 2 章主要讨论电动汽车用直流电机驱动系统，包括其驱动系统结构、直流电机、DC – DC 变换器、控制策略。此外，对其相应的设计准则、设计案例与应用案例做出简要介绍。
- 第 3 章主要讨论电动汽车用感应电机驱动系统，包括其驱动系统结构、感应电机、功率变换器与控制策略。同时，对其相应的设计准则、设计案例与应用案例进行了讨论。
- 第 4 章主要讨论电动汽车用永磁无刷电机驱动系统，涵盖了永磁同步电机和永磁无刷直流电机两种类型。对两种电机所使用的永磁材料、系统结构、永磁无刷电机、功率变换器与控制策略进行了说明。同时，对其相应的设计准则、设计案例与应用案例进行了讨论。
- 第 5 章主要讨论电动汽车用开关磁阻电机驱动系统，包括其驱动系统结构、开关磁阻电机、开关磁阻变换器与控制策略。同时，对其相应的设计准则、设计案例与应用案例进行了讨论。
- 第 6 章讨论了电动汽车用各种定子永磁电机驱动系统，涉及的电机类型包括双凸极永磁电机、磁通反向永磁电机、磁通切换永磁电机、混合励磁永磁电机与磁通记忆永磁电机。同时，也给出了其相应的设计准则、设计案例与应用案例。
- 第 7 章讨论了电动汽车用磁齿轮复合电机驱动系统，包括其系统结构、磁性齿轮、磁齿轮复合电机、功率变换器与控制策略。同时，也给出了其相应的设计准则、设计案例与应用案例。
- 第 8 章讨论了电动汽车用永磁游标电机驱动系统，包括其系统结构、永磁游标电机、功率变换器与控制策略。同时，也给出了其相应的设计准则、设计案例与应用案例。

● 第9章讨论了电动汽车用新型无永磁型电机驱动系统，涉及电机类型包括同步磁阻电机、双凸极直流电机、磁通切换直流电机、游标磁阻电机、双馈游标磁阻电机与轴向磁通无永磁型电机。同时，对其相应的设计准则、设计案例与潜在应用进行了介绍。

● 第10章对混合动力电动汽车用起动发电一体机系统进行了介绍，包括其系统结构、电机和运行模式。同时，对其相应的设计准则、设计案例与应用案例也进行了讨论。

● 第11章介绍了混合动力电动汽车用行星齿轮电动变速器系统，包括其系统结构、行星齿轮、输入分配型和复合分配型两种行星齿轮电动变速器系统。同时，对其相应的设计准则、设计案例与应用案例做出简要介绍。

● 第12章对混合动力电动汽车用双转子电动变速器系统进行了介绍，包括其系统结构、双转子电机、传统的和新型的两种双转子结构类型。同时，对其相应的设计准则、设计案例与潜在应用做出简要介绍。

● 第13章对混合动力电动汽车用磁齿轮电动变速器系统进行了介绍，包括系统结构、多端口磁齿轮、磁性行星齿轮与磁性同心齿轮两种传动类型。同时，对其相应的设计准则、设计案例与潜在应用做出简要介绍。

读者可以灵活地阅读感兴趣的章节。为方便不同的读者阅读本书，提出如下建议：

● 选修电动汽车技术的本科生，可能会对本书的第1~5章，以及第10、11章特别感兴趣。

● 选修新型电动汽车技术的研究生，可能会对本书的全部章节感兴趣。

● 从事电动汽车用电机及驱动系统研究的研究人员，可能会对本书的全部章节感兴趣。此外，此类读者可能会对本书第6~9章涉及的电动汽车新探索类研究课题，以及第12、13章更有兴趣。

● 从事产品设计和研发的工程师可能会对本书的第6~9章，以及第12、13章更感兴趣，通过阅读这些章节可引发新的想法，并促使商业产品的衍生。

● 管理人员和其他读者可能会对本书的所有章节感兴趣。建议这类读者从头到尾阅读，这是最令人愉悦的。

致　　谢

本书所涉及的数据参考内容均来自于作者所供职的香港大学国际电动车研究中心和电机电子工程学系。

非常感谢作者电动汽车技术团队的成员们，尤其是李文龙博士、Christopher Ho – Tin Lee 先生、陈牧先生、林菲女士、张镇先生、邱纯先生、王玉彬博士、刘春华博士、李富华先生、李祥林先生、於锋先生，感谢他们对本书的倾力付出。同时，我也要向我的博士毕业生和博士后们，尤其是对 Herman Tsz – Wood Ching 先生、程明教授、樊英博士、朱孝勇博士、赵文祥博士、牛双霞博士、塞林旎博士、余创博士、李建贵博士、张晓东博士、高爽博士、伍迪芸博士表示最诚挚的谢意，正是他们的科研成果才能够使得本书的内容更为丰富和详实。

非常感谢作者世界各地的同事和朋友们多年来不断的支持和鼓励，感谢他们对本书的意见和建议，感谢出版商 John Wiley 对本书的大力支持。

最后，再次感谢作者家人对作者创作本书时的大力支持和理解。

作 者 简 介

K. T. Chau（邹国棠）　男，分别于 1988 年、1991 年和 1993 年在香港大学获荣誉学士学位、硕士学位和博士学位，于 1995 年加入香港大学，现任香港大学电机电子工程学系教授及国际电动车研究中心主任、电气工程学士学位委员会主任。主要致力于纯电动和混合电动汽车驱动系统研究，美国电气电子工程师学会资深会员（IEEE Fellow），英国工程技术学会资深会员（IET Fellow），中国香港工程师学会资深会员（HKIE Fellow）。曾担任电动汽车领域的多种国际期刊编辑和编委以及多个国际会议的主席和组委会委员，同时也是电动汽车技术领域的资深国际顾问。

主要教学和研究方向为纯电动和混合电动汽车、电机及驱动、清洁和可再生能源技术，在相关领域共发表超过 400 篇学术论文和大量工业报告。邹国棠教授在教学和科研方面遵循《礼记》中"教学相长"的教育哲学。

邹国棠教授是教育部"长江学者奖励计划"讲座教授，获"卓越创新教学科研奖"以表彰其在教学及科技方面的突出贡献，获"卓越环保运输奖"以表彰其在教育、培训和环保意识等方面的卓越贡献。此外，邹国棠教授还获得过香港大学"杰出青年研究学者奖"等奖项。

目　　录

第1章 绪 论

随着对能源多元化、能源效率和环境保护的日益关注，电动汽车（EV）正成为具有吸引力的道路交通运输工具，包括纯电动汽车（PEV）、混合动力电动汽车（HEV）和燃料电池电动汽车（FEV）。尽管一些电动汽车在市场上已有销售，但是电动汽车（EV）的研发仍具有许多的挑战和机遇。

本章首先讨论了电动汽车的分类；然后，对电动汽车所面临的挑战进行了概述；最后，对电动汽车所研发的各种关键技术进行了综述。

1.1 什么是电动汽车

电动汽车并不是新鲜事物，早在178年前就已有发明，但是在发展过程中失去了对内燃机汽车（ICEV）的竞争优势。实际上，第一辆电动汽车是1834年由Thomas Davenport（Wakefield，1994）研制的电池提供动力的电动三轮车。美国在1900年销售的4200辆汽车中，电动汽车占38%，内燃机汽车占22%，蒸汽动力汽车占40%。电动汽车在当时是美国精英阶层首选的交通工具，它们的成本相当于今天的劳斯莱斯。然而福特公司彻底结束了电动汽车抢占汽车市场的趋势，福特公司大规模生产的福特T型汽车可以提供电动汽车两倍或三倍的行程，但成本仅占电动汽车的一部分。到20世纪30年代，电动汽车几乎从市场消失。20世纪70年代由于能源危机和石油缺乏，使得电动汽车的发展再度兴起。20世纪80年代，由于空气质量和温室效应对环境造成的影响越来越受到人们的关注，进而加快了电动汽车发展的步伐。

通常情况下，电动汽车根据其能源来源和动力装置的不同，可以分为纯电动汽车（PEV）、混合动力电动汽车（HEV）和燃料电池电动汽车（FEV）三种基本类型（Chan and Chau，2001；Chau，2010，2014）。在本质上，纯电动汽车是完全通过电力供给能源，同时仅由电动机驱动提供推进力；混合动力电动汽车是电力和汽油/柴油供给能源，同时由电动机和发动机驱动提供推进力；燃料电池电动汽车直接或间接地利用氢获得能源，同时仅由电动机驱动提供推进力。此外，为了区分加油方式，混合动力电动汽车可以进一步分为传统混合动力电动汽车和可并网混合动力电动汽车。传统混合动力电动汽车仅可以在加油站添加柴油/汽油，而可并网混合动力电动汽车可以通过充电端口进行充电。传统混合动力电动汽车根据电动机和发动机的混合程度和运行特征，可以进一步细分为微混型、轻混型和全混型。同时，根据电动机和发动机之间的协调性，可并网混合动力电动汽车可以进一步分为插电式混合动力电动汽车（PHEV）和增程式电动汽车（REV）。电动汽车的分类如图1.1所示。

从原油衍生的汽油和柴油是内燃机汽车（ICEV）的主要液体燃料。电动汽车是解

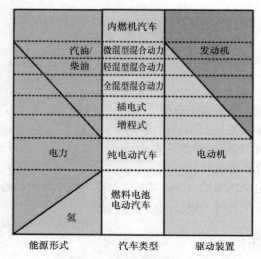

图 1.1　电动汽车的分类

决传统汽车对燃油依赖的良好方案，因为电力几乎可以通过各种能源产生。图 1.2 说明了电动汽车能源多元化的优点，其中，电能可以通过热能（石油、天然气、煤炭）、核能、水能、风能、太阳能、海洋能、地热能和生物质能提供。为了比较电动汽车和内燃机汽车的整体能源效率，它们各自从原油到道路行驶的能源转换过程如图 1.3 所示，图 1.3 表明电动汽车比内燃机汽车更加节能。此外，电动汽车可以回收制动过程中的动能，并利用其为电池充电，而内燃机汽车在制动过程中产生的动能则以制动盘上发热的方式消耗掉；利用这种再生制动技术，电动汽车的能源效率可进一步提高 10% 。

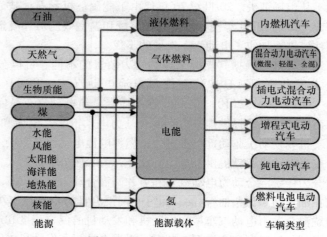

图 1.2　电动汽车能源多元化

在很多大城市，内燃机汽车产生的有害空气污染物和烟雾形成的化合物超过 50% 。为减少道路交通产生的空气污染，使用电动汽车是最可行的选择。大部分电动汽车零尾

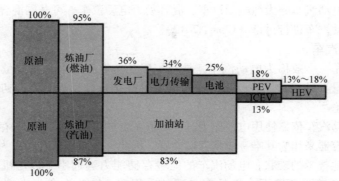

图 1.3　电动汽车能源效率

气排放。即使考虑炼油厂为内燃机汽车生产汽油产生的排放量和发电厂为电动汽车发电产生的排放量，电动汽车的总体有害物质排放仍然远低于内燃机汽车的排放量，如图1.4 所示，其中有害物质包括一氧化碳（CO）、碳氢化合物（HC）、氮氧化合物（NO_x）、硫氧化物（SO_x）以及微粒物质（PM_x）。应该注意的是，电动汽车和节能电厂的应用也可以使得整体二氧化碳（CO_2）的排放量减少约 5%。当采用更高比例的清洁或可再生能源发电时，这种改进可以进一步增加，但当采用低效的燃煤发电厂时甚至可能产生负面的效果。

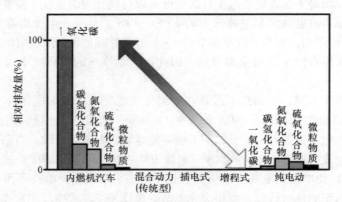

图 1.4　电动汽车总体有害物质排放

　　目前，传统混合动力电动汽车已经商用，并被公认为是一种节能环保型汽车，而纯电动汽车正逐渐占据汽车市场，并彻底实现零排放标准。即便如此，电动汽车的研发仍然面临许多挑战和机遇。

1.2　电动汽车面临的挑战概述

　　电动汽车的种类有很多，其中包括纯电动汽车、传统混合动力电动汽车、插电式混合动力电动汽车、增程式电动汽车、燃料电池电动汽车。为强调电动汽车面临的技术挑战，可将这些电动汽车分为纯电动汽车、混合动力电动汽车、可并网混合动力电动汽车和燃料电池电动汽车进行讨论（Chau，2012）。

1.2.1 纯电动汽车

纯电动汽车，一般称为电动汽车，具有零尾气排放和最小总排放量（考虑到发电厂发电的排放量）的绝对优势；其面临的主要挑战是行驶里程有限，初始成本高，缺乏充电基础设施。

目前，电动汽车依靠使用电池作为其唯一或主要的能量存储装置来存储电能，即使可选择超级电容器来作为其唯一能量存储装置。因此，电动汽车有时称为电池电动汽车（BEV）。以电池技术的现状，电动汽车的能量存储能力远远小于内燃机汽车的储能能力。通常在城市道路环境下对于具有空调的乘用车，电动汽车每次充电可以行驶约120km 的行程，而内燃机汽车每次加油可以行驶大约500km 的行程。由于电动汽车每次充电只能行驶较短的范围，因此电动汽车面临着“里程焦虑”的问题。也就是说，电动汽车驾驶员不敢使用剩余电池容量，如利用 20% 的剩余电池容量来行驶 24km 的行程。应该注意的是，一些电动汽车车型有意安装 3 ~ 4 倍的电池容量，以使其行驶里程可以和内燃机汽车相媲美，从而解决行程短和“里程焦虑”的问题。当然，由于这些电动汽车车型的价格将比普通电动汽车贵 2 ~ 3 倍，因此其实际上并不适合普通消费者。

具有相似性能的电动汽车的价格比内燃机汽车贵 2 ~ 4 倍。电动汽车具有如此高的初始成本，其原因是为保证电动汽车每次充电可以行使合理的里程，需要配备大量的电池。通常电池成本占电动汽车整体成本的 30% ~ 40%。此外，电池寿命一般可以持续大约 1500 个循环周期，相当于汽车运行约 4 ~ 5 年的时间，这也就表明电动汽车的所有电池需要在汽车寿命的中途被全部更新。因此，电动汽车的实际成本远远高于其初始成本。

与内燃机汽车不同，电动汽车需要花时间为电池充电。根据电池充电器的不同规格，电压 100 ~ 240V、电流 13 ~ 40A 和功率 2 ~ 4kW，其相应的充电时间通常为 5 ~ 8h。由于纯电动汽车电池充电时间过长，而不能够使电动汽车连续行驶。当采用快速充电技术时，根据电池充电器电压 200 ~ 400V、电流 100 ~ 200A 和功率 50kW 的规格，需要约20 ~ 30min，可以使电池充电高达 80% 的容量。虽然采用快速充电技术使得电池的充电速度可以保证汽车的连续行驶，但相应充电站的建设和安装成本却非常高。由于快速充电的电力需求较为严苛，在快速充电过程中会不可避免地对我们现有的电力系统造成额外负担，这违背了使用纯电动汽车的负载均衡和需求侧管理的原则。如果电动汽车可以更换电池，即以充满电的电池使用机械方式替换放电电池，只需几分钟就可以完成电池更换。虽然更换电池所需的时间与汽车加油时间相当，但是每个电池交换站所需占用的空间很大。实际上，采用电池更换方法面临两个实施方面的挑战：①电动汽车电池的尺寸和放置位置必须标准化；②所有电池的所有权需要一种新的商业模式。

1.2.2 混合动力电动汽车

混合动力电动汽车，简称为混合动力汽车，是指传统或不可并网的电动汽车型号（Chau and Wong，2002）。对于微混型混合动力汽车，摒弃了传统的起动电动机，而常规发电机由集成起动发电机（ISG）取代。集成起动发电机具有两个重要的混合特征：一个特征是车辆在怠速时关闭发动机，即所谓的怠速停止起动功能，从而提高了城市道路交通驾驶的燃油经济性；另一个特征主要是在车辆减速和制动期间给电池再充电，提供了适量的再生制动。对于轻混型混合动力汽车，集成起动发电机一般是放置在发动机和变速器之间。集成起动发电机不仅提供怠速停止起动和再生制动的混合特征，同时也可以协助发动机驱动车辆，从而可以缩小发动机的体积（Liu，Chau and Jiang，2010a）。然而，由于发动机和集成起动发电机共享相同的轴，它不能提供电起动（仅在电力作用下产生初始加速度）。对于全混型混合动力汽车，其关键技术是电动变速器（EVT）系统，其主要功能是执行功率分配。电动变速器系统可以提供所有混合特征，包括电动起动，怠速停止起动，再生制动以及发动机小型化。

与电动汽车相比，混合动力汽车可以提供与内燃机汽车相当的行驶里程，并且可以使用内燃机汽车现有的加油设施，但是牺牲了零尾气排放和能源多元化的优点。其关键的挑战是如何降低用于汽车推进的电动机和发动机系统的复杂性，以及如何协调这两个推进装置以实现最佳效率运行（Chau and Wong，2002）。1997 年丰田普锐斯汽车的问世迎来了混合动力汽车发展的转折点（Hermance and Sasaki，1998），其最早采用电动变速器系统。关键是使用行星齿轮对发动机的输出功率进行功率分配，一个通过齿圈到传动轴，而另一个通过太阳齿轮到发电机，到背靠背变换器、电动机，最后到传动轴。因此，在不同道路负荷下，发动机可以运行在最节能的或最佳的工作线（OOL）状态，导致燃油消耗的显著降低。然而，这种电动变速器系统受到行星齿轮的影响，会出现传动损失、齿轮噪声和定期润滑的问题。除此之外，整个系统相对较为笨重。

1.2.3 可并网混合动力电动汽车

"可并网"意味着汽车可以直接与电网相连接。因此，可并网混合动力电动汽车是指具有可并网能力和混合动力汽车特征的车辆，即插电式混合动力电动汽车和增程式电动汽车。插电式混合动力电动汽车即为传统混合动力汽车增加插入式充电附加功能的改进。由于这种电动汽车含有一个容量更大的电池组，可以通过插入外部充电端口进行充电，因而可以提供更长的电驱动范围，从而降低在加油站加油的需求。另一方面，增程式电动汽车是对纯电动汽车通过并入小型发动机及与其耦合的给电池组充电的发电机进行的改进。解决了总是与电动汽车相关的"里程焦虑"的问题。因此，在电动汽车的电驱动行程内可以保持高效运行，从而显著减少在加油站的加油次数。虽然插电式混合动力电动汽车和增程式电动汽车都是混合动力汽车并且具有相似的电机和电池参数额定值，但是它们的工作方式和模式却是完全不同的。插电式混合动力电动汽车通常运行在电动机和发动机协调工作的混合模式下，使得发动机保持高效运行状态，从而实现高燃油经济性。在必要情况下，可在纯电动模式下运行。与之相反，增程式电动汽车无论行驶范围或参数，一般均在纯电动模式下运行。而当电池组耗尽到阈值时，它的工作状态切换到扩展模式下，即发动机开始工作，然后驱动发电机产生所需的电力。

可并网混合动力电动汽车的关键挑战是系统的复杂性和昂贵的初始成本。其系统复杂性与传统混合动力汽车情况相似，主要是由电动机和发动机的同时使用造成的。与传统混合动力汽车不同的是需要安装车载充电器，以便用于连接电源为电池充电。由于可并网混合动力电动汽车在纯电动运行模式大量电池的使用，使得其初始成本远高于传统混合动力汽车。当然，当插电式混合动力电动汽车运行在混合模式或增程式电动汽车运行在扩展模式时，就不再具有零尾气排放的优点。

1.2.4　燃料电池电动汽车

燃料电池电动汽车，简称为燃料电池汽车，具有与纯电动汽车相同的优势，即零尾气排放和最低总排放量（考虑化工厂生产氢或车载重整器的排放量）。此外，燃料电池汽车能够提供与内燃机汽车相当的行驶里程。燃料电池汽车面临的主要挑战是昂贵的初始成本和缺乏氢燃料补给的基础设施。初始成本很高是由于使用昂贵的燃料电池。目前，几乎没有用于氢燃料补给的基础设施，并且建立这样的基础设施涉及巨大的投资。燃料电池汽车中有三种可行的存储氢的方式：压缩氢气（CHG）、液态氢（LH）和金属氢化物（MH）。当燃料电池汽车中采用压缩氢气存储方式（约 350 ~ 700bar$^\ominus$的压力）时，其基础设施类似于为一些替代燃料汽车的车辆加载压缩天然气（约 200 ~ 248bar 的压力）的基础设施。当采用液态氢存储方式时，对基础设施的要求很高，因为氢气需要在加压的同时冷却至约 − 253℃，这就需要比液态氧存储技术更严苛的低温存储技术。当采用金属氢化物存储方式时，它需要具有与电池交换类似的基础设施，用完全充电的金属氢化物机械地替换放完电的金属氢化物。此外，它需要更多的能量来提供必要的温度（120 ~ 200℃）以排出氢气和必要的压力（超过 700bar）来再充氢。压缩氢气和液态氢都具有燃料电池所期望的高比能量（单位重量的能量）的优点，但是同样也面临着有可能爆炸的安全问题。同时，金属氢化物的存储方式具有燃料电池汽车所必须的安全的优点，但是却面临着导致行驶里程变差的低比能量的问题。

在不久的将来，燃料电池汽车的商业化取决于燃料电池技术在成本方面是否有突破性进展和是否有建设氢气加载基础设施的授权或能源政策。

1.3　电动汽车关键技术概述

以下将对各种类型电动汽车的关键技术进行综述，并重点介绍它们最新的研究动态。其中，电机驱动技术在近年来发展迅猛，在电机驱动器的设计、分析和控制方面有许多创新和进步。此外，能源技术近年来也在积极发展。然而，电池技术没有取得实质性突破，尤其是同时获得低成本和高能量。无需等待电池技术的突破，电池充电技术正在积极发展。特别是使用无线电能传输（WPT）技术为电池进行移动充电（MAC）有望从根本上解决电动汽车长期行驶电池容量不足的问题。此外，为了体现电动汽车的优势，车辆到电网（V2G）技术正成为研究热点，从而扩大电动汽车的作用来增加其成本效益。

$\ominus$　1bar $= 10^5$Pa，后同。

1.3.1　电机驱动技术

电机驱动技术是电动汽车用于将车载电能转换为车辆行驶所需的机械运动的核心技术。同时，电机是电机驱动技术的关键元件。电动汽车对于电机的需求比工业应用电机具有更高的要求。这些要求概括如下（Zhu and Howe，2007；Chau，2009）：

- 高转矩密度和高功率密度；
- 较宽的转速范围，覆盖低速爬坡和高速巡航区域；
- 在较宽转矩和速度范围内保持高能量效率；
- 在较宽的恒功率范围内的运行能力；
- 电动起动和爬坡高转矩能力；
- 超车时较高的间歇性过载能力；
- 车载环境下的高可靠性和较强的鲁棒性；
- 较低的噪声；
- 合理的成本。

当电机需要与各种混合动力汽车的发动机一起工作时，有一些附加的要求：

- 在较宽的速度范围内高效发电；
- 宽调速发电时良好的电压调节能力；
- 能够与发动机集成。

图 1.5 显示了电动汽车的电机分类，其中粗体类型是已经应用于电动汽车的电机类型，包括串励直流电机、并励直流电机、他励直流电机、永磁直流电机、笼型转子感应电机、永磁无刷交流（BLAC）电机、永磁无刷直流（BLDC）电机和开关磁阻（SR）电机。基本上，电动汽车电机分为两大类：含有换向器和不含有换向器。前者仅仅表示它们具有换向器和电刷，而后者不具有换向器和电刷。应当指出的是，电动汽车电机的发展趋势集中于开发新型的无换向器或无刷电机（Chau，Chan and Liu，2008），尤其是双凸极电机和游标电机类型。

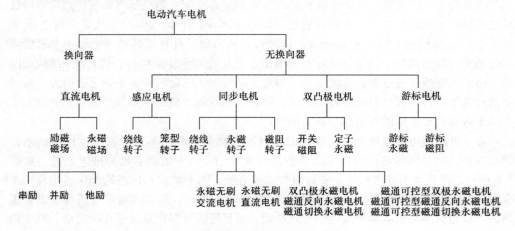

图 1.5　电动汽车电机分类

双凸极电机的关键特征是在定子和转子中都存在凸极结构。开关磁阻电机是一种结构最简单的双凸极电机。当双凸极电机的定子中含有永磁体时，就形成了一类新的永磁无刷电机——定子永磁电机（Liu et al.，2008）。由于这类电机转子上无永磁体和绕组，因此非常适用于车辆运行。根据永磁体在定子中的放置位置，可以分为双凸极永磁电机（DSPM）、磁通反向永磁电机（FRPM）和磁通切换永磁电机（FSPM）。此外，根据定子中是否包含用于磁通控制的独立励磁绕组，定子永磁电机可以进一步分为磁通可控（FC）型——磁通可控型双凸极永磁电机（FC - DSPM）、磁通可控型磁通反向永磁电机（FC - FRPM）和磁通可控型磁通切换永磁电机（FC - FSPM）。此外，为避免采用昂贵的永磁材料和提供灵活的磁通控制，将永磁极替换为直流励磁绕组时，所产生的双凸极直流电机（DSDC）、磁通反向直流电机（FRDC）和磁通切换直流电机（FSDC）是新型无永磁体电机。

游标电机的关键特征是使用游标效应来放大输出转矩，同时降低速度，主要是一类专用于低速高转矩直接驱动应用的无刷电机。游标电机主要有两种类型：永磁游标（VPM）电机和游标磁阻（VR）电机。游标永磁电机根据永磁体在电机中的放置位置可以分为三种类型：永磁体安装在转子上的转子永磁型、永磁体安装在定子上的定子永磁型和永磁体同时安装在定转子上的定转子双永磁型。由于转子永磁型游标电机最为成熟，因此简称为永磁游标电机（Li，Chau and Li，2011）。定子永磁型游标电机通常被称为游标混合电机（Spooner and Haydock，2003）。另一方面，游标磁阻电机在结构上与开关磁阻电机相似，但是运行方式不相同。实质上，游标磁阻电机是通过三相正弦电流馈电以产生旋转磁场，并且转子以该旋转场的速度分数倍速度同步运行（Lee，1963）。由于其固有的低功率因数，游标磁阻电机的附加励磁绕组可以通过结合额外的电源进行馈电，从而形成双馈游标磁阻（DFVR）电机（Taibi，Tounzi and Piriou，2006），该附加励磁绕组可以由交流或直流电流馈电，从而进一步分为游标磁阻交流（VRAC）电机和游标磁阻直流（VRDC）电机。游标磁阻电机和双馈游标磁阻电机也被归类为新型无永磁电机。针对传统径向磁通所开发的所有电动汽车电机拓扑结构可以轻易地扩展到其他拓扑结构，如轴向磁通（Lee，Liu and Chau，2014）、线性磁通（De et al.，2011）和横向磁通（Wang et al.，2008）。轴向磁通具有比其径向磁通功率密度高和转矩密度高的优势，但是存在转子作用在定子上的轴向力较大和受限于扁平结构的问题。由于线性磁通可以提供直线运动，因此，其对用于电动汽车驱动缺乏吸引力。虽然横向磁通形态可以提供较高的转矩密度，但是其相应的机械结构非常复杂，从而限制了其用于电动汽车电机的可制造性和实用性。

除了针对纯电动推进系统（即纯电动汽车和燃料电池汽车）开发电动汽车的电机驱动以外，电动汽车电机的技术已经扩展到混合动力汽车的混合动力推进系统。如图1.6 所示，混合动力推进系统主要有两个机械系统：用于微混和轻混的 ISG 系统与用于全混的电动变速器（EVT）系统（Chau and Chan，2007）。集成起动发电机系统需要提供的不仅包括发动机起动和发电的常规功能，而且还需要提供怠速停止 - 起动、再生制动和动力辅助的混合功能。因此，相应的机械设计、分析和控制要求都很高（Liu，

Chau and Jiang，2010a）。电动变速器系统用于提供从发动机到具有无级变速器的车轮的电控功率传递，因此，提供包括电动起动、怠速停止 - 起动、再生制动和动力辅助的所有混合功能，以及实现最高的燃油经济性。电动变速器系统主要有三种类型：行星齿轮电动变速器（PG EVT）、双转子电动变速器（DR EVT）和磁齿轮电动变速器（MG EVT）。行星齿轮电动变速器系统基本专用于商用全混合动力汽车，该系统是由丰田公司为其普锐斯汽车率先研发的（Kamiya，2006）。然而，行星齿轮电动变速系统继承了行星齿轮的基本缺点，即传动损失、齿轮噪声和需要定期润滑。近年来，双转子电机的概念已经有所发展，可用于取代行星齿轮传动，从而形成了无齿轮双转子电动变速器系统（Hoeijmakers and Ferreira，2006）。然而，双转子电动变速器系统需要利用集电环和电刷从内转子提取能量，该系统的可靠性备受关注并且需要定期维护。同时，通过采用磁齿轮取代行星齿轮所形成的行星齿轮电动变速器系统继承了磁齿轮的明显优势，即传动效率高、无噪声传动、无需维护，同时还避免了集电环和电刷的使用（Jian and Chau，2009，2010）。然而，这种无机械齿轮和无刷电动变速器系统呈现出复杂的机械结构，并且其所需的制造精度要求非常高。

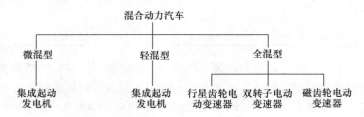

图 1.6　混合动力汽车电动变速器系统

1.3.2　能源技术

　　能源是另一个为电动汽车提供车载电能的核心技术。目前，在过去的 20 年中，有四种可行的电动汽车能源：电化学电池（通常称为电池）、超级电容器、超高速飞轮和燃料电池（Chau，Wong and Chan，1999）。电池是在充电过程中存储电能并在放电过程中产生电能的电化学装置。超级电容器本质上是具有超高电容的电容器，其通过静电装置存储和产生电能。超高速飞轮本质上是以超高速旋转的电机，通过机电装置存储和产生电能，也就是说，它们在充电期间作为电动机工作，并在放电期间充当发电机。燃料电池则是直接将化学燃料转化为电能的电化学装置。就像没有一个运动员可以同时适合马拉松运动和 100 米冲刺一样，这些能源都不能同时提供高比能量和高比功率。因此，对于纯电动汽车和燃料电池汽车，这两个参数之间的折中或两种能源的混合（一个具有高比能量，另一个具有高比功率）是必要的（Chau and Wong，2001）。

　　可以预见的是，电池仍然是电动汽车的主要能源。表 1.1 列出了在过去 20 年中为电动汽车开发的主要电池类型，包括阀控铅酸（VRLA）、镍 - 镉（Ni - Cd）、镍 - 氢（Ni - MH）、锌/空气（Zn/空气）、钠/硫（Na/S）和锂离子（Li 离子）。其中，阀控铅酸蓄电池用于低成本的低端电动汽车，镍 - 氢电池一般用于性能比较良好的电动汽车，而锂离子电池通常用于高性能电动汽车。基于电池技术的现状，电动汽车受制于成本的因素只能提供一定的行驶里程范围。为了使电动汽车能够提供与内燃机汽车相当的价格和行驶里程，需要极大增加电池的比能量和循环寿命，但电池初始成本需要极大地降低。目前，对电池技术的研究主要集中于对各种锂离子电池的研发上，如使用锂镍锰钴（NMC）作为正电极以提高比能量和安全性（Omar et al. ，2012），及使用钛酸锂（$Li_4Ti_5O_{12}$）作为负电极以提高循环寿命和充电时间（Giuliano, Advani and Prasad, 2011）。同时，另一个重要的研究方向是研发锂/空气（Li/air）电池（Christensen et al. ，2012）和锂/硫（Li/S）电池（Zhang, 2013）以提高电池的比能量。

表1.1 主要的电动汽车电池

	比能量/（Wh/kg）	比功率/（W/kg）	循环寿命（周期）	成本/（美元/kWh）
VRLA	30～45	200～300	400～600	150
Ni－Cd	40～60	150～350	600～1200	300
Ni－MH	60～120	150～400	600～1200	200～350
Zn/空气	230	105	NA	90～120
Na/S	100	200	800	250～450
Li 离子	90～160	250～450	1200～2000	600～1000

超级电容器有望用于电动汽车能源，因为它能够提供非常高的比功率和几乎无限循环寿命。然而超级电容器在可作为电动汽车的唯一能源前需要显著的改进——它的比能量（5～6Wh/kg）需要大大增加，而其初始成本（2400～6000 美元/kWh）必须大大降低。目前对于超级电容器技术的研究主要集中在提高其比能量，如石墨烯的使用（Liu et al. ，2010b）和碳纳米管（Du and Pan, 2006）以增加可用的表面积，并因此增加能量存储容量。

超高速飞轮储能对于应用于电动汽车有着较为可观的前景。通过提供真空环境消除空气摩擦和使用磁轴承消除轴承损失，飞轮旋转速度可以高达60000r/min，以实现高比能量和高往返效率。然而，其安全问题备受关注。当飞轮的抗拉强度超过极限或飞轮意外损坏，飞轮破碎以及飞轮瞬间释放所有存储的能量——所谓的飞轮爆炸，这是非常危险的。目前对于飞轮储能技术的研究集中在提高其安全预防措施，如使用复合材料，其可以分解成微小的粉末而不是大块，或者通过将飞轮嵌入地面的方式，将其应用扩展到用于电动汽车充电站的能量存储（Strasik et al. ，2007）。

燃料电池是近年来最活跃的研究领域之一。表1.2列出了燃料电池的主要类型，包括直接甲醇燃料电池（DMFC）、碱性燃料电池（AFC）、质子交换膜燃料电池（PEM-FC）、磷酸燃料电池（PAFC）、熔融碳酸盐燃料电池（MCFC）和固体氧化物燃料电池（SOFC）。其中，质子交换膜燃料电池，也被称为固体聚合物燃料电池（SPFC），由于其固体电解质的性质、低温工作、快速启动、适当的功率、高功率密度和良好的系统效率，使其成为电动汽车电池的自然选择。为了使燃料电池汽车能够提供合理的价格，必须降低燃料电池的初始成本（约4800 美元/kW）。目前对燃料电池的研究主要集中在减少质子交换膜燃料电池（PEMFC）中铂的使用，该种电池需要贵金属作为电极催化剂（Martin，Garcia – Ybarra and Castillo，2010），以及降低固体氧化物燃料电池（SOFC）的工作温度，这种电池不需要贵金属作为催化剂（Wang et al. ，2011）。

表 1. 2　可行的燃料电池

	功率等级 /MW	功率密度 /(W/cm^2)	工作温度 /℃	系统效率 (%)
DMFC	<0. 001	0. 04 ~ 0. 23	90 ~ 120	10 ~ 20
AFC	<0. 1	0. 2 ~ 0. 3	60 ~ 100	62
PEMFC	<0. 5	0. 35 ~ 0. 6	50 ~ 120	30 ~ 50
PAFC	<10	0. 2 ~ 0. 25	150 ~ 200	40
MCFC	<100	0. 1 ~ 0. 2	600 ~ 650	47
SOFC	<100	0. 24 ~ 0. 3	500 ~ 1100	55 ~ 60

　　近年来，车载可再生能源的概念对应用于电动汽车具有吸引力。由于各种混合电动汽车中发动机的燃油效率只有约 25%，并且大约 40% 是以废气余热的形式丢失，因此可以在排气管处安装热电发电装置（TEG）以回收废热能并对电池进行充电（Yu and Chau，2009）。另一方面，通过在电动汽车的车顶安装太阳电池板，光伏发电装置（PVG）可以容易地收集可再生的太阳能并利用其来对电池进行充电。一般情况下，热电发电装置和光伏发电装置是分开工作的，即它们都安装在相同的混合动力汽车上，从而导致更高的成本、更重的重量和更大的体积。因此，热电 – 光伏（TE – PV）混合能源系统对于应用于混合动力汽车具有较好前景。图 1.7 显示了这种热电 – 光伏混合能源系统的系统结构组成，其由包括热电发电装置、光伏发电装置、最大功率点追踪（MPPT）控制器、多输入变换器（MIC）和电池组成。多输入变换器可以是 SEPIC – SEPIC 变换器（Zhang and Chau，2011a）或 Ćuk – Ćuk 变换器（Zhang and Chau，2011b）。SEPIC – SEPIC 多输入变换器工作在不连续电容电压模式下，如图 1.8 所示。最大功率点追踪控制器测试热电发电装置和光伏发电装置的输出电压和电流，其分别在不同温度和辐照度下呈现非线性特性，然后以使得总输出功率可以最大化的方式，向多输入变换器发出适当的开关信号。

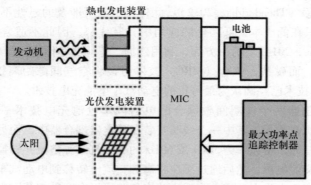

图 1.7　热电 – 光伏混合能源系统

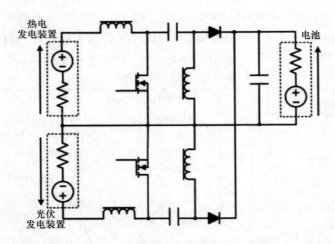

图 1.8　SEPIC – SEPIC 多输入变换器

1.3.3　电池充电技术

近年来，许多研究人员提出了各种方法来缓解电动汽车每次充电行驶里程短的问题，其中主要集中于研发更加便捷的充电器。并不像加油站和动力泵，仅仅通过简单地建立更多的充电站和采用快速电池充电，电池充电技术中无线电能传输（WPT）的使用可以大大地方便充电过程。逐渐地，由于没有金属接触，可完全消除在充电过程中可能发生的触电现象，从而可以使电动汽车在自助充电或加油服务时用户的安全性优于内燃机汽车。

无线电能传输（WPT）主要分为两类：远场和近场（Qiu et al.，2014a）。远场WPT 利用微波辐射或激光在长距离上传输高功率。然而，它需要复杂的跟踪策略和大型天线，因此将其应用于电动汽车是不切实际的。近场 WPT 利用电场或磁场进行短距离至中距离的功率传输。通过使用电场，电容性功率传输（CPT）技术具有以下优点：功率传输不受金属障碍物的影响，并且比磁场对应产生更低的电磁干扰（EMI）。然而，由于空气的介电常数本质上较小，导致不充分的耦合电容，使得功率传输对气隙长度和耦合板的位移敏感（Theodoridis，2012）。此外，由于所涉及的磁性不能随功率降低而缩小，CPT 技术只在低成本、低功耗的应用中具有优势，因此不适合应用于电动汽车（Musavi and Eberle，2014）。另一方面，利用磁场，感应功率传输（IPT）技术可以传输数十千瓦的功率，而磁共振耦合（MRC）技术可以将空气间隙距离扩展到数十厘米。从而，磁场 WPT 技术已经确认为最可行的电动汽车电池充电技术。

基于高频变压器两个线圈间磁耦合的电动汽车电池充电技术——感应功率传输（IPT）原理如图 1.9 所示。其中一个线圈安装在充电器耦合器中，而另一个被嵌入在车辆充电接口中。首先，将频率为 50Hz 或 60Hz 的主交流电源整流并转换为充电器模块内约 80kHz 的高频交流电源，然后通过感应将高频交流电转移到电动汽车侧，最后将高频交流电源转换成直流电为电池充电。感应功率传输可以在宽频率范围内工作，并且可以容易地按比例放大以满足用于电动汽车充电的各种功率水平。然而，相应的铁心损耗和电磁干扰是值得关注的。例如，一个知名但过时的基于感应功率传输（IPT）的电动汽车充电器——Magne Charge，提供 6.6kW，但效率仅 86%。

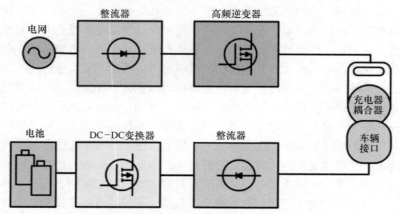

图 1.9　基于电动汽车充电的感应功率传输原理

为了方便电动汽车的停车和充电（PAC）过程，磁场无线电能传输技术被扩展为无充电插头的充电方式，其中初级线圈安装在车库或停车场的地板上中，而次级线圈安装在车辆上。驾驶员无需理会那些笨重而危险的充电电缆。该系统非常容易使用，并且一旦驾驶员正确停车，充电过程就自动进行。这种无插头停车和充电（PAC）不仅增加了用户的便利性，而且解决了充电插头需要标准化的问题。由于在初级和次级线圈之间存在大的气隙或间隙，因此将感应功率传输（IPT）技术应用于电动汽车是不适合的。基于磁共振耦合技术，具有相同谐振频率的初级和次级谐振线圈可以以大功率密度有效地无线传输功率，同时在诸如车体或驱动器等非谐振物体中消耗相对较少的能量。如图 1.10 所示，逐渐地，通过在初级和次级线圈之间并入一个或多个谐振线圈，可以产生强磁共振耦合，能够在地板和车辆之间具有较大间隙时，使得初级线圈的功率有效地传输到次级线圈（Cannon et al.，2009；Imura and Hori，2011）。例如，一辆在线公交车系统被证实可以通过 20cm 的气隙以 75% 的系统效率传输 100kW 的功率（Kim et al.，2013）。基于磁共振耦合的无线传输技术的最新研究和发展呈现出积极和多样化的特点，如提高系统的效率，抗电磁干扰，或补偿磁耦合器之间的错位（Qiu et al.，2014b）。

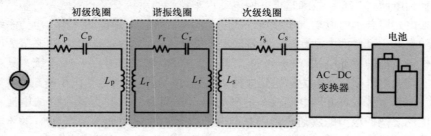

图 1.10　基于电动车充电的磁共振耦合

电动汽车更适合在移动的过程中而不是停止状态或在停车位进行无线充电。电能发射器阵列嵌入在道路下方（所谓的充电区或车道），而接收器安装在电动汽车的底部，如图1.11所示。这种移动充电技术具有高潜力，可以从根本上解决电动汽车长期存在的问题——高初始成本和短驱动里程。由于不需要在电动汽车上安装太多电池，从而大大削减了电动汽车的初始成本；并且电动汽车可以在行驶过程通过充电区域方便地进行充电，因此自动延长了续航里程。然而，在移动充电技术实际应用到电动汽车之前需要解决一些技术问题。第一，无线电能传输的效率在很大程度上取决于阵列的发射器和车辆接收器之间的距离。因为该距离不可避免地随时间变化，并且受到道路状况和车辆有效载荷的显著影响，无线传输的谐振频率并不是恒定的，称为谐振移位。因此，激励电能发射器的功率变换器需要被动态调谐以维持高效功率传输。第二，移动充电技术工作的有效性在很大程度上取决于无线传输技术的覆盖范围，以及在充电区域上行驶的车辆的位置和速度。功率传输器的位置需要得到优化，以使得电磁场强度在充电区域的不同位置都是均匀的。第三，最重要的是，由于有很多电动汽车在道路上行驶，移动充电的工作需要区分被授权的电动汽车获取无线电源或防止未经授权的车辆窃取能量。

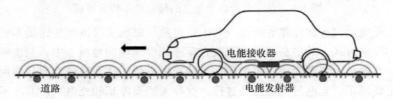

图1.11　电动汽车移动充电

电动驱动器并不是避免混沌的发生，而是积极地利用各种工业应用中的混沌现象（Chau and Wang，2011），如工业混合（Ye and Chau，2007）和工业压实（Wang and Chau，2009）。从混沌调制的概念（Zhang et al.，2011）扩展而研发的混沌能量加密已经被用于电动汽车无线电能传输（Zhang et al.，2014）。其关键是采用混沌序列来调制无线电能传输的谐振频率，进而加密在道路上传输的无线电力。对于那些授权的车辆，它们知道可以用来解密用于电池充电的混沌序列，而未被授权的车辆即使在同一条道路上行驶也不能获取电能。

1.3.4　车辆到电网技术

车辆到电网（V2G）技术是可并网电动汽车新兴的系统交叉技术之一，包括纯电动汽车、插电式混合动力电动汽车和增程式电动汽车。该技术是电动汽车、电力系统和信息技术的交叉。可并网电动汽车不再是简单的交通工具，而是可作为一个在需要时可以向电网输送电能的移动电站（Liu et al.，2013）。V2G概念描述了一个系统，其中电动汽车与电网通信以通过将电力输送到电网中或通过控制可并网电动汽车的充电速率来销售服务。由于大多数可并网电动汽车的平均停车时间为95%，因此它们的电池可用于车辆与电网之间的电力的流通。当可并网电动汽车达到适当的普及率（如20% ~ 40%的汽车是可并网电动汽车），并且每一辆可并网电动汽车可以存储或产生4.4 ~ 85kWh

的电能时，V2G 概念对电网的运行具有重要的影响。在经济上，V2G 概念将是一个新的业务，即在电力公司和可并网电动汽车之间的能源套利。

由于可并网电动汽车仅能够存储从 4.4kWh（丰田普锐斯插电式混合动力电动汽车）到 85kWh（特斯拉 S 型）的有限容量，因此每辆可并网电动汽车与电网的单独 V2G 运行是无效和低效的。因此，需要引入负责聚集多个可并网电动汽车并与电网通信的聚合器。根据驾驶员的意愿和可并网电动汽车的电池容量，聚合器能够控制适当的可并网电动汽车以实现智能充电和放电（Guille and Gross，2009）。此外，相应的能源套利可在内部通过聚合器进行，即所谓的车辆对车辆（V2V）操作。例如，纯电动汽车最好对即时使用执行快速充电，而那些插电式混合动力电动汽车最好通过出售电力用于获利，聚合器可以实现用于能源套利的内部车辆对车辆（V2V）操作。这种双重网络结构如图 1.12 所示，其中的能源服务提供商（ESP）直接向家庭和企业出售电能，独立系统运营商（ISO）负责监督电网的特定部分的运作，区域输电组织（RTO）将独立系统运营商（ISO）集成到更大的运作环境中，而聚合器用于聚集可并网电动汽车以应对能源服务提供商和独立系统运营商（ISO）/区域输电组织（RTO）（Wu，Chau and Gao，2010b）。首先，聚合器协调电网间功率流，最小化总功率需求和总功率损耗，优化电压偏差和总谐波失真，并计算价格以最大化电网间运作的利润。其次，聚合器协调

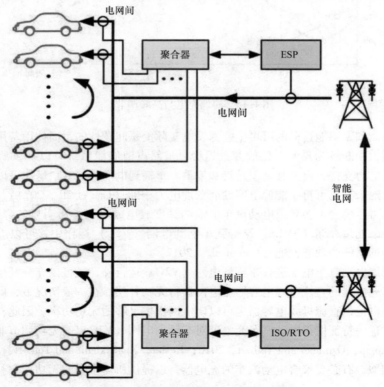

图 1.12　车辆到电网运作的双重网络结构

电网间的功率流，向独立系统运营商/区域输电组织（ISO/RTO）出售电力，向能源服务提供商（ESP）购买电力和能源，并通过计算价格以获得电网间运作的最大利润。

车辆到电网（V2G）运作已被确认为具有多种潜在的应用：协调充电、高峰调节、主动调节、旋转备用、电动机起动、无功调节和可再生瞬变（Ehsani，Falahi and Lotf-fard，2012）。由于发电能力必须与负载需求相匹配，所以负载需求的大的波动将显著增加电力系统的资本成本和运作成本。如图 1.13 所示，V2G 最好在非用电高峰期从电网吸收或购买电力用于电动汽车电池充电（即所谓的协调充电），而在用电高峰期向电网产生或出售电能（即所谓的高峰调节）。此外，电动汽车相应的充电和放电过程比备用发电机的关闭和起动过程快得多（Wu，Chau，and Gao，2010a）。然而，以电池技术的现状，电动汽车电池仍然存在循环寿命受限的问题。电动汽车电池用于高峰调节时的深度放电会不可避免地降低正常车辆运行的寿命（Gao et al.，2011）。

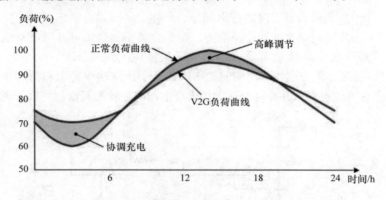

图 1.13　协调充电与高峰调节

由于风能和太阳能这样的可再生能源发电实际上是间歇性的，而使用备用发电机补充间歇性电力中断较为昂贵、低效并且迟缓。虽然电池储能系统可以提供所期望的高效、快速的电力支持，但是其过于昂贵和笨重。车辆到电网（V2G）运作可以充分利用电动汽车电池来补充可再生能源电网的间歇性电力中断（Gao et al.，2014）。与负载调节不同，可再生瞬变不会导致电动汽车电池的深度放电或电池寿命明显的降低。此外，通过将超导磁能量存储（SMES）结合到车辆到电网（V2G）运作中，可以进一步改善可再生瞬变的系统的动态性能（Gao et al.，2012）。

除了使用电动汽车电池进行车辆到电网（V2G）运行外，还可以充分利用非车载双向电动汽车充电器的直流母线电容器对电网进行无功补偿。在一般情况下，即使不连接到电动汽车电池，直流母线电容器也可以向电网提供足够的无功功率。因此，不会降低电池寿命。这一特征使得电动汽车充电器对车辆到电网（V2G）的无功调节非常有吸引力（Kisacikoglu，Ozpineci and Tolbert，2010；Kesler，Kisacikoglu and Tolbert，2014），与主动调节相似，有必要聚合电动汽车的充电器，以提供所需水平的无功功率补偿。

参 考 文 献

Cannon, B.L., Hoburg, J.F., Stancil, D.D. and Goldstein, S.C. (2009) Magnetic resonant coupling as a potential means for wireless power transfer to multiple small receivers. *IEEE Transactions on Power Electronics*, **24**, 1819–1825.

Chan, C.C. and Chau, K.T. (2001) *Modern Electric Vehicle Technology*, Oxford University Press, Oxford.

Chau, K.T. (2009) Electric motor drives for battery, hybrid and fuel cell vehicles, in *Electric Vehicles: Technology, Research and Development* (ed G.B. Raines), Nova Science, New York, pp. 1–40.

Chau, K.T. (2010) Hybrid vehicles, in *Alternative Fuels for Transportation* (ed A.S. Ramadhas), CRC Press, Boca Raton, FL, pp. 361–391.

Chau, K.T. (2012) Research on electric vehicles: challenges, opportunities and emerging technologies. *Studies in Science and Technology*, **1**, 13–24.

Chau, K.T. (2014) Pure electric vehicles, in *Alternative Fuels and Advanced Vehicle Technologies for Improved Environmental Performance* (ed R. Folkson), Woodhead Publishing, Amsterdam, pp. 655–684.

Chau, K.T. and Chan, C.C. (2007) Emerging energy-efficient technologies for hybrid electric vehicles. *Proceedings of the IEEE*, **95**, 821–835.

Chau, K.T., Chan, C.C. and Liu, C. (2008) Overview of permanent-magnet brushless drives for electric and hybrid electric vehicles. *IEEE Transactions on Industrial Electronics*, **55**, 2246–2257.

Chau, K.T. and Wang, Z. (2011) *Chaos in Electric Drive Systems–Analysis, Control and Application*, Wiley-IEEE Press, Singapore.

Chau, K.T. and Wong, Y.S. (2001) Hybridization of energy sources in electric vehicles. *Energy Conversion and Management*, **42**, 1059–1069.

Chau, K.T. and Wong, Y.S. (2002) Overview of power management in hybrid electric vehicles. *Energy Conversion and Management*, **43**, 1953–1968.

Chau, K.T., Wong, Y.S. and Chan, C.C. (1999) An overview of energy sources for electric vehicles. *Energy Conversion and Management*, **40**, 1021–1039.

Christensen, J., Albertus, P., Sanchez-Carrera, R.S. *et al.* (2012) A critical review of Li/air batteries. *Journal of the Electrochemical Society*, **159**, R1–R30.

Du, Y., Chau, K.T., Cheng, M. *et al.* (2011) Design and analysis of linear stator permanent magnet vernier machines. *IEEE Transactions on Magnetics*, **47**, 4219–4222.

Du, C. and Pan, N. (2006) Supercapacitors using carbon nanotubes films by electrophoretic deposition. *Journal of Power Sources*, **160**, 1487–1494.

Ehsani, M., Falahi, M. and Lotfifard, S. (2012) Vehicle to grid services: potential and applications. *Energies*, **5**, 4076–4090.

Gao, S., Chau, K.T., Chan, C.C. *et al.* (2011) Optimal control framework and scheme for integrating plug-in hybrid electric vehicles into grid. *Journal of Asian Electric Vehicles*, **9**, 1473–1481.

Gao, S., Chau, K.T., Liu, C. *et al.* (2014) Integrated energy management of plug-in electric vehicles in power grid with renewables. *IEEE Transactions on Vehicular Technology*, **63**, 3019–3027.

Gao, S., Chau, K.T., Liu, C. *et al.* (2012) SMES control for power grid integrating renewable generation and electric vehicles. *IEEE Transactions on Applied Superconductivity*, **22**, 5701804-1–5701804-4.

Giuliano, M.R., Advani, S.G. and Prasad, A.K. (2011) Thermal analysis and management of lithium-titanate batteries. *Journal of Power Sources*, **196**, 6517–6524.

Guille, C. and Gross, G. (2009) A conceptual framework for the vehicle-to-grid (V2G) implementation. *Energy Policy*, **37**, 4379–4390.

Hermance, D. and Sasaki, S. (1998) Hybrid electric vehicles take to the streets. *IEEE Spectrum*, **35**, 48–52.

Hoeijmakers, M. and Ferreira, J. (2006) The electric variable transmission. *IEEE Transactions on Industry Applications*, **42**, 1092–1100.

Imura, T. and Hori, Y. (2011) Maximizing air gap and efficiency of magnetic resonant coupling for wireless power transfer using equivalent circuit and Neumann formula. *IEEE Transactions on Industrial Electronics*, **58**, 4746–4752.

Jian, L. and Chau, K.T. (2009) A novel electronic-continuously variable transmission propulsion system using coaxial magnetic gearing for hybrid electric vehicles. *Journal of Asian Electric Vehicles*, **7**, 1291–1296.

Jian, L. and Chau, K.T. (2010) Design and analysis of a magnetic-geared electronic-continuously variable transmission system using finite element method. *Progress in Electromagnetics Research*, **107**, 47–61.

Kamiya, M. (2006) Development of traction drive motors for the Toyota hybrid system. *IEEE Transactions on Industry Applications*, **126**, 473–479.

Kesler, M., Kisacikoglu, M.C. and Tolbert, L.M. (2014) Vehicle-to-grid reactive power operation using plug-in electric vehicle bidirectional off-board charger. *IEEE Transactions on Industrial Electronics*, **61**, 6778–6784.

Kim, J., Kim, J., Kong, S. *et al.* (2013) Coil design and shielding methods for a magnetic resonant wireless power transfer system. *Proceedings of the IEEE*, **101**, 1332–1342.

Kisacikoglu, M.C., Ozpineci, B., and Tolbert, L.M. (2010) Examination of a PHEV bidirectional charger for V2G reactive power compensation. Proceedings of IEEE Applied Power Electronics Conference and Exposition, pp. 458–465.

Lee, C.H. (1963) Vernier motor and its design. Proceedings of IEEE Winter General Meeting, pp. 343–349.

Lee, C.H.T., Liu, C. and Chau, K.T. (2014) A magnetless axial-flux machine for range-extended electric vehicle. *Energies*, **7**, 1483–1499.

Li, J., Chau, K.T. and Li, W. (2011) Harmonic analysis and comparison of permanent magnet vernier and magnetic-geared machines. *IEEE Transactions on Magnetics*, **47**, 3649–3652.

Liu, C., Chau, K.T. and Jiang, J.Z. (2010a) A permanent-magnet hybrid brushless integrated starter-generator for hybrid electric vehicles. *IEEE Transactions on Industrial Electronics*, **57**, 4055–4064.

Liu, C., Yu, Z., Neff, D. *et al.* (2010b) Graphene-based supercapacitor with an ultrahigh energy density. *Nano Letters*, **10**, 4863–4868.

Liu, C., Chau, K.T., Jiang, J.Z. and Niu, S. (2008) Comparison of stator-permanent-magnet brushless machines. *IEEE Transactions on Magnetics*, **44**, 4405–4408.

Liu, C., Chau, K.T., Wu, D. and Gao, S. (2013) Opportunities and challenges of vehicle-to-home, vehicle-to-vehicle, and vehicle-to-grid technologies. *Proceedings of the IEEE*, **101**, 2409–2427.

Martin, S., Garcia-Ybarra, P.L. and Castillo, J.L. (2010) Electrospray deposition of catalyst layers with ultra-low Pt loadings for PEM fuel cells cathodes. *Journal of Power Sources*, **195**, 2443–2449.

Musavi, F. and Eberle, W. (2014) Overview of wireless power transfer technologies for electric vehicle battery charging. *IET Power Electronics*, **7**, 60–66.

Omar, N., Daowd, M., Hegazy, O. *et al.* (2012) Standardization work for BEV and HEV applications: critical appraisal of recent traction battery documents. *Energies*, **5**, 138–156.

Qiu, C., Chau, K.T., Ching, T.W. and Liu, C. (2014a) Overview of wireless charging technologies for electric vehicles. *Journal of Asian Electric Vehicles*, **12**, 1–7.

Qiu, C., Chau, K.T., Liu, C. *et al.* (2014b) Quantitative comparison of dynamic flux distribution of magnetic couplers for roadway electric vehicle wireless charging system. *Journal of Applied Physics*, **115**, 17A334-1–17A334-3.

Spooner, E. and Haydock, L. (2003) Vernier hybrid machines. *IEE Proceedings – Electric Power Applications*, **150**, 655–662.

Strasik, M., Johnson, P.E., Day, A.C. *et al.* (2007) Design, fabrication, and test of a 5-kWh/100-kW flywheel energy storage utilizing a high-temperature superconducting bearing. *IEEE Transactions on Applied Superconductivity*, **17**, 2133–2137.

Taibi, S., Tounzi, A. and Piriou, F. (2006) Study of a stator current excited vernier reluctance machine. *IEEE Transactions on Energy Conversion*, **21**, 823–831.

Theodoridis, M.P. (2012) Effective capacitive power transfer. *IEEE Transactions on Power Electronics*, **27**, 4906–4913.

Wakefield, E.H. (1994) *History of the Electric Automobile: Battery-Only Powered Cars*, Society of Automotive Engineers, Warrendale, PA.

Wang, Z. and Chau, K.T. (2009) Design, analysis, and experimentation of chaotic permanent magnet DC motor drives for electric compaction. *IEEE Transactions on Circuits and Systems II*, **56**, 245–249.

Wang, J., Chau, K.T., Jiang, J.Z. and Yu, C. (2008) Design and analysis of a transverse flux permanent magnet machine using three dimensional scalar magnetic potential finite element method. *Journal of Applied Physics*, **103**, 7F107-1–7F107-3.

Wang, X., Ma, Y., Li, S. *et al.* (2011) Ceria-based nanocomposite with simultaneous proton and oxygen ion conductivity for low-temperature solid oxide fuel cells. *Journal of Power Sources*, **196**, 2754–2758.

Wu, D., Chau, K.T. and Gao, S. (2010a) Cost-emission analysis of vehicle-to-grid system. *World Electric Vehicle Journal*, **4**, 767–773.

Wu, D., Chau, K.T., and Gao, S. (2010b) Multilayer framework for vehicle-to-grid operation. Proceedings of IEEE Vehicle Power and Propulsion Conference, pp. 1–6.

Ye, S. and Chau, K.T. (2007) Chaoization of DC motors for industrial mixing. *IEEE Transactions on Industrial Electronics*, **54**, 2024–2032.

Yu, C. and Chau, K.T. (2009) Thermoelectric automotive waste heat energy recovery using maximum power point tracking. *Energy Conversion and Management*, **50**, 1506–1512.

Zhang, S.S. (2013) Liquid electrolyte lithium/sulfur battery: fundamental chemistry, problems, and solutions. *Journal of Power Sources*, **231**, 153–162.

Zhang, X. and Chau, K.T. (2011a) Design and implementation of a new thermoelectric-photovoltaic hybrid energy system for hybrid electric vehicles. *Electric Power Components and Systems*, **39**, 511–525.

Zhang, X. and Chau, K.T. (2011b) An automotive thermoelectric-photovoltaic hybrid energy system using maximum power point tracking. *Energy Conversion and Management*, **52**, 641–647.

Zhang, Z., Chau, K.T., Liu, C. *et al.* (2014) An efficient wireless power transfer system with security considerations for electric vehicle applications. *Journal of Applied Physics*, **115**, 17A328-1–17A328-3.

Zhang, Z., Chau, K.T., Wang, Z. and Li, W. (2011) Improvement of electromagnetic compatibility of motor drives using hybrid chaotic pulse width modulation. *IEEE Transactions on Magnetics*, **47**, 4018–4021.

Zhu, Z.Q. and Howe, D. (2007) Electrical machines and drives for electric, hybrid and fuel cell vehicles. *Proceedings of the IEEE*, **95**, 746–765.

第 2 章　直流电机驱动系统

直流电机驱动器被广泛地用于电动汽车（EV）推进系统。各种直流电机驱动器由于其技术成熟和控制简单等优点被应用于不同的电动汽车。然而，直流驱动器通常存在比交流驱动器效率低和功率密度低的问题，并且电刷和换向器需要进行定期维护。因此，除了那些小型或越野型电动汽车，电动汽车的驱动系统通常采用交流或无刷直流电机驱动器。

本章对各种直流电机驱动系统，包括其系统结构、直流电机、DC – DC 变换器以及控制策略进行了介绍，并对电动汽车驱动系统的相应设计准则、设计案例和应用案例进行了讨论。

2.1　系统结构

用于电力推进的直流电机驱动器最早的系统配置由与直流电机串联或并联的电阻网组成。电机电压等于电池电压减去电阻器两端的电压降，并且可以通过使用机电接触器断开或短路这些电阻器进行改变。虽然电阻器控制简单且成本低，但是由于大量的能量以电阻热的形式耗散，因此其效率比较低，此外，这种变阻控制不能提供平稳运行，从而导致不适和急动。

随着电力电子技术的飞速发展，直流电机驱动的变阻控制已经过时了。直流斩波控制器因具备体积小、重量轻、效率高和可控性好等优点，已被广泛地应用于直流电机驱动控制。图 2.1 显示了直流电机驱动系统的基本结构，其中 DC – DC 变换器用于控制电枢电流，从而控制直流电机的输出转矩。一般情况下，反馈控制变量只有电机速度，而电

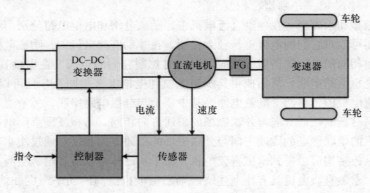

图 2.1　直流电机驱动系统基本结构

枢电流反馈主要是出于保护目的。

对于电动汽车推进，直流电机驱动系统的直流电机通常采用高速电机的设计，以获得高功率密度。通常的电机旋转速度为 5000r/min，因此需要采用固定齿轮（FG）将其速度降至 1000r/min 以驱动汽车。为提供反向驱动，如停车等，直流电机需要能够反向旋转；否则需要使用倒档齿轮。当然，由于倒档齿轮体积大、效率低且结构复杂，直流电机的反向旋转成为更好的逆向传动选择。此外，根据所需的操作和性能，DC – DC 变换器和直流电机有多种选择。

2.2　直流电机

直流电机是由英国科学家威廉·斯特金（William Sturgeon）在 1832 年发明的，并已服务了一个多世纪。自从交流电机问世以来，用于电动推进的直流电机正在逐步被淘汰。然而，为简单起见，在一些低端或越野电动汽车中仍然主要采用直流电机。

2.2.1　直流电机结构

图 2.2 为直流电机的基本结构，主要包括定子、转子和换向器。定子是采用励磁绕组或永磁体（PM）产生磁场励磁的励磁电路，而转子是安装电枢绕组的电枢电路，其中电枢电流是双向的，并且由换向器通过电刷切换。

励磁电路和电枢电路的不同布置会形成不同类型的直流电机，从而提供不同的转矩 – 转速特性（Dubey，1989）。如图 2.3 所示，直流电机可以分为他励型、串励型、并励型、积复

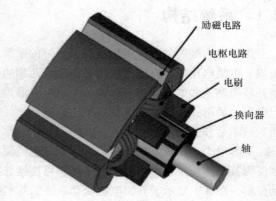

励磁电路
电枢电路
电刷
换向器
轴

图 2.2　直流电机结构图

励型、差复励型和永磁型。在他励直流电机中，励磁电路和电枢电路分别由不同的电压源馈电，从而可以对它们的电流进行独立控制。在并励直流电机中，励磁电路和电枢电路并联，并由相同的电压源馈电，从而可以同时控制它们的电流。在串励直流电机中，励磁电路和电枢电路串联，从而使得其励磁电流和电枢电流相同，并且可以同时控制。在积复励直流电机中，有两个励磁电路，其中一个与电枢电路串联，另一个与电枢电路并联，而串联磁场的磁通方向与并联磁场的磁通方向相同。与积复励直流电机不同，差复励直流电机的串联磁场的磁通方向与并联磁场的磁通方向相反。通过用永磁体（PM）励磁绕组和磁极结构可以得到永磁直流电机，由于永磁体可以节省电机空间且没有励磁损耗，因此，永磁直流电机具有比上述绕线励磁型电机更高的功率密度和效率。然而，由于永磁电机的永磁体励磁是不可控制的，因此不能实现磁通控制的运行特点。

由于使用换向器和电刷，使得绕线励磁型和永磁型直流电机存在相同的基本问题。

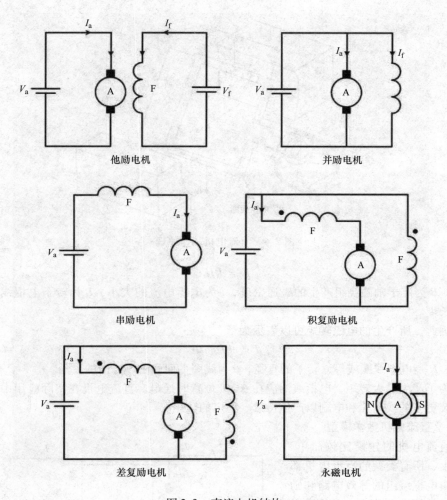

他励电机

并励电机

串励电机

积复励电机

差复励电机

永磁电机

图 2.3 直流电机结构

其中换向器会引起转矩脉动并限制运行速度，而电刷会导致摩擦和射频干扰。此外，由于磨损，需要定期维护换向器和电刷。这些缺点使得直流电机不可靠并且不适合免维护运行，因此限制了其在现代电动汽车中的应用。

2.2.2 直流电机工作原理

图 2.4 所示为一个基本两极直流电机工作原理图。电枢电路由一个简单的单匝电枢线圈组成，电枢线圈通过一个两片换向器和一对电刷与直流电源相连接。换向器的作用是切换电枢线圈中电流的流动方向，从而使外部电流的流动方向保持不变；电刷的作用是导通旋转的换向器和固定直流电源之间的电路（Ehsani，Gao and Emadi，2009）。

电机作为电动机工作且相应的线圈平面与磁场对齐时，在每个线圈边上产生的力 F 可以简单地表示为

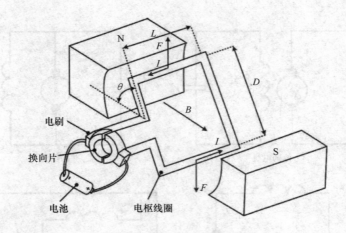

图 2.4　直流电机工作原理

$$F = BIL \tag{2.1}$$

式中，B 为定子励磁绕组产生的磁通密度，I 为电枢电流的大小，L 为转子电枢线圈的轴向长度。

因此，所产生的电磁转矩可以表示为

$$T = FD\cos\theta \tag{2.2}$$

式中，D 是电枢线圈或等效转子的直径，θ 为线圈平面和磁场方向的夹角。

为了产生最大转矩，电枢线圈应在 $\theta = 0°$ 位置时通电。直流电机在实际应用中通常会安装更多的换向片和电刷以产生持续、稳定的转矩。

2.2.3　直流电机数学模型

直流电机的建模比较简单。基本上，所有类型的直流电机都可以由电枢绕组的等效电路和励磁绕组的等效电路或永磁体励磁下的每极恒定磁通表示。根据图 2.5 所示他励直流电机的等效电路，可推导得到直流电机的控制方程如下：

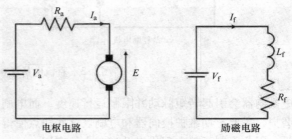

图 2.5　他励直流电机的等效电路

$$E = K_e\phi\omega_m \tag{2.3}$$
$$V_a = E + R_aI_a \tag{2.4}$$
$$T = K_e\phi I_a \tag{2.5}$$
$$V_f = R_fI_f \tag{2.6}$$
$$\phi = K_fI_f \tag{2.7}$$

式中，E 为反电动势（EMF），K_e 为反电动势常数，ϕ 为穿过每极的气隙磁通量，ω_m 为机械角速度，V_a 为电枢电压，R_a 为电枢电路电阻，I_a 为电枢电流，T 为转矩，V_f 为励磁电压，R_f 为励磁电路电阻，I_f 为励磁电流，K_f 为磁化特性曲线的斜率，在不饱和区域为常数。

通常绕线转子励磁直流电机的磁通与励磁电流成比例，其中他励直流电机、并励直流电机、串励直流电机或复励直流电机的励磁电流可分别由励磁电压、电枢电压、电枢电流或电枢电压与电枢电流独立控制。而与之相反，永磁直流电机的磁通基本上是不可控的。

在没有外部控制的情况下，可以根据式(2.3)～式(2.7)很容易地推导出直流电机的转矩－转速特性，转矩－转速特性曲线如图 2.6 所示。对于他励直流电机，电枢和励磁电压保持在额定值，实际上在额定磁通量时与并励直流电机和永磁直流电机相当。根据式(2.3)～式(2.5)可以推导得到其相应的转矩－转速特性：

$$T = \frac{K_e \phi V_a}{R_a} - \frac{K_e^2 \phi^2 \omega_m}{R_a} \tag{2.8}$$

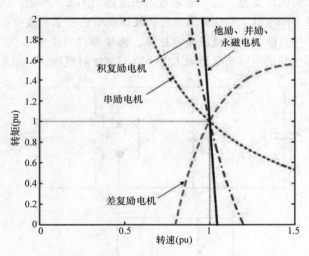

图 2.6 直流电机转矩－转速特性曲线

式 (2.8) 表明电机转速随着转矩的增加而线性减小，并且速度调节取决于电枢回路电阻。该特性特别适用于需要良好的速度调节和适当可调速度的应用。根据式(2.3)～式(2.5)和式(2.7)，可推导得到串励直流电机的转矩－转速特性表达式：

$$T = \frac{K_e K_f V_a^2}{(R_a + K_e K_f \omega_m)^2} \tag{2.9}$$

式 (2.9) 表明电机转速与转矩成反比例关系。该特性适用于需要高起动转矩和重过载的应用。然而，当电机在空载或轻载情况下以额定电压工作时存在超速的问题。积复励直流电机的转矩－转速特性曲线位于并励直流电机和串励直流电机特性曲线之间，其取决于并励磁场和串励磁场的相对强度。其相应的空载特性主要取决于并励磁场，而其下垂特性由串励磁场决定。该特性适用于高起动转矩，同时空载转速可以被限制在安全值以内的应用。当差复励电机的转矩增加时，其串励磁场减小气隙磁通，使得转速上升，从而可以补偿由于电枢电阻引起的转速下降。然而，在过载情况下，这种效应会导致电机转速不稳定。

2.3 DC – DC 变换器

在恒定电压源时，直流电机只能提供自然的转矩 – 转速特性，如图 2.6 所示。为了给电动汽车提供合适的转速控制，使用 DC – DC 变换器则成为了必要的前提条件。

2.3.1 DC – DC 变换器的拓扑结构

当 DC – DC 变换器工作在斩波模式下时，通常被称为直流斩波器，并广泛应用于直流电机驱动的电压控制。这些直流斩波器可以分为第一象限斩波、第二象限斩波、两象限斩波和四象限斩波四种类型。第一象限直流斩波器如图 2.7 所示，适合于电动模式并且能量是由电压源流向电机。第二象限直流斩波很少单独用于直流电机驱动系统，仅被用于再生制动中，并且能量由电机流向电压源。再生制动对于电动汽车来说非常重要，因为利用能量的再生制动能够明显地增大电动汽车的续航里程。如图 2.8 所示的两象限

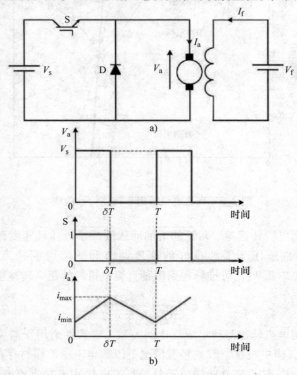

图 2.7 第一象限直流斩波：a）电路图；b）波形图

直流斩波器被广泛地使用，因为它能够工作在电动模式和能量再生制动模式下。此外，如图 2.9 所示的四象限直流斩波器能够用来代替机电接触器实现电动汽车的反向运行，以便控制电动汽车的前进和后退操作中的电动模式和再生制动模式。

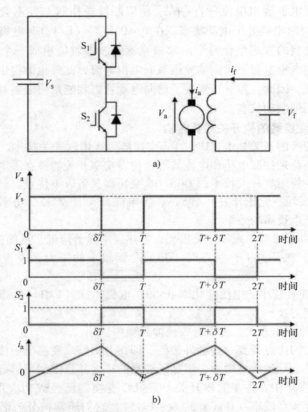

图 2.8　两象限直流斩波：a) 电路图；b) 波形图

通常来说，脉宽调制（PWM）被用于控制电动汽车驱动系统中交流电机的电枢电压。在连续工作模式下，控制策略是基于改变功率开关器件的占空比 δ 来实现：

$$V_a = \frac{1}{T}\int_0^T v_a \mathrm{d}t = \frac{1}{T}\int_0^{\delta T} V_s \mathrm{d}t = \delta V_s$$

$$(2.10)$$

$$I_a = \frac{V_a - E}{R_a} \qquad (2.11)$$

式中，V_s 为直流电压源电压。对于第一象限直流斩波器来说，占

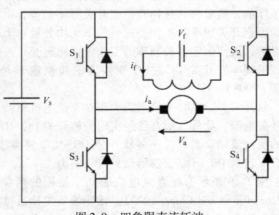

图 2.9　四象限直流斩波

空比在 0 ~ 1 之间变化，因此电枢电压被控制在 0 和直流电压源电压之间。当然，它只能在第一象限提供正的电枢电压和正的电枢电流，即正向转矩和转速。另一方面，对于两象限直流斩波器来说，功率开关器件能够进行选择性的通断，而且占空比是由上桥臂开关决定的。由于电枢绕组电流一直存在，所以断续操作状态并不会发生。因此，在 $I_a > 0$ 和 $\delta > (E/V_s)$ 时电机处于电动状态，在 $I_a < 0$ 和 $\delta < (E/V_s)$ 时电机处于再生制动状态。此外，通过适当的方式组合两个两象限直流斩波器就能组成一个四象限直流斩波器，它能提供正的电枢电压并且能够流通双向电枢电流，此外也能提供负的电枢电压并流通双向电枢电流，因此，独立地实现了前向电动状态和能量回馈制动状态，以及后向电动状态和能量回馈制动状态。

2.3.2   DC – DC 变换器的软开关拓扑结构

相比于直接切换的开关技术，DC – DC 变换器可运用软开关技术。软开关技术的关键在于利用谐振电路来控制电压和电流波形，使得功率开关器件在零电压和零电流条件切换。通常来说，使用软开关技术的 DC – DC 变换器具备以下优点：

- 因为能够实现零电压开关（ZVS）和零电流开关（ZCS），功率开关器件的损耗为零，因此能够产生很高的效率。
- 实际上，由于能够实现零开关损耗，散热要求显著降低，从而提高功率密度。
- 因为在处于软开关工作状态时，开关受到较小的压力，改善了功率器件的可靠性。
- 相对来说拥有较小的电压变化率 dv/dt，电磁干扰（EMI）的影响不明显，机械绝缘受到较小的应力。
- 由于高频的工作方式，可以有效地抑制噪声。

但是实现以上的优点需要一些额外条件，即在 DC – DC 变换器中使用软开关技术需要额外的谐振电路，导致成本增加，增加了控制的难度并且限制了运行范围。

在过去的 20 多年中，许多的软开关 DC – DC 变换器已经成功应用于开关电源中，实现了高功率密度和高效率（Hua and Lee, 1995）。它们通常被分为谐振变换器、准谐振变换器、多谐振变换器和零转换变换器。它们中的大多数最初是以变化的开关频率进行工作的，然后将其延伸到恒定开关频率的操作（Chan and Chau, 1993；Chau, 1994）。因为恒定开关频率的工作模式有利于无功分量和闭环带宽的优化，以及有利于抑制 EMI 和噪声，因而恒定开关频率的工作模式比起变开关频率的工作模式具有明显的优势。同时，恒频率软开关 DC – DC 变换器的控制通常是利用 PWM 技术实现的（Ching and Chan, 2008）。

软开关 DC – DC 变换器很少用在直流电机驱动系统上。主要的原因是相关的研发不及开关电源。此外，所有已经实现的软开关 DC – DC 变换器都不能在再生制动时实现能量的反向流动。然而，一些软开关 DC – DC 变换器已经被开发用于直流电机驱动。其中，零转换 DC – DC 变换器最具有吸引力。

图 2.10 所示为在直流电机驱动中使用的两象限零电压转换（2Q – ZVT）变换器（Chau, Ching and Chan, 1999）。该变换器拓扑通过将谐振电感、谐振电容和两个辅助开关添加到常规的两象限 DC – DC 变换器中以实现软开关的功能。应当注意的是，ZVS 条

件对于基于金属－氧化物－半导体场效应晶体管（MOSFET）的功率转换来说十分合适，因为功率 MOSFET 的导通受到电容电压的影响，导通损耗很大。该 2Q－ZVT DC－DC 变换器相比于其他 DC－DC 变换器来说具有相对明显的优势，即所有的主开关和二极管都能实现 ZVS，能够实现包括电动和再生制动等操作在内的能量的双向流动，在电动和再生制动状态减小了每个设备的电压和电流应力，对于正向和反向功率流都能够使用相同的谐振回路，使用电路中的杂散电容作为谐振部件的一部分，以及利用所有内置二极管的功率开关来降低硬件数量和成本。

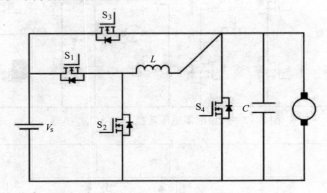

图 2.10　两象限零电压转换 DC－DC 变换器

　　图 2.11 所示为在直流电机驱动中使用的两象限零电流转换（2Q－ZCT）变换器（Ching and Chau, 2001）。该变换器通过将谐振电感和共模电容以及两个辅助开关添加到常规的两象限 DC－DC 变换器中以实现 ZCT 功能。不同于之前提到的 2Q－ZVT，这种 2Q－ZCT 在功率变换电路中适用于绝缘栅双极型晶体管（IGBT），IGBT 由于电路的严重感性，所以该开关器件的关断损耗比较大。这种 2Q－ZCT DC－DC 变换器的优点是适用于所有开关和整流器的 ZCS，能够流通在电动和再生制动状态时的双向功率流，对于前向功率流和后向功率流都能够使用相同的谐振回路，能够采用 IGBT 作为高功率直流电机驱动器的功率器件。

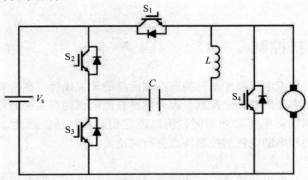

图 2.11　两象限零电流转换 DC－DC 变换器

在 2Q – ZVT 和 2Q – ZCT 变换器拓扑的基础上，扩展出了四象限（4Q）变换器，即 4Q – ZVT 和 4Q – ZCT 变换器，而且已经能够使用于直流电机驱动系统中（Ching，2005；2006），如图 2.12 和图 2.13 所示。这两种变换器具有 4Q 变换器的特点，同时也继承了各自两象限变换器的优点。

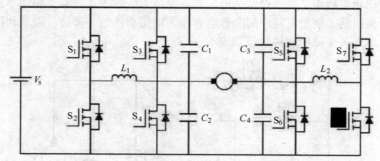

图 2.12 四象限零电压转换 DC – DC 变换器

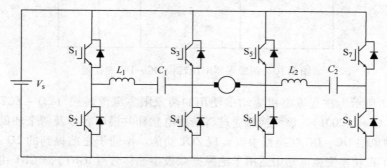

图 2.13 四象限零电流转换 DC – DC 变换器

目前，大部分低端电动摩托车和迷你电动汽车的直流电机驱动中均使用硬开关 DC – DC 变换器。主要是应用于人口密集的城市交通中，例如中国和印度的城市。实际上，用于电动汽车驱动的软开关 DC – DC 变换器具有一个很大的市场，其功率水平在 5kW 左右。

2.4 直流电机控制

如上文所述，直流电机驱动系统拥有控制简单的较大优势。在所有直流电机中，因为电枢电流和励磁电流能够独立控制，因而他励直流电机拥有很高的可控性，而串励直流电机因为电枢和励磁电流必须相同，所以说它相对不灵活。因此，在接下来的讨论中，会重点对他励和串励电机的控制特点进行讨论。

2.4.1 转速控制

通常来说，直流电机的转速控制能够通过两种方式进行，即电枢电压控制和弱磁控制。当直流电机的电枢电压降低时，电枢电流和电机转矩都会降低，从而降低了电机转速。相反地，当电枢电压增加时，电机转矩也随之增加，因此增加了电机转速。在利用电枢电压进行调速时，对于他励和串励直流电机的转矩 – 转速相应特性分别如图 2.14 和图 2.15 所示。能够看出电机能够稳定工作在任何自然特性之下的转矩 – 转速特性曲线上。此外，这些特性曲线的斜率不会随着转速的变化而变化。由于最大的电枢电流是一个定值，所以电枢电压控制能够在任何转速下保持最大的转矩。然而，因为电枢电压不能超过电压的额定值，所以该控制只能在直流电机的基速以及基速以下控制时使用。

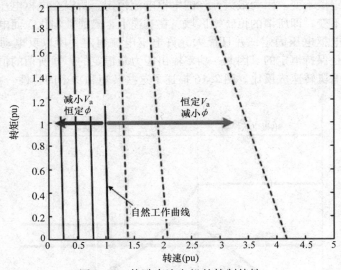

图 2.14   他励直流电机的控制特性

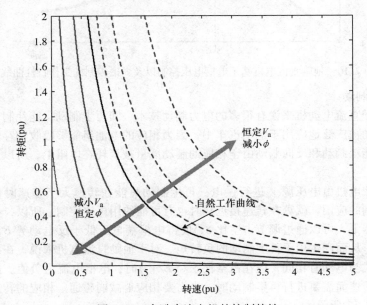

图 2.15   串励直流电机的控制特性

当电枢电压保持不变而降低直流电机的励磁电压时，电机的反电动势（EMF）会减小。又由于电枢绕组的阻值较低，电枢电流将增加，从而附加的转矩使电机转速增加。在使用弱磁控制时，他励直流电机和串励直流电机的转矩－转速特性曲线分别如图 2. 14 和图 2. 15 所示。可以很明显地看出这些曲线的斜率不再保持恒定，而会受到磁通的影响。

为了能够获得一个比较大的转速控制区，电枢电压控制和弱磁控制应该进行独立控制，这种控制策略只能在他励直流电机中使用。在基速以下，电枢电压是变化的，而磁通则保持在额定值不变。因为最大允许的电枢电流恒定，所以在电枢电压控制下的转矩能够保持恒定不变，即所谓的恒转矩区域。在基速上，磁通被弱化，而电枢电压保持在额定值。由于电枢电压固定，并且最大允许电枢电流恒定，所以反电动势（EMF）在任何速度下都是保持恒定的。因此，功率输出能力是恒定的，即所谓的恒功率区域，并且转矩输出与电机转速成反比。图 2. 16 描述了这些转矩和功率的特性。

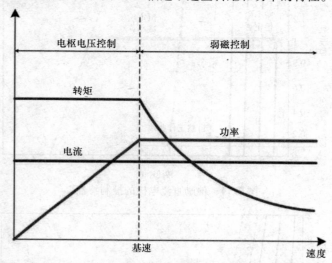

图 2. 16　他励直流电机基于电枢电压控制以及弱磁控制的工作特性曲线

2. 4. 2　再生制动

现在对于直流电动机来说有很多的电力制动技术，即再生制动、能耗制动和反向制动。再生制动被广泛地应用于电动汽车中，因为相应的电池组能够吸收和存储机械制动的能量，而能耗制动和反向制动由于相应的制动能量被消耗在电阻上，所以这两种方式很少被使用。

如果直流电机由电压源 V_s 进行供电，再生制动只能在转速大于基速时使用。因为直流斩波控制的应用，就算在转速接近 0 时也有可能使用再生控制。所以，在基于两象限直流斩波器下，可以通过调节占空比 δ，使得电枢端电压低于反电动势 E，使电枢电流变为负值，从而产生用于再生制动的负转矩。对于他励直流电机来说，在再生制动时的转矩表达式与电动时相同，但在占空比 $\delta < (E/V_s)$ 时，电枢电流为负值。此外，当转速高于额定转速而需要进行再生制动时，也需要相应地减弱磁通。相应的转矩－转速特性曲线如图 2. 17 所示。

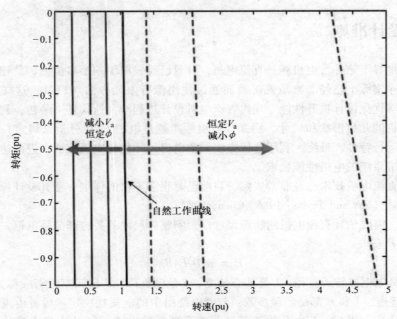

图 2.17　他励直流电机驱动的再生制动

对于串励直流电机来说，可以基于与他励直流电机相同的原理来产生再生制动，但是与其工作在电动模式下的状态进行对比，这个时候的电枢磁场需要进行反转。也就是说，通过桥式整流器连接电枢绕组，在电动模式和再生制动模式下，励磁电流都可以保持在相同方向，同时反电动势也可以保持为正值。相应的转矩－转速特性曲线如图 2.18 所示。

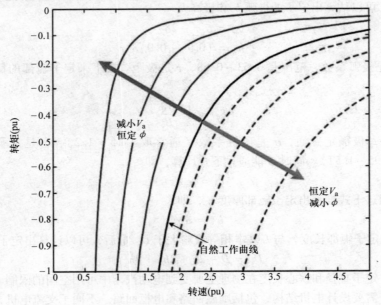

图 2.18　串励直流电机的再生制动

2.5 设计准则

由于世界上第一台电机就是直流电机，并且已经发展了一个多世纪，其相应的设计标准和程序实际上已经非常成熟。然而通过使用像有限元方法（FEM）这样的现代设计方法能够优化设计提升性能。现代直流电机设计过程涉及迭代环。最初，利用解析方程确定电机的几何形状和尺寸。后来，电机性能通过电磁 FEM 分析来确定，包括电磁场分布和运行特性。最终，利用迭代方法调整电机尺寸优化电机性能，进而达到用于电动汽车推进系统的电机性能要求。

由于直流电机技术已经非常成熟，目前已有很多不错的详细介绍其设计标准和程序的参考文献（Say and Taylor, 1986; Chen, 1982）。

第一，需要估计直流电机的物理尺寸。影响整体尺寸的关键部分是电枢，它直接与转换功率 P 有关

$$P = \pi^2 D^2 LABn \tag{2.12}$$

式中，D 是电枢或转子直径，L 是铁心长度，A 是电负荷，B 是气隙磁密或称为磁负荷，n 是额定转速。A 和 B 都是经验参数：前者由绕组中的电损耗决定，后者由齿部和轭部的磁损耗决定。因此，A 和 B 的选择显著地受到消散电磁损耗的冷却方法的影响。同时，额定转速越高，电机的尺寸越小。但是额定转速升高会导致磁损耗增大，因此会影响参数 B 的选取。所以，根据需要的功率 P 和转速 n 以及选定的 A 和 B，D^2L 就能被推算出来。一旦选定 D，L 即可确定。然后，气隙宽度 δ 可根据经验公式选出

$$\delta = 0.008D \tag{2.13}$$

接着，可以估算出定子的极弧 b_p 和极高 h_p

$$b_p = \alpha_p \tau - 2\delta \tag{2.14}$$

$$h_p = (0.7 \sim 0.9)\alpha_p \tau \tag{2.15}$$

式中，α_p 是极弧系数，范围是 $0.63 \sim 0.68$，τ 是极距。接下来定子轭部的截面积 S_y 可表示为

$$S_y = \frac{1}{2} \frac{\sigma\phi}{B_y} \tag{2.16}$$

式中，ϕ 是每极额定磁通，σ 是磁链系数（通常取 $1.15 \sim 1.2$），B_y 是定子轭部磁密（通常取 $0.95 \sim 1.5T$）。同时 ϕ 能通过下式计算，即

$$\phi = \alpha_p B\tau L \tag{2.17}$$

可以通过下式推算出定子轭部厚度 h_y，即

$$h_y = S_y/L_y \tag{2.18}$$

式中，L_y 是定子轭部长度，与 L 基本相等或略大于 L。最后，可以计算出定子直径 D_s

$$D_s = D + 2\delta + 2h_p + 2h_y \tag{2.19}$$

当然，定子直径和铁心长度在物理上要受到电动汽车中可用空间的限制。

第二，需要设计电机结构，包括励磁回路和电枢回路。不同于交流电机，直流电机

在励磁回路极数的选择上没有严格的规则。一般来说，在励磁回路中采用更多的磁极可以减少铁和铜材料用量；然而，励磁复杂性和铁耗将增加。根据经验，可以简单地根据电枢直径 D 来估计极数：例如，$D \leqslant 120\text{mm}$ 选两极，$120\text{mm} < D \leqslant 600\text{mm}$ 选四极，$600\text{mm} < D \leqslant 1200\text{mm}$ 选六极。对于电枢绕组，槽数和绕组的类型是两个主要因素。一般来说，电枢槽数越多，性能越好，但也伴随着更高的制造成本和复杂性。根据经验，可以根据电枢直径 D 来估计槽数：例如，$D \leqslant 300\text{mm}$ 时每极最大槽数为 12，$300\text{mm} < D \leqslant 450\text{mm}$ 时每极最大槽数为 14，$450\text{mm} < D \leqslant 650\text{mm}$ 时每极最大槽数为 20。同时，主要有两种电枢绕组类型：叠绕组和波绕组。它们的主要差别在于叠绕组在大电流应用中优势更大，而波绕组在大电压应用中优势更大。叠绕组和波绕组进一步分为单叠绕组、复叠绕组和单波绕组、复波绕组。另外，电枢可以采用单层绕组或者双层绕组。与单层绕组相比，双层绕组明显的优点是具有更大的灵活性，因为可以轻松地选择线圈跨距。因此可以估计电枢导体的数量

$$Z_a = \frac{2a\pi DA}{I_a} \tag{2.20}$$

式中，$2a$ 是并联回路数，I_a 是电枢电流。并联回路数取决于电枢绕组类型。单叠绕组 $a = p$，复叠绕组 $a = mp$，单波绕组 $a = 1$，复波绕组 $a = m$，其中 p 是极对数，m 是绕组的重复数。

第三，需要设计直流电机的两个特殊部件，即电刷和换向器。使用叠绕组时，单叠绕组电刷的数量和极数相等，双叠绕组电刷数量则是极数的两倍。同时，使用波绕组时，只需要两个电刷或者使用与极数相同的电刷数量来增强连接。电刷的截面积应确保电流密度在 $10 \sim 15\text{A/cm}^2$ 之间。换向器直径 D_c 一般等于 $(0.6 \sim 0.8) D$，可估算为

$$D_c \leqslant D - 2h_s \tag{2.21}$$

式中，h_s 为电枢槽深度。因此，换向器的切向速度可以表示为

$$v_c = \frac{\pi D_c n}{60} \tag{2.22}$$

其值应小于 35m/s。换向片的数量 N_c 等于有效电枢线圈的数量。因此，换向片跨距可表示为

$$\tau_c = \frac{\pi D_c}{N_c} \tag{2.23}$$

当 $D_c < 200\text{mm}$ 时其值应大于 3mm，当 $D_c > 200\text{mm}$ 时其值应大于 4.5mm，从而充分保证机械强度。

2.6 设计案例

如之前讨论的那样，用于电动汽车推进系统的直流电机驱动局限于那些低成本的小型电动汽车。对于一台典型的小型电动汽车，推进功率范围在 $3 \sim 7\text{kW}$，电池电压范围在 $48 \sim 96\text{V}$。直流电机驱动器一般采用高速电机设计以尽量减小总体尺寸，甚至会考虑

使用减速齿轮以使电机速度与车轮速度匹配。因此，期望的直流电机驱动器规格见表2.1。

表 2.1　直流电机驱动器规格

直流电压	72V
额定功率	5kW
额定转速	2000r/min
额定转矩	23.9N·m
恒转矩运行	0～2000r/min
恒功率运行	2000～4000r/min
齿轮转速比	5:1

为了在弱磁控制下实现期望的恒功率运行，选用他励直流电机。在表2.1列出的规格基础上，该直流电机的几何尺寸和参数可以通过前文所述的设计方程初始化，见表2.2。

表 2.2　他励直流电机初始参数

定子直径	267mm
转子直径	138mm
换向器直径	108mm
气隙宽度	1mm
铁心长度	100mm
定子极宽	67mm
定子极高	50mm
定子轭厚度	27mm
极数	4
电枢槽数	14
电刷数	4
换向片数	14
电枢导体数	84
冲片材料	50A230

如图2.19所示，通过电磁FEM分析，能够计算出额定情况下电机磁场的分布。可以看到，磁饱和并不严重，铁心的大部分区域磁通密度都小于1.5T。相应的转矩仿真波形如图2.20所示，可以看出该电机能提供期望的平均24N·m的额定转矩。最后，电机驱动器的转矩–转速特性包括恒转矩运行和恒功率运行，如图2.21所示。它验证电机驱动器可以实现所期望的从0到2000r/min的恒转矩运行和从2000r/min到4000r/min的恒功率运行，弱磁从5000安匝到2330安匝。

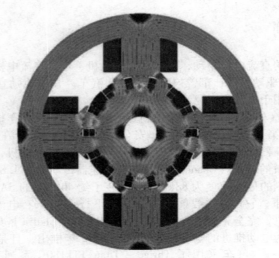

图 2.19 直流电机磁场分布

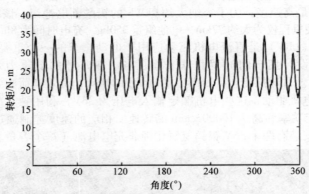

图 2.20 直流电机转矩波形

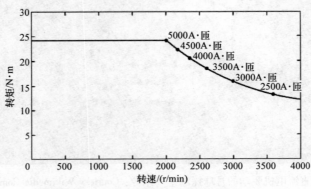

图 2.21 直流电机驱动的转矩 – 转速特性

2.7 应用案例

几乎所有类型的直流电机驱动，即他励直流电机、串励直流电机、并励直流电机和 PM 直流电机的电机驱动系统，都曾被应用于电动汽车。其中他励直流电机和串励直流电机已被广泛地应用于电动汽车驱动系统中。

GMC 概念电动汽车 G – Van 是采用他励直流电机作为电动汽车推进动力的代表。这是在 1990 年北美洲第一个符合联邦机动车安全标准认证的可用于在线生产的电动汽车。该 G – Van 电动汽车采用 Nelco N200ML012 型号的他励直流电动机，可以提供 45kW 的额定功率和 323N·m 的转矩（Chancey，2010），变速器传动比为 1.85:1，正向和反向地固定传动齿轮；车辆的最高速度为 88km/h；安装了约 40kWh 的 SAFT 镍镉电池组，在 J227a – C 驱动周期下，它可以在载重 3538kg 情况下行驶 96km；电池组是采用非车载氯化物充电器进行充电，完全充电需要约 8h。菲亚特 Panda Elettra 是具有代表性的采用串励直流电机驱动作为电动推进的电动汽车。它于 1990 年推出，且是第一批大规模生产的电动汽车车型之一。该车采用了 Thrige – Titan TTL180C 系列直流电机，可以在 2500r/min 下提供 9.2kW 的额定功率（Chancey，2014）；该车配备了一个四速变速器，可以提供 70km/h 的最高速度；为了容纳大约 9kWh 的铅酸蓄电池组，该车只有两个座位，且每次充电的行驶里程仅为大约 77km；电池组重 350kg，充电时间为 8h。

月球探测车（LRV）是直流电机驱动应用于电动汽车的一个重要的里程碑，如图 2.22 所示，它被设计用于阿波罗月球表面任务，在月球的低重力真空环境下工作（Williams，2005）。月球探测车（LRV）的质量为 210kg，有效载荷为 490kg。车轮分别由四个串励直流电机驱动，这些电机额定输入电压为 36V，利用独立的 80:1 谐波驱动输出 745W 的额定功率和高达 10000r/min 的转速。相应的速度控制通过使用 PWM 直流斩波器来处理。安装有两个 36V 银锌氢氧化钾非充电电池（每个容量为 121Ah），可以

图 2.22   采用串励直流电机驱动的月球探测车（来源：Courtesy Wikimedia Commons，http：//en. wikipedia. org/wiki/File：Apollo15LunarRover2. jpg）

提供 92km 的行车里程。通过采用额定功率为 75W 的前、后转向电机，月球探测车（LRV）可以提供出色的机动性。然而，四辆月球探测车（LRV）的整体成本却是一个天文数字——3800 万美元。随着电力电子技术的发展，他励直流电机可以实现灵活的电枢电压控制和弱磁控制，从而实现宽范围速度控制，包括恒转矩运行和恒功率运行。因此，与直流电机驱动相比，他励直流电机驱动在现代迷你电动汽车的应用中占主导地位，特别是那些在美国称为邻里电动汽车（NEV）的电动汽车可以在合法的公共道路上以 56km/h 的速度限制和 1400kg 的载重限制行驶（Abuelsamid，2009）。全球电动汽车（GEM）作为邻里电动汽车（NEV）的模式，通常安装有 72V 的电池系统为他励直流电机馈电，从而使电动汽车能够在 4950r/min 转速下提供 6.6kW 的额定功率，并且每次充电可以驱动 48km 的行驶里程。

2.8　直流电机在电动汽车中的应用是否衰退

毫无疑问，直流电机驱动技术是非常成熟和发达的。电动汽车中直流电机驱动的应用具有技术成熟和控制简单的明确优势。然而，随着对电机高效率、高功率密度、免维护运行等不断增长的需求，直流电机驱动对于电动汽车推进不再具有吸引力。事实上，其在电动汽车上的应用正在减少和消失。

目前，一些直流电机驱动，如他励直流电机驱动，仍然在现代迷你电动汽车中被采用。然而，随着交流电机驱动技术的不断完善，可以预见，在不久的将来，直流电机驱动在电动汽车推进中的应用将完全被交流或无刷直流电机驱动所取代。

参 考 文 献

Abuelsamid, S. (2009) What is a Neighborhood Electric Vehicle (NEV)? AutoblogGreen, http://green.autoblog.com/2009/02/06/greenlings-what-is-a-neighborhood-electric-vehicle-nev/ (accessed September 2014).
Chan, C.C. and Chau, K.T. (1993) A new zero-voltage-switching dc/dc boost converter. *IEEE Transactions on Aerospace and Electronic Systems*, **29**, 125–134.
Chancey, M. (2010) 1989 GMC Electric G-Van, EV Album, http://www.evalbum.com/1413 (accessed September 2014).
Chancey, M. (2014) 1990 Fiat Panda Elettra, EV Album, http://www.evalbum.com/3141 (accessed September 2014).
Chau, K.T. (1994) A new class of pulsewidth-modulated multi-resonant converters using resonant inductor freewheeling. *International Journal of Electronics*, **77**, 703–714.
Chau, K.T., Ching, T.W. and Chan, C.C. (1999) A new two-quadrant zero-voltage transition converter for DC motor drives. *International Journal of Electronics*, **86**, 217–231.
Chen, S. (1982) *Electric Machine Design (Chinese)*, China Machine Press, Beijing.
Ching, T.W. (2005) Four-quadrant zero-voltage-transition converter-fed DC motor drives for electric propulsion. *Journal of Asian Electric Vehicles*, **3**, 651–656.
Ching, T.W. (2006) Four-quadrant zero-current-transition converter-fed DC motor drives for electric propulsion. *Journal of Asian Electric Vehicles*, **4**, 911–917.
Ching, T.W. and Chan, K.U. (2008) Review of soft-switching techniques for high-frequency switched-mode power converters. Proceedings of IEEE Vehicle Power and Propulsion Conference, pp. 1–6.
Ching, T.W. and Chau, K.T. (2001) A new two-quadrant zero-current transition converter for DC motor drives. *International Journal of Electronics*, **88**, 719–735.
Dubey, G.K. (1989) *Power Semiconductor Controlled Drives*, Prentice-Hall, Englewood Cliffs, NJ.
Ehsani, M., Gao, Y. and Emadi, A. (2009) *Modern Electric, Hybrid Electric, and Fuel Cell Vehicles: Fundamentals, Theory, and Design*, 2nd edn, CRC Press, Boca Raton, FL.
Hua, G. and Lee, F.C. (1995) Soft-switching techniques in PWM converters. *IEEE Transactions on Industrial Electronics*, **42**, 595–603.
Say, M.G. and Taylor, E.O. (1986) *Direct Current Machines*, Pitman, London.
Williams, D.R. (2005) The Apollo Lunar Roving Vehicle, NASA, http://nssdc.gsfc.nasa.gov/planetary/lunar/apollo_lrv.html (accessed September 2014).

第 3 章　感应电机驱动系统

正如前述章节所述，在电驱动领域，无换向器电机驱动比传统的直流电机驱动更具优势。目前，感应电机驱动是最为成熟的一种无换向器电机驱动方式。感应电机主要有绕线转子和笼型两种。鉴于成本高、维护量大和牢固性差等缺陷，在电动汽车的电驱动应用中，笼型感应电机比绕线转子感应电机更具吸引力。因而在电动汽车领域，笼型感应电机也可被简称为感应电机。除了无换向器电机驱动的共同优点之外，感应电机驱动还具有低成本和坚固性高等优点。这些优点使得我们可以克服感应电机驱动控制的复杂性，从而促进了该技术在电动汽车领域的广泛应用。

本章讨论了多种感应电机驱动，包括系统结构、感应电机、逆变器和控制策略。除此以外，还探讨了相应的设计准则、设计案例和应用案例。

3.1　系统结构

感应电机驱动的基本结构如图 3.1 所示，包括三相笼型感应电机、三相脉宽调制（PWM）逆变器、电子控制器和传感器。

对于电动汽车驱动系统而言，系统结构可以是单电机或多电机。其中单电机系统结构已经广泛应用在商业电动汽车中。如图 3.2 所示，单电机结构只需用一台感应电机和一台 PWM 逆变器，就可以将尺寸、重量和成本最小化。然而，该结构需要一台差速器来调整转弯时驱动轮的相对速度。另外，该结构采用定速齿轮来降低电机转速以适应车轮速度。需要注意的是，电动汽车驱动系统广泛应用高速感应电机，以降低电机尺寸和重量，这是电动汽车最为关键的核心。

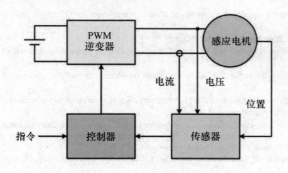

图 3.1　感应电机驱动的基本结构

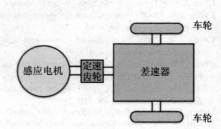

图 3.2　电动汽车用感应电机驱动的
单电机结构

另一方面，多电机结构采用多台电机对每个车轮进行单独控制。如图 3.3 所示，感应电机驱动的双电机结构包含了两台感应电机、两台 PWM 逆变器和两台可选的定速齿轮。而是否采用定速齿轮取决于是否采用直驱方式。既然两台感应电机独立控制，因此差速动作可以通过电子方式实现，从而取代了笨重的差速器。感应电机采用高速设计还是低速设计取决于是否采用定速齿轮。对于商业电动汽车而言，采用多电机结构的主要原因是安全性。

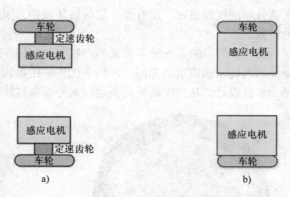

图 3.3　电动汽车用感应电机驱动的双电机结构：
a）高速齿轮结构；b）低速无齿轮结构

如果左右感应电机的速度指令计算错误或者发生故障，所带来的后果将会非常严重。因此，额外的控制监控和容错不可或缺的。

3.2　感应电机

在上述两种类型的感应电机中，笼型感应电机已经应用于电驱动。因此，后续讨论均基于笼型感应电机，而绕线转子感应电机将不进行讨论。

3.2.1　感应电机结构

笼型感应电机是最常见的感应电机类型。如图 3.4 所示，其包含嵌有三相电枢绕组的定子、安装笼型导条与散热风扇（可能存在）的转子、两个支撑转子的端部轴承和安装电机所用的带端盖的机壳。

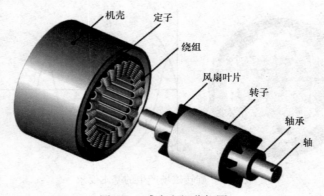

图 3.4　感应电机分解图

一种常见的三相三极感应电机的剖面图如图 3.5 所示，其中，定子装有三相绕组 A－X、B－Y 和 C－Z，转子嵌有笼条。定子绕组的分布使得定子绕组电流沿圆周产生正弦分布的气隙磁密。所有笼条被前后环短接，因此，转子电路能够感应出与定子相同的极数。

图3.6所示的是一种不常见的三相16极外转子感应电机的剖面图，其运行机理与传统的内转子感应电机相同。外转子优先采用盘式的拓扑结构，即大直径、短轴距，以利于多极设计，从而实现轮毂驱动。此外，盘式转轴也有利于将电机安装到车轮中。

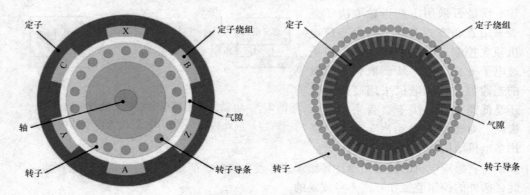

图3.5　基本的感应电机拓扑　　　　　图3.6　外转子感应电机拓扑

3.2.2　感应电机原理

图3.7展示了感应电机产生旋转磁场的两个基本要求，即三相绕组和三相电流（Ehsani，Gao，and Emadi，2009）。三相电流如下：

$$i_a = I_m \sin(\omega t) \tag{3.1}$$

$$i_b = I_m \sin(\omega t - 120°) \tag{3.2}$$

$$i_c = I_m \sin(\omega t - 240°) \tag{3.3}$$

式中，I_m是幅值；ω是电流角频率。

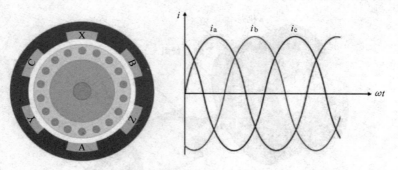

图3.7　旋转磁场产生的基本要求

相电流产生的定子磁动势可以表示为

$$F_a = F_m \sin(\omega t) \tag{3.4}$$

$$F_b = F_m \sin(\omega t - 120°) \tag{3.5}$$

$$F_c = F_m \sin(\omega t - 240°) \tag{3.6}$$

式中，$F_m = I_m N$；N 为每相绕组匝数。因此，所产生的定子磁动势（MMF）矢量可以表示为

$$F = F_a e^{j0°} + F_b e^{j120°} + F_c e^{j240°} \tag{3.7}$$

式（3.7）也可表示为

$$F = \frac{3}{2} F_m e^{j(\omega t - 90°)} \tag{3.8}$$

由式（3.8）可见，定子 MMF 矢量的角速度为 ω，相位比 A 相 MMF 滞后 $90°$。图 3.8 所示的是 $\omega t = 0°$ 和 $\omega t = 90°$ 时的定子 MMF 矢量，描述了所产生 MMF 矢量旋转 $90°$ 的过程。定子磁极的旋转角速度等于相电流的角频率。如果电机的极数超过 2 极，旋转磁场速度不同于角频率，可以表示为

$$\omega_s = \frac{\omega}{p} \quad 或 \quad n_s = \frac{f}{p} \tag{3.9}$$

式中，p 是极对数，f 是相电流频率，ω_s 和 n_s 分别是单位为 rad/s 和 r/s 的旋转磁场速度（通常又称为同步速度）。

如图 3.9 所示，定子旋转磁场与转子导条之间的相对运动在转子上感应出电压。例如，磁通方向向下且磁场从右向左运动；所产生的电动势（EMF）和导体电流方向向内。机械力方向将会向左，使得导条跟随旋转磁场和驱动转矩的方向。旋转磁场和转子之间的相对运动是产生转矩的关键，因此，转差率 s 定义为

$$s = \frac{(\omega_s - \omega_r)}{\omega_s} = \frac{\omega_{sl}}{\omega_s} \tag{3.10}$$

式中，ω_{sl} 被称为转差速度，也就是定子旋转磁场与转子之间的相对速度。当 $0 < s < 1$ 时，感应电机属于电动运行；当 $s < 0$ 时，感应电机属于发电运行。

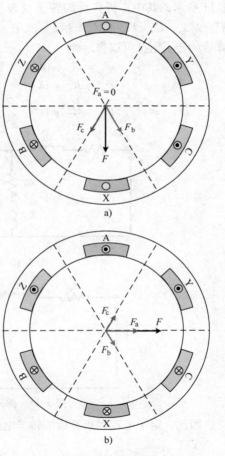

图 3.8　旋转磁动势矢量：
a）$\omega t = 0°$；b）$\omega t = 90°$

3.2.3　感应电机建模

感应电机的原理类似于变压器，其等效电路如图 3.10 所示，其中，R_s 和 X_s 分别为定子侧绕组电阻和漏抗，R_r 和 X_r 分别为堵转时转子侧绕组电阻和漏抗，E_s 和 E_r 分别为

定子感应电动势和堵转条件下转子的感应电动势，R_m 和 X_m 分别为定子侧铁耗电阻和励磁电抗，k 为定转子绕组匝数比。不同于变压器的是，由于相对运动的存在，感应电机的定转子频率并不相等。然而转子频率与转差率有关，即 $f_r = sf$。相应地，转子电动势和转子电抗也与转差率相关，可以分别表示为 sE_r 和 sX_r。

为了简化感应电机的等效电路，所有的转子量均除以 s，然后折算到定子侧。简化的等效电路如图 3.11 所示，其中，折算后的转子量表示为 $R_r' = k^2 R_r$，$X_r' = k^2 X_r$，$E_r' = kE_r$ 和 $I_r' = I_r/k$。定子、励磁支路和折算后的转子阻抗可以表示为

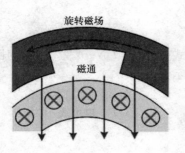

$$Z_s = R_s + jX_s \tag{3.11}$$

$$Z_m = R_m + jX_m \tag{3.12}$$

$$Z_r' = \frac{R_r'}{s} + jX_r' \tag{3.13}$$

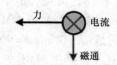

图 3.9　转矩产生机理

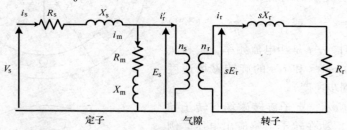

图 3.10　感应电机等效电路

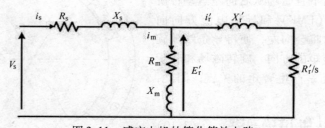

图 3.11　感应电机的简化等效电路

因此，定子电流和折算后的转子电流可以计算为

$$I_s = \frac{V_s}{(Z_s + Z_m \parallel Z_r')} \tag{3.14}$$

$$I_r' = \frac{Z_m}{(Z_m + Z_r')} I_s \tag{3.15}$$

从定子侧转移到转子侧的电磁气隙功率可以表示为

$$P_g = mI_r'^2 \frac{R_r'}{s} \tag{3.16}$$

式中，m 是相数。扣除转子铜耗 $mI_r'^2 R_r'$ 后，总机械输出功率可以表示为

$$P_m = mI_r'^2 \frac{R_r'}{s}(1 - s) \tag{3.17}$$

因此，可以由下式计算得到输出转矩，即

$$T = \frac{P_m}{\omega_r} \tag{3.18}$$

因为 $\omega_r = (1 - s)\omega_s$，所以输出转矩还可以表示为

$$T = \frac{P_g}{\omega_s} \tag{3.19}$$

如果忽略励磁支路，转矩方程可以简化为

$$T = \frac{1}{\omega_s} \frac{mV_s^2}{(R_s + R_r'/s)^2 + (X_s + X_r')^2} \frac{R_r'}{s} \tag{3.20}$$

固定电压和频率条件下感应电机的转矩 – 转速特性如图 3.12 所示，其中，T_{st} 是起动转矩；T_{max} 是最大转矩。鉴于起动转矩低和速度范围有限，这样的转矩 – 转速特性显然无法满足电动汽车驱动的需要。因此，把电力电子应用到感应电机驱动中几乎是感应电机在电动汽车应用的必然要求。

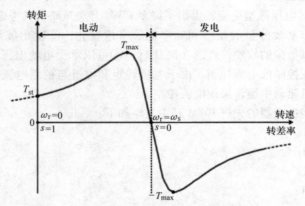

图 3.12　感应电机的转矩 – 转速特性

3.3　感应电机用逆变器

感应电机用逆变器一般可以分为电压源型和电流源型两种类型。由于电流源型逆变器需要大的串联电感来模拟，所以该类逆变器很少应用在电动汽车驱动中。然而由于电压源型逆变器结构简单且功率可双向流动，故其在电动汽车驱动中占据了主导地位。典型的三相全桥电压源型逆变器如图 3.13 所示。由于不同应用场合的开关策略不同，其输出波形为六步或 PWM。六步逆变器具有结构简单和开关损耗低等优点。但由于幅值无法直接控制且低次谐波较多，因而已被逐步淘汰。另一方面，由于 PWM 逆变器能够优化其谐波分量且能够在进行速度控制时使基波幅值和频率平滑变化，因而获得了广泛应用。

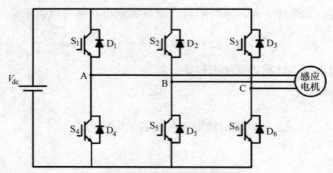

图 3.13　三相全桥电压源型逆变器

　　逆变器的设计高度依赖功率器件技术。目前，基于绝缘栅双极型晶体管（IGBT）的逆变器最为流行且已经广泛应用于现代电动汽车中。功率器件的选择依据如下：①额定电压至少是电池额定电压的两倍，以承受开关过程中的电压冲击；②额定电流要大到无需多个功率器件并联；③开关速度要快到足以抑制电机谐波和噪声。另外，一个功率器件模块通常集成两个功率器件或者六个功率器件，旨在减少走线和杂散阻抗。

3.3.1　PWM 逆变器

　　20 年来，针对电压源型逆变器提出了许多 PWM 开关策略，其考虑因素主要有以下几点：①输出波形基波分量的幅值和频率能够平滑变化；②输出波形谐波畸变最小；③开关算法能够以最少的软硬件资源实时执行；④可以承受电池电压波动。这些 PWM 开关策略可为电压控制或电流控制。由于电机转矩和磁链与控制电流直接相关，因此，在高性能感应电机驱动中通常采用电流控制。

　　用于电压源型逆变器的先进 PWM 开关策略如下：
- 正弦 PWM；
- 规则 PWM；
- 优化 PWM；
- Delta PWM；
- 随机 PWM；
- 混沌 PWM；
- 电流滞环 PWM；
- 空间矢量 PWM。

　　其中，电流滞环 PWM 和空间矢量 PWM 在电动汽车用感应电机驱动中应用最为广泛。

　　电流滞环 PWM（Bose，1992）的工作原理如图 3.14 所示。实际电流可通过在线测量得到，然后直接与参考电流进行比较：当实际电流超过参考电流滞环上限时，上开关管打开，电流开始下降；当实际电流低于参考电流滞环下限时，上开关管闭合，电流开始上升。因此，实际电流被限制在参考电流的滞环内部，不受直流母线电压波动的影响。该开关策略具有直接电流控制和快速响应等优点。然而，PWM 开关频率会随着负载的变化而变化，导致电流谐波变化不定且非最优。此外，基波电流还受到相位滞后的不利影响。

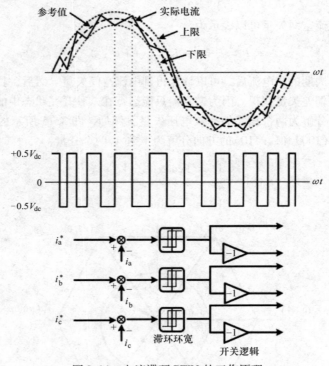

图 3.14　电流滞环 PWM 的工作原理

空间矢量 PWM 的工作原理（Bose，2006）如图 3.15 所示，其实际上是基于电压和电流空间矢量概念的间接电流控制方法。该开关策略与图 3.13 等同，即三相电压源型逆变器的八个开关状态且每个开关状态对应于表 3.1 所列的电压空间矢量。如图 3.15 所示，六个有效矢量 $\overline{V}_1$（100）、$\overline{V}_2$（110）、$\overline{V}_3$（010）、$\overline{V}_4$（011）、$\overline{V}_5$（001）和 $\overline{V}_6$（101）间隔 60°且为幅值是 $2V_{dc}/3$ 六边形的顶点；两个零矢量 $\overline{V}_0$（000）和 $\overline{V}_7$（111）位于零点。

表 3.1　空间矢量 PWM 的开关状态

状态	开通	V_{an}	V_{bn}	V_{cn}	矢量
0	$S_4S_5S_6$	0	0	0	$\overline{V}_0$（000）
1	$S_1S_5S_6$	$2V_{dc}/3$	$-V_{dc}/3$	$-V_{dc}/3$	$\overline{V}_1$（100）
2	$S_1S_2S_6$	$V_{dc}/3$	$V_{dc}/3$	$-2V_{dc}/3$	$\overline{V}_2$（110）
3	$S_4S_2S_6$	$-V_{dc}/3$	$2V_{dc}/3$	$-V_{dc}/3$	$\overline{V}_3$（010）
4	$S_4S_2S_3$	$-2V_{dc}/3$	$V_{dc}/3$	$V_{dc}/3$	$\overline{V}_4$（011）
5	$S_4S_5S_3$	$-V_{dc}/3$	$-V_{dc}/3$	$2V_{dc}/3$	$\overline{V}_5$（001）
6	$S_1S_5S_3$	$V_{dc}/3$	$-2V_{dc}/3$	$V_{dc}/3$	$\overline{V}_6$（101）
7	$S_1S_2S_3$	0	0	0	$\overline{V}_7$（111）

每个开关状态对应的相电压组合可以由下式得到一个电压空间矢量：

$$\bar{V} = \frac{2}{3}(v_a + v_b e^{j120°} + v_c e^{j240°})$$ (3.21)

类似地，电流空间矢量可以表示为

$$\bar{I} = \frac{2}{3}(i_a + i_b e^{j120°} + i_c e^{j240°})$$ (3.22)

在采样每个周期的相电流后，可以计算得到电流空间矢量。然后，目标电压空间矢量可以根据电流偏差矢量获得。因为逆变器只能运行在八种开关状态中的一种，所以电压空间矢量可以分解为两个相邻的有效电压矢量。例如，图 3.15 所示的电压空间矢量可以分别沿着 $\bar{V}_1(100)$ 和 $\bar{V}_2(110)$ 的方向分解为 V_a 和 V_b 两个分量：

$$V_a = V\cos\alpha - \frac{1}{2}V_b$$ (3.23)

$$V_b = \frac{2}{\sqrt{3}}V\sin\alpha$$ (3.24)

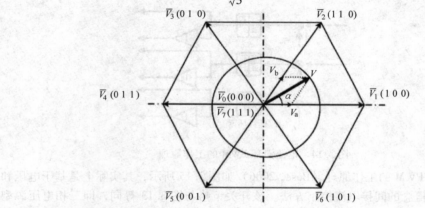

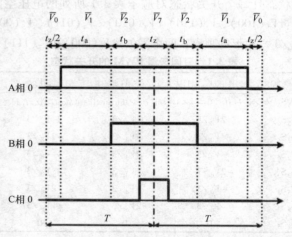

图 3.15　空间矢量 PWM 的工作原理

相应有效状态$\overline{V}_1(100)$和$\overline{V}_2(110)$的作用时间分别为

$$t_a = \frac{V_a}{(2V_{dc}/3)}T \qquad (3.25)$$

$$t_b = \frac{V_b}{(2V_{dc}/3)}T \qquad (3.26)$$

零矢量$\overline{V}_0(000)$或$\overline{V}_7(111)$的作用时间为

$$t_z = T - t_a - t_b \qquad (3.27)$$

该时间可以方便地在$\overline{V}_0(000)$和$\overline{V}_7(111)$之间分配以获得对称脉冲，进而使得输出波形谐波含量最小。该空间矢量 PWM 策略具有开关频率固定和电流脉动小等优点。但是，其执行过程计算量较大。

3.3.2　软开关逆变器

逆变器采用的是软开关而不是硬开关。软开关的核心是采用谐振电路对电流和电压波形进行整形，以实现功率器件零电流开关（ZCS）或者零电压开关（ZVS），从而使得电流和电压重叠部分最小化，进而最小化开关损耗。软开关逆变器通常具有如下优点：

- 由于 ZCS 和 ZVS 的实现条件，器件开关损耗几乎为零，从而提高了整体效率。
- 由于 ZCS 和 ZVS 较低的散热要求和较小的缓冲电路尺寸，减小了逆变器的尺寸和重量，从而提高了整体功率密度。
- 由于 ZCS 和 ZVS 较低的 dv/dt 效应，减轻了电磁兼容问题和电机绝缘问题。
- 由于 ZCS 和 ZVS 工作在高频状态，使得噪声最小化。

另一方面，软开关逆变器存在如下缺点：

- 存在附加电路且控制复杂。
- 系统可靠性较低。
- 由于需要附加的谐振电路，附加成本和损耗增加。

感应电机驱动用软开关逆变器已经成为电力电子学科的一个研究方向。现有文献提出了多种软开关逆变器拓扑结构。总体而言，其拓扑结构可以分为直流型和交流型。直流型可以进一步分为谐振环型和谐振极型。交流型可以进一步分为谐振型和非谐振型（Bose，2006）。

软开关逆变器在 1986 年出现三相谐振直流母线电压源型逆变器之后得到了迅速的发展（Divan，1986）。迄今为止，已经出现了多种改进型软开关拓扑结构，如准谐振直流母线、串联谐振直流母线、并联谐振直流母线、同步谐振直流母线、共振跃迁、辅助谐振换向极和辅助谐振缓冲（ARS）逆变器。与此同时，电动汽车软开关逆变器的诸多设计目标已经明确，如效率 > 95%、功率密度 > 3.5W/cm³、开关频率 > 10kHz、$dv/dt < 1000V/\mu s$、零电磁干扰、车辆全生命周期零故障和跛行模式冗余性。辅助谐振缓冲逆变器已经应用在电动汽车驱动中（Lai，1997），其满足绝大多数设计目标，且输出功率等级已经达到 100kW。

如图 3.16 所示，为了达到软开关条件，ARS 逆变器通过采用带谐振缓冲电容的辅助开关和谐振电感实现如下控制目标：①所有主功率器件都能够实现零电压开关；②所有辅助功率开关能够实现零电流开关。且相应的寄生电感和杂散电容被当作谐振电路的一部分，从而降低主功率开关的过电压或者过电流损害。尽管这种 ARS 逆变器在电动汽车驱动方面具有应用前景，但仍需

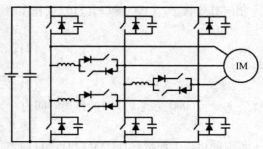

图 3.16　三相辅助谐振缓冲逆变器

持续改进才能满足电动汽车的实际需要。尤其是相应的控制复杂性需要降低，而为实现感应电机驱动的有效控制，需要改进相应的 PWM 开关策略。

　　因为复杂性和可靠性是实际应用的主要参考因素，所以商业化的电动汽车电驱动系统仍未采用软开关逆变器。

3.4　感应电机控制

　　感应电机驱动主要有三种控制策略：变压变频（VVVF）控制、磁场定向控制（FOC）和直接转矩控制（DTC）。详述如下：

3.4.1　变压变频控制

　　VVVF 控制已广泛应用在感应电机驱动的速度控制中。该控制方法在额定频率下采用恒压频比控制，在额定频率以上采用恒压变频控制。对于极低频率，则用泵升电压来补偿外施电压与反电动势之间的差值（Dubey，1989）。

　　根据图 3.11 所示的等效电路（其中，忽略 R_m），额定速度时励磁电流可以表示为

$$I_m = \frac{E'_{r\_rated}}{X_m} = \frac{E'_{r\_rated}}{f_{rated}} \frac{1}{2\pi L_m} \quad (3.28)$$

式中，E'_{r_rated} 是额定频率时的反电动势；L_m 是励磁电感。在额定速度以下，工作频率可以标幺化为频率比 a，其定义如下：

$$a = f/f_{rated} \quad (3.29)$$

　　因此，相应的励磁电流可以表示为

$$I_m = \frac{E'_r}{aX_m} = \frac{E'_r}{af_{rated}} \frac{1}{2\pi L_m} \quad (3.30)$$

　　如果 $E'_r = aE'_{r\_rated}$ 或者 E/f 恒定，那么励磁电流和磁通将保持不变。因此，电动和发电状态的最大转矩保持不变

$$T_{max} = \pm \frac{3}{2\omega_s} \frac{E'^2_{r\_rated}}{X'_r} \quad (3.31)$$

因为反电动势的测量非常困难，所以外施电压一般被用来替代反电动势。因此，除了低速运行时的低频率，在绝大多数工作频率下，恒 E/f 策略可被恒 V/f 近似替代。在低速条件下，定子阻抗压降变得不可忽略，以致外施电压不再可以用来近似代替反电动势。因此，对于恒 V/f 控制策略而言，通常通过升压来补偿低速运行时的定子阻抗压降。

在额定转速以上，外施电压保持为额定电压 V_{rated}，而工作频率在额定频率以上。因此，最大转矩随着频率的增加（$a > 1$）而下降

$$T_{max} = \frac{3}{2a\omega_s}\left[\frac{V_{rated}^2}{R_s \pm \sqrt{R_s^2 + a^2(X_s + X_r')^2}}\right] \tag{3.32}$$

因为转差率很小，所以转子电流差不多跟反电动势同相位。当忽略转子电阻损耗和定子阻抗压降时，输出功率等于额定电压和转子电流的乘积。因此，在定子电流最大允许范围内，该变频控制方法能够实现恒功率运行。

在临界速度以上，电机运行在能够获得最大转矩的转差率条件下。电机电流和功率与转速成反比，转矩与转速的 2 次方成反比。

归纳来讲，采用 VVVF 控制的感应电机驱动转矩 - 转速特性如图 3.17 所示，而相应的转矩 - 转速性能曲线如图 3.18 所示。由图可以看出其三个运行区间。第一个区间称为恒转矩区域：速度

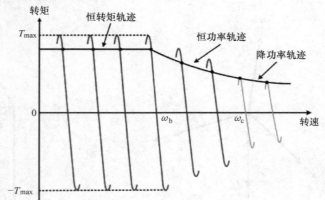

图 3.17　VVVF 控制下感应电机驱动的转矩 - 转速特性

低于额定转速（通常称为基速 ω_b），电机输出额定转矩。第二个区间称为恒功率区域：转差率逐渐增加到最大值，使得定子电流保持恒定且电机能够维持额定功率输出。当电机转速超过临界转速 ω_c 时，转差率保持恒定而定子电流下降。因此，转矩能力随着转速的 2 次方下降，故称为降功区（高速区）。

需要指出的是，VVVF 控制下的转矩和气隙磁通是电压和频率的函数。该耦合效应会使得响应变慢。换言之，对于高性能电动汽车而言，相应的转矩控制不够快速、精确。

3.4.2　磁场定向控制

为改善感应电机驱动的动态性能，磁场定向控制（FOC）优于 VVVF 控制。通过采用 FOC，感应电机数学模型首先从定子 $a - b - c$ 坐标系变换到定子 $d^s - q^s$ 坐标系，然后再变换到速度为 ω_e 的同步旋转 $d^e - q^e$ 坐标系，其过程如图 3.19 所示。因此，在稳态条件下，定子坐标系下的全部正弦量，如定子电压 v_s、定子电流 i_s、定子磁链 λ_s、转子电压 v_r、转子电流 i_r 和转子磁链 λ_r，可以表示为同步旋转坐标系中的直流量（Novotny and Lipo, 1996; Sul, 2011）。

首先，设 θ 为 $d^s - q^s$ 坐标系下的 q^s 轴与 $a - b - c$ 坐标系下的 a 轴之间的夹角，故

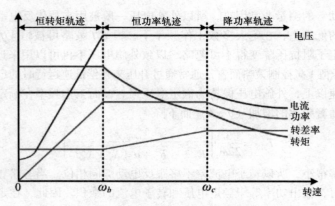

图 3.18　VVVF 控制下感应电机驱动的运行特性

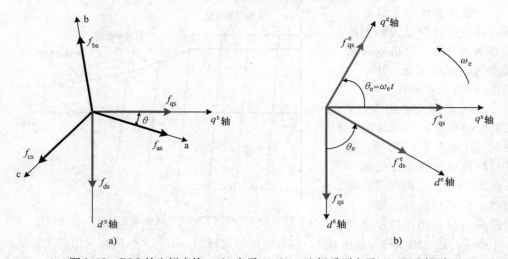

图 3.19　FOC 的坐标变换：a）定子 $a-b-c$ 坐标系到定子 d^s-q^s 坐标系；
b）定子 d^s-q^s 坐标系到同步旋转 d^e-q^e 坐标系

d^s-q^s 坐标系下的转换量可以表示为

$$\begin{bmatrix} f_{ds}^s \\ f_{qs}^s \end{bmatrix} = \frac{2}{3} \begin{bmatrix} \sin\theta & \sin(\theta-120°) & \sin(\theta+120°) \\ \cos\theta & \cos(\theta-120°) & \cos(\theta+120°) \end{bmatrix} \begin{bmatrix} f_{as} \\ f_{bs} \\ f_{cs} \end{bmatrix} \tag{3.33}$$

式中，f 可以为任何电路变量，如电压、电流和磁链，而上标 s 是指定子 d^s-q^s 坐标系中的变量。假设 $\theta=0$，则 q^s 轴与 a 轴重合。

其次，因为 d^e-q^e 坐标系以速度 ω_e 同步旋转，所以 d^e-q^e 坐标系与 d^s-q^s 坐标系之间的夹角为 $\theta_e=\omega_e t$。因此，d^e-q^e 坐标系中的转换变量可以由下式得到：

$$\begin{bmatrix} f_{ds}^e \\ f_{qs}^e \end{bmatrix} = \begin{bmatrix} \cos\theta_e & \sin\theta_e \\ -\sin\theta_e & \cos\theta_e \end{bmatrix} \begin{bmatrix} f_{ds}^s \\ f_{qs}^s \end{bmatrix} \tag{3.34}$$

式中，上标 e 是指同步旋转坐标系 $d^e - q^e$ 中的变量。

通过上述两步坐标变换后，定子 $a - b - c$ 坐标系下的正弦量变成 $d^e - q^e$ 坐标系下的直流量。因此，电机电压方程可以表示为

$$v_{ds}^e = R_s i_{ds}^e + p\lambda_{ds}^e - \omega_e \lambda_{qs}^e \tag{3.35}$$

$$v_{qs}^e = R_s i_{qs}^e + p\lambda_{qs}^e + \omega_e \lambda_{ds}^e \tag{3.36}$$

$$v_{dr}^e = R_r i_{dr}^e + p\lambda_{dr}^e - (\omega_e - \omega_r)\lambda_{qr}^e \tag{3.37}$$

$$v_{qr}^e = R_r i_{qr}^e + p\lambda_{qr}^e + (\omega_e - \omega_r)\lambda_{dr}^e \tag{3.38}$$

式中，R_s 是定子电阻，R_r 是折算后的转子电阻，ω_r 是转子速度，p 是微分算子。通常情况下感应电机转子回路短路，故 v_{dr}^e 和 v_{qr}^e 为 0。定子和转子磁链可以表示为

$$\lambda_{ds}^e = L_s i_{ds}^e + L_m i_{dr}^e \tag{3.39}$$

$$\lambda_{qs}^e = L_s i_{qs}^e + L_m i_{qr}^e \tag{3.40}$$

$$\lambda_{dr}^e = L_r i_{dr}^e + L_m i_{ds}^e \tag{3.41}$$

$$\lambda_{qr}^e = L_r i_{qr}^e + L_m i_{qs}^e \tag{3.42}$$

式中，L_m 是互感，L_s 是定子电感，L_r 是转子电感。因此，输出转矩 T_e 可由下式得到：

$$T_e = \frac{3}{2}\frac{P}{2}\frac{L_m}{L_r}(\lambda_{dr}^e i_{qs}^e - \lambda_{qr}^e i_{ds}^e) \tag{3.43}$$

式中，P 是电机极数。

将 d^e 轴方向与转子磁链方向设为一致，转子磁链 q^e 轴分量 λ_{qr}^e 保持为 0。因此，式 (3.43) 的转矩表达式可以改写为

$$T_e = \frac{3}{2}\frac{P}{2}\frac{L_m}{L_r}\lambda_{dr}^e i_{qs}^e = K_e \lambda_{dr}^e i_{qs}^e \tag{3.44}$$

式中，K_e 是转矩。式 (3.44) 类似于如下的他励直流电机转矩表达式，即

$$T_e = K_e \phi I_a \tag{3.45}$$

式中，直流电机磁通 ϕ（类似于感应电机转子磁链的 d^e 轴分量 λ_{dr}^e）和电枢电流 I_a（类似于感应电机定子电流的 q^e 轴分量 i_{qs}^e）均可独立控制。与此同时，把 $\lambda_{qr}^e = 0$ 代入式 (3.37) 和式 (3.41)，转子磁链 d^e 轴分量可以表示为

$$\lambda_{dr}^e = \left(\frac{L_m}{\tau_r p + 1}\right) i_{ds}^e \tag{3.46}$$

式中，$\tau_r = L_r/R_r$ 是转子时间常数。因此，转子磁链 d^e 轴分量可以通过控制定子电流 d^e 轴分量来调整，而定子电流 d^e 轴分量类似于他励直流电机的励磁电流 I_f。当 i_{ds}^e 保持恒定时，λ_{dr}^e 可以由 $L_m i_{ds}^e$ 近似得到，因而式 (3.44) 的转矩表达式可以进一步简化为

$$T_e = \frac{3}{2}\frac{P}{2}\frac{L_m^2}{L_r} i_{ds}^e i_{qs}^e \tag{3.47}$$

式中，i_{ds}^e 和 i_{qs}^e 分别为定子电流的励磁分量和转矩分量。于是，采用 FOC，可以通过调节转矩分量有效控制电机转矩，而励磁分量保持恒定。因此，感应电机驱动具有类似于他励直流电机驱动的快速瞬态响应。最后，可总结 FOC 的工作原理即转矩控制和磁通控

制，如图 3.20 所示。

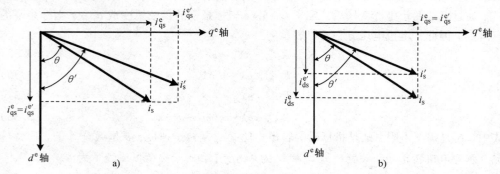

图 3.20　FOC 的工作原理：a）转矩控制；b）磁通控制

感应电机驱动的 FOC 有直接和间接两种实现方式。直接 FOC，又称为直接矢量控制，通过测量气隙磁通或者由所测定子电压和电流实时估算磁通得到转子磁链。一方面，通过采用霍尔传感器或者感应线圈可测量气隙磁通。然而，霍尔传感器在气隙中的安装会受到机械振动和温度变化的影响，从而降低其在电动汽车恶劣的工作环境中的可靠性。另外，由于感应线圈会受到低感应电压和低信噪比等问题的影响，几乎无法推断出在低速条件下产生的气隙磁通。另一方面，通过定子电压方程可以估算得到转子磁链，而估算过程需要测量定子电压和电流，以及 R_s、L_m、L_s 和 L_r 等电机参数。但是在低速条件下，由于所测电压信号很低，因而不适合进行磁链估算。同时，转子磁链也可以通过转子电压方程进行估算，其估算过程则是基于测量电流和速度，以及 R_r、L_m 和 L_r 等电机参数。尽管该技术具有零速估算的优势，但是需要依赖于精确的速度编码器。由于上述两种磁通估算方法高度依赖电机参数，所以对参数变化进行适当的补偿是有必要的。

间接 FOC，又称为间接矢量控制，广泛应用在电动汽车感应电机驱动中。该技术不需要辨识转子磁链信息。其关键点在于计算转差速度以获得即时的转子磁链位置 θ_e，从而实现正确的磁场定向：

$$\theta_e = \int_0^t \omega_e \mathrm{d}t = \int_0^t (\omega_{sl} + \omega_r) \mathrm{d}t = \int_0^t \omega_{sl} \mathrm{d}t + \theta_r \tag{3.48}$$

式中，ω_e 是同步速度，ω_{sl} 是转差速度，ω_r 是转子速度，θ_r 是位置编码器实时测得的转子位置。通过采用式（3.38）和式（3.42），转差速度可以表示为

$$\omega_{sl} = \frac{L_m}{\tau_r} \frac{i_{qs}^e}{\lambda_{dr}^e} \tag{3.49}$$

它是推算转子磁链位置的重要变量，因此又被称为间接 FOC 的解耦条件。基于式（3.44）、式（3.46）、式（3.48）和式（3.49），间接 FOC 的控制框图如图 3.21 所示，其中 T_e^* 是转矩指令，λ_{dr}^{e*} 是磁链指令。由图可见，转矩和磁链采用前馈控制。

虽然间接 FOC 已经广泛应用在高性能感应电机驱动中，但仍存在一些缺点。尤其是转子时间常数 τ_r 会随着工作温度和磁饱和而显著变化，从而使得理想的间接 FOC 发

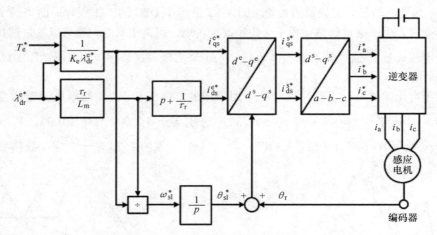

图 3.21　感应电机驱动的间接 FOC

生畸变。当前，有两种方法能解决此问题。一种是进行转子时间常数在线辨识，以修正间接 FOC 控制器的参数；另一种方法是采用复杂控制算法降低间接 FOC 控制器对电机参数变化的敏感性。模型参考自适应控制已经广泛用于感应电机驱动的间接 FOC，就本质而言，即使系统参数发生变化（如长时间运行导致转子时间常数发生变化），自适应律也可使电机驱动跟踪参考模型，模型参考自适应控制的优势在于不需要提供准确的参数。

3.4.3　直接转矩控制

直接转矩控制（DTC）是一种先进标量控制方法。对感应电机驱动而言，DTC 具有媲美 FOC 的优异性能。该方法通过选择合适的电压源型 PWM 逆变器的开关模式，从而实现定子磁链和转矩的直接控制。上述选择过程将转矩和磁链偏差控制在各自的转矩和磁链滞环中，因而可以实现快速的转矩响应和灵活控制（Vas, 1998；Bose, 2001）。

感应电机中，电磁转矩可以表示为定子磁链矢量 $\bar{\lambda}_s$ 和定子电流矢量 $\bar{i}_s$ 的叉乘

$$T_e = \frac{3}{2}\frac{P}{2}(\lambda_{ds}^s i_{qs}^s - \lambda_{qs}^s i_{ds}^s) = \frac{3}{2}\frac{P}{2}(\bar{\lambda}_s \times \bar{i}_s) \tag{3.50}$$

定子磁链矢量 $\bar{\lambda}_s$ 和转子磁链矢量 $\bar{\lambda}_r$ 可以用定子电流矢量 $\bar{i}_s$ 和转子电流矢量 $\bar{i}_r$ 表示

$$\bar{\lambda}_s = L_s \bar{i}_s + L_m \bar{i}_r \tag{3.51}$$

$$\bar{\lambda}_r = L_r \bar{i}_r + L_m \bar{i}_s \tag{3.52}$$

通过消去式（3.51）和式（3.52）中的 $\bar{i}_r$，定子磁链矢量可以表示为

$$\bar{\lambda}_s = \frac{L_m}{L_r}\bar{\lambda}_r + L_x \bar{i}_s \tag{3.53}$$

式中，$L_x = L_s L_r - L_m^2$。因此，式（3.50）的转矩表达式可以修改为

$$T_e = \frac{3}{2}\frac{P}{2}\frac{L_m}{L_x L_r}(\bar{\lambda}_r \times \bar{\lambda}_s) = \frac{3}{2}\frac{P}{2}\frac{L_m}{L_x L_r}|\bar{\lambda}_r\|\bar{\lambda}_s|\sin\gamma \tag{3.54}$$

式中，γ 为定、转子磁链矢量的夹角。图 3.22 描述了 DTC 的工作原理。即当转子磁链保持不变时，可以通过调整夹角 γ 来快速改变转矩，而夹角 γ 的调整可以通过选择合适的定子电压矢量 $\bar{v}_s$ 通过如下方式以 $\Delta\bar{\lambda}_s = \bar{v}_s \Delta t$ 来实现。这是感应电机驱动用 DTC 的关键所在。

定子电压矢量可以很容易地通过采用前述的空间矢量 PWM 的电压源型逆变器得到。即 $\bar{v}_{s0}$、$\bar{v}_{s1}$、$\bar{v}_{s2}$、$\bar{v}_{s3}$、$\bar{v}_{s4}$、$\bar{v}_{s5}$、$\bar{v}_{s6}$ 和 $\bar{v}_{s7}$ 分别等于 $\bar{V}_0(000)$、$\bar{V}_1(100)$、$\bar{V}_2(110)$、$\bar{V}_3(010)$、$\bar{V}_4(011)$、$\bar{V}_5(001)$、$\bar{V}_6(101)$ 和 $\bar{V}_7(111)$。如图 3.23 所示，定子磁链被相应

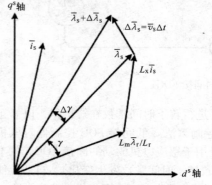

图 3.22 感应电机驱动 DTC 的运行机理

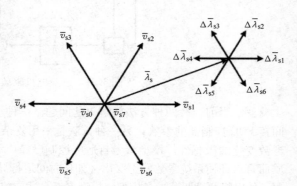

图 3.23 DTC 的定子磁链矢量控制

的定子电压矢量 $\bar{v}_{s1}$、$\bar{v}_{s2}$、$\bar{v}_{s3}$、$\bar{v}_{s4}$、$\bar{v}_{s5}$ 和 $\bar{v}_{s6}$ 所产生的磁链增量 $\Delta\bar{\lambda}_{s1}$、$\Delta\bar{\lambda}_{s2}$、$\Delta\bar{\lambda}_{s3}$、$\Delta\bar{\lambda}_{s4}$、$\Delta\bar{\lambda}_{s5}$ 或 $\Delta\bar{\lambda}_{s6}$ 改变。需要指出的是，$\bar{v}_{s0}$ 和 $\bar{v}_{s7}$ 不会产生任何定子磁链的变化。因此，定子磁链随着定子电压矢量移动。如果需要减小定子磁链，将选择趋向中心方向的电压矢量；否则，选择远离中心方向的电压矢量。对于 DTC 而言，定子磁链要跟踪滞环宽度为 $2H_\lambda$ 的磁链指令。相应的轨迹被分为六个扇区。如图 3.24 所示，定子磁链矢量在扇区 1 从位置 A 逆时针旋转。因为定子磁链达到了滞环上限，所以选择定子电压矢量 $\bar{v}_{s3}$ 将定子磁链矢量快速移动到扇区 2 的位置 B。鉴于定子磁链再次到达滞环上限，选择定子电压矢

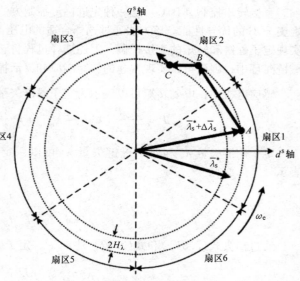

图 3.24 DTC 的定子磁链矢量轨迹

量 $\bar{v}_{s4}$ 将定子磁链矢量移动到位置 C。需要指出的是，定子磁链矢量通过 $\bar{v}_s \Delta t$ 快速改变，但转子磁链矢量由于时间常数较大故变化较为缓慢。

图 3.25 描绘了定子磁链矢量位于扇区 1 时如何选择不同的定子电压矢量去控制转矩和磁链（转矩增加、转矩减小、磁链增强、磁链减弱）。总体而言，如果需要增加转矩，所选的电压矢量要在旋转方向上超前于定子磁链矢量；否则，所选的电压矢量将会和定子磁链矢量方向相反。如果需要零转矩，将会根据最小化开关次数的原则选择相应的零电压矢量（ $\bar{v}_{s0}$ 或者 $\bar{v}_{s7}$ ）。因此，转矩指令简化为增加（ $\delta T_e = 1$ ）、减小（ $\delta T_e = -1$ ）或零（ $\delta T_e = 0$ ），而磁链指令简化

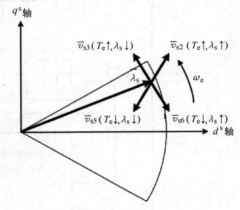

图 3.25 DTC 的定子电压矢量选择

为增强（ $\delta \lambda_s = 1$ ）或者减弱（ $\delta \lambda_s = -1$ ）。相应的 DTC 定子电压矢量查询表见表 3.2。

表 3.2 DTC 中定子电压矢量的查询表

δT_e	$\delta \lambda_s$	扇区 1	扇区 2	扇区 3	扇区 4	扇区 5	扇区 6
1	1	$\bar{v}_{s2}$	$\bar{v}_{s3}$	$\bar{v}_{s4}$	$\bar{v}_{s5}$	$\bar{v}_{s6}$	$\bar{v}_{s1}$
0	1	$\bar{v}_{s0}$	$\bar{v}_{s7}$	$\bar{v}_{s0}$	$\bar{v}_{s7}$	$\bar{v}_{s0}$	$\bar{v}_{s7}$
−1	1	$\bar{v}_{s6}$	$\bar{v}_{s1}$	$\bar{v}_{s2}$	$\bar{v}_{s3}$	$\bar{v}_{s4}$	$\bar{v}_{s5}$
1	−1	$\bar{v}_{s3}$	$\bar{v}_{s4}$	$\bar{v}_{s5}$	$\bar{v}_{s6}$	$\bar{v}_{s1}$	$\bar{v}_{s2}$
0	−1	$\bar{v}_{s7}$	$\bar{v}_{s0}$	$\bar{v}_{s7}$	$\bar{v}_{s0}$	$\bar{v}_{s7}$	$\bar{v}_{s0}$
−1	−1	$\bar{v}_{s5}$	$\bar{v}_{s6}$	$\bar{v}_{s1}$	$\bar{v}_{s2}$	$\bar{v}_{s3}$	$\bar{v}_{s4}$

感应电机驱动用的 DTC 控制框图如图 3.26 所示。转矩指令 T_e^* 和磁链指令 λ_s^* 分别与各自估计值作比较，然后偏差（ ΔT_e 和 $\Delta \lambda_s$ ）按照下式由各自滞环控制器进行处理

$$\delta T_e = \begin{cases} 1, \Delta T_e > H_T \\ 0, -H_T < \Delta T_e < H_T \\ -1, \Delta T_e < -H_T \end{cases} \tag{3.55}$$

$$\delta \lambda_s = \begin{cases} 1, \Delta \lambda_s > H_\lambda \\ -1, \Delta \lambda_s < -H_\lambda \end{cases} \tag{3.56}$$

式中，H_T 是三级转矩控制器的滞环，H_λ 是两级磁链控制器的滞环。观测器根据所测电压和电流计算转矩和定子磁链，以及扇区选择的角度。感应电机驱动 DTC 很容易实现四象限运行，且可以提供类似于 FOC 的转矩响应。

与 FOC 相比，感应电机驱动 DTC 具有如下显著优点：
- 不需要计算量大的坐标变换。
- 不需要反馈电流控制。

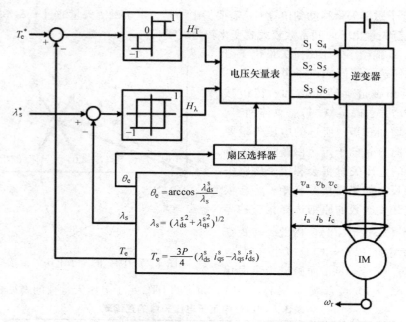

图 3.26   感应电机驱动的 DTC 框图

- 电机转矩可以直接控制，因此，具有更快的转矩响应。

然而，DTC 存在起动缓慢和转矩脉动大等缺点。现已出现了多种可解决的方案，如将模糊逻辑引入到定子电压矢量的选择策略和采用预测算法选择逆变器的开关状态。

3.5   设计准则

电驱动用感应电机在原理上类似于工业用感应电机。然而，这些感应电机需要进行特别设计。定子和转子需采用叠层薄硅芯以减小铁耗，而转子笼应当采用铜条以减小铜耗。定子线圈需采用 C 级绝缘，并采用低黏度油进行直接冷却。采用铝壳机座以减小电机整体重量。尽管电机电压水平通常受到电池的数量、重量和类型等因素的限制，电机仍然应当采用合理的高电压低电流设计以减少功率逆变器的成本和尺寸。低杂散电抗对于弱磁运行也具有重要的影响。

电动汽车用感应电机设计过程流程图如图 3.27 所示，其中包含电机尺寸和参数的循环迭代优化过程。首先，通过解析法和实验方程对电机结构、尺寸和参数进行初始化。其次，通过有限元分析确定电机性能，包括电磁场、热场和力场分析。最后，采用性能评估的方式对电机尺寸的迭代进行调整。

感应电机设计的初始化主要基于解析和实验方程（Say，1976；Chen，1982）。首先，确定电机的主要参数。定子内径 D_{si} 可以表示为

$$D_{si} = \left(\frac{2p}{\pi\rho} \frac{6.1 \times 10^3}{\alpha_p K_f K_w} \frac{1}{AB} \frac{P'}{n} \right)^{\frac{1}{3}} \tag{3.57}$$

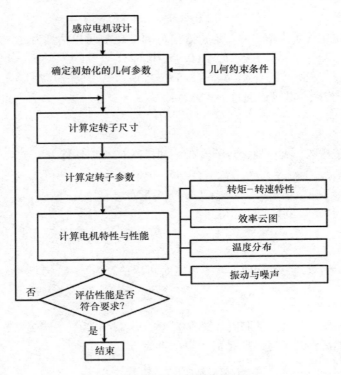

图 3.27　感应电机的设计流程

式中，p 为极对数；ρ 为长度与极距比值，取值范围为 0.82~1.2；α_p 为极弧系数，其取值范围为 0.66~0.71；K_f 为气隙磁通波形系数，其值通常选为 1.11；K_w 为分布绕组系数，其中，单层绕组取值约为 0.96，双层绕组取值约为 0.92；A 为电负荷，其取值范围为 15~50kA/m；B 为磁负荷，其取值范围为 0.5~0.8T；P' 为视在功率；n 为转速。如何取值基于经验。另外，P' 可由下式计算得到

$$P' = \varepsilon \frac{P}{\eta\cos\phi} \qquad (3.58)$$

式中，ε 是反电动势与额定电压的比值，其取值范围为 0.85~0.95；η 为效率；ϕ 为功率因数角；P 为额定输出功率。一旦确定 D_{si}，定子外径 D_{so} 就可以根据 D_{si}/D_{so} 的关系和极数进行估算：例如，两极为 0.5~0.56，四极为 0.63~0.64，八极为 0.68~0.78。然后，有效铁心长度 L 可以通过下式估算：

$$L = \frac{1}{D_{si}^2} \frac{6.1\times10^3}{\alpha_p K_f K_w} \frac{1}{AB} \frac{P'}{n} \qquad (3.59)$$

根据经验，气隙宽度 δ 可以表示为

$$\delta = D_{si}\left(1 + \frac{9}{2p}\right)\times10^{-3} \qquad (3.60)$$

因此，转子直径 D_r 可以通过下式得到：

$$D_r = D_{si} - 2\delta \tag{3.61}$$

其次，确定定转子齿槽尺寸。定子槽宽 b_{ss} 和槽高 h_{ss} 可以估算为

$$b_{ss} = (0.45 \sim 0.62) t_s \tag{3.62}$$

$$h_{ss} = (3.5 \sim 5.5) b_{ss} \tag{3.63}$$

式中，t_s 为定子齿距，其可以通过下式计算：

$$t_s = \frac{\pi D_{si}}{Z_s} \tag{3.64}$$

式中，Z_s 为定子槽数。类似地，转子槽宽 b_{sr} 和槽高 h_{sr} 可以估算为

$$b_{sr} = (0.45 \sim 0.62) t_r \tag{3.65}$$

$$h_{sr} = (3.5 \sim 5.5) b_{sr} \tag{3.66}$$

式中，t_r 为转子齿距，由下式计算得到：

$$t_r = \frac{\pi D_r}{Z_r} \tag{3.67}$$

式中，Z_r 为转子槽数。与此同时，转子齿宽 b_{tr} 可以估算为

$$b_{tr} = \frac{t_r B}{K_i B_{tr}} \tag{3.68}$$

式中，K_i 为铁心叠压系数，其取值范围为 $0.96 \sim 0.98$；B_{tr} 为转子齿磁密，其取值范围为 $1.25 \sim 1.6$T。然后，转子轭部高度 h_{yr} 可以估算为

$$h_{yr} = \frac{\tau \alpha_p}{2K_i} \frac{B}{B_{yr}} \tag{3.69}$$

式中，B_{yr} 为转子轭部磁密，通常不超过 1T；τ 为极间距，可以表示为

$$\tau = \frac{\pi D_{si}}{2p} \tag{3.70}$$

第三，每相定子绕组匝数 N_s 可以表示为

$$N_s = \frac{\pi D_{si} A}{6 I_s} \tag{3.71}$$

式中，I_s 是定子相电流。可以发现，当线圈匝数减少时，电负荷下降而磁负荷增加。因此，功率因数、起动转矩和起动电流均受到影响。因而，N_s 是可以用来快速实现目标性能的有效参数。

需要指出的是，上述设计方程均基于传统内转子感应电机结构；对于外转子感应电机的设计，这些设计方程需要做相应的修改。

3.6 设计案例

当电动汽车采用单电机结构时，感应电机通常设计成高速电机，用行星齿轮来降低电机速度以匹配车轮速度。在典型乘用型电动汽车要求的基础上，相应的感应电机特性要求见表 3.3。

表 3.3　行星齿轮感应电机设计的特性要求

直流电压	360V
额定功率	10kW
额定速度	3000r/min
额定转矩	32N·m
恒转矩运行	0 ~ 3000r/min
恒功率运行	3000 ~ 7000r/min
齿轮比	10:1

为了实现有限开关频率条件下的高速运行，驱动系统需采用三相四极感应电机拓扑结构。在上述特性要求的基础上，如表 3.4 所示的感应电机结构尺寸和参数，可以采用前述设计方程进行初始化。

表 3.4　行星齿轮感应电机设计的初始化

相数	3
极数	4
定子槽数	24
转子槽数	34
定子外径	248mm
转子直径	135.3mm
气隙长度	0.44mm
铁心长度	106.8mm
定子槽宽	8mm
定子槽高	28mm
转子槽宽	5.5mm
转子槽高	22mm
转子轭部厚度	34.7mm
每相绕组匝数	128
槽满率	60%
硅钢片材料	50A230

为了考虑饱和与边缘效应，通常要采用电磁有限元分析。在额定条件下，感应电机电磁场分布如图 3.28 所示，其中，磁场未饱和且定子绕组电流密度等于 4.6A/mm²。

当电机运行不超过额定速度时，电机作恒转矩运行。额定负载条件下，在额定速度 3000r/min 时电机的相电流波形如图 3.29 所示。相应的转矩波形如图 3.30 所示。如表 3.3 所示，所设计的电机驱动可以输出 32N·m 额定转矩。

图 3.28　感应电机电磁场分布

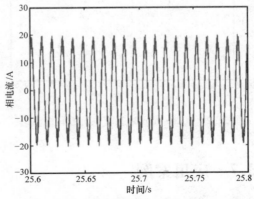

图 3.29　3000r/min 时感应电机的相电流波形

随后，所设计电机将采用弱磁控制以实现高速恒功率运行。在额定负载条件下，电机驱动以两倍额定速度（6000r/min）运行时的相电流波形如图3.31所示。相应的转矩波形如图3.32所示。由图可见，所设计电机驱动可以实现恒功率运行（6000r/min，16N·m）。该电机驱动系统的整体转矩-转速性能如图3.33所示，其中，当电机转速超过额定转速时，通过采用FOC减小转子磁链。由图可见，所设计的感应电机可以运行在恒转矩区和恒功率区，且恒功率运行范围可以通过弱磁控制得到显著扩展，这也是电动汽车应用最为关注的方面。

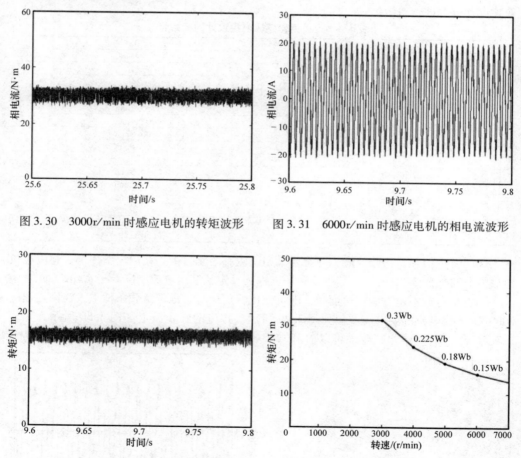

图3.30　3000r/min时感应电机的转矩波形　　图3.31　6000r/min时感应电机的相电流波形

图3.32　6000r/min时感应电机的转矩波形　　图3.33　感应电机的转矩-转速能力

3.7 应用案例

福特西门子电动汽车的感应电机当属设计最好的电动汽车感应电机之一。该电机是一种水冷式感应电机，其额定功率为 33kW、峰值功率为 67kW、重量为 65kg（Zuglet，2014）。该电机针对后轮驱动设计，其中，减速齿轮和差速器与电机集成在一起。该电机及其衍生产品已成功应用在不同的电动汽车中，例如福特的旗舰型电动汽车——福特 Ranger EV。福特 Ranger EV 为一种皮卡，其配备了最大转速为 13000r/min 的 6 极感应电机和减速比为 3∶1 的单速齿轮。

作为采用了 1997 年最先进的驱动系统，EV1 成为了当年通用汽车的旗舰型电动汽车。该车型是一种采用了三相感应电机和双减速比为 10.95∶1 的单速驱动桥前驱电动跑车。该车型在 0～7000r/min 范围内能够输出 149N·m 轴转矩，在 7000～14000r/min 范围内能够输出 102kW 驱动功率，最高速度为 128km/h，0～96km/h 加速时间在 9s 以内。尽管消费者对于 EV1 的反响不错，但是，由于其高昂的造价使得通用汽车不得不在 2002 年停止生产 EV1。此后，高性能电动跑车在 2006 年的旧金山国际车展上才得以重新露面。展会期间，特斯拉跑车展示了其流线性的造型和卓越的性能。如图 3.34 所示，特斯拉跑车由特斯拉汽车公司在 2008～2012 年期间生产。该款跑车采用三相四极感应电机，其中，最大转矩为 400N·m、最高速度为 14000r/min（Tesla，2010）。电机重量小于 32kg，平均效率为 90%。整车重量约为 1200kg，采用后驱方式。装有传动比为 8.28∶1 的单速固定齿轮箱，可以提供 3.7s 0～96km/h 加速成绩以及 200km/h 最高速度。特斯拉还为其配备了 53kWh 锂离子电池，单次充电可以在美国环保署（EPA）循环路况标准下行驶 393km。

图 3.34　采用感应电机驱动的特斯拉跑车

3.8　是否是电动汽车的成熟技术

感应电机是由 Galileo Ferraris 和 Nikola Tesla 分别在 1885 年和 1887 年独立发明的。

在过去的 130 年里，经过持续改进，感应电机在工业应用中已经占据了主导地位。在计算机辅助设计工具、电力电子技术和复杂控制策略等帮助下，感应电机驱动已经成为电动汽车的一种成熟技术。

然而，随着对于电动汽车电机驱动功率密度和效率等方面不断增长的要求，使得永磁无刷电机正在取代感应电机。但是，鉴于永磁材料成本高、稀土永磁材料来源匮乏和永磁材料高温不稳定性等原因，电动汽车感应电机再度引起广泛关注。

考虑到技术成熟度，电动汽车感应电机驱动的发展进展缓慢。然而，在电动汽车感应电机驱动方面，仍有一些内容值得研究。例如，对双转子感应电机的开发，可能会为我们提供一种具有潜力的、坚固可靠的、具有电子差速器固有特性的电动汽车驱动系统思路。

由于具有成本低、鲁棒性好和成熟技术度高等显著优点，在可以预见的将来，在电动汽车电机驱动市场中，感应电机驱动仍可以保持一个合理的市场占有率。

参 考 文 献

Bose, B.K. (1992) *Modern Power Electronics: Evolution, Technology, and Application*, IEEE Press, New York.
Bose, B.K. (2001) *Modern Power Electronics and AC Drives*, Prentice-Hall, Upper Saddle River, NJ.
Bose, B.K. (2006) *Power Electronics and Motor Drives: Advances and Trends*, Academic Press, Burlington, MA.
Chen, S. (1982) *Electric Machine Design (Chinese)*, China Machine Press, Beijing.
Divan, D.M. (1986) The resonant DC link converter – a new concept in static power conversion. Proceedings of IEEE Industry Application Society Annual Meeting, pp. 648–656.
Dubey, G.K. (1989) *Power Semiconductor Controlled Drives*, Prentice-Hall, Englewood Cliffs, NJ.
Ehsani, M., Gao, Y. and Emadi, A. (2009) *Modern Electric, Hybrid Electric, and Fuel Cell Vehicles: Fundamentals, Theory, and Design*, 2nd edn, CRC Press.
Lai, J.S. (1997) Resonant snubber-based soft-switching inverters for electric propulsion drives. *IEEE Transactions on Industrial Electronics*, **44**, 71–80.
Novotny, D.W. and Lipo, T.A. (1996) *Vector Control and Dynamics of AC Drives*, Oxford University Press, Oxford.
Say, M.G. (1976) *Alternating Current Machines*, Pitman, London.
Sul, S.-K. (2011) *Control of Electric Machine Drive Systems*, Wiley-IEEE Press, Hoboken, NJ.
Tesla (2010) 2010 Tesla Roadster Performance Specs, Tesla Motors, http://web.archive.org/web/20100313074144/http://www.teslamotors.com/performance/perf_specs.php (accessed September 2014).
Vas, P. (1998) *Sensorless Vector and Direct Torque Control*, Oxford University Press, Oxford.
Zuglet (2014) Ford Siemens Motor, Zuglet, http://www.zuglet.com/ev/fordsiemens/fordsiemens.html (accessed September 2014).

第4章　永磁无刷电机驱动系统

在多种类型的电机中，永磁无刷电机，特别是永磁同步电机，是目前用于电动汽车驱动系统的最具市场吸引力的电机。由于使用了高能永磁材料，使得永磁无刷电机具有高功率密度和高效率等特性。就实际而言，永磁无刷电机驱动虽然已经占据了电动汽车电驱动市场的主要份额，但是永磁无刷电机仍然存在着永磁材料成本高和高温不稳定等劣势。

本章将介绍两种主要的永磁无刷电机类型，即永磁同步电机和永磁无刷直流（BLDC）电机，并对上述电机的永磁材料、系统结构、电机拓扑结构、逆变器拓扑结构和控制策略予以阐述，相应的设计准则、设计案例和应用案例也将围绕着电动汽车驱动系统进行讨论。

4.1　永磁材料

显然，永磁材料为电机提供永久励磁正是永磁无刷电机的关键。而永磁材料的发展可以回溯到很多世纪以前。如图4.1所示，永磁材料的发展是逐渐演变的，而每一种永磁材料在被另一种新的永磁材料取代之前都经过了漫长的发展和改进的阶段（Gutfleisch，2000）。值得一提的是，永磁材料相应的磁能积从20世纪80年代开始迅速增加。

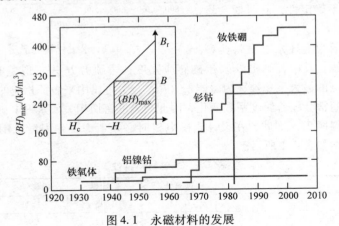

图4.1　永磁材料的发展

当前，主要有四种永磁材料被广泛地应用在电机驱动中。

● 铁氧体：铁氧体永磁材料发明于20世纪30年代。由于原材料来源丰富且生产成本低，该材料在过去的几十年里已经广泛地用作商业永磁材料。该材料还具有电阻大的优势，能够抑制相应的涡流损耗。然而，由于其温度系数高和能量密度低等劣势，实际应用于永磁电机时受温度变化的影响较大，且体积较大。

● 铝镍钴：铁基铝镍钴合金，又称作铝镍钴，发明于 20 世纪 40 年代。这是第一种具有高剩磁效应的现代永磁材料。因为具有较高的居里温度，所以该材料可以应用在较高的工作温度。但这种材料的矫顽力很小，很容易退磁，从而限制了其在永磁电机中的应用。然而，对于一些特种电机，如记忆电机，恰恰能利用这种特性以实现励磁磁场的在线调节。

● 钐钴（Sm – Co）：这种发明于 20 世纪 60 年代的稀土永磁材料具有高剩磁、高矫顽力、高能量密度、高居里温度和低温度系数等优点。该材料适用于要求高功率密度、高效率和高稳定性的永磁电机场合。然而，成本高却是这种材料的致命缺点，尤其是稀土元素钐的价格非常昂贵。

● 钕铁硼（Nd – Fe – B）：与钐钴永磁材料相比，这种最早生产于 1984 年的稀土永磁材料具有更好的磁特性。由于钕是一种相对便宜的稀土元素，所以使得相应的永磁电机成本变得相对合理。而这种材料的主要缺点则是其居里温度（345℃）相对其他材料较低，从而限制了其在高温场合的应用。当前，这种永磁材料在电动汽车电驱动中基本上占据了主导地位。鉴于这种日益增长的需求，材料成本具有高度不确定性，有时候会贵得很不合理。

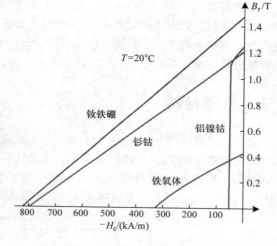

图 4.2　永磁材料的退磁曲线

图 4.2 所示为上述永磁材料典型的退磁特性曲线，其中，剩磁 B_r 表示磁感应强度；矫顽力 H_c 表示退磁时的磁场强度。特性曲线工作点的最大乘积被称为磁能积 $(BH)_{max}$，可以用来表征相应的能量密度。另外，永磁特性通常会随着温度系数变化，因此与温度密切相关。永磁电机彻底退磁时的温度称为居里温度 T_c。因此，在设计永磁电机时必须考虑工作温度范围。典型的永磁特性可简单归纳如表 4.1 所示。

表 4.1　永磁材料特性

	铁氧体	铝镍钴	钐钴	钕铁硼
剩磁 B_r/T	0.43	1.25	1.21	1.47
矫顽力 H_c/(kA/m)	330	51	796	820
磁能积 $(BH)_{max}$/(kJ/m³)	35	44	271	422
B_r 温度系数（%/℃）	− 0.18	− 0.02	− 0.03	− 0.11
H_r 温度系数（%/℃）	0.2	0.01	− 0.22	− 0.65
居里温度 T_c/℃	450	860	825	345

4.2　系统结构

　　用于电驱动的永磁无刷电机驱动系统结构与感应电机驱动系统结构类似。主要可选方案包括单电机和多电机结构，以及有/无齿轮传动系统。基本上，单电机系统结构包括一台永磁无刷电机、一个电压源型逆变器、一个电子控制器和一些传感器，如图4.3所示。然而，仍然还是会存在着一些不同之处：

　　● 当把永磁无刷电机的气隙磁通设计为正弦分布且定子绕组为分布绕组时，电机以同步电机的模式运行，因而称为永磁同步电机或者永磁无刷交流（BLAC）电机。类似于感应电机驱动，永磁同步电机驱动采用较复杂的速度控制策略，如磁场定向控制（FOC）和直接转矩控制（DTC），而这些控制策略需要昂

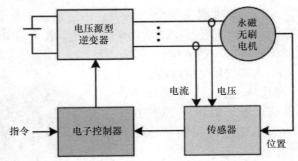

图4.3　永磁无刷电机驱动的基本结构

贵的如绝对式光电编码器和旋转变压器等位置传感器。尽管在理论上可以通过采用开环控制的方式替代位置传感器，但这种方案在电动汽车驱动中很少采用。

　　● 当永磁无刷电机的气隙磁通设计为梯形分布且定子绕组为集中绕组时，电机以类似直流电机但无电刷的方式运行，也就是所谓的永磁无刷直流电机。其速度控制相对较为简单，其中，定子电流通过矩形电流与梯形磁通协调的方式控制。因为每个电周期只有六次切换，所以对于位置传感器精度的要求并不苛刻。一般采用低成本的霍尔位置传感器即可。

4.3　永磁无刷电机

　　近年来，永磁无刷电机已经取代感应电机成为更受欢迎的电动汽车驱动电机类型。该电机主要优点如下：

　　● 因为磁场由高磁能积永磁材料激励得到，所以在输出功率一定的情况下，整体重量和体积可以显著减小，从而获得更高的功率密度。

　　● 因为不存在转子铜耗，所以这一类电机具有高效率。

　　● 因为热量主要产生于定子，所以更容易向环境散热，从而有利于冷却设计。

　　● 因为永磁励磁没有加工缺陷、过热或者机械损坏等风险，所以永磁电机具有高可靠性。

　　● 因为转子上没有铜绕组，所以永磁电机具有更小的机电时间常数和更好的动态响应能力。

但是，这些电机仍然存在如下缺点：

- 因为高磁能积永磁材料采用稀土元素，所以其电机成本比感应电机高很多。
- 因为永磁体置于转子，所以高速运行时转子的机械完整性会存在问题，尤其对于表贴式永磁电机。
- 因为固有的永磁磁通不可控，所以恒功率运行范围有限。
- 如果电机的设计或者运行不合理，永磁体可能会因为高电枢反应磁场或者高工作温度退磁。

永磁无刷电机主要分为两类：永磁同步电机和永磁无刷直流（BLDC）电机。永磁同步电机现已经广泛应用于电动汽车电驱动中；与此同时，永磁无刷直流电机也同样越来越受到重视。

4.3.1　永磁无刷电机结构

包括永磁同步电机和永磁无刷直流（BLDC）电机在内的永磁无刷电机的基本结构如图 4.4 所示。该类电机主要包含一个装有三相电枢绕组的定子和一个装有永磁磁极的转子。与感应电机相比，由于不存在笼条和端环，永磁无刷电机结构相对简单。另外，由于转子的附加热损耗较小，因而该类电机一般

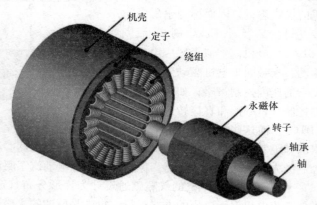

图 4.4　永磁无刷电机分解图

不需要在转子或者转轴上安装强制风冷风扇。

4.3.1.1　永磁同步电机结构

通过将绕线转子同步电机的励磁绕组替换成永磁磁极，可以很容易得到永磁同步电机。类似于传统的同步电机，定子有三相分布的电枢绕组。当电枢绕组通入三相正弦电流时，即可产生同步旋转的正弦气隙磁场。因此，具有相同极数的永磁转子会随着旋转气隙磁场同步旋转，而同步速度则取决于施加的电流频率。根据永磁体在转子上的安装位置，永磁同步电机可以进一步分为表贴式、表面嵌入式、内部径向式和内部切向式，而定子与图 4.5 所示一致。

- 对于图 4.5a 所示的表贴式永磁同步电机而言，永磁体用环氧树脂黏合剂粘在转子表面，因此具备制造简单的优点。由于永磁体的磁导率近似于空气，所以有效气隙宽度是实际气隙宽度与永磁体径向厚度之和。因此，相应的电枢反应磁场较小且定子绕组电感也较小。然而，因为交直轴定子绕组电感基本相同，所以磁阻转矩几乎为零。除此之外，永磁体在进行高速运行时存在飞出的可能性。
- 对于图 4.5b 所示的表面嵌入式永磁同步电机而言，永磁体被镶嵌在转子表

面。因此，交轴电感变得大于直轴电感，从而会产生附加的磁阻转矩。另外，由于永磁体镶嵌在转子上，所以该电机比表贴式电机具有更好的机械完整性，从而可承受高速运行时的离心力。

- 对于图 4.5c 所示的内部径向式永磁同步电机而言，永磁体径向磁化且埋于转子内部。与表面嵌入式电机相比，该拓扑可使永磁体得到完好的保护，因此避免永磁体飞出，从而进一步改善了高速运行时的机械整体性。由于交直轴存在凸极性，因而也会产生附加的磁阻转矩。不同于表面嵌入式电机的是，该内部径向式拓扑采用更易插入和加工的直线永磁体。

- 对于图 4.5d 所示的内部切向式永磁同步电机而言，永磁体切向磁化且埋在转子内部。该拓扑具有气隙磁密高于永磁剩磁的优点，即所谓的聚磁或者集磁。另外，该拓扑还具有较好的机械完整性和磁阻转矩等优点。然而，由于永磁体内侧端部具有明显的漏磁需要采用非磁性轴或者非磁性圈，而这将降低转轴的强度。

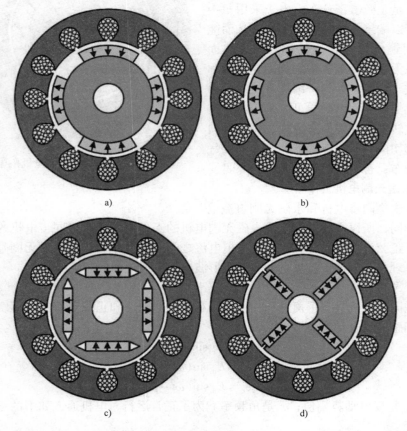

图 4.5　永磁同步电机拓扑：a）表贴式；b）表面嵌入式；c）内部径向式；d）内部切向式

上述内转子永磁同步电机拓扑很容易拓展到外转子电机。外转子永磁同步电机的工作原理与内转子电机相同。外转子电机拓扑尤其适用于轮毂驱动。因为相应的外转子可以具有较大的直径，从而可以容纳较多数量的永磁极数，因而具有低速大转矩直驱能力。

4.3.1.2　永磁无刷直流电机结构

通过从拓扑上倒置永磁直流电机的定转子可以得到永磁无刷直流电机。关键是用电子换向替代机械换向。因此，永磁无刷直流电机最显著的优势是取消了换向器和电刷，从而避免了随之而来的诸多问题。

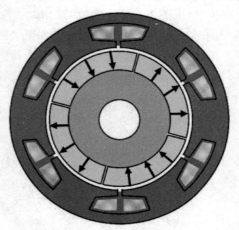

永磁无刷直流电机与永磁同步电机的结构类似，即都有三相定子绕组和永磁转子。然而，永磁无刷直流电机一般采用集中绕组而非分布绕组，采用梯形气隙磁密分布而不是正弦磁密分布。由于采用集中绕组，所以端绕组能够明显缩短，从而能够减少用铜量以及相应的铜耗。总体而言，永磁无刷直流电机采用如图4.6所示的表贴式永磁转子，具有结构和控制简单等显著优势。然而，同样可以采用其他类型的永磁转子，如表面嵌入式、内部径向式和内部切向式，以提供近似于梯形的气隙磁密分布；否则，转矩性能将会变弱。

图4.6　永磁无刷直流电机拓扑

4.3.2　永磁无刷电机工作原理

由于永磁同步电机和永磁无刷直流电机结构不同，所以需要专门阐述永磁无刷电机的工作原理。永磁同步电机的工作原理是基于正弦波反电动势和正弦波电枢电流之间的相互作用，而永磁无刷直流电机的工作原理是基于梯形波反电动势和矩形波电枢电流之间的相互作用。

4.3.2.1　永磁同步电机运行

永磁同步电机具有平衡的三相正弦分布的气隙磁通和正弦分布的电枢绕组。所以，三相感应反电动势波形可以表示为

$$e_a = E_m \sin(\omega t) \tag{4.1}$$

$$e_b = E_m \sin(\omega t - 120°) \tag{4.2}$$

$$e_c = E_m \sin(\omega t - 240°) \tag{4.3}$$

式中，E_m 是反电动势幅值；ω 是角频率。为了正常运行，电机通入如下的三相平衡正弦电流

$$i_a = I_m \sin(\omega t - \phi) \tag{4.4}$$

$$i_b = I_m \sin(\omega t - 120° - \phi) \tag{4.5}$$

$$i_c = I_m \sin(\omega t - 240° - \phi) \tag{4.6}$$

式中，I_m是电流幅值；ϕ为相电流和反电动势之间的相位差。因此，如图 4.7 所示，转换的电功率可以由下式计算得到（Nam，2010）：

$$P_e = e_a i_a + e_b i_b + e_c i_c = \frac{3E_m I_m}{2}\cos\phi \tag{4.7}$$

因此，该永磁同步电机产生的转矩可以由下式计算得到：

$$T_e = \frac{P_e}{\omega_r} = \frac{3E_m I_m}{2\omega_r}\cos\phi \tag{4.8}$$

在给定速度 ω_r 时，转矩值恒定。显然，通过将电枢电流和反电动势的相位差控制为零，可以将转矩最大化。

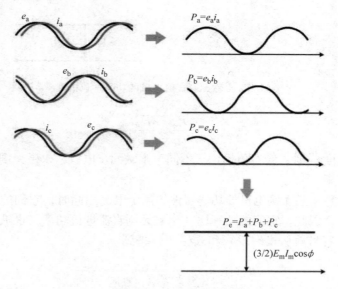

图 4.7　永磁同步电机功率生成机理

4.3.2.2　永磁无刷直流电机运行

永磁无刷直流电机在定子侧采用线圈节距为 120° 的集中式电枢绕组。因为永磁体在转子侧覆盖了 180° 极弧，所以三相感应反电动势是带有 120° 平顶区域的梯形波。为实现正常运行，电机一般通入与反电动势平顶区域一致的具有 120° 导通周期的三相平衡矩形电流。如图 4.8 所示，每相功率在 120° 导通周期内近似等于 $E_m I_m$，而在 60° 非导通周期内为零。在任意时刻，一相功率为零，另外两相功率为 $E_m I_m$。因此，转换电功率可以近似看成所有相功率总和（Nam，2010）

$$P_e = e_a i_a + e_b i_b + e_c i_c = 2E_m I_m \tag{4.9}$$

因此，该永磁无刷直流电机的转矩可以表示为

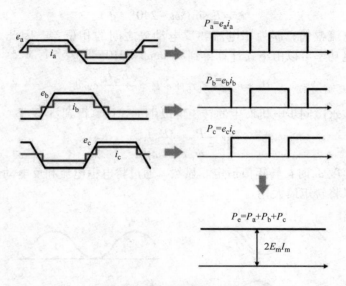

图 4.8   永磁无刷直流电机的功率生成机理

$$T_e = \frac{P_e}{\omega_r} = \frac{2E_m I_m}{\omega_r} \qquad (4.10)$$

在给定速度 ω_r 时，转矩值恒定。不同于永磁同步电机，永磁无刷直流电机自发地产生最大转矩。

当用于两种永磁无刷电机的功率器件的额定电流相同时，它们的电流幅值均等于额定电流 I_p。因此，它们的功率比（永磁无刷直流电机功率与永磁同步电机功率之比）可以很容易地从式(4.7) 和式(4.9) 得到

$$功率比 = \frac{2E_m I_p}{(3/2)E_m I_p \cos\phi} = \frac{1.33}{\cos\phi} \qquad (4.11)$$

式(4.11) 表明，永磁无刷直流电机至少可以比永磁同步电机多提供 33% 的功率容量。

当两种永磁无刷电机的电枢绕组铜耗相同时（Krishnan, 2010），永磁同步电机的电流幅值为 I_p，而永磁无刷直流电机的电流幅值变为 $(\sqrt{3}/2)I_p$。因此，相应的功率比可以由下式计算得到

$$功率比 = \frac{2E_m(\sqrt{3}/2)I_p}{(3/2)E_m I_p \cos\phi} = \frac{1.15}{\cos\phi} \qquad (4.12)$$

式(4.12) 表明，永磁无刷直流电机至少可以比永磁同步电机多提供 15% 的功率密度。

因此，永磁无刷直流电机至少可以比永磁同步电机提供多达 15% 或者 33% 的功率密度和转矩密度。

4.3.3　永磁无刷电机建模

鉴于不同的工作波形，即永磁同步电机采用正弦波而永磁无刷直流电机采用非正弦波，相应的建模方法在本质上也不尽相同。永磁同步电机倾向于采用 $d-q$ 坐标变换进行建模，而永磁无刷直流电机倾向于采用状态空间方程进行建模。

4.3.3.1　永磁同步电机建模

图 4.9 描绘了三相永磁同步电机的基本模型，其中，A 相最大磁动势方向被选为定子参考轴。永磁磁通方向被选为转子坐标系的 d 轴。转子 q 轴与定子轴之间的夹角定义为 θ。$d-q$ 坐标系以 $\omega_e = \mathrm{d}\theta/\mathrm{d}t$ 速度旋转，而定子轴在空间上固定。

假设电压、电流和反电动势均为正弦，而磁饱和、涡流和磁滞损耗均忽略不计，永磁同步电机模型的动态方程可以用相变量表示为（Ohm, 2000）

$$\begin{cases} v_a = Ri_a + p\lambda_a \\ v_b = Ri_b + p\lambda_b \\ v_c = Ri_c + p\lambda_c \end{cases} \tag{4.13}$$

式中，v_a、v_b、v_c 为三相定子电压瞬时值；i_a、i_b、i_c 为三相定子电流瞬时值；R 为电枢电阻；三相磁链瞬时值 λ_a、λ_b、λ_c 可以表示为

$$\begin{cases} \lambda_a = L_{aa}i_a + L_{ab}i_b + L_{ac}i_c + \lambda_{ma} \\ \lambda_b = L_{ab}i_a + L_{bb}i_b + L_{bc}i_c + \lambda_{mb} \\ \lambda_c = L_{ac}i_a + L_{bc}i_b + L_{cc}i_c + \lambda_{mc} \end{cases} \tag{4.14}$$

式中，L_{ij}（$i=$ a、b、c，$j=$ a、b、c）为包含 θ 角的对称互感；λ_{ma}、λ_{mb}、λ_{mc} 为三相永磁磁链瞬时值。

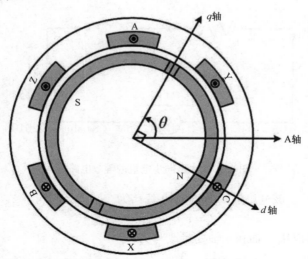

图 4.9　永磁同步电机的基本模型

通过对式(4.13) 和式(4.14) 中的电压、电流和磁链进行派克变换（Park's transformation），可以得到如下的动态方程

$$\begin{cases} v_d = Ri_d + p\lambda_d - \omega_e\lambda_q \\ v_q = Ri_q + p\lambda_q + \omega_e\lambda_d \end{cases} \tag{4.15}$$

式中，v_d 和 v_q 分别是定子电压的 d 轴和 q 轴分量；i_d 和 i_q 分别是定子电流的 d 轴和 q 轴分量；λ_d 和 λ_q 分别是磁链的 d 轴和 q 轴分量，可以表示为

$$\begin{cases} \lambda_d = L_d i_d + \lambda_m \\ \lambda_q = L_q i_q \end{cases} \tag{4.16}$$

式中，L_d 和 L_q 分别被称为 d 轴和 q 轴同步电感；λ_m 为永磁磁链。把式(4.16) 代入式(4.15) 得

$$\begin{cases} v_d = (R + pL_d)i_d - \omega_e L_q i_q \\ v_q = (R + pL_q)i_q + \omega_e L_d i_d + \omega_e\lambda_m \end{cases} \tag{4.17}$$

由式(4.17) 构成的永磁同步电机动态等效电路如图4.10 所示。

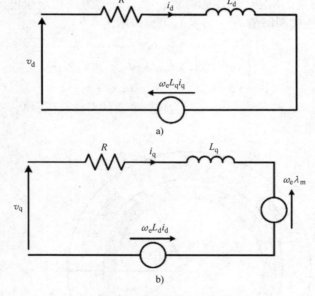

图4.10 永磁同步电机的等效电路

根据三相变量，该电机的瞬时输入功率 P_i 为

$$P_i = v_a i_a + v_b i_b + v_c i_c \tag{4.18}$$

式(4.18) 可以用 d 轴和 q 轴变量改写为

$$P_i = \frac{3}{2}(v_d i_d + v_q i_q) \tag{4.19}$$

输出功率 P_o 可以通过用式(4.17) 中的相关电压和式(4.16) 中的磁链替换式

（4.19）中的 v_d 和 v_q 得到

$$P_o = \frac{3}{2}(-\omega_e \lambda_q i_d + \omega_e \lambda_d i_q) \tag{4.20}$$

因此，所产生的转矩 T_e 是输出功率除以机械转速 $\omega_r = \omega_e/(P/2)$ 得到

$$T_e = \frac{3}{2}\frac{P}{2}[\lambda_m i_q + (L_d - L_q)i_d i_q] \tag{4.21}$$

式中，P 是极数。由式（4.21）可见，输出转矩由两部分组成。第一部分是永磁磁链和 q 轴电枢电流产生的永磁转矩，而第二部分是 d 轴和 q 轴电感差产生的磁阻转矩。

4.3.3.2　永磁无刷直流电机建模

图 4.11 所示的是三相永磁无刷直流电机的工作波形，其中反电动势波形为梯形，而不是正弦波形。因此，用于永磁同步电机的 $d-q$ 建模方法在此处并不适用。因为磁链非正弦，所以采用状态变量建立永磁无刷直流电机模型显得十分必要。

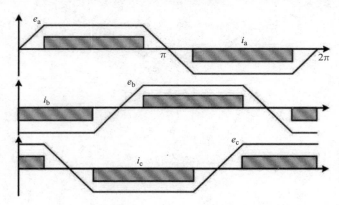

图 4.11　永磁无刷直流电机工作波形

假设由定子谐波产生的转子感应电流可以忽略不计，永磁无刷直流电机模型的动态方程可以表示为（Pillay and Krishnan，1988）

$$\begin{bmatrix} v_a \\ v_b \\ v_c \end{bmatrix} = \begin{bmatrix} R & 0 & 0 \\ 0 & R & 0 \\ 0 & 0 & R \end{bmatrix}\begin{bmatrix} i_a \\ i_b \\ i_c \end{bmatrix} + p\begin{bmatrix} L_{aa} & L_{ab} & L_{ac} \\ L_{ab} & L_{bb} & L_{bc} \\ L_{ac} & L_{bc} & L_{cc} \end{bmatrix}\begin{bmatrix} i_a \\ i_b \\ i_c \end{bmatrix} + \begin{bmatrix} e_a \\ e_b \\ e_c \end{bmatrix} \tag{4.22}$$

式中，v_a、v_b、v_c 为三相定子电压瞬时值；i_a、i_b、i_c 为三相定子电流瞬时值；e_a、e_b、e_c 为三相反电动势瞬时值；R 为电枢电阻；L_{ij}（$i=$a、b、c，$j=$a、b、c）为对称互感。因为永磁无刷直流电机采用表贴式转子结构，所以转子磁阻不随着位置变化而变化。因此，所有相的自感等于 L，相间互感均相等且等于 M。动态方程可以表示为

$$\begin{bmatrix} v_\mathrm{a} \\ v_\mathrm{b} \\ v_\mathrm{c} \end{bmatrix} = \begin{bmatrix} R & 0 & 0 \\ 0 & R & 0 \\ 0 & 0 & R \end{bmatrix} \begin{bmatrix} i_\mathrm{a} \\ i_\mathrm{b} \\ i_\mathrm{c} \end{bmatrix} + \begin{bmatrix} L & M & M \\ M & L & M \\ M & M & L \end{bmatrix} p \begin{bmatrix} i_\mathrm{a} \\ i_\mathrm{b} \\ i_\mathrm{c} \end{bmatrix} + \begin{bmatrix} e_\mathrm{a} \\ e_\mathrm{b} \\ e_\mathrm{c} \end{bmatrix} \qquad (4.23)$$

因为 $i_\mathrm{a} + i_\mathrm{b} + i_\mathrm{c} = 0$，所以 $Mi_\mathrm{b} + Mi_\mathrm{c} = -Mi_\mathrm{a}$。因此，动态方程可以改写为

$$\begin{bmatrix} v_\mathrm{a} \\ v_\mathrm{b} \\ v_\mathrm{c} \end{bmatrix} = \begin{bmatrix} R & 0 & 0 \\ 0 & R & 0 \\ 0 & 0 & R \end{bmatrix} \begin{bmatrix} i_\mathrm{a} \\ i_\mathrm{b} \\ i_\mathrm{c} \end{bmatrix} + \begin{bmatrix} (L-M) & 0 & 0 \\ 0 & (L-M) & 0 \\ 0 & 0 & (L-M) \end{bmatrix} p \begin{bmatrix} i_\mathrm{a} \\ i_\mathrm{b} \\ i_\mathrm{c} \end{bmatrix} + \begin{bmatrix} e_\mathrm{a} \\ e_\mathrm{b} \\ e_\mathrm{c} \end{bmatrix} \qquad (4.23)$$

式(4.23)表明永磁无刷直流电机的相电压方程类似于永磁直流电机的电枢电压方程。因此，永磁无刷直流电机的等效电路如图4.12所示。假设三相平衡且相同，每相的简化等效电路如图4.13所示，其中，$L_\mathrm{l} = (L-M)$ 是漏感。

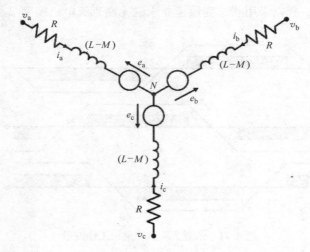

图4.12   永磁无刷直流电机的等效电路

输出转矩 T_e 由输出功率除以机械转速得到

$$T_\mathrm{e} = \frac{P_\mathrm{e}}{\omega_\mathrm{r}} = \frac{P}{2} \left(\frac{e_\mathrm{a} i_\mathrm{a} + e_\mathrm{b} i_\mathrm{b} + e_\mathrm{c} i_\mathrm{c}}{\omega_\mathrm{e}} \right)$$

$$(4.24)$$

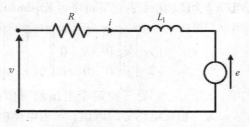

图4.13   永磁无刷直流电机的简化等效电路

式中，P 为极数。因为每相反电动势为互差120°（电角度）的双极性梯形波，所以一个周期内每相电流波形需要120°正波形和120°负波形以确保同步，从而产生所需的无脉动稳态转矩。

4.4　永磁无刷电机用逆变器

尽管永磁同步电机和永磁无刷直流电机分别通入正弦电流和方波电流，但是相应的逆变器拓扑在本质上相同，即均为三相全桥逆变器。然而，所采用的开关策略不同，其中，永磁同步电机采用脉宽调制控制，而永磁无刷直流电机采用阶梯控制。

4.4.1　逆变器要求

电动汽车动力系统要求电机驱动具有四象限运行能力，即正转电动、正转制动、反转电动和反转制动。四象限的定义和相应的转矩－转速特性见表 4.2。正转制动在本质上可以捕获制动能量，从而给电动汽车电池充电，进而可以使每次充电的行驶距离增加 10%。

表 4.2　四象限运行

	象限	转矩	转速
正转电动	I	正的	正的
反转制动	II	正的	负的
反转电动	III	负的	负的
正转制动	IV	负的	正的

图 4.14 所示的是永磁无刷交流或者直流电机驱动示意图，其中，输入电压是电池电压 V_{dc}；直流输入电流 I_{dc} 是双向的；电机转速依赖于定子频率；极性取决于相序。当电机驱动在第一象限做正转电动运行时，转矩和转速均为正，因而逆变器的输入、输出功率均为正。因此，若电池电压为正，故逆变器的直流平均输入电流必须为正。因为电机转速为正，所以定子绕组的相序为正，即 A－B－C。当电机在第四象限做正转制动运行时，转速为正而转矩为负，从而输入、输出功率均为负。因此，既然制动能量对电池充电，故平均直流输入电流为负。因为电机转速仍然为正，所以定子相序为正。除了电机转速为负和相应的定子相序为负（A－C－B）外，第三和第二象限运行分别类似于第一和第四象限运行。永磁无刷交流或者直流电机驱动四象限运行的直流输入电流和定子交流相序见表 4.3。

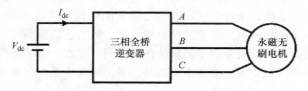

图 4.14　永磁无刷电机驱动的示意图

表 4.3 四象限运行对逆变器的要求

	象限	直流电流	交流相序
正转电动	I	正的	正的
反转制动	II	负的	负的
反转电动	III	正的	负的
正转制动	IV	负的	正的

4.4.2 无刷交流运行的开关策略

电动汽车永磁同步电机驱动系统工作在无刷交流（BLAC）模式时的功率逆变器拓扑与感应电机驱动相同，采用电压源型全桥拓扑。逆变器必须执行输出电压及电流的幅值、频率和相位等指令。目前，有多种开关策略可以实现上述控制目标。在这些控制方法中，电流滞环控制和空间矢量调制被广泛用在永磁同步电机驱动中。在 3.3.1 节可查阅这两种 PWM 开关策略的详细讨论。

在电流滞环控制中，实际电流跟踪参考电流，并将误差限制在滞环中，开关频率和峰–峰电流毛刺取决于滞环宽度，当滞环宽度增加时，开关频率下降而电流毛刺增加；另一方面，当滞环宽度下降时，开关频率增加而电流毛刺下降，从而使得电流波形更正弦，但是开关损耗却增加。因此，滞环宽度要在电流谐波和开关损耗之间折中。因为电流滞环控制具有执行简单、瞬态响应快、器件电流直接约束和电机参数不敏感等优点，所以在电动汽车永磁同步电机驱动中被广泛采用。然而，该控制方法的主要缺点是开关频率相对较高且开关损耗较大，另外，不固定的开关频率可能导致预料之外的谐波电流。

在空间矢量调制策略中，三相电压量（v_a、v_b、v_c）首先被合成为一个空间电压矢量，然后又被分解为任意两个相邻有效矢量，即六个有效矢量 $\bar{V}_1(100)$、$\bar{V}_2(110)$、$\bar{V}_3(010)$、$\bar{V}_4(011)$、$\bar{V}_5(001)$、$\bar{V}_6(101)$ 和两个零矢量 $\bar{V}_0(000)$、$\bar{V}_7(111)$。六个非零矢量构成了六边形，而两个零矢量位于六边形原点。电压矢量可以用八个空间矢量表示。因此，并没有采用独立的相调制器，而是考虑了三相之间的相互作用。逆变器不只控制幅值和角速度，还控制电压矢量的角位置。该位置量实际上是降低输出电压和电流谐波以及开关损耗的关键。与电流滞环控制相比，空间矢量控制实现起来更为复杂。

永磁同步电机驱动空间矢量控制的实现过程如图 4.15 所示（Krishnan，2010）。基于 d 轴和 q 轴电流指令与三相反馈电流之间的差值，可以得到转子坐标系下 d 轴和 q 轴电压指令。通过坐标变换，所产生的定子参考系下的电压指令送入到空间矢量计算器，在给定周期内生成所需参考电压矢量的幅值和角度。然后，选择扇区，从预设的作用时间表中查询相应的两个有效矢量和零矢量的作用时间。接着，功率器件的开关信号从另一个预设的开关表中查询得到。需要指出的是，采样时间 T 是空间矢量计算器的一个可选变量，在需要时可改变开关频率。

4.4.3 无刷直流电机的开关策略

永磁无刷直流电机由与转子位置一致的开关信号驱动。为获得最大转矩，这些开关

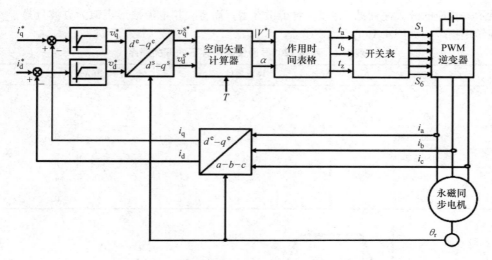

图 4.15   永磁同步电机驱动空间矢量控制框图

信号必须施加到三相电枢绕组的工作相中，以将定子磁链和转子磁链之间的夹角控制为近似 90°。现有两种用于永磁无刷直流电机的开关策略：

- 两相 120° 导通策略。
- 三相 180° 导通策略。

在两相 120° 导通策略中，在任意时刻，只有两相被导通且导通角为 120°，而另一相不导通，如图 4.16 所示。相应的开关序列见表 4.4。对于正常运行而言，相电流波形近似为矩形且易于实现转矩指令，如图 4.17 所示。

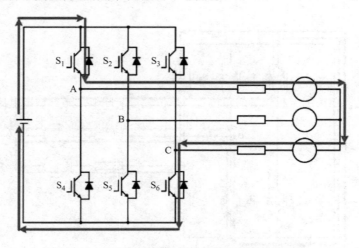

图 4.16   两相 120° 导通策略条件下的电流流向图

在三相 180° 导通策略中，在任意时刻，三相均被导通且导通角为 180°，如图 4.18

所示。相应的开关序列见表4.5。对于正常运行而言，相电流波形近似为方波且易于实现转矩指令，如图4.19所示。

表4.4　两相120°导通策略条件下的开关顺序

区间（°）	导通器件	相 A，B，C
0 ~ 60	S_1，S_6	+，0，-
60 ~ 120	S_2，S_6	0，+，-
120 ~ 180	S_2，S_4	-，+，0
180 ~ 240	S_3，S_4	-，0，+
240 ~ 300	S_3，S_5	0，-，+
300 ~ 360	S_1，S_5	+，-，0

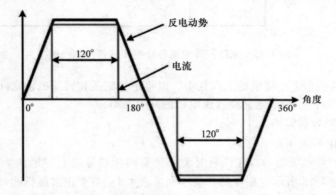

图4.17　两相120°导通策略下的相反电动势和电流波形

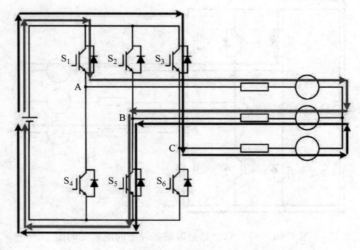

图4.18　三相180°导通策略下的电流流向图

表 4.5　三相 180°导通策略下的开关顺序

区间（°）	导通器件	相 A，B，C
0 ~ 60	S_1，S_5，S_3	+，-，+
60 ~ 120	S_1，S_5，S_6	+，-，-
120 ~ 180	S_1，S_2，S_6	+，+，-
180 ~ 240	S_4，S_2，S_6	-，+，-
240 ~ 300	S_4，S_2，S_3	-，+，+
300 ~ 360	S_4，S_5，S_3	-，-，+

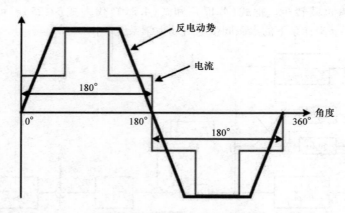

图 4.19　三相 180°导通策略下的相反电动势和电流波形

在 120°和 180°导通策略中，前者在同等峰值相电流条件下具有最大转矩能力，即输出转矩和效率最大化；后者在每个开关序列中只有一个器件开通或者关断，可以将开关损耗和短路概率最小化。在 180°导通策略中，有一些相电流固定而反电动势不固定的开关区间，因而相应的转矩毛刺比 120°导通策略的转矩毛刺大。因此，120°导通策略更具优势。

4.5　永磁无刷电机控制

因为永磁同步电机和永磁无刷直流电机的工作波形不同，所以其相应的电机控制策略自然也不同。在本质上永磁同步电机可以采用感应电机的控制策略，其原因在于两者均采用正弦波形，而永磁无刷直流电机需要采用专门的控制策略，其原因在于工作波形非正弦。

4.5.1　永磁同步电机控制

正如前面所提到的，永磁同步电机可以采用感应电机的复杂控制策略，如 FOC 和 DTC。其中，FOC 已经广泛用于电动汽车永磁同步电机控制中。与此同时，不同于感应电机，永磁同步电机采用不可控的永磁磁场励磁。为了实现电动汽车巡航时的恒功率运行，永磁同步电机需要采用弱磁控制。另一方面，为了避免位置传感器所带来昂贵的成本，因而无位置传感器控制已被大量应用于永磁同步电机。因此，本节将对这三种常见控制策略进行探讨。

4.5.1.1 永磁同步电机的 FOC

除了转矩产生机理不同之外，永磁同步电机的 FOC 与感应电机的 FOC 大致相近。考虑到整体系统的转动惯量 J 和摩擦系数 B，运动方程可以表示如下：

$$T_e = T_1 + J\frac{\mathrm{d}\omega_r}{\mathrm{d}t} + B\omega_r \tag{4.25}$$

式中，T_1 是机械负载转矩。把式（4.17）和式（4.21）代入式（4.25），可以得到如图 4.20 所示的 $d-q$ 坐标系下的永磁同步电机动力学系统。

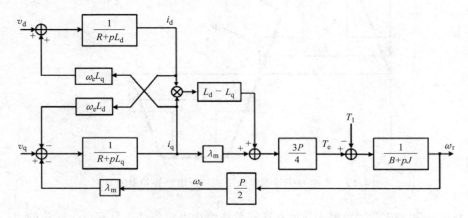

图 4.20 永磁同步电机的动力学系统

为了实现 FOC，需要磁链角 θ_e，而该角度可以由位置编码器或者旋转变压器得到。一般而言，参考速度和反馈速度的偏差可通过速度 PI 调节器生成 q 轴参考电流。然后，两个 PI 控制器被分别用来调节 d 轴电流（磁链）和 q 轴电流（转矩）（Nam，2010）。从数学上讲，相应的 v_d 和 v_q 可以由下式得到

$$\begin{cases} V_d = G_d(i_d^* - i_d) - \omega_e L_q i_q \\ V_q = G_q(i_q^* - i_q) + \omega_e L_d i_d + \omega_e \lambda_m \end{cases} \tag{4.26}$$

式中，G_d 和 G_q 是相关 PI 控制器的传递函数。接着，得到的 v_d 和 v_q 被馈入到空间矢量 PWM 调制器，以产生功率逆变器所需的开关信号。采用 FOC 的永磁同步电机整体框图如图 4.21 所示。

4.5.1.2 永磁同步电机的弱磁控制

当永磁同步电机达到基速时，端电压达到额定电压。因为反电动势会随着转速上升而上升，转速范围只能通过削弱气隙磁链来扩展。因此，转矩随着转速上升而下降，从而保持恒功率，也就是所谓的恒功率运行。

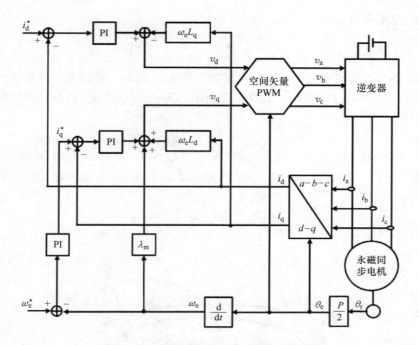

图 4.21　永磁同步电机的磁场定向控制

为了实现永磁同步电机的弱磁控制，由式（4.17）得到的电流和电压矢量应当按照如下方式进行控制：d 轴电枢电流为负，而 q 轴电枢电流为正。图 4.22 所示的是 $i_d < 0$ 和 $i_q > 0$ 时的相应矢量。由图可见，总磁链和反电动势可以由负的 d 轴电枢电流感应得到的电压进行补偿（Schiferl and Lipo，1990；Soong and Ertugrul，2002）。因此，通过在负方向增加 i_d，可以显著削弱反电动势。

高速运行时，定子电阻的电压降可以忽略。因此，式（4.17）的稳态关系表示如下：

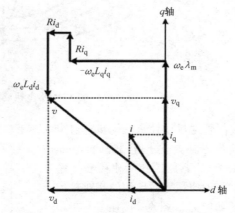

图 4.22　永磁同步电机弱磁控制的电流和电压矢量

$$\begin{cases} v_d = -\omega_e L_q i_q \\ v_q = \omega_e L_d i_d + \omega_e \lambda_m \end{cases} \tag{4.27}$$

假设 V_r 为电压限幅，则 d 轴和 q 轴电压的制约条件如下：

$$v_d^2 + v_q^2 \leqslant V_r^2 \tag{4.28}$$

把式（4.27）代入到式（4.28）且将永磁磁链 λ_m 表示为 d 轴电感 L_d 和虚拟励磁电流

i_f的乘积，从而可以得到

$$\frac{(i_d + i_f)^2}{V_r^2/(\omega_e L_d)^2} + \frac{i_q^2}{V_r^2/(\omega_e L_q)^2} \leq 1 \qquad (4.29)$$

式（4.29）代表与转速相关的一组椭圆。转速ω_e越高，椭圆越小（Nam，2010），逐渐向中心点（$-i_f$, 0）收缩，如图4.23所示，其中，d轴电流和q轴电流受到额定电流I_r的制约

$$i_d^2 + i_q^2 \leq I_r^2 \qquad (4.30)$$

椭圆和圆形的交点代表弱磁运行的工作点（i_d, i_q）。可以看出，转速非常高时，d轴电流趋向$-I_r$，而q轴电流趋向于0。因此，根据式（4.16），无限速度弱磁运行的判据如下：

$$\frac{L_d I_r}{\lambda_m} = 1 \qquad (4.31)$$

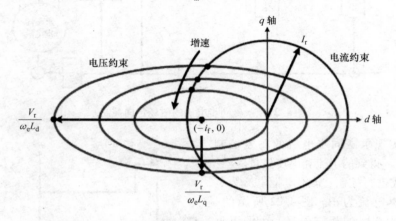

图4.23 永磁同步电机弱磁控制的电压和电流约束

尽管通过设计永磁同步电机可以满足上述判据，但是，通常$L_d I_r/\lambda_m < 1$，其原因在于永磁磁导率与空气近似相等而导致的相对较低的d轴电感。图4.24阐述了在不同的$L_d I_r/\lambda_m$条件下，永磁同步电机超过基速ω_b时的转矩-转速性能曲线。由图可见，$L_d I_r/\lambda_m$越高，弱磁能力越强。换言之，如果为了在低速时获得较大的转矩输出能力而提高永磁磁链，那么将会牺牲弱磁运行的速度范围。另一方面，如果额定电流很大，即电机采用液冷，那么即使是d轴

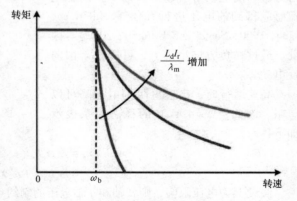

图4.24 永磁同步电机弱磁控制的转矩-转速特性

电感小、永磁磁链大的表贴式永磁同步电机也能满足判据式(4.31)。然而，总体而言，d 轴电感较大的内嵌式永磁同步电机更容易满足弱磁判据。

4.5.1.3 永磁同步电机无位置传感器控制

一般而言，为了实现复杂控制策略，永磁同步电机需要精确的位置传感器。该位置传感器通常为光电编码器或者旋转变压器，其成本有时候与小功率电机一样。因此，永磁同步电机无位置传感器控制在近年来得到了快速发展，特别是那些对成本比较敏感的应用场合。然而，对于电动汽车电驱动特别是永磁同步电机驱动而言，位置传感器的成本相对而言并不突出；并且由于无位置传感器技术的精度、可靠性和成熟度仍有待提高，因此，永磁同步电机无位置传感器控制技术很少在电动汽车电驱动中采用。尽管永磁同步电机无位置传感器控制技术不是电动汽车电驱动系统当前迫切需要的，但是，该技术可以作为传感器故障条件下的容错控制技术使用。

已经有很多无位置传感器控制技术用于永磁同步电机。这些技术有多种分类方式（Li and Zhu, 2008）。通常，它们可以分成四种主要方法（Krishnan, 2010）：

- 电流模型自适应方案
- 外部信号注入方案
- 基于电流模型注入方案
- PWM 载波分量方案

4.5.2 永磁无刷直流电机控制

当永磁无刷直流电机运行时，将定子磁链和转子磁链夹角近似保持为 90°，从而使其在恒转矩工作区域时很容易实现最大转矩电流比运行。该控制方法使得永磁无刷直流电机具有比采用 $d-q$ 坐标变换的永磁同步电机更显著的优势。然而，如果不采用 $d-q$ 坐标变换或者 FOC，那么永磁无刷直流电机恒功率运行的控制策略将会比永磁同步电机复杂得多（Chan et al., 1998）。因此，本节将对电动汽车定速巡航时，永磁无刷直流电机恒功率运行采用的超前相角控制进行阐述。与此同时，无位置传感器控制已经被大面积地应用于永磁无刷直流电机中，而本节将对该控制方法在电动汽车中的可能涉及的应用进行概述。

4.5.2.1 永磁无刷直流电机的超前相角控制

当永磁无刷直流电机运行速度超过基速时，相电流难以满足需要，其原因在于所施加电压与反电动势之间存在微小差别（Safi, Acarnley, and Jack, 1995; Chan et al., 1996）。在此速度下，相电流可能只是达到所需水平，然后在导通周期结束时关断。而通过有意识的超前控制相电流的导通角，称为超前相角控制，相电流能够具有充足的上升时间，在高速运行时保持相电流与反电动势同相位。图 4.25 所示的是超前相角控制的效果。由图可见，通过逐渐增加超前相角，恒功率运行区域可被显著扩展。

超前相角控制可以用第 j 相电压方程进行解释

$$v_j\left(\omega t + \theta_o - \frac{(j-1)\pi}{3}\right) = Ri_j\left(\omega t + \theta_o - \frac{(j-1)\pi}{3}\right) + L\frac{di_j}{dt}\left(\omega t + \theta_o - \frac{(j-1)\pi}{3}\right) + e_j\left(\omega t - \frac{(j-1)\pi}{3}\right)$$

$$(4.32)$$

式中，$j = 1 \sim 3$，v_j是所施加的电压，i_j是相电流，e_j是反电动势，R是相电阻，L是相自感，θ_o是所施加电压超前于反电动势的相角或者导通角。控制原理在于运用相自感产生的电感电动势$L di_j/dt$来抵消反电动势，而反电动势在高速时甚至可能大于所施加的电压。该电感电动势，正比于相电流的微分，由超前相角控制。当该角度为一合适的正值时，相电流在低反电动势条件下，在导通初始阶段快速上升，而电感电动势为正值，这表明电磁能量存储在相绕组中。当反电动势等于所施加电压时，相电流达到最大值。在此之后，反电动势大于施加电压。相绕组开始释放电磁能量，相电流逐渐下降。因为相应的电感电动势变为负，所以其可以辅助施加电压抵消反电动势。通过改变超前相角，得到合理的相电流波形，从而对相电流进行合理调节。因此，该超前相角控制可以产生等效的弱磁效应，以实现永磁无刷直流电机的恒功率运行。

在永磁无刷直流电机的120°导通策略和180°导通策略中，前者具有基速以上高转矩优势，而后者在基速以上具有更好的恒功率运行性能，其原因在于基速可以通过相绕组励磁的方式进行虚拟拓展。图4.26将超前相角控制的120°导通策略和180°导通策略的永磁无刷直流电机在基速以上的转矩 – 转速性能进行了对比。由图可见，180°导通策略更适用于恒功率运行（Zhu and Howe，2007）。

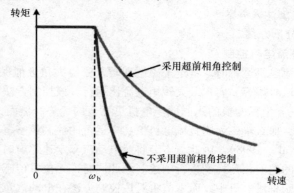

图4.25　永磁无刷直流电机超前相角控制的转矩 – 转速性能

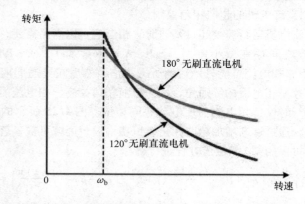

图4.26　永磁无刷直流电机两种导通策略下转矩 – 转速性能的对比

4.5.2.2　永磁无刷直流电机的无位置传感器控制

与永磁同步电机类似，永磁无刷直流电机也需要位置传感器，以获得转子位置信息，从而实现开关器件的正确动作。不同于永磁同步电机需要编码器或旋转变压器等高精度位置传感器，永磁无刷直流电机只需要低精度位置传感器，如三单元霍尔或者光电传感器。因此，永磁无刷直流电机对无位置传感器控制的需求程度不及永磁同步电机。考虑到上述位置传感器的成本在电动汽车电驱动总体成本中所占比重不大，永磁无刷直流电机无位置传感器控制在电动汽车中并不受瞩目。但是，无位置传感器控制技术可以当作永磁无刷直流电机传感器故障条件下的容错控制。

为了估测永磁无刷直流电机的开关信号，已经提出了多种无位置传感器控制技术（Kim, Lee, and Ehsani, 2007）。通常，这些方法可以分成五种主要类型（Krishnan, 2010）：

- 基于电机模型的估测方法
- 感应线圈的感应电动势方法
- 被动相电动势感应方法
- 三次感应谐波电动势检测方法
- 人工智能控制方法

4.6　设计准则

鉴于高效率和高功率密度，永磁无刷电机已经成为电动汽车电驱动系统的优选方案。这些电机的主要缺点是高昂的永磁材料成本。因此，为了降低成本，在不降低电机性能的前提下应尽可能减少永磁材料用量。近年来，有限元方法已经被广泛用于永磁电机的设计中（Rasmussen et al. , 2000）。然而，在进行有限元分析前应当首先初步确定电机参数；否则，设计过程将会特别复杂。

永磁体尺寸是永磁无刷电机设计的关键任务。已有一些分析方法用来计算永磁体的体积和尺寸（Gieras and Wing, 2002），以作为有限元分析的前提条件。正如 Mi（2006）所述，永磁同步电机所需的永磁材料体积 V_m 可以估算为

$$V_m = C_V \frac{P_1}{f B_r H_c} \tag{4.33}$$

式中，C_V 是范围为 0.54 ~ 3.1 的系数，其标准值为 2；P_1 为输入功率；f 为供电频率；B_r 是永磁材料磁导率；H_c 为永磁磁链矫顽力。当电机采用如表贴式、表面嵌入式或内部径向式的串联永磁体结构时，永磁极厚度 h_m 可以由下式计算得到

$$h_m = K_s \frac{K_a F_{ad}}{H'_c} \tag{4.34}$$

式中，K_s 为安全系数，其值可以选为 1.1；K_a 为最大可能标幺电枢电流，其取值范围为 4 ~ 8；F_{ad} 为 d 轴电枢反应磁动势；H'_c 为最高工作温度时的永磁矫顽力。另一方面，当电机采用诸如内部切向的并联式永磁结构时，相应的磁极厚度减半。因

此，当永磁体采用矩形结构时，不管是串联还是并联永磁结构，永磁磁极宽度 b_m 均可以由下式计算得到

$$b_m = \frac{V_m}{2ph_m l_e} \tag{4.35}$$

式中，p 为极对数；l_e 为轴向有效气隙长度，通常等于转子叠片长度。如果电机采用弧形串联永磁结构而非矩形串联永磁结构，永磁体宽度将被相应地用永磁体半径表示，或者用平均宽度大致表示。进一步地，对于永磁无刷直流电机而言，永磁体体积和尺寸可以通过类似的方法得到。

裂比，即定子内径和外径之比，是永磁无刷电机的另一个重要设计参数，可以显著影响其相应的转矩能力和效率。永磁同步电机和永磁无刷直流电机的最优裂比已经可以通过解析方法得到，其考虑了绕组布置、气隙磁密分布、反电动势波形、定子齿尖和端绕组的影响（Pang, Zhu, and Howe, 2006）。

当永磁无刷电机设计成 BLAC 工作模式时，该电机为永磁同步电机，其永磁磁链和反电动势均为正弦。假设绕组电阻可以忽略，输出功率可以表示为

$$P = \eta \frac{m}{T} \int_0^T e(t) i(t) \, dt = \eta \frac{m}{2} E_m I_m \tag{4.36}$$

式中，η 为效率；m 为相数；T 为反电动势周期；$e(t)$ 和 $i(t)$ 分别为反电动势和相电流的瞬时值；E_m 和 I_m 分别为电枢绕组的反电动势和相电流的幅值。电枢绕组的永磁磁链 ψ_{pm} 可以表示为

$$\psi_{pm} = \psi_m \cos(\pi\theta_r/\theta_{cr}) = \psi_m \cos(p\theta_r) \tag{4.37}$$

式中，ψ_m 为永磁磁链幅值；θ_r 为转子位置角；p 为永磁极对数；θ_{cr} 为永磁极距。ψ_m 可以表示为

$$\psi_m = \sqrt{2} \frac{1}{p} k_w N_{ph} B D_{si} l_e \tag{4.38}$$

式中，k_w 和 N_{ph} 分别为电枢绕组的绕组系数和线圈匝数；B 为磁负荷；D_{si} 为定子内径；l_e 为有效轴向长度。因此，e 可以由下式计算得到

$$e(t) = -d\psi_{pm}/dt = \sqrt{2} N_{ph} \omega_r k_w B l_e D_{si} \sin(p\theta_r) \tag{4.39}$$

式中，ω_r 是转速。相应的幅值 E_m 为

$$E_m = \sqrt{2} N_{ph} \omega_r k_w B l_e D_{si} \tag{4.40}$$

另一方面，电流幅值 I_m 为

$$I_m = \frac{\sqrt{2} A \pi D_{si}}{2m N_{ph}} \tag{4.41}$$

式中，A 为电负荷。因此，基于式(4.36) ~ 式(4.41)，P 可以改写为

$$P = \frac{\pi}{2} \eta k_w A B D_{si}^2 l_e \omega_r \tag{4.42}$$

因此，输出转矩 T 可以由下式得到

$$T = \frac{\pi}{2} \eta k_{\mathrm{w}} ABD_{\mathrm{si}}^2 l_{\mathrm{e}} \qquad (4.43)$$

为了研究裂比对于输出转矩的影响，磁负荷和电负荷应当用尺寸参数表示。因此，磁负荷的幅值 B_{m} 可以表示为

$$B_{\mathrm{m}} = \frac{4}{\pi} B_{\mathrm{pm}} \sin\left(\frac{\pi}{2}\alpha_{\mathrm{p}}\right) \qquad (4.44)$$

式中，α_{p} 为永磁体的极弧系数；B_{pm} 为空载时永磁体的工作点。另外，B_{pm} 受制于下式

$$h_{\mathrm{m}} = \mu_{\mathrm{r}} \frac{l_{\mathrm{g}}}{\left(\dfrac{B_{\mathrm{r}}}{B_{\mathrm{pm}}} - 1\right)} \qquad (4.45)$$

式中，μ_{r} 为永磁体的相对磁导率；B_{r} 为永磁体的剩磁；l_{g} 为气隙长度；h_{m} 为永磁体厚度。另一方面，电负荷可以表示为

$$A = \frac{JA_{\mathrm{s}} k_{\mathrm{p}} N_{\mathrm{s}}}{\pi D_{\mathrm{si}}} \qquad (4.46)$$

式中，J 为定子槽电流密度；k_{p} 为槽满率；N_{s} 为定子槽数；A_{s} 为定子槽面积，其值可以由下式得到

$$A_{\mathrm{s}} = \left\{ \frac{\pi D_{\mathrm{so}}^2}{4N_{\mathrm{s}}} \left[\left(1 - \frac{2h_{\mathrm{c}}}{D_{\mathrm{so}}}\right)^2 - \left(\frac{D_{\mathrm{si}}}{D_{\mathrm{so}}}\right)^2 \right] - w_{\mathrm{t}} \left(\frac{D_{\mathrm{so}} - D_{\mathrm{si}}}{2} - h_{\mathrm{c}}\right) \right\} \qquad (4.47)$$

式中，h_{c} 为定子轭部厚度；w_{t} 为定子齿宽。定子齿宽和轭部厚度可以表示为

$$w_{\mathrm{t}} = h_{\mathrm{c}} = \frac{1}{2} \frac{B_{\mathrm{m}}}{B_{\mathrm{max}}} \frac{D_{\mathrm{si}}}{p} \qquad (4.48)$$

式中，B_{max} 是定子铁心能够提供的最大磁密。把式（4.48）代入式（4.47），可以得到定子槽面积

$$A_{\mathrm{s}} = \frac{\pi D_{\mathrm{so}}^2}{4N_{\mathrm{s}}} \left\{ \left[\frac{1}{p}\left(\frac{1}{p} + \frac{N_{\mathrm{s}}}{p\pi}\right)\left(\frac{B_{\mathrm{m}}}{B_{\mathrm{max}}}\right)^2 + \frac{N_{\mathrm{s}}}{p\pi}\left(\frac{B_{\mathrm{m}}}{B_{\mathrm{max}}}\right) - 1 \right]\left(\frac{D_{\mathrm{si}}}{D_{\mathrm{so}}}\right)^2 \right.$$
$$\left. - \left(\frac{2}{p} + \frac{N_{\mathrm{s}}}{p\pi}\right)\left(\frac{B_{\mathrm{m}}}{B_{\mathrm{max}}}\right)\left(\frac{D_{\mathrm{si}}}{D_{\mathrm{so}}}\right) + 1 \right\} \qquad (4.49)$$

D_{si} 受制于

$$D_{\mathrm{si}} = D_{\mathrm{sh}} + 2h_{\mathrm{r}} + 2h_{\mathrm{m}} + 2l_{\mathrm{g}} \qquad (4.50)$$

式中，D_{sh} 为轴径；h_{r} 为转子轭部厚度。

把式（4.44）、式（4.46）和式（4.50）代入式（4.43），可以得到输出转矩变化与相应的裂比 $D_{\mathrm{si}}/D_{\mathrm{so}}$ 之间的关系。总体而言，对应于某个磁负荷，存在输出最大转矩的最优裂比。当永磁无刷电机设计成 BLDC 模式时，最优裂比依然可以用类似的方法得到。

近年来，由于转矩密度高，双定子永磁无刷电机已经成为电动汽车电驱动系统

中的研究热点（Niu，Chau，and Yu，2009）。从结构的角度看，双定子永磁无刷电机由两台共轴的永磁无刷电机组成：内电机是一台外转子永磁无刷电机，而外电机是一台传统的永磁无刷电机。该电机的总输出转矩是内外电枢绕组与内外气隙磁密分别相互作用产生的转矩分量之和。因此，上述传统永磁无刷电机最优裂比的设计规则可以很容易延伸到双定子永磁无刷电机，以获得最大转矩密度（Wang et al.，2011）。

4.7 设计案例

鉴于固有的高功率密度和高转矩密度等优势，永磁无刷电机在可用空间极其有限的轮毂驱动中具有非常强的竞争力。目前有两种主要的轮毂驱动类型：带有减速齿轮的高速电机与低速外转子直驱电机。因此，本节将以两种永磁无刷电机驱动（行星齿轮永磁同步电机驱动和外转子永磁无刷直流电机驱动）为例，对其设计过程和分析方法进行阐述。

4.7.1 行星齿轮永磁同步电机驱动

当永磁同步电机设计成高速电机时，所需尺寸和重量将会明显下降，从而获得高功率密度和高转矩密度。与此同时，为了匹配电机转速和车轮转速，单步行星齿轮与电机按照如下方式集成在一起：太阳轮与永磁转子耦合在一起，而环形齿轮安装在轮毂上。当然，该永磁同步电机驱动包含高速电机和行星齿轮在内的总功率密度和转矩密度会高于低速直驱永磁同步电机驱动。

根据典型电动乘用车的要求，行星齿轮永磁同步电机驱动的特性要求见表 4.6。

表 4.6 行星齿轮永磁同步电机驱动的特性要求

直流电压	360V
额定功率	6.3kW
额定转速	3000r/min
额定转矩	20N·m
恒转矩运行	0~3000r/min
恒功率运行	3000~9000r/min
齿轮比	10:1

为了在高速运行条件下使得结构简单可靠，采用三相四极内部径向式永磁同步电机拓扑。图 4.27 展示的是相应的电机分解图。根据特性要求，电机几何尺寸和参数可以初始化为表 4.7 所列的数据。

为了考虑饱和和端部效应，永磁无刷电机的设计采用有限元分析方法。永磁同步电机在额定条件下的电磁场分布如图 4.28 所示。由图可见，当电枢电流密度等于 4.2A/mm²

图 4.27 三相四极内部径向式永磁同步电机

时，没有出现明显的饱和现象。

表 4.7 行星齿轮永磁同步电机设计的初始化

相数	3
极数	4
定子槽数	36
定子外径	140mm
转子直径	76.4mm
转轴直径	22.9mm
气隙长度	0.3mm
铁心长度	100mm
定子轭部厚度	12mm
转子轭部厚度	7.5mm
永磁体尺寸	$3.82 \times 30.6 \times 100 mm^3$
每槽线圈匝数	28
槽满率	60%
硅钢片材料	35JN210

由此可以确定所设计电机的静态特性，即静态转矩和效率与电枢电流的关系。如图 4.29 所示，当电枢电流等于额定值 18.3A 时，所产生的转矩达到 20N·m。因为不存在转子铜耗，所以电机能够维持高效率。在绝大多数正常工况下，整体效率都能超过 95%。需要指出的是，如果考虑行星齿轮的传动损耗，整体效率将会有所下降，但一般仍然会超过 90%。因此，可以确定所设计电机的运行区域，即恒转矩运行和恒功率运行。相应的转矩–转速性能如图 4.30 所示，其中，通过从 0.01Wb 开始，随着转速增加而逐渐减小气隙磁链来实现恒功率运行。由图可见，在 0 ~ 3000r/min 转速范围内电机驱动可以恒转矩运行且输出额定转矩 20N·m。另外，通过采用弱磁控制，可以显著拓展恒功率运行范围，即在 3000 ~ 9000r/min 转速范围内以额定功率 6.3kW 运行，这在电动汽车应用中至关重要。

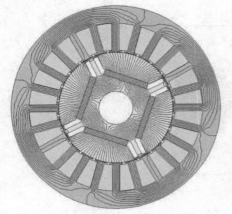

图 4.28 永磁同步电机的电磁场分布

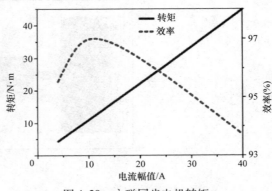

图 4.29 永磁同步电机转矩、效率与电流之间关系的静态特性

为了评估所设计电机的瞬态响应，首先空载起动到 3000r/min。在到达稳态后，突加半载 10N·m。接着，在到达新的稳态后，突加满载 20N·m。如图 4.31 所示，起动时间约为 0.73s，而突加负载的响应时间非常短。另外，额定转矩时转矩脉动在 20% 以内，这是可以接受的。而如此小的转矩脉动正是因为正弦电流和磁链的固有特性。

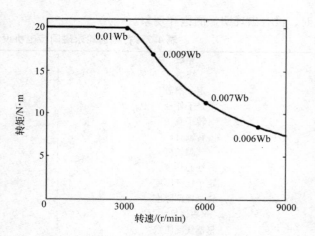

图 4.30 永磁同步电机驱动的转矩 – 转速特性

不同于传统电机的是，电动汽车电机需要提供良好的效率云图，而非最优效率点。所设计电机在整个运行区域的效率云图如图 4.32 所示，其中，

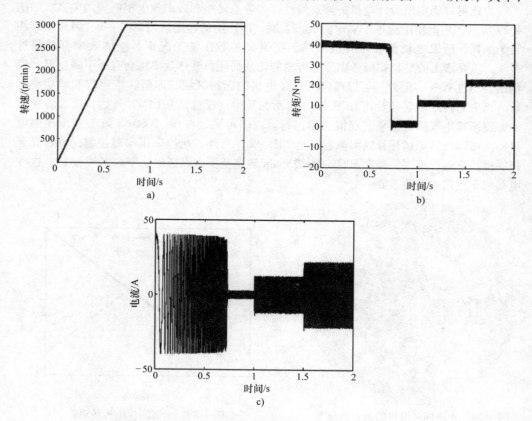

图 4.31 永磁同步电机驱动的瞬态响应：a）转速；b）转矩；c）电流

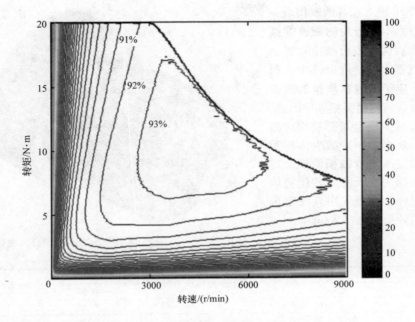

图 4.32　永磁同步电机的效率云图

转矩 - 转速平面的等高线代表运行效率。由图可见，绝大多数运行区域可以提供高达 90% 的效率，实际上这也是永磁同步电机驱动的一个关键优势。

4.7.2　外转子永磁无刷直流电机驱动

由式（4.11）和式（4.12）可见，永磁无刷直流电机能提供比永磁同步电机至少高 15% 的功率密度或者 33% 的转矩密度。因此，永磁无刷直流电机在轮毂直驱应用场合备受关注。为了促进转子和轮毂的直接耦合，优先采用外转子永磁无刷直流电机驱动。

根据典型电动乘用车的性能要求，外转子永磁无刷直流电机驱动的特性要求见表 4.8。

表 4.8　外转子永磁无刷直流电机驱动的特性要求

直流电压	360V
额定功率	6.3kW
额定转速	300r/min
额定转矩	200N·m
恒转矩运行	0 ~ 300r/min
恒功率运行	300 ~ 900r/min

为了实现低速直驱运行，需要较多的永磁极数。因此，采用三相 38 极表贴式永磁无刷直流电机拓扑。图 4.33 所示的是该电机的分解图。根据特性要求，该电机的几何尺寸和参数采用表 4.9 所列数据进行初始化。在内转子表面，交替安装了 38 块永磁体，

从而形成 38 极。相邻两极构成一
对极，因而不同极对的磁链通路
得以独立。这种多极磁路布置能
够减少磁铁轭部，进而减少体积
和重量。定子侧电枢绕组的线圈
跨距被设计成与槽距相等，因此，
可以显著减少绕组端部和相应的
铜材料，从而进一步减少体积和
重量。通过采用分数槽绕组，定
转子之间磁力在任意旋转位置均
一致，因此，永磁无刷直流电机
通常齿槽转矩较小（Wang et al.，
2002）。

图 4.33　三相 38 极表贴式永磁无刷直流电机

表 4.9　永磁无刷直流电机设计的初始化

相数	3
极数	38
定子槽数	36
转子外径	250mm
定子直径	207.4mm
转轴直径	80mm
气隙长度	0.3mm
铁心长度	100mm
定子轭部厚度	20mm
转子轭部厚度	15mm
永磁体尺寸	$17.7 \times 6 \times 100 \text{mm}^3$
每槽线圈匝数	48
槽满率	60%
硅钢片材料	35JN210

　　首先，额定条件下永磁无刷直流电机的电
磁场分布如图 4.34 所示。由图可见，当电枢
电流密度等于 5.7A/mm² 时，没有显著的磁饱
和现象。其静态转矩和效率与电枢电流幅值的
关系如图 4.35 所示。由图可见，当电枢电流
幅值等于额定的 18.2A 时，所产生的转矩达到
目标值 200N·m。与此同时，在绝大多数正常
工况下，电机能够维持超过 90% 的效率。需要
指出的是，由于低速设计导致了高铜耗，该永
磁无刷直流电机驱动的效率略低于前述的永磁
同步电机驱动。然而，由于不存在齿轮箱损
耗，该永磁无刷直流电机驱动的整体效率与前

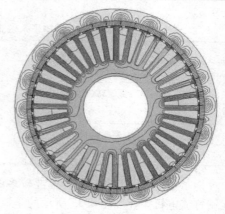

图 4.34　永磁无刷直流电机的电磁场分布

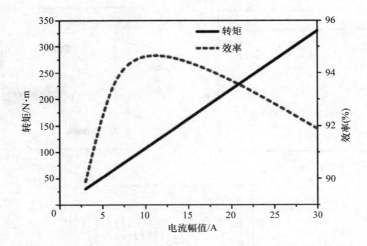

图 4.35　永磁无刷直流电机转矩、效率与电流之间关系的静态特性

述的永磁同步电机驱动类似。

因此，所设计电机的转矩－转速性能如图 4.36 所示，其中包括恒转矩运行和恒功率运行。由图可见，电机驱动在 0 ~ 300r/min 转速范围内可以恒转矩运行且输出额定转矩 200N · m。在 300 ~ 900r/min 转速范围内可以恒功率运行且输出额定功率 6.3kW。与此同时，通过采用超前相角控制，电机驱动可以显著拓展恒功率运行的转速范围，这在电动汽车应用中至关重要。

所设计永磁无刷直流电机的瞬

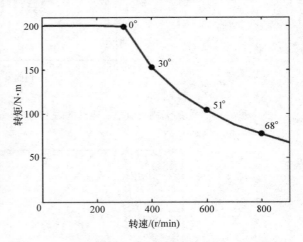

图 4.36　永磁无刷直流电机驱动的转矩－转速特性

态响应如图 4.37 所示，其中，电机首先空载起动至 300r/min，然后突加半载 100N · m，最后突加满载 200N · m。可以看出，所需的起动时间和突然负载变化响应时间是非常短的。由图可见，该永磁无刷直流电机驱动的起动时间比前述的永磁同步电机驱动的起动时间少得多。当考虑到齿轮效应时，两者的响应时间大体相近。另一方面，由图可见，永磁无刷直流电机的转矩脉动大于前述的永磁同步电机，其原因在于非理想方波电流切换时间是有限的。

最后，所设计永磁无刷直流电机在整个工作区域的效率云图如图 4.38 所示。正如所预计的一样，绝大多数运行区域工作效率超过 90%，这对电动汽车电驱动系统来说十分重要。

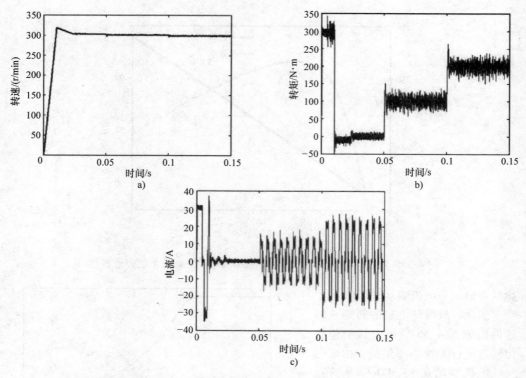

图 4.37 永磁无刷直流电机驱动的瞬态响应：a）转速；b）转矩；c）电流

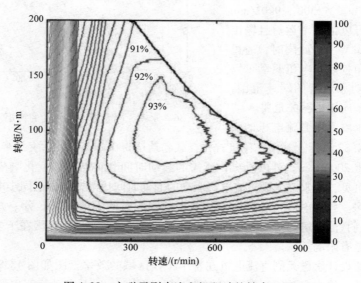

图 4.38 永磁无刷直流电机驱动的效率云图

4.8 应用案例

如图 4.39 所示的 Nissan Leaf 是一种领先、环保、经济和家用的五座两厢电动汽车，由 Nissan 于 2010 年推出。目前，自 2010 年以来其一直占据世界电动汽车市场的最大份额。通过采用车载 24kWh 锂离子电池，该款车型每次充电可以在美国环保署驾驶模式下行驶 135km。相应的驱动系统采用 80kW 和 254N·m 前轴永磁同步电机（Nissan，2014）。通过单速传动系统，该车能够提供超过 150km/h 的最高速度。

图 4.39 Nissan Leaf

Smart Fortwo Electric Drive 推出于 2007 年，是 Smart Fortwo 的电动版。戴姆勒公司计划将其在全球主要市场进行量产。如图 4.40 所示，该车采用单速传动的 55kW 永磁无

图 4.40 Smart Fortwo Electric Drive（图片来源：Courtesy Wikimedia Commons，
http：//en. wikipedia. org/wiki/Smart_ Fortwo_ ed#mediaviewer/File：2013_ Smart_ Fortwo_
Electric_ Drive_ -_ 2012_ NYIAS. JPG）

刷直流电机驱动，最高速度为 120km/h（Millikin，2011）。配备了 17.6kWh 锂离子电池，该车单次充电可以行使 140km。由于具有 130N·m 的转矩，0~100km/h 加速需11.5s，在这一点上与传统的 Smart Fortwo 不分上下。

4.9　是否是电动汽车的优选技术

在已经商用的直流电机、感应电机和永磁无刷电机这三种主要的电动汽车电机驱动中，永磁无刷电机具有高效率、高功率密度和高转矩密度等显著优势，这正是电动汽车电驱动系统所需要的。目前，永磁无刷电机驱动毫无疑问已经成为电动汽车的优选技术。

在永磁同步电机和永磁无刷直流电机这两种永磁无刷电机中，尽管它们各具优势，但永磁同步电机比永磁无刷直流电机更为成熟。即永磁同步电机具有效率高和转矩脉动小等优势，而永磁无刷直流电机具有功率密度大和转矩密度大等优势。可以预期的是，上述两种电机驱动在电动汽车市场上将不分伯仲。

永磁无刷电机驱动的发展高度依赖永磁材料。近年来，鉴于永磁材料具有初始成本高、供应匮乏和热稳定性差等问题，永磁无刷电机的快速发展势头势必会受到削弱，从而开辟了两个电动汽车电机崭新的研究和发展方向：定子永磁型电机和先进无永磁型电机。然而，永磁无刷电机的发展仍会进一步延伸到双定子拓扑，以满足电动汽车高转矩密度的需要；或转子拓扑，以实现混合电动汽车的功率分配。

参 考 文 献

Chan, C.C., Chau, K.T., Jiang, J.Z. *et al.* (1996) Novel permanent magnet motor drives for electric vehicles. *IEEE Transactions on Industrial Electronics*, **43**, 331–339.

Chan, C.C., Xia, W., Jiang, J.Z. *et al.* (1998) Permanent-magnet brushless drives. *IEEE Industry Applications Magazine*, **4**, 16–22.

Gieras, J.F. and Wing, M. (2002) *Permanent Magnet Motor Technology: Design and Applications*, 2nd, Revised and Expanded edn, Marcel Dekker, Inc., New York.

Gutfleisch, O. (2000) Controlling the properties of high energy density permanent magnetic materials by different processing routes. *Journal of Physics D: Applied Physics*, **33**, R157–R172.

Hu, B., Sathiakumar, S., and Shrivastava, Y. (2009) 180-degree commutation system of permanent magnet brushless DC motor drive based on speed and current control. Proceedings of International Conference on Intelligent Computation Technology and Automation, pp. 723–726.

Kim, T., Lee, H.W. and Ehsani, M. (2007) Position sensorless brushless DC motor/generator drives: review and future trends. *IET Electric Power Applications*, **1**, 557–564.

Krishnan, R. (2010) *Permanent Magnet Synchronous and Brushless DC Motor Drives*, CRC Press, Boca Raton, FL.

Li, Y. and Zhu, H. (2008) Sensorless control of permanent magnet synchronous motor – A survey. Proceedings of IEEE Vehicle Power and Propulsion Conference, pp. 1–8.

Mi, C.C. (2006) Analytical design of permanent-magnet traction-drive motors. *IEEE Transactions on Magnetics*, **42**, 1861–1866.

Millikin, M. (2011) Third-generation smart fortwo electric drive to launch worldwide in spring 2012; first use of battery packs from Daimler JV Deutsche Accumotive and motor from JV EM-motive. Green Car Congress, http://www.greencarcongress.com/2011/08/smart-20110816.html (accessed September 2014).

Nam, K.H. (2010) *AC Motor Control and Electric Vehicle Applications*, CRC Press, Boca Raton, FL.

Nissan (2014) 2015 Nissan LEAF, Nissan, http://www.nissanusa.com/electric-cars/leaf/ (accessed September 2014).

Niu, S., Chau, K.T. and Yu, C. (2009) Quantitative comparison of double-stator and traditional permanent magnet brushless machines. *Journal of Applied Physics*, **105**, 07F105-1–07F105-3.

Ohm, D.Y. (2000) *Dynamic Model of PM Synchronous Motors*, Drivetech, pp. 1–10.

Pang, Y., Zhu, Z.Q. and Howe, D. (2006) Analytical determination of optimal split ratio for permanent magnet brushless motors. *IEE Electric Power Applications*, **153**, 7–13.

Pillay, P. and Krishnan, R. (1988) Modeling of permanent magnet motor drives. *IEEE Transactions on Industrial Electronics*, **35**, 537–541.

Rasmussen, K.F., Davies, J.H., Miller, T.J.E. *et al.* (2000) Analytical and numerical computation of air-gap magnetic fields in brushless motors with surface permanent magnets. *IEEE Transactions on Industry Applications*, **36**, 1547–1554.

Safi, S.K., Acarnley, P.P. and Jack, A.G. (1995) Analysis and simulation of the high-speed torque performance of brushless DC motor drives. *IEE Proceedings – Electric Power Applications*, **142**, 191–200.

Schiferl, R.F. and Lipo, T.A. (1990) Power capability of salient pole permanent magnet synchronous motors in variable speed drive application. *IEEE Transactions on Industry Applications*, **26**, 115–123.

Soong, W.L. and Ertugrul, N. (2002) Field-weakening performance of interior permanent-magnet motors. *IEEE Transactions on Industry Applications*, **38**, 1251–1258.

Wang, Y., Chau, K.T., Chan, C.C. and Jiang, J.Z. (2002) Transient analysis of a new outer-rotor permanent-magnet brushless DC drive using circuit-field-torque time-stepping finite element method. *IEEE Transactions on Magnetics*, **38**, 1297–1300.

Wang, Y., Cheng, M., Chen, M. *et al.* (2011) Design of high-torque-density double-stator permanent magnet brushless motors. *IET Electric Power Applications*, **5**, 317–323.

Zhu, Z.Q. and Howe, D. (2007) Electrical machines and drives for electric, hybrid, and fuel cell vehicles. *Proceedings of the IEEE*, **95**, 746–765.

第5章 开关磁阻电机驱动系统

开关磁阻（Switched Reluctance，SR）电机是一种典型的双凸极电机。早在1838年，苏格兰人Davidson就使用开关磁阻电机来驱动机车，这也是关于开关磁阻电机的最早记载。长期以来，SR电机驱动系统都无法发挥其全部潜力，直到电力电子器件、数字控制和传感器电路的出现，才改变了这个局面。现代SR电机驱动由于系统成本低廉、机械结构稳定、功率拓扑可靠、控制简单以及运行高效，在电动汽车（Electric Vehicle，EV）驱动领域得到了广泛应用。另一方面，SR电机驱动存在着转矩脉动大、机械非线性度高、噪声大等缺点。

本章将针对SR电机驱动，介绍其系统结构、SR电机本体、SR功率变换器和控制策略等。同时还将介绍相应的设计准则、设计案例以及应用案例。

5.1 系统结构

如图5.1所示，SR电机驱动主要包括四个部分：SR电机、SR功率变换器、传感器和控制器。其中，SR电机作为电能和机械能转换的器件，起到关键性作用。另外，与一般的交流电机变频器有所不同，SR功率变换器由直流母线或电池组等直流电源供电，然后将电能送入SR电机。控制器根据命令信号、控制算法和传感器反馈将驱动信号馈送到功率变换器的开关元件控制端。因此，采用合适的控制策略，可实现SR电机驱动的高性能。

对于电动汽车驱动，SR电机驱动系统的配置可以是单电机也可以是多电机。前者采用单个电机来推进驱动轮，后者采用多个电机独立地驱动各个车轮。如图5.2所示，单电机配置仅使用一个SR电机和一个SR功率变换器，可减少系统的尺寸、重量和成本。当然，SR电机和功率变换器须满足车辆运行的要求。由于转弯过程中需要差速器来调整驱动轮的相对速度，因此必须使用机械齿轮传动。SR电机通常设计为转速大于10000r/min的高速电机以减小尺寸和重量。为了匹配车轮速度（一般小于1000r/min），通常用固定齿轮（Fixed Gear，FG）将SR电机的转速降至1/10左右。

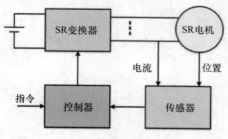

图5.1　SR电机驱动的基本配置

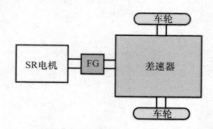

图5.2　用于电动汽车推进的单SR电机驱动配置

相对于感应电机和永磁（PM）无刷电机，SR 电机具有结构坚固和耐热性强等显著优点，尤其是转子中没有铜绕组或永磁体。因此，对于轮内电动汽车驱动系统，多台 SR 电机配置更具优势。通常，乘用车采用四电机配置或双电机配置。从系统复杂性和成本角度考虑，优选双电机配置。双电机配置使用两个 SR 电机分别推动两个驱动轮，如图 5.3 所示。由于两个电机是独立控制的，差动系统可以通过电子系统实现，从而省去了庞大笨重的机械差动系统。由于每个 SR 电机均可达到车辆运行中的理想性能，因此该系统可采用两种不同的设计方式：高速齿轮拓扑和低速无齿轮拓扑。前者通常采用内转子结构实现高速运行，再通过行星齿轮（PG）驱动车轮；后者通常采用外转子结构直接驱动车轮，无需齿轮传动。这两种结构的转子均无铜绕组或永磁体，因此，SR 电机驱动系统具有很高的机械完整性，从而适用于轮内电动汽车驱动。

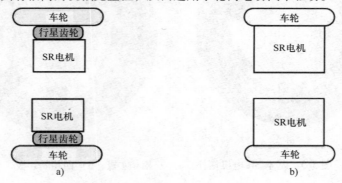

图 5.3　用于电动汽车推进的双 SR 电机驱动配置：a）高速齿轮结构；b）低速无齿轮结构

5.2　开关磁阻电机

SR 电机结构简单、可靠、成本低。与感应电机和永磁无刷电机不同，SR 电机不会由于巨大的离心力而产生机械故障，因而尤为适合高速运行。同时，由于其机械性能好，SR 电机也非常适合作为轮内驱动。然而，SR 电机也存在着转矩密度低、转矩脉动大以及噪声大等不足。

5.2.1　开关磁阻电机结构

SR 电机在定子和转子上均具有凸极（即齿），其结构如图 5.4 所示。其中，定子上安装了多相集

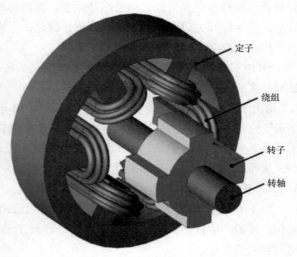

图 5.4　SR 电机分解图

中式绕组，转子上安装了无铜绕组或永磁体。根据相数以及定子和转子的极数不同，SR 电机具有多种拓扑结构。

图 5.5 给出了两种基本的 SR 电机拓扑：三相 6/4 极结构（6 个定子极，4 个转子极）和四相 8/6 极结构（8 个定子极，6 个转子极）。三相 6/4 极 SR 电机成本更低，高速运行时具有更好的相位提前能力，但转矩脉动和噪声较大。相反，四相 8/6 极 SR 电机具有更好的起动转矩和更低的转矩脉动，但需要更多的功率器件，因此成本较高。

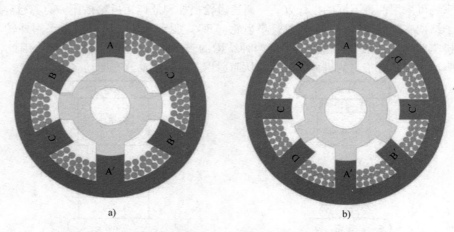

图 5.5　基本 SR 电机拓扑：a）三相 6/4 极；b）四相 8/6 极

为了提高转矩密度，SR 电机每个定子极可采用多齿结构（Miller，1993）。如图 5.6 所示，为每个定子极有两个次级齿的三相 12/10 极 SR 电机。在相同电负荷下，两个定子齿在理论上可多输出一倍的转矩。然而，多齿结构将导致绕组面积减小，同时还会引起对齐位置和非对齐位置之间电感差减小，反而抑制了转矩的产生。此结构步进角通常较小，将导致开关频率升高、铁耗增加，因此，上述提高转矩密度的方法仅限于低速情况，如电机直驱动型电动汽车等。

SR 电机具有结构坚固、耐热性好和外形灵活等优点，很适用于电动汽车轮内驱动。特别是在外转子结构中，电机的转子安装于轮缘，无需减速齿轮且减小了传输损耗。图 5.7 给出了三相 6/8 极外转子 SR 电机。与常规 SR 电机拓扑不同，该拓扑外转子直径大于定子直径。因此，为了减小直接施加在车轮上的转矩脉动，一般选取转子极数大于定子极数。另外，外转子 SR 电机通常采用薄饼形设计，即径向直径较大而轴向长度较小，从而有利于其嵌入车轮中。

5.2.2　开关磁阻电机工作原理

由于 SR 电机定子和转子的凸极效应，每相绕组磁路的磁阻随着转子位置的变化而变化。转矩产生依据"磁阻最小"原则，即转子凸极趋向于与励磁定子凸极对齐，使得磁路磁阻最小。

图 5.6　三相 12/10 极多齿 SR 电机拓扑

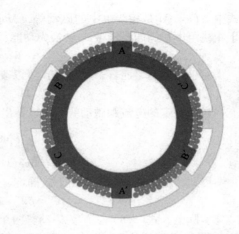

图 5.7　三相 6/8 极外转子 SR 电机拓扑

　　根据机电能量转换原则，可以在数学上解释转矩的产生机理（Krishnan，2001）。定子极绕有集中绕组，匝数为 N。当励磁电流为 i 时，可产生磁通量 ψ。定子极与转子极处于非对齐位置（$\theta = \theta_1$）和定子极与转子极处于对齐位置（$\theta = \theta_2$）处的磁通 – 磁动势（MMF）特性曲线，如图 5.8 所示。从图中可以看出，由于气隙磁阻较大，在非对齐位置的磁通 – 磁动势特性曲线几乎为线性；而对齐位置为非线性，这主要是由于磁路饱和所致。

　　对于励磁相绕组，输入能量 W_i 可以表示为

$$W_i = \int ei\mathrm{d}t \qquad (5.1)$$

式中，e 为感应电动势（EMF），其值由下式给出

$$e = \frac{\mathrm{d}(N\psi)}{\mathrm{d}t} \qquad (5.2)$$

因此，输入能量可改写为

$$W_i = \int F_i \mathrm{d}\psi \qquad (5.3)$$

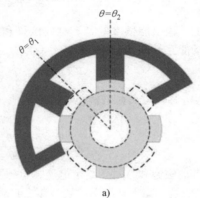

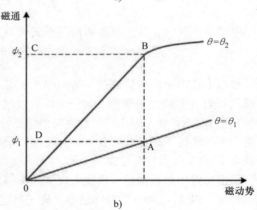

图 5.8　SR 电机转矩产生原理：
a）转子位置；b）磁通特性

式中，$F_i = Ni$ 是相绕组中的磁动势（Magnetic – Motive – Force，MMF）。该输入能量等于相绕组中存储的磁能 W_f 与转换为动能部分的输出机械能 W_o 之和：

$$W_i = W_f + W_o \tag{5.4}$$

对于能量增量而言，式(5.4) 可以改写为

$$\delta W_i = \delta W_f + \delta W_o \tag{5.5}$$

对于给定的电流和磁动势，可以导出相应的能量为

$$\delta W_i = \int_{\psi_1}^{\psi_2} F_i \, d\psi = \text{area}(\text{ABCD}) \tag{5.6}$$

$$\delta W_f = \text{area}(\text{OBC}) - \text{area}(\text{OAD}) \tag{5.7}$$

因此，输出能量增量可由下式确定

$$\delta W_o = \delta W_i - \delta W_f = \text{area}(\text{OAB}) \tag{5.8}$$

实际上，式(5.8) 表示为磁动势两个特性之间的面积。输出能量增量与转子位置变化量 $\delta\theta$ 之间的关系，即电磁转矩 T，可表示为

$$T = \frac{\delta W_o}{\delta \theta} \tag{5.9}$$

实际上，输出能量增量等于对齐位置和非对齐位置之间共能的变化量，而共能 W'_f 定义为磁场能互补的部分：

$$W'_f = \int \psi \, dF_i = \int N\psi \, di = \int L(\theta, i) i \, di \tag{5.10}$$

式中，L 为电感，定义为磁链与电流的比值，为转子位置和电流的函数。因此，转矩可改写为

$$T = \frac{\delta W'_f(\theta, i)}{\delta \theta} \bigg|_{i = \text{constant}} \tag{5.11}$$

若不考虑磁饱和，对于给定电流，电感随转子位置呈线性变化，转矩公式如下：

$$T = \frac{1}{2} i^2 \frac{dL(\theta)}{d\theta} \tag{5.12}$$

考虑磁饱和时，转矩不能再用简单的代数方程表示，而要写成积分方程：

$$T = \int_0^i \frac{\partial L(\theta, i)}{\partial \theta} i \, di \tag{5.13}$$

根据上述转矩产生的原理，采用图 5.9 所示的三相 6/4 极 SR 电机可更易于解释旋转原理。当 A 相绕组被激励，转子顺时针旋转以减小磁路磁阻，直到转子极 I 和 I′ 与定子磁极 A 和 A′ 对齐为止，此时磁路磁阻最小。然后断开 A 相，接通 B 相，使得磁阻转矩趋向于使转子磁极 II 和 II′ 与定子磁极 B 和 B′ 对齐。同理，C 相绕组的激励导致转子磁极 I′ 和 I 分别与定子磁极 C 和 C′ 对齐。转矩方向总是偏向最接近对齐的位置。因此，根据位置传感器信号，将绕组以 A – B – C 的顺序导通，转子即可以顺时针连续旋转。相反，以 A – C – B 的顺序通电，转子将逆时针旋转。每切换 12 次（相数乘以转子极数），转子旋转一周。因此，转子极数越多，每相电流的开关频率就越高。

5.2.3 开关磁阻电机模型

当转子从非对齐位置旋转到对齐位置时，SR 电机相电感随转子位置的变化如图

5.10 所示，其中，忽略了磁边缘效应与磁路饱和。可以看出，电感特性与转子极数和定转子极弧相关。转子位置 θ_1、θ_2、θ_3、θ_4 和 θ_T 可用以下方程表示（Krishnan，2001）

$$\theta_1 = (\alpha_r - (\beta_s + \beta_r))/2 \qquad (5.14)$$

$$\theta_2 = \theta_1 + \beta_s \qquad (5.15)$$

$$\theta_3 = \theta_2 + (\beta_r - \beta_s) \qquad (5.16)$$

$$\theta_4 = \theta_3 + \beta_s \qquad (5.17)$$

$$\theta_T = \theta_4 + \theta_1 = \alpha_r \qquad (5.18)$$

式中，$\alpha_r = 2\pi / N_r$ 为转子极距，N_r 是转子极数，β_s 是定子极弧，β_r 是转子极弧。

相电感随着转子位置变化而变化，五个转子位置区域的特征如下：

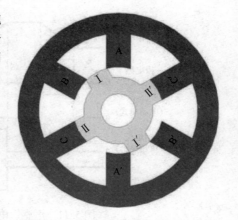

图 5.9　SR 电机旋转原理

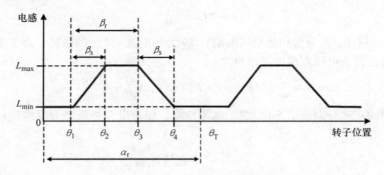

图 5.10　相电感随转子位置的变化

$0 - \theta_1$：定子极和转子极没有重叠，称为非对齐位置，磁通量和电感（L_{min}）最小且保持恒定。因此，该区域不产生转矩。

$\theta_1 - \theta_2$：定子极和转子极开始出现重叠，磁通量及电感随转子位置的变化而增加，即 $dL/d\theta > 0$。如图 5.11 所示，在该区域中施加电流时产生用于电动运行的正转矩，见式(5.12)。值得注意的是，电流的极性不影响转矩的极性。

$\theta_2 - \theta_3$：定子极和转子极完全重叠，称为对齐位置。转子旋转不改变重叠面积。该区域内的磁通量和相电感量（L_{max}）均最大且保持恒定。由于电感量没有变化，因此该区域不产生转矩。

$\theta_3 - \theta_4$：定子极和转子极重叠范围逐渐减小，磁通量和相电感随转子位置而减小，即 $dL/d\theta < 0$。如图 5.11 所示，在该区域内施加电流时，无论电流值的正负，都会产生用于再生运行的负转矩。

$\theta_4 - \theta_T$：定子极和转子极再次处于非对齐位置，相电感保持恒定为 L_{min}，不产生转矩。

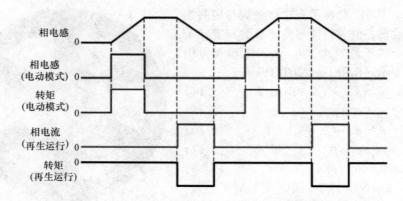

图 5.11　电感、电流和转矩曲线之间的关系

忽略相间互感，SR 电机的电压方程可以表示为

$$u = Ri + \frac{\mathrm{d}N\psi}{\mathrm{d}t} \tag{5.19}$$

式中，u 为相电压，R 为每相绕组的电阻，$N\psi$ 为相电流 i 产生的磁链。由于电感 L 为磁链与电流的比值，电压方程可以改写为

$$u = Ri + \frac{\mathrm{d}}{\mathrm{d}t}(L(\theta,i)i) = Ri + L(\theta,i)\frac{\mathrm{d}i}{\mathrm{d}t} + \frac{\mathrm{d}L(\theta,i)}{\mathrm{d}\theta}i\omega \tag{5.20}$$

式中，右侧的三项分别表示 SR 电机的电阻压降、感应电动势压降和反电动势。相应的反电动势 e 可写作

$$e = \frac{\mathrm{d}L(\theta,i)}{\mathrm{d}\theta}i\omega = K_e i\omega \tag{5.21}$$

式中，K_e 为 SR 电机的反电动势系数。因此，可以得到 SR 电机的每相模型，如图 5.12 所示，可见该模型类似于串励直流电机的模型。

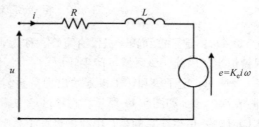

如前文所述，每相转矩取决于电流和电感随转子位置的变化率。因此，电机输出转矩 T_e 是各相产生的转矩之和：

图 5.12　SR 电机的每相模型

$$T_e = \sum_{i=1}^{m} T(i,\theta) \tag{5.22}$$

式中，m 是 SR 电机的相数。由于存在磁饱和现象，几乎不可能获得理想电感分布参数。磁饱和使得电感曲线在顶部附近弯曲，导致输出转矩减小。此外，每相绕组只能在半个极距中产生正转矩，导致转矩脉动较大，这也是产生转速振荡和噪声的主要原因。然而，可以通过增加相数或采用先进控制方法来减弱转矩脉动。因此，运动方程表示为

$$T_e = J\frac{\mathrm{d}\omega}{\mathrm{d}t} + B\omega + T_L \tag{5.23}$$

式中，J 是转动惯量，B 是粘滞摩擦系数，T_{L} 为负载转矩，ω 是转子转速，即转子位置对时间的变化率 $\mathrm{d}\theta/\mathrm{d}t$。

5.3　开关磁阻功率变换器

与交流电机不同，SR 电机产生的转矩与电流极性无关。因此，交流电机采用的常规桥式逆变器不适用于 SR 电机。实际上，现如今已经有许多专门为 SR 电机开发的功率变换器拓扑，即所谓的 SR 功率变换器。主要特点是定子绕组与变换器的上、下开关串联，可以防止交流电机逆变器中存在的直通故障。

5.3.1　开关磁阻功率变换器拓扑

一般而言，根据功率变换器开关数量和电机相数 m 之间的关系（Ehsani, Gao, and Emadi, 2009；Krishnan, 2001），SR 功率变换器拓扑通常可分为以下四种：

- $2m$ 开关器件 SR 功率变换器
- m 开关器件 SR 功率变换器
- $(m+1)$ 开关器件 SR 功率变换器
- $1.5m$ 开关器件 SR 功率变换器

不对称桥式变换器拓扑如图 5.13a 所示，为最常见的 $2m$ 开关器件 SR 变换器。该拓扑每相桥臂采用两个开关器件和两个二极管。该变换器的主要优点是控制灵活，允许电机每相独立控制，有利于电机高速运行，其中相邻两相电流之间可能存在相当大的重叠。该功率拓扑的主要缺点是比同类变换器需要更多的功率器件，增加了变换器的成本和封装尺寸。为了控制输出转矩，需要有效地控制相电流。尽管可以通过电压脉冲宽度调制（PWM）控制相电流，但电流 PWM 控制可以直接控制电流大小，因此后者更为常用。不对称桥式变换器的工作波形如图 5.13b 所示。当开关 S_1 和 S_2 导通时，A 相电流开始增加。如果电流超过滞环电流控制器的上限，则 S_1 和 S_2 关闭，电流经由二极管 D_1 和 D_2 续流逐渐减小，存储在相绕组中的磁能返回到直流源 V_{dc}。如果电流小于滞环电流控制器的下限，则 S_1 和 S_2 再次导通。因此，电流被迫在滞环电流窗口内摆动，以使得平均电流维持期望电流 I_{a}^{*}，直到导通区间结束。值得注意的是，如果关断过程中仅关断 S_1，保持 S_2 开通，则电流经由 S_2 和 D_1 续流缓慢减小，绕组端电压变为零。这种续流策略可以降低开关频率，从而降低开关损耗。

图 5.14a 为典型的 m 开关器件 SR 功率变换器拓扑，称为 R - dump SR 变换器。该拓扑每相仅使用一个开关器件和一个二极管，但增加了额外的无源元件 R 和 C。该拓扑主要优点是元器件数量少，变换器成本低。但是该拓扑存在着运行效率较低、无法灵活控制每相电流的缺点。除了关断过程外，R - dump 变换器的工作波形与不对称变换器的工作波形相似，如图 5.14b 所示。也就是说，如果电流高于滞环电流比较器的上限，则 S_1 被关断。因此，电流经二极管 D_1 续流逐渐减小，存储在相绕组中的磁能一方面对电容 C 充电直到达到直流侧电源电压，另一方面消耗在电阻 R 上，因此变换器工作效率较低。并且，由于该拓扑中相绕组上没有零电位点，因此其控制灵活性不足。此外，

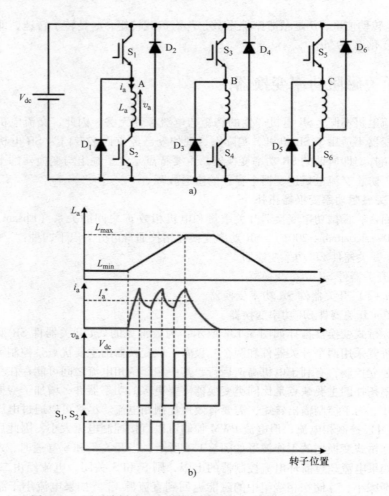

图 5.13　不对称桥式 SR 功率变换器：a）拓扑；b）工作波形

R 的取值较为关键。如果 R 太小，则电流下降时间过长，将可能导致在相电感的负斜率区当电流仍然为非零时产生负转矩；与此相反，如果 R 太大，则需要将关断瞬间产生的高电压设定在功率器件的额定耐压范围内。

图 5.15a 所示是一种典型的（$m+1$）开关器件 SR 功率变换器拓扑，称为 C-dump SR 变换器。该拓扑用最少的开关器件实现了每相电流的独立控制，但相绕组两端的负电压受到电容器端电压与直流电源电压之差的限制，减慢了电流换向速度。C-dump 变换器的工作波形如图 5.15b 所示。当电流超过滞环电流控制器的上限时，S_1 断开，二极管 D_1 受正向偏置，存储在相绕组中的磁能对电容器 C 充电，然后经由开关 S 传输到直流电源，电流逐渐减小。

1.5m 开关器件 SR 功率变换器的拓扑结构如图 5.16a 所示。该拓扑共享每两个非相

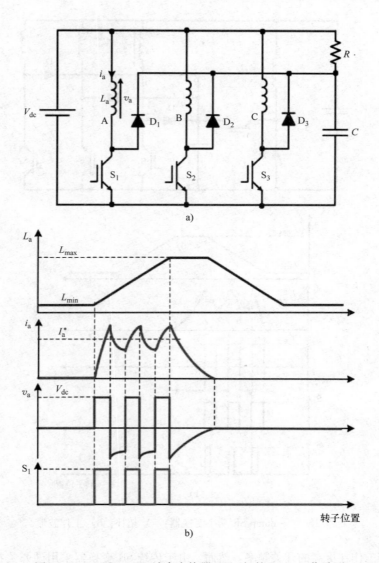

图 5.14　R – dump SR 功率变换器：a）拓扑；b）工作波形

邻相的开关器件，即每两相仅用三个开关器件和三个二极管，实现了独立控制每相电流。然而，这种拓扑仅适用于偶数相的 SR 电机。该变换器的工作波形如图 5.16b 所示。开关 S_x 承载 A 相和 C 相的电流，开关 S_y 承载 B 相和 D 相的电流。因此，S_x 和 S_y 的额定值大于每相开关器件 S_1、S_2、S_3、S_4 的额定值。这种相绕组的分组方式可以保证其独立控制每相电流。

5.3.2　软开关开关磁阻功率变换器拓扑

　　为了改善 SR 电机驱动器的性能，例如减小转矩脉动或改善动态响应性能等，SR 功

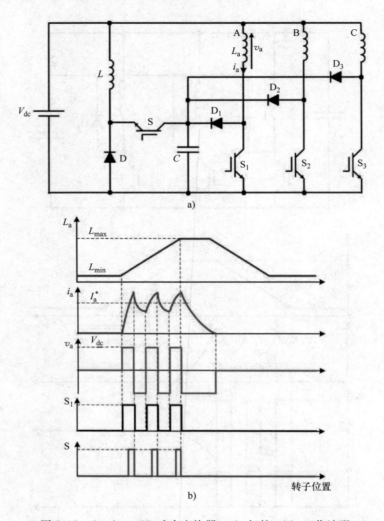

图 5.15 C – dump SR 功率变换器：a）拓扑；b）工作波形

率变换器需工作在更高的开关频率。然而，由于传统 SR 变换器采用硬开关技术，提高开关频率必然导致开关损耗的升高以及更严重的电磁干扰（EMI），从而降低了变换器的效率和电磁兼容能力。然而在 SR 变换器中使用软开关技术则可以显著降低开关损耗和 EMI。近年来已经提出了不少软开关 SR 变换器拓扑，可分为

- 谐振开关 SR 变换器
- 谐振直流母线 SR 变换器
- 零转换 SR 变换器

谐振开关 SR 变换器（Murai，Cheng and Yoshida，1999）采用电感 – 电容（*LC*）谐振电路和辅助开关，使主开关能够在零电压开关（ZVS）条件下开通关断或在零电流开

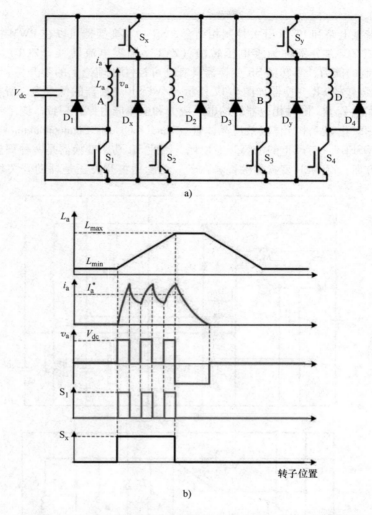

图 5.16　1.5*m* 开关器件 SR 转换器：a）拓扑；b）工作波形

关（ZCS）条件下开通关断。因此，理论上可实现零开关损耗。然而，该类变换器无法实现 PWM 开关控制，并且开关频率需要与辅助电路的谐振频率同步，从而只能向 SR 电机提供脉冲电流，导致了转矩脉动和噪声的恶化。同时，谐振电容增加了主开关上的电压应力（Luo and Zhan, 2005）。

谐振直流母线 SR 变换器（Gallegos – Lopez et al. , 1997）的直流母线处包含 LC 谐振电路和辅助开关。通过将直流母线电压转换为具有零电压凹槽的脉动电压，主开关可以在这些零电压凹槽处导通或关断，从而实现 ZVS 以及理论上的零开关损耗。然而，该类变换器缺乏 PWM 开关控制能力。直流母线的谐振实现是以电压应力和母线器件损耗为代价的。采用有源钳位谐振直流母线 SR 变换器拓扑可改善电压应力的缺点（Rolim et al. , 1999）。

将辅助谐振电路和 PWM 开关控制相结合，SR 功率变换器可以在 PWM 控制的基础上实现 ZVS 或 ZCS，分别称为零电压转换（ZVT）和零电流转换（ZCT）。由于拥有 PWM 开关控制的能力，零转换 SR 变换器具有高可控性和理论上的零开关损耗（Chao, 2009）。两种零转换 SR 变换器如图 5. 17 所示。ZVT SR 变换器的优点为，所有主开关和二极管均能实现 ZVS，同时相应器件的电压应力和电流应力保持一致。应用于功率变换的功率金属–氧化物–半导体场效应晶体管（Metal – Oxide – Semiconductor Field – Effect Transistor, MOSFET）有严重的电容开通损耗，因此 SR 功率变换器是一种理想的功率变换器。另一方面，ZCT SR 变换器的优势在于，无论是主开关还是辅助开关均可保持最

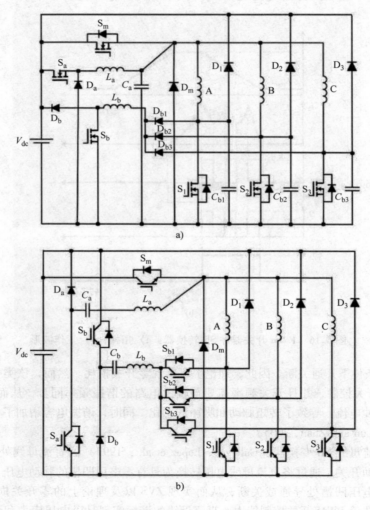

图 5. 17　零转换 SR 变换器：a）ZVT 拓扑；b）ZCT 拓扑

低电流应力和最低电压应力的 ZCS。然而绝缘栅双极型晶体管（Insulated Gate Bipolar Transistors，IGBT）作为非常适用于功率变换器中的功率器件，通常有严重的感应关断损耗（Ching，2009）。

5.3.3　电动汽车用开关磁阻功率变换器对比

在评估车用 SR 变换器的优劣时，主要考虑五个因素：成本、功率密度、效率、可控性和可靠性。综合考虑上述五个因素，对于硬开关 SR 功率变换器，不对称 SR 变换器和 C – dump SR 变换器是最佳选择。不对称 SR 功率变换器具有高可控性和高可靠性等优点，但是成本较高；C – dump SR 功率变换器具有开关器件少、相电流独立控制等优点，但是也存在如使用了额外的电容器以及电流换向较慢等缺陷。近年来，功率器件功率密度增加的同时成本降低，是市场上一个恒定的趋势。由于 SR 电机驱动系统的成本主要由电机本体成本决定，而非功率变换器，在选择 SR 变换器的时候，无需牺牲可控性和可靠性以追求功率器件数量少。因此，不对称 SR 功率变换器是最佳的选择，实际上也是电动汽车驱动最常用的功率拓扑结构。

理论上，软开关技术可用于各种硬开关 SR 变换器中，以实现零开关损耗。然而，当考虑谐振电路无源元件（例如电感和电容）的损耗时，整体效率的改善可能不再明显。进一步考虑到谐振电路的附加成本和控制成本，软开关 SR 变换器的应用不再有价值。除了零转换拓扑，虽然与硬开关拓扑相比，软开关拓扑可以显著减小 EMI，但是它们通常会对功率器件施加额外的电压或电流应力。如果必须要采用非常窄的电流滞环窗口，使用非常高的开关频率（25kHz 以上）来使电流纹波最小化，那么软开关 SR 变换器就非常合适。在这种情况下，ZVT 和 ZCT SR 功率变换器拓扑是最优的选择。

5.4　开关磁阻电机控制

SR 电机的工作原理与常规交流电机工作原理存在着本质上的区别，本节首先介绍 SR 电机转速控制方法。然后，针对 SR 电机的主要缺点——转矩脉动较大，本节将详细讨论转矩脉动最小化（TRM）控制。此外，SR 电机为双凸极结构，尤为适合无位置传感器控制，将在后文作相应的讨论。

5.4.1　转速控制

SR 电机转速控制主要有两种方案：电流斩波控制（CCC）和提前角控制（AAC）。这两种控制方案的转速边界称为基速 ω_b，该转速下的反电动势等于直流母线电压。

当电机运行于基速以下时，反电动势低于直流电源电压。当功率变换器特定相的开关器件导通或关断时，相电流相应地上升或下降。使用滞环电流控制器来控制开关器件，即所谓的 CCC，相电流可以被控制在额定值附近，因此能够实现恒转矩运行。在 CCC 模式中，导通角 θ_{on} 和关断角 θ_{off} 应分别与相电感的正斜率区的转子位置 θ_1 和 θ_2 重合。考虑到电感的上升时间或下降时间，实际上需要提前 $\theta_a = (\theta_1 - \theta_{on})$ 角度导通开关器件，提前 $\theta_b = (\theta_2 - \theta_{off})$ 角度关断开关器件，如图 5.18 所示。应当注意，θ_a 和 θ_b 均与相电流大小和转子速度有关。

当电机运行于基速以上时，反电动势高于直流电源电压，使得相电流受到反电动势的限制。为了将电流馈送至相绕组中，需要对特定相的开关在非对齐位置之前接通，即所谓的 AAC，如图 5.19 所示。由于反电动势随转速升高而增加，相电流减小，因此转矩必然下降。转速越高，开通角需要越提前。通常，控制开通角提前使转矩相对于转速呈反比例下降，以实现恒功率运行。开通角的提前量受到相电感负斜率区的限制。另一方面，关断角也需要提前，以确保电流在进入相电感负斜率区之前减小到零。

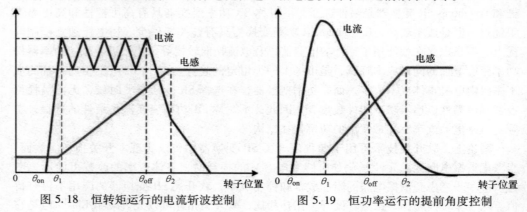

图 5.18　恒转矩运行的电流斩波控制　　　　图 5.19　恒功率运行的提前角度控制

转速超过电机的临界转速 ω_c 时，θ_{on} 和 θ_{off} 均达到其极限值，若进一步提前其相位，输出转矩迅速降低，SR 电机不能再保持恒功率运行，进入自然工作模式。

图 5.20 给出了 SR 电机所有工作区的转矩 – 转速曲线，即恒定转矩运行区、恒定功率运行区和自然运行区，与之对应的分别是电动汽车在城区低速驾驶、郊区中速驾驶和在高速公路巡航时所需的行驶模式。

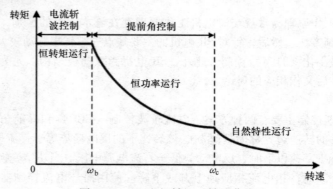

图 5.20　SR 电机转矩 – 转速曲线

5.4.2　转矩脉动最小化控制

如前所述，与其他常规交流电机相比，SR 电机的主要缺点是转矩脉动大。转矩脉动主要是产生转矩的相绕组的离散化激励所致，在两个相邻相换期间尤为严重。一般而言，可以从两个方面来减小转矩脉动：电机设计和控制策略。在各种控制策略中，直接瞬时转矩控制和转矩分配函数（TSF）控制在 SR 电机 TRM 控制中倍受关注。相对于直接瞬时转矩控制，TSF 更易于实现且具有更高成本效益。

TSF 是关于转子位置的函数，该函数在多相之间适当地分配参考转矩，使各相转矩的总和等于期望转矩。TSF 的基本原理是在换相期间两相共同产生所需的总转矩。目前，已经提出了许多用于 SR 电机 TRM 控制的 TSF，大致可归为线性函数和非线性函数两大类。对于线性 TSF，在换相期间由特定相产生的转矩随转子位置线性变化，如图 5.21a 所示，而对于非线性 TSF，换相期间产生的转矩随转子位置非线性地变化，如图 5.21b 所示，其中 θ_i、θ_f 和 θ_{ov} 分别表示换相区的初始角、终止角和重叠角，基于 SR 电机的电感分布，选择合适的 θ_i、θ_f 和 θ_{ov}。TSF 中主要有三种非线性函数：三次函数、余弦函数和指数函数，其他类型的非线性 TSF 基本上是在这三种函数的基础上衍生的。

在换相期间，总转矩可以表示为 I 相上升阶段产生的转矩和 II 相下降阶段产生的转矩之和：

$$T = T_{\mathrm{I}} + T_{\mathrm{II}} \tag{5.24}$$

式中，

$$T_{\mathrm{I}} = f_{\mathrm{I}}(\theta) T \tag{5.25}$$

$$T_{\mathrm{II}} = f_{\mathrm{II}}(\theta) T \tag{5.26}$$

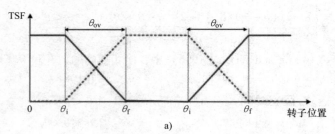

a)

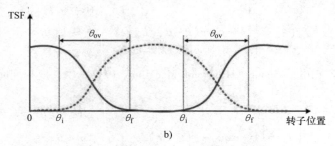

b)

图 5.21　转矩分配函数：a）线性；b）非线性

式中，$f_{\mathrm{I}}(\theta)$、$f_{\mathrm{II}}(\theta)$ 分别表示 I 相和 II 相的 TSF，且 $0 \leqslant \theta < \theta_{\mathrm{T}}/2$，其中，$\theta_{\mathrm{T}}$ 是每相的导通周期。

在线性 TSF（Schramm & Williams & Green，1992）中，换相期间的上升函数和下降函数对于转子位置具有恒定斜率，分别定义为

$$f_{\mathrm{I}}(\theta) = \begin{cases} 0 & ,0 \leqslant \theta < \theta_{\mathrm{i}} \\ (\theta - \theta_{\mathrm{i}})/\theta_{\mathrm{ov}} & ,\theta_{\mathrm{i}} \leqslant \theta < \theta_{\mathrm{f}} \\ 1 & ,\theta_{\mathrm{f}} \leqslant \theta < \theta_{\mathrm{T}}/2 \end{cases} \tag{5.27}$$

$$f_{\mathrm{II}}(\theta) = \begin{cases} 1 & ,0 \leqslant \theta < \theta_{\mathrm{i}} \\ 1 - (\theta - \theta_{\mathrm{i}})/\theta_{\mathrm{ov}} & ,\theta_{\mathrm{i}} \leqslant \theta < \theta_{\mathrm{f}} \\ 0 & ,\theta_{\mathrm{f}} \leqslant \theta < \theta_{\mathrm{T}}/2 \end{cases} \tag{5.28}$$

这种线性 TSF 容易实现，但不能反映 SR 电机转矩产生和磁饱和的非线性特征。因此，电感变化率的改变会导致参考转矩与实际输出转矩之间误差很大，特别是在初始换相阶段和结束换相阶段。

在三次方 TSF（Sahoo, Panda and Xu, 2005）中，换相期间的上升和下降函数是相对于转子位置的三次多项式，表示为

$$f_{\mathrm{I}}(\theta) = \begin{cases} 0 & ,0 \leqslant \theta < \theta_{\mathrm{i}} \\ 3\left[(\theta - \theta_{\mathrm{i}})/\theta_{\mathrm{ov}} \right]^2 - 2\left[(\theta - \theta_{\mathrm{i}})/\theta_{\mathrm{ov}} \right]^3 & ,\theta_{\mathrm{i}} \leqslant \theta < \theta_{\mathrm{f}} \\ 1 & ,\theta_{\mathrm{f}} \leqslant \theta < \theta_{\mathrm{T}}/2 \end{cases} \tag{5.29}$$

$$f_{\mathrm{II}}(\theta) = \begin{cases} 1 & ,0 \leqslant \theta < \theta_{\mathrm{i}} \\ 1 - 3\left[(\theta - \theta_{\mathrm{i}})/\theta_{\mathrm{ov}} \right]^2 + 2\left[(\theta - \theta_{\mathrm{i}})/\theta_{\mathrm{ov}} \right]^3 & ,\theta_{\mathrm{i}} \leqslant \theta < \theta_{\mathrm{f}} \\ 0 & ,\theta_{\mathrm{f}} \leqslant \theta < \theta_{\mathrm{T}}/2 \end{cases} \tag{5.30}$$

在余弦 TSF（Husain and Ehsani, 1996）中，换相期间的上升和下降函数表示为

$$f_{\mathrm{I}}(\theta) = \begin{cases} 0 & ,0 \leqslant \theta < \theta_{\mathrm{i}} \\ \left[1 - \cos\pi(\theta - \theta_{\mathrm{i}})/\theta_{\mathrm{ov}} \right]/2 & ,\theta_{\mathrm{i}} \leqslant \theta < \theta_{\mathrm{f}} \\ 1 & ,\theta_{\mathrm{f}} \leqslant \theta < \theta_{\mathrm{T}}/2 \end{cases} \tag{5.31}$$

$$f_{\mathrm{II}}(\theta) = \begin{cases} 1 & ,0 \leqslant \theta < \theta_{\mathrm{i}} \\ \left[1 + \cos\pi(\theta - \theta_{\mathrm{i}})/\theta_{\mathrm{ov}} \right]/2 & ,\theta_{\mathrm{i}} \leqslant \theta < \theta_{\mathrm{f}} \\ 0 & ,\theta_{\mathrm{f}} \leqslant \theta < \theta_{\mathrm{T}}/2 \end{cases} \tag{5.32}$$

在指数 TSF（Illic – Spong, Miller and MacMinn, 1987）中，换相期间的上升和下降函数表示为

$$f_{\mathrm{I}}(\theta) = \begin{cases} 0 & ,0 \leqslant \theta < \theta_{\mathrm{i}} \\ 1 - \exp\left[-((\theta - \theta_{\mathrm{i}})/\theta_{\mathrm{ov}})^2 \right] & ,\theta_{\mathrm{i}} \leqslant \theta < \theta_{\mathrm{f}} \\ 1 & ,\theta_{\mathrm{f}} \leqslant \theta < \theta_{\mathrm{T}}/2 \end{cases} \tag{5.33}$$

$$f_{\mathrm{II}}(\theta) = \begin{cases} 1 & ,0 \leqslant \theta < \theta_{\mathrm{i}} \\ \exp\left[-((\theta - \theta_{\mathrm{i}})/\theta_{\mathrm{ov}})^2 \right] & ,\theta_{\mathrm{i}} \leqslant \theta < \theta_{\mathrm{f}} \\ 0 & ,\theta_{\mathrm{f}} \leqslant \theta < \theta_{\mathrm{T}}/2 \end{cases} \tag{5.34}$$

与线性 TSF 相比，三次方、余弦和指数函数等非线性 TSF 具有更高的自由度，可以拟合换相区域中非线性斜率，以实现参考转矩输入与其实际输出之间的更好匹配，从而

使转矩脉动最小化。非线性 TSF 还可以进一步扩展，实现调速范围最大化和铜耗最小化（Xue，Cheng and Ho，2009），并提高效率（Lee et al.，2009）。另外，对于电动汽车用 SR 电机，通过研究比较不同的 TSF，验证了 TSF 对 TRM 控制的有效性（Pop et al.，2012）。

　　以四相 8/6 极 SR 电机为例，不使用 TRM 控制时，对相电流、相转矩和总转矩的波形进行仿真，仿真结果如图 5.22 所示；将典型的余弦 TSF 用于 TRM 控制，对应的仿真结果如图 5.23 所示。可见，TRM 控制可以显著抑制转矩脉动。

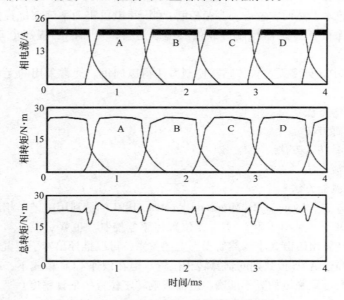

图 5.22　不使用 TRM 控制的运行波形

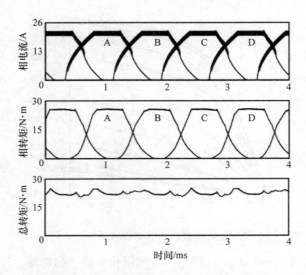

图 5.23　采用余弦转矩分配函数的转矩脉动最小化控制的工作波形

5.4.3 无位置传感器控制

为实现有效的运行和控制，SR 电机需要在相绕组激励和转子位置之间进行同步。通常，位置传感器或编码器安装在轴上获得转子位置的信息以反馈到控制器。与控制器相比，位置传感器相对昂贵，使得 SR 电机无位置传感器技术得到了发展。对于低成本的应用场合，特别需要利用无位置传感器技术来降低成本。然而，对于电动汽车应用而言，位置传感器在整个驱动系统中的成本不值得关注，因此电动汽车驱动系统很少采用无位置传感器技术。然而，考虑到容错控制，当 SR 电机驱动系统在位置传感器失效的情况下，使用无位置传感器控制可以使其继续运行，从而能够提高电动汽车的容错能力。

过去 20 年中，许多无位置传感器控制方法得以问世。通常采用的无位置传感器控制可以分为

- 基于磁链方法
- 基于电感方法
- 基于信号注入方法
- 基于电流方法
- 基于观测器方法

基于磁链方法（Lyons，MacMinn and Preston，1991）是利用磁链、相电流和转子位置之间的三维关系（见图 5.24）实现无位置传感器控制。也就是说，基于测量的电压和电流，可以计算出磁链大小。然后根据上述关系，可以推导出转子位置。该方法操作简便，适合在高速 AAC 模式期间估算转子位置。但在低速 CCC 模式下，绕组电阻或测量电流的误差会导致磁链估算不准确，进而影响转子位置的估计精度。

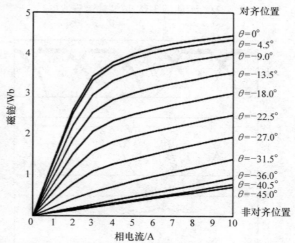

图 5.24 SR 电机磁链、相电流和转子位置之间的关系

基于电感方法（Suresh et al.，1999）是利用相电感、相电流、转子位置之间的关系（见图 5.25）以实现无位置传感器控制。与基于磁链方法类似，该方法依赖于绕组

电阻和测量电流的精度，仅适用于高速运行。另一方面，低速运行时的转子位置可以通过增量电感方法估算（Gao，Salmasi and Ehsani，2004），该方法是基于相电流和转子位置之间增量电感的关系以估算转子位置。虽然该方法不需要任何附加传感器，但仅适用于可以忽略反电动势的低速情况。

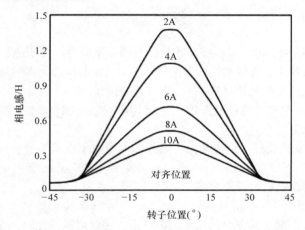

图 5.25   SR 电机相电感、相电流和转子位置之间的关系

　　基于信号注入方法（Ehsani et al.，1994）是向非激励相绕组施加小幅度的正弦电压，然后测量相电流的幅度和相位角以推导相电感，从而获得转子位置信息。一般情况下，这种振幅和相位调制方法需要附加电压源来产生低振幅正弦电压。另一方面，SR功率逆变器可以直接用于注入高频电压脉冲，所得到的相电流的变化率也可以用于推导相电感，进而推导出转子位置。虽然这种注入脉冲方法不需要额外电源，但也存在一些缺点，如注入电流导致负转矩的产生，脉冲注入阶段引起的时间延迟会导致高速状态下分辨率有限等，这些缺点将限制该方法的广泛应用。

　　基于电流方法（Panda and Amaratunga，1991）是利用电流变化率取决于增量电感，而增量电感又取决于转子位置的思想来实现无位置传感器控制。这种增量电感可以表示为相电流的上升或下降时间的关系式，从而在无需额外成本的基础上实现实时计算。然而，增量电感的计算精度可能由于高速运行时绕组电阻和反电动势的变化而下降。因此，考虑到电流的变化率也取决于相电感，而相电感又取决于转子位置（Yang，Kim and Krishnan，2012），不需要在线计算电感，仅在 CCC 模式期间比较 PWM 相电流的两个连续导通次数，即可检测转子对齐和非对齐位置。这种方法实现简单，对系统参数变化不敏感。

　　基于观测器方法（Lumsdaine and Lang，1990）是指利用一个观测器估计转子位置，该观测器是基于 SR 电机驱动系统的状态空间方程导出的。一般来说，该观测器的输入和输出分别是相电压和相电流，而状态变量包括定子磁链、转子位置和转子速度。将该观测器的估算相电流与实测相电流用特定方式进行比较，所得到的电流误差被用来调整观测器的参数。当观测器模型可以准确描述 SR 电机驱动系统的动态特性时，电流误差为零。因此，由观测器估算得到的转子位置可较好地跟踪实际转子位置。该方法需要复杂算法的实时计算，从而需要相当大的运算能力。此外，由于观测器需要时间来收敛，所以在启动时通常会出现较大误差。结合滑模控制策略（Zhan，Chan and Chau，1999），可进一步改善收敛性以及对干扰和参数变化的鲁棒性。

5.5 设计准则

虽然 SR 电机结构简单，但在设计和分析上却并不容易。由于磁极尖端严重饱和以及磁极和槽的边缘效应，难以采用等效磁路法设计 SR 电机。大多数情况下，电机的参数和性能是通过电磁有限元法（FEM）来计算得到的。

电动汽车用 SR 电机的设计标准比工业用 SR 电机的设计标准更为严格。这些设计准则可以归结为以下几点：

• SR 电机需实现高转矩密度输出，因此尽可能减小电机重量和尺寸，以获得电动汽车期望的额定转矩及峰值转矩。SR 电机的转矩密度应与永磁无刷电机的转矩密度相当，至少应高于感应电机的转矩密度。

• 电动汽车要求转矩平滑且运行平稳，而 SR 电机的转矩脉动相对较高，由此产生的噪声也较大，这影响了其在电动汽车上的应用。因此电机设计时，在保证转矩密度的前提下，应尽可能减小转矩脉动和噪声。

• 电动汽车用 SR 电机需要较广的高效运行区，即在宽转矩范围和宽转速范围下具有高运行效率，从而最大化拓宽电动汽车的运行范围。电动汽车用 SR 电机的效率特性应与永磁无刷电机的效率特性相当，至少应高于感应电机的效率特性。

• SR 电机需要拥有良好的动态性能。尤其对于轮毂电动汽车用 SR 电机驱动系统的多电机配置，必须具有良好的动态性能。

• SR 电机不包括转子中的铜绕组或永磁体，因此与感应电机或永磁无刷电机相比，转子温度分布的影响相对次要。但是当 SR 电机采用用于轮毂电动汽车的外转子结构时，在设计时必须考虑定子中的温度影响。

图 5.26 所示为 SR 电机设计过程的流程图，包括迭代循环以优化电机尺寸和参数等步骤。首先，通过解析方程或经验方程初始化电机的几何外形和尺寸参数。其次，利用电磁有限元法分析电机的静态性能，评估电机静态性能并调整电机尺寸。第三，利用电磁有限元法分析电机的动态性能，评估电机动态性能并调整电机尺寸。最后，可通过结构和热有限元法来分析 SR 电机的噪声和温度，以精调电机尺寸。

5.5.1 电机初始化设计

电机几何形状和尺寸参数的初始化，是设计过程开始的关键步骤。一个良好的开始可以很大程度上减少迭代过程和设计时间。关于 SR 电机设计启动步骤在 Miller（1993）的研究中有详细说明。

5.5.1.1 确定转子直径和铁心长度

SR 电机的尺寸确定从转矩方程开始。输出转矩 T_e，转子直径 D_r 和铁心长度 L_e 之间的关系通常由下式确定：

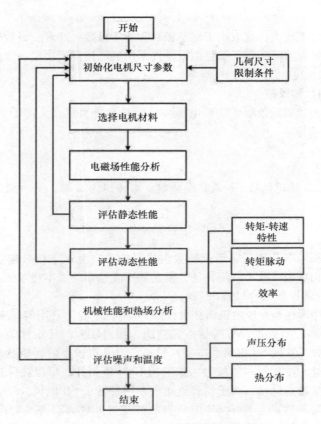

图 5.26 SR 电机的设计流程

$$T_e = KD_r^2 L_c \qquad (5.35)$$

式中，K 是与电负荷和磁负荷之积成比例的输出系数。在电动汽车用 SR 电机中，K 的取值范围一般为 $10.3 \sim 34.5 \mathrm{kN \cdot m/m^3}$。因此，一旦确定了所需转矩，就可以推导出所需的 $D_r^2 L_c$。为了分别确定转子直径和转子长度，必须选择合适的转子直径/长度比，通常取接近于 1。对于电动汽车驱动而言，转子直径/长度比较为灵活，主要由发动机盖下空间或轮内空间所确定。

5.5.1.2 确定气隙长度

毫无疑问，SR 电机的气隙越小，电感比越大，可实现高转矩密度。然而，气隙越小，加工难度就越高，生产成本随之增加。根据经验，SR 电机的气隙长度应近似但不大于具有相同转子直径的感应电机气隙长度。

5.5.1.3 确定定子尺寸

当气隙长度 g 确定后，SR 电机的定子内径 D_{si} 可由下式得到

$$D_{si} = D_r + 2g \qquad (5.36)$$

然后，基于以下经验关系式估计定子外径 D_{so}：

$$D_{so} = (1.5 \sim 1.8)D_{si} \tag{5.37}$$

该关系浮动范围较大，这取决于定子极数和转子极数。通常，极数越大，需要的定子外径就越小。另一方面，定子外径由电动汽车中的可用空间决定，因此须在折中考虑 SR 电机的外径和长度。

5.5.1.4 选择相数和极数

选择合适的相数和极数对于实现电机高性能具有重大意义。定子极数 N_s 和转子极数 N_r 通常由下式确定：

$$N_s = 2km \tag{5.38}$$

$$N_r = 2k(m + q) \tag{5.39}$$

式中，m 是相数，k 是正整数，q 是非零整数。当转速为 ω 时，某一相的开关频率 f_s 由下式表示：

$$f_s = \frac{\omega}{2\pi}N_r \tag{5.40}$$

为了减小开关频率和铁耗，转子极数应尽可能少。但转子极数越多，转矩脉动越小。同时，增加相数也可减小转矩脉动，但是功率变换器的成本将增加。许多已经成熟的 SR 电机的相数和极数组合见表 5.1。

三相 6/4 极和四相 8/6 极电机拓扑组合是 SR 电机中较为常用的。三相 6/4 极 SR 电机具有结构简单和 AAC 性能良好等优点。然而，相对较大的转矩脉动减小了电动汽车的起动转矩。四相 8/6 极 SR 电机成本相对较高，但具有较小的转矩脉动，有利于电动汽车的起动。此外，增加每相的极数，如三相 12/8 极拓扑，可以在保持功率变换器成本不变的同时减少转矩脉动。对于轮毂电动汽车用外转子 SR 电机，转子极数通常高于定子极数，因为转矩脉动是影响 SR 电机直驱的主要问题，而开关频率受低转速所限制，因此只能通过增加极数降低转矩脉动。

表 5.1　SR 电机相数和极数的一般组合

m	N_s	N_r	k	q
3	6	4	1	−1
3	6	8	1	+1
3	6	10	1	+2
3	12	8	2	−1
3	18	12	3	−1
3	24	16	4	−1
3	24	32	4	+1
4	8	6	1	−1
4	16	12	2	−1
4	16	20	2	+1
5	10	4	1	−3
5	10	6	1	−2
5	10	8	1	−1

5.5.1.5 确定极弧

由于输出转矩取决于容纳定子绕组的槽面积，所以定子极弧 β_s 通常小于转子极弧

β_r，从而可以在不牺牲最大电感的前提下提供略大的槽面积。该约束表示为

$$\beta_s < \beta_r \tag{5.41}$$

为了能够在所有转子位置处产生转矩，定子或转子极弧（以较小者为准）应大于每相的步长角，该约束表示为

$$\min(\beta_s, \beta_r) > \frac{2\pi}{mN_r} \tag{5.42}$$

为了使非对齐位置处的电感最小，转子和定子极的总电弧长度应当短于转子极距，表述如下：

$$\beta_s + \beta_r < \frac{2\pi}{N_r} \tag{5.43}$$

以极弧为基础，容易得到定子极宽 t_s 和转子极宽 t_r：

$$t_s = (D_r + 2g)\sin\frac{\beta_s}{2} \tag{5.44}$$

$$t_r = D_r \sin\frac{\beta_r}{2} \tag{5.45}$$

5.5.1.6　确定磁极高度和磁轭厚度

为了保证在非对齐位置处电感值较低，转子磁极高度 h_r 应该远大于气隙长度，但是过高的 h_r 会引起显著的磁场边缘效应。因此，转子磁极高度初值确定的经验公式如下：

$$h_r = \frac{t_s}{2} \tag{5.46}$$

转子磁轭厚度 y_r 由不考虑磁路饱和情况下的转子磁通幅值所决定。转子磁轭厚度初值确定的经验公式如下：

$$y_r > \frac{t_r}{2} \tag{5.47}$$

定子磁轭厚度 y_s 的约束条件同转子。计算定子磁轭厚度初值的经验公式如下：

$$y_s > \frac{t_s}{2} \tag{5.48}$$

在初步确定转子磁极高度以及定转子磁轭厚度之后，可以推导出定子磁极高度 h_s 为

$$h_s = \frac{1}{2}(D_{so} - D_{si} - 2y_s) \tag{5.49}$$

5.5.1.7　确定轴直径

轴直径选取得大可以承受足够的侧向振动和扭转刚度，也有助于减少横向振动和由此产生的噪声。在确定转子直径、磁极高度和磁轭厚度之后，通过下式易得轴直径 D_{sh}：

$$D_{sh} = D_r - 2(h_r + y_r) \tag{5.50}$$

5.5.1.8　估算匝数

在转速 ω 下，每极定子绕组产生的最大磁链 $N\Psi_{max}$ 可以通过下式估算：

$$N\Psi_{\max} = \frac{V_{dc}}{\omega}\frac{2\pi}{mN_r} \tag{5.51}$$

式中，V_{dc} 是直流母线电压，N 是每极绕组匝数。如果最大磁链足以引起铁心饱和，则 $N\Psi_{\max}$ 可以被改写为

$$N\Psi_{\max} = \frac{NN_s}{m}t_s L_c B_s \tag{5.52}$$

式中，B_s 是铁心中的饱和磁密（标准层压材料通常为 1.7T）。因此，每极匝数可以通过下式估算：

$$N = \frac{2\pi V_{dc}}{\omega N_r N_s t_s L_c B_s} \tag{5.53}$$

5.5.1.9 估算电流密度

为了得到平均转矩 T_{av} 的期望值，定子绕组每极所需的安匝数可以表示为

$$NI_{rms} = \frac{T_{av}}{B_s D_r L_c} \tag{5.54}$$

式中，I_{rms} 是电流有效值（RMS）。对于每个槽的两个线圈边，电流密度 J_{rms} 可以表示为

$$J_{rms} = \frac{NI_{rms}}{k_s(A_s/2)} \tag{5.55}$$

式中，A_s 是每个槽的面积，k_s 是槽填充系数，即导线面积与槽面积之比。除非有特殊措施改变线圈和定子之间的导热性，电流密度的限制主要取决于不同的冷却方式：完全封闭（$<5\text{A}/\text{mm}^2$），风扇冷却（$<10\text{A}/\text{mm}^2$），以及液体冷却（$<30\text{A}/\text{mm}^2$）。同时，槽填充系数取决于导线形状、布线技术和槽几何形状。这种槽填充系数的范围在使用松散捆扎线圈时为 40%，使用矩形形状预成形线圈时为 60%，在使用具有适合于槽的形状的预成形线圈时高达 80%（Carstensen，2007）。

需要指出的是，上述设计方程是基于常规 SR 电机结构导出的，即内转子结构。对于外转子 SR 电机的设计，这些方程需要进行相应地修改。

5.5.2 噪声抑制

电机振动力以及由此产生的噪声，是 SR 电机中众所周知的问题（Ehsani，Gao and Emadi，2009）。振动力是由定转子之间磁拉力的变化所引起的，其表现形式为转矩脉动。这种振动力的径向分量 F_r 和切向分量 F_θ 如图 5.27 所示。在定转子极面从非对齐位置到对齐位置的过程中，径向分量 F_r 逐渐从最小值增加到最大值，而切向分量 F_θ 从零增加到最大，然后又减小到零。

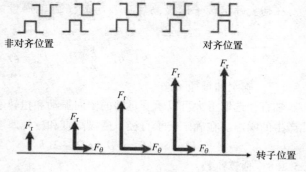

图 5.27 SR 电机振动力成分图

使用有限元法（FEM）可以很容易地计算 SR 电机中的振动力和噪声。为了确定这种振动力和电机参数之间的关系，不少学者提出了相应的解析公式。分析结果表明，径向力分量是导致定子形变以及由此产生的定子振动和噪声的最主要来源。

除了使用诸如转矩分配函数等 TRM 控制策略来减小转矩脉动和定子振动以外，也可以采用以下一些设计方面的措施来抑制定子振动，从而抑制噪声：

- 由于定子轭部厚度在定子形变的动态过程中起重要作用，所以增加定子轭部厚度会提高固有频率，从而减小定子形变。该措施同样能够减小整机结构的机械共振，甚至在高速运行状态下也能有效抑制振动。然而，加厚的轭部会导致槽面积减小，引起电流密度的增加。因此，选择定子轭部厚度的时候需要折中考虑电流密度和噪声。

- 气隙磁通密度决定了径向力分量的大小，而增加气隙长度可以直接减小径向气隙磁通密度，因此增加气隙长度可以减小径向力产生的径向振动。然而，该方式必然会导致转矩密度的下降。因此，在选择气隙长度的时候，需要折中考虑转矩密度和噪声。

- 转子斜极可以减小径向力的产生，从而减小振动和噪声。转子斜极的缺点是会影响电机的性能，尤其是转矩密度，但不可否认的是，通过优化斜极角度，可以使径向力的减小程度远大于平均转矩的降低程度。因此，在对转矩和噪声要求极高，对平均转矩要求较低的场合下，转子斜极是一种有效的措施。

5.6　设计案例

选择两种主要类型的电机驱动系统为例。第一种为高速 SR 电机，其内部耦合有用于减速的行星齿轮；第二种为轮内直接驱动的低速 SR 电机。

5.6.1　行星齿轮开关磁阻电机驱动

当电动汽车采用单电机配置时，SR 电机驱动系统通常用于高速运行，同时使用行星齿轮降低电机转速以匹配轮速。基于典型的乘用电动汽车的要求，相应的 SR 电机驱动器的规格见表 5.2。

为了抑制转矩脉动，选择四相 16/12 极 SR 电机拓扑。图 5.28 为其分解图。根据规格，可以使用上述设计方程确定 SR 电机的初始几何尺寸和参数，见表 5.3。

表 5.2　行星齿轮 SR 电机驱动的规格

直流电压	360V
额定功率	12.6kW
额定转速	3000r/min
额定转矩	40N·m
恒转矩运行	0 ~ 3000r/min
恒功率运行	3000 ~ 9000r/min
传动比	10:1

图 5.28　四相 16/12 极 SR 电机

表5.3　四相16/12极SR电机的初始参数

相数	4
定子极数	16
转子极数	12
定子外径	220mm
转子外径	125mm
转子内径	66.4mm
气隙长度	0.3mm
铁心高度	100mm
定子极弧	12°
转子极弧	15°
定子轭厚度	20mm
转子轭厚度	20mm
每极匝数	50
槽满率	60%
额定电流密度	4.82A/mm²
峰值电流密度	7.23A/mm²
叠片材料	50JN700

为了考虑饱和效应和边缘效应，需要采用电磁有限元分析方法。SR电机设计实例的电磁场分布如图5.29所示，进而可得到SR电机的静态和动态性能。因此，可以评估一组转子在各位置处的完整的磁链－电流的磁化曲线。根据磁链的特性，电感特性可以很容易地通过式（5.10）推算得到。电感作为转子位置和相电流的函数，受转子位置和相电流影响很大。由于饱和效应，在对齐位置处的电感随着电流的增加而减小。已知电感特性时，可以通过式（5.13）来推算转矩特性。如图5.30所示，转矩－角度曲线是非线性的，并且转矩能力随相电流增加而增大。

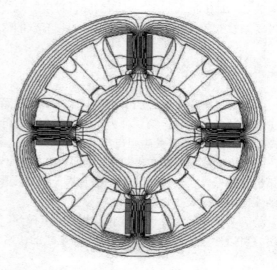

图5.29　四相16/12极SR电机的电磁场分布

CCC工作模式下典型相转矩和总转矩波形如图5.31所示。可以观察到，相转矩波形在前半周期内是矩形波，而在后半周期中完全消失。同时，AAC工作模式下典型单相转矩和总转矩波形如图5.32所示。可以看出，单相转矩波形在前半个周期内是单脉冲波，在后半个周期中消失。这两组波形与理论波形相吻合。

所设计的SR电机驱动可分别使用CCC模式和AAC模式，实现电机的恒转矩运行和恒功率运行。在恒转矩运行阶段，导通角和关断角基本上保持恒定，而在恒功率阶段，则可以被优化调整。相应的转矩－转速特性如图 5.33 所示。显然，该电机驱动可以完全满足表 5.2 中所需规格。并且，恒功率范围明显变大，对电动汽车应用非常有利。

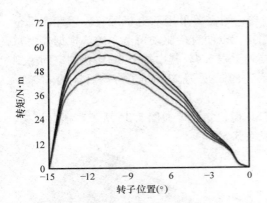

图 5.30　四相 16/12 极 SR 电机的
转矩－角度曲线

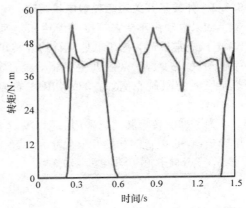

图 5.31　四相 16/12 极 SR 电机在 CCC
模式下的相转矩和总转矩波形

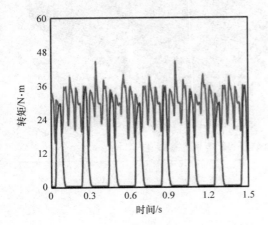

图 5.32　四相 16/12 极 SR 电机在 AAC 模式下
的单相转矩和总转矩波形

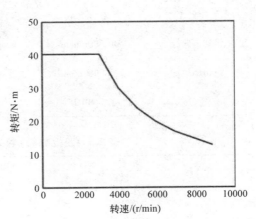

图 5.33　四相 16/12 极 SR 电机的
转矩－转速特性图

最后，对所设计的 SR 电机的转矩密度和转矩脉动进行评估。SR 电机的体积转矩密度和重量转矩密度分别定义为额定条件下单位体积和单位质量的平均稳态转矩；相应的转矩脉动定义为稳定状态下的最大瞬时转矩和最小瞬时转矩之差占平均转矩的百分比。根据电机尺寸和转矩性能，SR 电机的内转子转矩密度设计为 10.5N·m/L 和 1.35N·m/kg。应当注意，两个转矩密度对电动汽车应用都是必不可少的。具体而言，体积转矩密度直接可取决于安装电机的可用空间，而重量转矩密度对驱动范围和爬坡能力影响较大。可计算得到相应的转矩脉动为 44%。虽然该转矩脉动较正常，对于 SR 电机驱动系统可接受，但是在电动汽车的起动或低速运行期间，该转矩脉动可能会使身在车中的驾驶员感觉到抖动和不适。

5.6.2　外转子开关磁阻轮毂电机驱动

如果电动汽车要去掉传动齿轮和差速齿轮，则需要采用双电机配置。因此，每个 SR 电机通常设计为用于低速运行的外转子拓扑，以便直接驱动每个车轮。根据典型乘用电动汽车的要求，其 SR 电机驱动器的规格列于表 5.4，其中每个 SR 电机的空间受到车轮尺寸的限制。例如，225/40R18 轮表示轴向长度为 225mm，轮辋直径为 457mm（18in）。

为了抑制转矩脉动，采用四相 16/12 极 SR 电机拓扑，如图 5.34 所示。根据规格，可确定该 SR 电机的初始几何尺寸和参数，见表 5.5。

表 5.4　外转子轮内 SR 电机驱动规格

直流电压	360V
额定功率	6.3kW
额定转速	300r/min
额定转矩	200N·m
恒转矩运行	0~300r/min
恒功率运行	300~900r/min
轮毂	225/40R18

图 5.34　四相 16/20 极外转子 SR 电机

表 5.5　四相 16/20 极外转子 SR 电机的初始化

相数	4
定子极数	16
转子极数	20
定子外径	180mm
转子外径	230mm
转子内径	100mm
气隙长度	0.3mm
铁心长度	225mm
定子极弧	$10°$
转子极弧	$8°$
定子轭厚度	20
转子轭厚度	20
每极匝数	50
槽满率	60%
额定电流密度	$5.23A/mm^2$
峰值电流密度	$8.36A/mm^2$
叠片材料	50JN700

与前面的示例类似，同样采用电磁有限元分析该电机的特性。该电机设计实例的电磁场分布如图 5.35 所示。图 5.36 给出了电机的转矩－角度曲线等静态性能。仿真得到的 CCC 工作模式和 AAC 工作模式下的转矩波形等动态性能，分别如图 5.37 和图 5.38 所示。可以看出，所有这些曲线和波形与理论值一致。此 SR 电机驱动器的转矩－转速性能如图 5.39 所示。显然，其结果完全满足表 5.4 列出的所需要求。

最后，对该电机的转矩密度和转矩脉动进行了计算，得到该 SR 电机的体积转矩

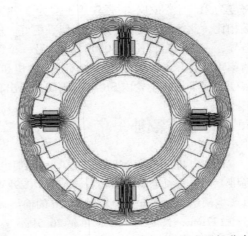

图 5.35　四相 16/20 极外转子电机的电磁场分布

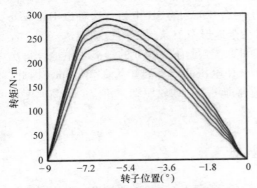

图 5.36　四相 16/20 极外转子电机的
转矩－角度曲线

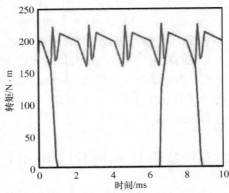

图 5.37　四相 16/20 极外转子电机的 CCC
模式下的单相转矩和总转矩波形

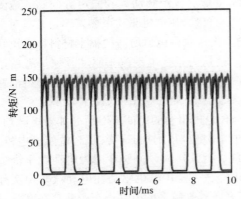

图 5.38　四相 16/20 极外转子电机的 AAC
模式下的单相转矩和总转矩波形

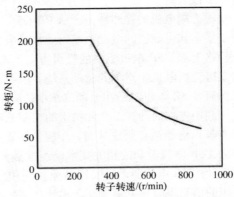

图 5.39　四相 16/20 极外转子电机的
转矩－转速特性曲线

密度为 21.4N·m/L，重量转矩密度为 2.74N·m/kg，而转矩脉动为 35%。与前面的示例相比，此 SR 电机的转矩密度似乎更好。但实际上，这种错觉源于它们的额定转速的差异，一个额定转速为 3000r/min，另一个额定转速为 300r/min。考虑到行星齿轮传动的影响，实际上，即使有附加齿轮的体积和重量，行星齿轮 SR 电机驱动器的输出转矩密度会优于外转子轮内 SR 电机驱动的输出转矩密度。

5.7 应用案例

日本电机制造商 Nidec 开发了一系列用于电动汽车的 SR 电机。例如，Z019 型号可提供 19kW 的额定输出功率，峰值可达 29kW（Nidec，2014）。在 170V 电压下，电机可以产生额定 40N·m、最大 80N·m 的输出转矩，最大转速为 11000r/min。其规格如下：直径 177mm，长度 234mm，重量 26.5kg。这种 SR 电机的主要特点是通过优化转子和定子铁心的形状以及电流控制的时序来减少振动和噪声。

在 2013 年日内瓦车展上，路虎推出了一款由 SR 电机驱动的电动汽车。这款电动汽车以 Land Rover Defender 车型为基础，安装了一台 70kW 的 SR 电机。这种以 Harrogate 为基础，由 Nidec 研发的 SR 电机驱动，可以在全地形牵引条件下实现宽调速范围，提供充足的功率（Nidec，2013）。使用电压为 300V、容量为 27kWh 的锂离子电池，每次充电可为电动汽车提供 80km 续航里程。由于 SR 电机的起动转矩为 330N·m，因此，电动汽车只需采用齿轮比为 2.7∶1 的单速变速器即可进行四轮驱动，相应的最高速度可达 112km/h。

5.8 是否成熟应用于电动汽车驱动

一个多世纪以来，SR 电机驱动不断发展，人们对于 SR 电机的关注度也经历了起起伏伏。比如在 19 世纪 80 年代，SR 电机由于其结构坚固、控制简单、无需维护，因而得到了极大的发展；而在 90 年代则因其转矩密度低、转矩脉动大和噪声等问题，遭受了永磁无刷电机的强烈冲击。从 10 年前开始，人们对 SR 电机驱动重燃兴趣，尤其对于注重成本和可靠性的电动汽车行业极具吸引力。由于永磁电机所需的稀土材料日益短缺且价格上涨，SR 电机驱动的吸引力显著增加，被认为是在电动汽车驱动领域最有希望与永磁无刷电机相竞争的驱动系统。因此，许多大学、研究机构以及电动汽车公司都在积极研发 SR 电机驱动在电动汽车中的应用技术。

利用先进的计算工具和精密的控制策略，SR 电机驱动的大部分不足（如转矩脉动、噪声等）已经被克服或减弱，相应的转矩和功率密度也得到提升，甚至超过感应电机。总之，SR 电机驱动的相关技术已经成熟。因此，近几年来，一些专门为电动汽车推进而设计的 SR 电机驱动已实现商业化使用。同时，一些 SR 电机驱动在电动汽车中实际应用的消息也时常见诸报端。预计在不久的将来，越来越多的电动汽车企业会在其商业电动汽车中采用 SR 电机驱动。

参 考 文 献

Carstensen, C. (2007) Eddy currents in windings of switched reluctance machines. Dr-Ing Dissertation. RWTH Aachen University, Germany, Shaker.

Chao, K.-H. (2009) A novel soft-switching converter for switched reluctance motor drives. *WSEAS Transactions on Circuits and Systems*, **8**, 411–421.

Ching, T.W. (2009) Analysis of soft-switching converters for switched reluctance motor drives for electric vehicles. *Journal of Asian Electric Vehicles*, **7**, 893–898.

Ehsani, M., Gao, Y. and Emadi, A. (2009) *Modern Electric, Hybrid Electric, and Fuel Cell Vehicles: Fundamentals, Theory, and Design*, 2nd edn, CRC Press, Boca Raton, FL.

Ehsani, M., Husain, I., Mahajan, S. and Ramani, K.R. (1994) New modulation encoding techniques for indirect rotor position sensing in switched reluctance motors. *IEEE Transactions on Industry Applications*, **30**, 85–91.

Gallegos-Lopez, G., Kjaer, P.C., Miller, T.J.E., and White, G.W. (1997) Simulation study of resonant dc link inverter for current-controlled switched reluctance motors. Proceedings of International Conference on Power Electronics and Drive Systems, pp. 757–761.

Gao, H., Salmasi, F.R. and Ehsani, M. (2004) Inductance model-based sensorless control of the switched reluctance motor drive at low speed. *IEEE Transactions on Power Electronics*, **19**, 1568–1573.

Husain, I. and Ehsani, M. (1996) Torque ripple minimization in switched reluctance drives by PWM current control. *IEEE Transactions on Power Electronics*, **11**, 83–88.

Illic-Spong, M., Miller, T.J.E. and MacMinn, S.R. (1987) Instantaneous torque control of electric motor drives. *IEEE Transactions on Power Electronics*, **2**, 55–61.

Krishnan, R. (2001) *Switched Reluctance Motor Drives: Modeling, Simulation, Analysis, Design, and Applications*, CRC Press, Boca Raton, FL.

Lee, D.-H., Liang, J., Lee, Z.-G. and Ahn, J.-W. (2009) A simple nonlinear logical torque sharing function for low-torque ripple SR drive. *IEEE Transactions on Industrial Electronics*, **56**, 3021–3028.

Lumsdaine, A. and Lang, J.H. (1990) State observer for variable reluctance motors. *IEEE Transactions on Industrial Electronics*, **37**, 133–142.

Luo, J. and Zhan, Q. (2005) A novel soft-switching converter for switched reluctance motor: analysis, design and experimental results. Proceedings of IEEE International Conference on Electric Machines and Drives, pp. 1955–1961.

Lyons, J.P., MacMinn, S.R., and Preston, M.A. (1991) Flux/current methods for SRM rotor position estimation. Proceedings of IEEE Industry Applications Society Annual Meeting, pp. 482–487.

Miller, T.J.E. (1993) *Switched Reluctance Motors and Their Control*, Magna Physics Publishing, Hillsboro, OH.

Murai, Y., Cheng, J. and Yoshida, M. (1999) New soft-switched/switched-reluctance motor drive circuit. *IEEE Transactions on Industry Applications*, **35**, 78–85.

Nidec (2013) Nidec SR Drive Motors Power New Land Rover, Nidec Motor, http://www.srdrives.com/land-rover.shtml (accessed September 2014).

Nidec (2014) SR Motor – Automotive SRMZ019, Nidec, http://www.nidec.com/en-NA/product/motor/category/A040/B070/P0000140/ (accessed September 2014).

Panda, S.K. and Amaratunga, G.A.J. (1991) Analysis of the waveform detection technique for indirect rotor position sensing of switched reluctance motor drives. *IEEE Transactions on Energy Conversion*, **6**, 476–483.

Pop, A.-C., Petrus, V., Martis, C.S. *et al.* (2012) Comparative study of different torque sharing functions for losses minimization in switched reluctance motors used in electric vehicles propulsion. Proceedings of International Conference on Optimization of Electrical and Electronic Equipment, pp. 356–365.

Rolim, L.G.B., Suemitsu, W.I., Watanabe, E.H. and Hanitsch, R. (1999) Development of an improved switched reluctance motor drive using a soft-switching converter. *IEE Proceedings-Electric Power Applications*, **146**, 488–494.

Sahoo, S.K., Panda, S.K. and Xu, J.X. (2005) Indirect torque control of switched reluctance motors using iterative learning control. *IEEE Transactions on Power Electronics*, **20**, 200–208.

Schramm, D.S., Williams, B.W., and Green, T.C. (1992) Torque ripple reduction of switched reluctance motors by PWM phase current optimal profiling. Proceedings of IEEE Power Electronics Specialists Conference, pp. 857–860.

Suresh, G., Fahimi, B., Rahman, K.M., and Ehsani, M. (1999) Inductance based position encoding for sensorless SRM drives. Proceedings of IEEE Power Electronics Specialists Conference, pp. 832–837.

Xue, X.D., Cheng, K.W.E. and Ho, S.L. (2009) Optimization and evaluation of torque-sharing functions for torque ripple minimization in switched reluctance motor drives. *IEEE Transactions on Power Electronics*, **24**, 2076–2090.

Yang, H.-Y., Kim, J.-H. and Krishnan, R. (2012) Low-cost position sensorless switched relutance motor drive using a single-controllable switch converter. *Journal of Power Electronics*, **12**, 75–82.

Zhan, Y.J., Chan, C.C. and Chau, K.T. (1999) A novel sliding mode observer for indirect position sensing of switched reluctance motor drives. *IEEE Transactions on Industrial Electronics*, **46**, 390–397.

第6章 定子永磁电机驱动系统

与传统永磁无刷电机不同，定子永磁电机的永磁体位于定子上，而转子仅为带有凸极的铁心，这种绝对优势使得定子永磁电机在高速运行时具有更好的鲁棒性和永磁材料的热稳定性。而这两个特点对于工作环境恶劣的电动汽车驱动电机而言非常重要。目前，已有多种定子永磁电机结构，其中一些在电动汽车驱动领域具有较好的应用前景。

本章将介绍不同的定子永磁电机及其驱动系统，包括双凸极永磁（DSPM）电机、磁通反向永磁（FRPM）电机、磁通切换永磁（FSPM）电机以及混合励磁永磁（HEPM）电机和磁通记忆永磁（FMPM）电机系统。此外，还介绍了定子永磁电机相应的设计准则、设计案例以及应用前景。

6.1 定子永磁和转子永磁

早在1955年，Rauch和Johnson第一次提出了定子永磁电机的概念，在所提出的电机中，定转子均为凸极结构，且永磁体位于定子上（Rauch and Johnson, 1955）。在该结构中位于定子侧的永磁体提供单极性的永磁磁链，并通过定转子的双凸极结构和磁阻最小原理，得到相应的电动势和转矩，显然，这类电机转子结构非常简单、牢固。但是由于受到当时永磁体材料性能的制约，定子永磁电机并没有受到重视（Cheng et al., 2011）。

永磁无刷电机主要分为永磁同步电机和永磁无刷直流（BLDC）电机两大类，虽然已经被广泛运用于电动汽车驱动领域，但是所采用的转子永磁型结构依然是其最大缺点。因此，这就要求位于转子上的永磁体具有良好的抗高速旋转和机械振动的能力。此外，转子恶劣的散热条件使得其温度通常较高，从而降低永磁体的性能。因此，永磁电机的发展趋势主要集中在如何将永磁体从转子侧转移到定子侧，这也推动了定子永磁电机的发展。

电动汽车驱动用定子永磁电机主要分为以下三类：双凸极永磁（DSPM）电机、磁通反向永磁（FRPM）电机和磁通切换永磁（FSPM）电机。

然而，由于这三种电机都是由永磁体励磁，因此根据励磁磁场是否可调，将其归为磁场不可调这一类。相应的，还有一类电机的定子上具有独立的用于调节磁通的磁化绕组或是励磁绕组，励磁磁场是可调的，包括：混合励磁永磁（HEPM）和磁通记忆永磁（FMPM）。

因此将这两种调磁方式运用于上述三种定子永磁电机，可衍生出新的电机种类，如图6.1所示，如混合励磁磁通切换永磁（HE-FSPM）电机和磁通记忆双凸极永磁（FM-DSPM）电机等。

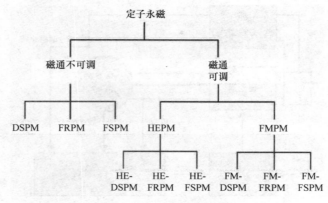

图 6.1　定子永磁电机种类

6.2　系统结构

　　定子永磁电机驱动系统主要由以下四部分组成：定子永磁电机本体、变换器、传感器以及控制器。根据电机以及相关功率变换器的种类，定子永磁电机驱动系统有不同的系统配置。

　　对于磁通不可调这类电机（即双凸极、磁通反向和磁通切换永磁电机）而言，只需要一个外部激励源，故称之为单馈型定子永磁电机。而磁通可调这类电机（即混合励磁/磁通记忆－双凸极、混合励磁/磁通记忆－磁通反向以及混合励磁/磁通记忆－磁通切换永磁电机）需要两个外部激励源，故称之为双馈型定子永磁电机。图 6.2 是单馈型定子永磁电机系统的控制框图，从图中可以看到定子电枢绕组仅由逆变电路供电。而图 6.3 是双馈型定子永磁电机的控制框图，可以看到除了电枢绕组

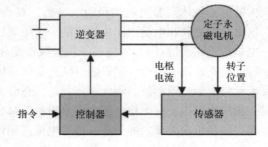

图 6.2　单馈型定子永磁电机系统框图

由逆变器馈电之外，调磁绕组由 DC－DC 变换器供电。相比较而言，前者的驱动电路结构更加简单，而后者可以通过调节磁场改善电机运行特性。当然，双馈型定子永磁电机系统的电机本体和驱动电路相对较为复杂、成本较高。

　　这里需要指出的是，在双馈型定子永磁电机驱动系统中，DC－DC 变换器中先后有两种不同方向的电流流过。也就是说，在增磁情况下调磁电流为正，而在弱磁情况下，电流为负。在双激励驱动系统中，混合励磁永磁电机需要连续的直流调磁电流，而磁通记忆永磁电机只需要瞬时电流脉冲来控制增/弱磁。因此，两种控制系统中 DC－DC 变换器的设计和规格不同。

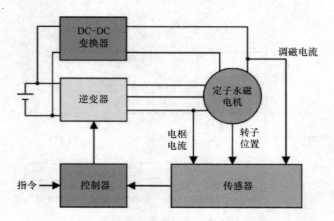

图 6.3　双馈型定子永磁电机系统框图

6.3　双凸极永磁电机驱动技术

双凸极永磁电机驱动技术是定子永磁电机驱动技术中最为成熟的一种。双凸极电机可视为开关磁阻电机和永磁无刷电机的结合，如图 6.4 所示。在该电机中，永磁体嵌在定子轭部，转子是具有凸极结构的简单的铁心；电枢绕组为集中绕组并安装在每一个定子齿上，永磁磁链为单极性。显然，由于这种电机结构定子部分很容易冷却，因此，可以大大降低永磁体高温失磁的风险。显然，双凸极永磁电机可以运用于温度较高的场合，这也是促进其在电动汽车中推广的一个重要因素。

电机的永磁磁链（ψ_{PM}）随转子位置线性变化，如图 6.5 所示。因为通过合理设计定、转子齿宽，该电机的气隙磁阻可认为是恒定的。由永磁磁链波形可推断出该电机空载反电动势波形为矩形波，因此，该类电机适合无刷直流控制模式，即当其永磁磁链增加时，相应地通以正向电枢电流，而永磁磁链减少时，通以负向电流。这里需要注意的是，在正向和负向电流之间留有一段零电流区间以确保电流能顺利变换方向。

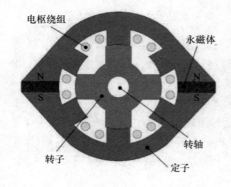

图 6.4　DSPM 电机结构

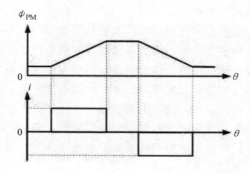

图 6.5　DSPM 电机无刷直流运行方式

在双凸极永磁电机设计过程中，相数、定子极数以及转子极数的选取可以有很多种组合方式。根据该类电机的基本运行原理，定子极数（N_s）、转子极数（N_r）和相数（m）之间的关系需满足以下方程：

$$\begin{cases} N_s = 2mk \\ N_r = N_s \pm 2k \end{cases} \tag{6.1}$$

式中，k 为正整数，通常可以看作是永磁体的极对数 N_{PM}。例如，当 $m=3$，$k=1$ 时，则 $N_s=6$，$N_r=4$，$N_{PM}=1$，该种齿槽配合就是一台三相 6/4 结构双凸极永磁电机，如图 6.4 所示；当 $m=3$，$k=2$ 时，则 $N_s=12$，$N_r=8$，$N_{PM}=2$，该种齿槽配合就是一台三相 12/8 结构双凸极永磁电机，如图 6.6 所示；当 $m=4$，$k=1$ 时，则 $N_s=8$，$N_r=6$，$N_{PM}=1$，该种齿槽配合就是四相 8/6 结构双凸极永磁电机，如图 6.7 所示。

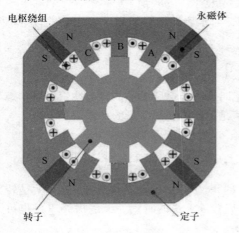

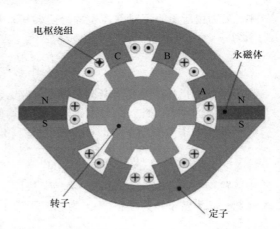

图 6.6　三相 12/8 极 DSPM 电机结构　　　　图 6.7　四相 8/6 极 DSPM 电机结构

当电机转速为 n 时，每相的换相频率为

$$f_{ph} = \frac{nN_r}{60} \tag{6.2}$$

由式（6.2）可得，为了降低开关频率，减少定、转子铁心损耗以及功率器件开关损耗，电机转子极数选得尽可能小。因此，转子极数一般小于定子极数。此外，为了确保电机能正反转起动，电机相数应不小于 3。

双凸极永磁电机的电压方程可表示为（Cheng, Chau, and Chan, 2001）：

$$\boldsymbol{V} = \boldsymbol{RI} + \frac{\mathrm{d}\boldsymbol{\psi}}{\mathrm{d}t} \tag{6.3}$$

式中，$\boldsymbol{V}$ 为电压矢量，可表示为 $[v_1, v_2, \cdots, v_m]^T$；$\boldsymbol{R}$ 为相电阻矢量，可表示为 $\mathrm{diag}[r_1, r_2, \cdots, r_m]$；$\boldsymbol{I}$ 为电流矢量，可表示为 $[i_1, i_2, \cdots, i_m]^T$；$\boldsymbol{\psi}$ 为磁链矢量，可表示为 $[\psi_1, \psi_2, \cdots, \psi_m]^T$，同时也可由下式表示：

$$\boldsymbol{\psi} = \boldsymbol{LI} + \boldsymbol{\psi}_{PM} \tag{6.4}$$

式中，$\boldsymbol{L}$ 是每相电感矩阵，可表示为 $\boldsymbol{L} = [L_{ij}]$ $(i = 1, \cdots, m, j = 1, \cdots, m)$；$\boldsymbol{\psi}_{PM}$ 为永磁磁链矩阵，可表示为 $\boldsymbol{\psi}_{PM} = [\psi_{PM1}, \psi_{PM2}, \cdots, \psi_{PMm}]^T$。假设 $\boldsymbol{L}$ 和 $\boldsymbol{\psi}_{PM}$ 只与转子位置相关，而与定子电流无关，则可得到

$$\frac{d\boldsymbol{\psi}}{dt} = \boldsymbol{L}\frac{d\boldsymbol{I}}{dt} + \frac{d\boldsymbol{L}}{dt}\boldsymbol{I} + \frac{d\boldsymbol{\psi}_{PM}}{dt} = \boldsymbol{L}\frac{d\boldsymbol{I}}{dt} + \frac{d\boldsymbol{L}}{d\theta}\boldsymbol{I}\omega_r + \frac{d\boldsymbol{\psi}_{PM}}{d\theta}\omega_r \tag{6.5}$$

式中，ω_r 为转子角速度。因此式（6.3）的动态方程可以改写为

$$\frac{d\boldsymbol{I}}{dt} = -\boldsymbol{L}^{-1}\left[\boldsymbol{R} + \frac{d\boldsymbol{L}}{d\theta}\omega_r\right]\boldsymbol{I} + \boldsymbol{L}^{-1}\left[\boldsymbol{V} - \frac{d\boldsymbol{\psi}_{PM}}{d\theta}\omega_r\right] \tag{6.6}$$

基于能量法，双凸极永磁电机的转矩方程可表示为

$$T_e = \frac{\partial W'}{\partial \theta} = \frac{\partial}{\partial \theta}\left[\frac{1}{2}\boldsymbol{I}^T\boldsymbol{LI} + \boldsymbol{\psi}_{PM}^T\boldsymbol{I}\right] = \frac{1}{2}\boldsymbol{I}^T\left(\frac{\partial \boldsymbol{L}}{\partial \theta}\right)\boldsymbol{I} + \left(\frac{\partial \boldsymbol{\psi}_{PM}}{\partial \theta}\right)^T\boldsymbol{I} = T_r + T_{PM} \tag{6.7}$$

式中，T_r 为由于磁阻不对称产生的磁阻转矩；T_{PM} 为永磁转矩。因此，每相电磁转矩可表示为

$$T_{ph} = \frac{1}{2}i^2\left(\frac{dL}{d\theta}\right) + i\left(\frac{d\psi_{PM}}{d\theta}\right) \tag{6.8}$$

这里需要指出的是，当电机采用矩形波供电时，由于电感波形的对称性，磁阻转矩分量平均值为零。因此，每相电磁转矩的平均值是由永磁转矩分量的平均值决定的。

当外加电压为 U 时，双凸极永磁电机每相输入功率可表示为

$$P = \frac{1}{T}\int_0^T vi\,dt = \frac{1}{T}\left[\int_{t_1}^{t_2} UI_m\,dt + \int_{t_3}^{t_4}(-U)(-I_m)\,dt\right] = \frac{1}{T}2UI_m\Delta T \tag{6.9}$$

式中，$T = \theta_{cr}/\omega_r$；$\Delta T = \theta_w/\omega_r$；$\theta_{cr}$ 为转子极距，即 $2\pi/N_r$；$\theta_w = \theta_2 - \theta_1 = \theta_4 - \theta_3$；$N_r$ 是转子极数；ω_r 为转子角速度；$t_1 \sim t_4$ 为相应于转子位置 $\theta_1 \sim \theta_4$ 的时刻。于是式（6.9）也可写成

$$P = 2UI_m\frac{\theta_w}{\theta_{cr}} \tag{6.10}$$

对于 m 相电机，总的输入功率 P_1 可写成

$$P_1 = mP = 2mUI_m\frac{\theta_w}{\theta_{cr}} \tag{6.11}$$

假设电机效率为 η，则总的输出功率可写为

$$P_2 = \eta P_1 = 2mUI_m\frac{\theta_w}{\theta_{cr}}\eta \tag{6.12}$$

将 $\theta_{cr} = 2\pi/N_r$ 代入式（6.12），则

$$P_2 = \frac{N_r}{\pi}mk_eEI_m\theta_w\eta \tag{6.13}$$

式中，$k_e = U/E$，E 为相反电动势，其可用如下公式表示：

$$E = w\frac{d\psi_{PM}}{d\theta}\omega_r \approx w\frac{\psi_{max} - \psi_{min}}{\theta_w}\omega_r = w\frac{\Delta\psi_{PM}}{\theta_w}\omega_r \tag{6.14}$$

式中，w 为每相绕组串联匝数；$\psi_{\max}$ 和 $\psi_{\min}$ 分别为定子齿和转子极对齐和正交时，一个线圈内匝链的永磁磁通。一般而言，$\Delta\psi_{PM}$ 可进一步写为

$$\Delta\psi_{PM} = \psi_{\max} - \psi_{\min} \approx 0.87\psi_{\max} = 0.87k_d\alpha_s\tau_s l_e B_\delta = 0.87k_d\alpha_s\frac{\pi D_{si}}{N_s}l_e B_\delta$$

$$(6.15)$$

式中，k_d 为漏磁系数；l_e 为叠压长度；B_δ 为气隙磁密；$\tau_s = \pi D_{si}/N_s$ 为定子极距；α_s 为定子极弧系数；N_s 为定子极数；D_{si} 为定子内径。将式(6.15) 代入式(6.14)，可得到

$$E = \frac{0.87\pi k_d w \alpha_s D_{si} l_e B_\delta}{N_s \theta_w}\omega_r \qquad (6.16)$$

另一方面，矩形波电流的幅值可表示为

$$I_m = k_i I_{rms} = k_i\frac{\pi D_{si} A_s}{2mw} \qquad (6.17)$$

式中，A_s 为定子电负荷；I_{rms} 为相电流有效值，$k_i = I_m/I_{rms}$。将式(6.16)、式(6.17) 以及 $\omega_r = 2\pi n_s/60$ 代入式(6.13) 并令 $\alpha_s = 0.5$（经验值），可得到双凸极永磁电机的转矩表达式：

$$P_2 = \frac{0.87\pi^2}{120}\frac{N_r}{N_s}k_d k_e k_i A_s B_\delta n_s \eta D_{si}^2 l_e \qquad (6.18)$$

式中，n_s 为电机额定转速。这个功率尺寸方程揭示了电机输出功率与设计参数的关系。例如，电机的输出功率正比于转子与定子极数之比 N_r/N_s，当 A_s 和 B_δ 一定时，N_r/N_s 越大，电机功率密度越高。因此，可以推断出 8/6 极双凸极永磁电机的功率密度要比 6/4 极高 12.5%。

当转子采用斜槽时，电机的定位力矩（齿槽转矩）显著减小，同时，永磁磁链和空载反电动势也较为正弦。一般而言，斜槽角度 δ 选为定子极距的一半。为了在上述功率尺寸方程推导时考虑转子斜槽的影响，定义一个斜槽系数，如式（6.19）：

$$k_s = \cos\left(\frac{\pi}{2\,\theta_{cs}}\delta\right) \qquad (6.19)$$

式中，$\theta_{cs} = 2\pi/N_s$ 为定子极距。于是式（6.18）可改写为

$$P_2 = \frac{0.87\pi^2}{120}\frac{N_r}{N_s}k_s k_d k_e k_i A_s B_\delta n_s \eta D_{si}^2 l_e$$

$$(6.20)$$

因此，采用斜槽后的电机可采用无刷交流控制方式运行，如图 6.8 所示。运行时，相电流与永磁磁链波形保持 90°相位差或者与空载反电动势保持同相位。

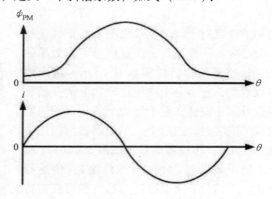

图 6.8　DSPM 电机无刷交流控制方式运行

在双凸极永磁电机控制系统中，为了最大限度地发挥其优势，通常选用双极性变

换器。

　　此外，为了通过独立控制相电流来控制电机正反转，通常有两种可行的逆变电路拓扑，即全桥逆变电路和带分裂电容的半桥逆变电路。由于后者可以减少功率器件的使用量，因此，在双凸极永磁电机控制系统中更为常见。图 6.9 为四相 8/6 极结构双凸极永磁电机控制系统框图。图中电机绕组的中性点与分裂电容的中心点连接，并用虚线表示，其作用是在换相时容纳不对称的电流。

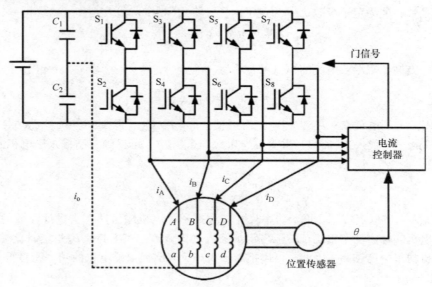

图 6.9　采用分裂电容的 DSPM 电机半桥逆变控制系统

　　根据双凸极永磁电机的运行原理，每一相在特定的转子位置及时通断，因此，准确的转子位置对于双凸极永磁电机的正常运行十分必要。一般而言，位置信号可由简单的位置传感器测得，如图 6.10 所示。从图中可以看到，它由一个连接在转轴上的开槽圆盘以及两个安装在定子外壳上的光电编码器组成。安装时，这两个光电编码器沿圆周方向相距 45°。传感器的输出波形如图 6.11 所示。转子每转过 15°（机械角度），传感器产生一个信号，再通过适当的变换可获得特定的转子位置。根据位置信号和永磁磁链的关系，这台四相 8/6 极电机的控制逻辑关系可由表 6.1 所示。

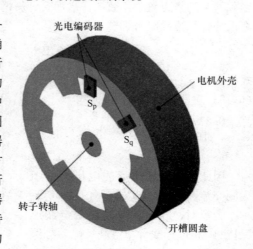

图 6.10　DSPM 电机驱动系统位置传感器

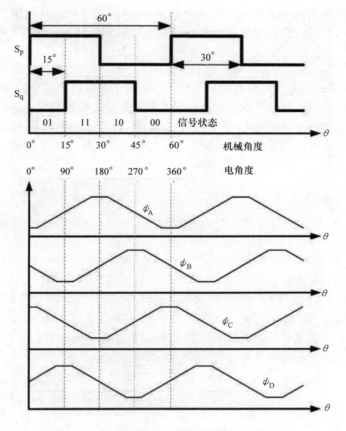

图 6.11　DSPM 电机位置信号与永磁磁链关系

表 6.1　8/6 极 DSPM 电机驱动逻辑关系

S_qS_p		01	11	10	00
A 相	S_1	1	1	0	0
	S_2	0	0	1	1
B 相	S_3	0	1	1	0
	S_4	1	0	0	1
C 相	S_5	0	0	1	1
	S_6	1	1	0	0
D 相	S_7	1	0	0	1
	S_8	0	1	1	0

　　从表中数据可以看出，对于 8/6 极双凸极永磁电机而言，逆变器功率器件的上下桥臂总是成对导通，即 A 相与 C 相成对，B 相与 D 相成对。因此，假设 $\theta_{on}^- = \theta_{on}^+ + \theta_{cr}/2$，$\theta_{off}^- = \theta_{off}^+ + \theta_{cr}/2$，于是移除图 6.9 中的虚线对该控制系统的影响不大。这种分裂电容逆变器拓扑结构可以大大降低电压不平衡现象的发生，简化控制系统。此外，由于电流正负半周被强制对称，使得电机平均磁阻转矩几乎为零，这有助于降低转矩脉动。

双凸极永磁电机的速度控制可由闭环数字 PI 调节器实现，其输出为参考转矩 T^*（Cheng et al.，2003），其控制原理如图 6.12 所示。其相应的功能可由下式表示：

$$T^*(k) = K_p e(k) + K_i \sum_{j=0}^{k} e(j) \tag{6.21}$$

式中，$e(k)$ 为速度误差，K_p 和 K_i 分别为比例、积分系数。这两个系数的选取需要在快速响应和系统的稳定控制之间做取舍。由于电机参数随电流和转子位置的变化而变化，因此很难通过选取一个特定的 PI 参数以达到满足不同的速度和负载运行的目的。为了解决上述问题，一种改进的参数自适应方法随之产生，其原理可表示为

$$K_p = a_p + b_p(e(t))^2 \tag{6.22}$$

$$K_i = \frac{a_i}{1 + b_i (e(t))^2} \tag{6.23}$$

式中，a_p、b_p、a_i 和 b_i 都为非负实数，显然当 b_p 和 b_i 设为零时，其就是普通的 PI 调节器。

在该控制系统中，可以在控制器中引入一小段死区速度，从而省去其中不必要的速度调节环节。也就是说，当转速误差小于 ε_1 时，控制器直接输出 $T^*(k)$ 直接取为上一步的转矩值 $T^*(k-1)$。同时，为了改善系统的动态响应性能，可运用 PI 控制与 bang-bang 控制相结合的方式。当转速误差的绝对值大于阈值 ε_2 时，bang-bang 控制开始工作；相反，若小于该阈值时则仍然采用 PI 控制。在 bang-bang 控制中，转速上升过程中，若误差为正，控制器直接输出最大值；否则输出为零。

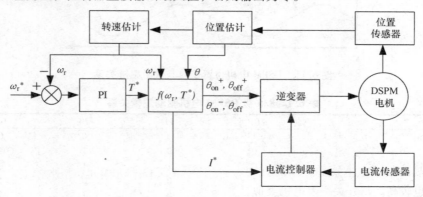

图 6.12　DSPM 电机转速控制模块

四个开关角和电流参考作为可控变量，可用来获得相电流，从而实现双凸极永磁电机的速度控制。当转速小于基速时，可以通过电流斩波以实现恒转矩运行。此时，四个开关角固定不变，通过控制参考电流以达到控制转矩的目的。由于斩波后的相电流波形正负对称，磁阻转矩平均值为零，因此总的转矩只有永磁转矩分量，即

$$T_{av} = \frac{2m}{\theta_{cr}} \int_{\theta_{on}^+}^{\theta_{off}^+} \left(I \frac{d\psi_{PM}}{d\theta} \right) d\theta \approx \frac{2m}{\theta_{cr}} I(\psi_{PM2} - \psi_{PM1}) \tag{6.24}$$

式中, I 为矩形波电流幅值; m 为相数; θ_{cr} 为转子极距; ψ_{PM1} 和 ψ_{PM2} 分别为相应于位置 θ_{on}^+ 和 θ_{off}^+ 时的永磁磁链, 可以看出平均转矩与电流幅值成正比。因此, 只要通过 PI 调节 得到了参考转矩 T^*, 则通过式(6.24) 可得到参考电流 I^*。

相反, 当转速高于基速时, 可以通过位置角控制（APC）实现恒功率运行。在此高 速 APC 模式下, 转矩由导通角 θ_w 控制。

$$\theta_w = \theta_{off}^+ - \theta_{on}^+ = \theta_{off}^- - \theta_{on}^- \tag{6.25}$$

事实上, 转矩与导通角的关系非常复杂而且非线性, 很难用数学表达式表示。这是 因为在采用位置角控制时的电流波形不像斩波时那么规则。在运行过程中, 工作点可以 通过稳态模拟, 利用多项式拟合得到两者关系的多项式表达形式。

$$\theta_w = f(\omega_r(k-1), T^*(k)) \tag{6.26}$$

6.4　磁通反向永磁电机驱动技术

磁通反向永磁电机是定子永磁电机的一种, 在该电机结构中一对反向充磁的永磁体 置于一个定子极表面, 绕组采用集中 式, 转子与双凸极永磁电机相似 （Deodhar et al. , 1997）, 结构较为简 单。图 6.13 为一台三相 12/16 极磁通 反向永磁电机, 由图可知, 该电机转 子有 16 极而定子有 12 极, 且每个定 子齿表面安装有两块永磁体。与双凸 极永磁电机最大的区别是, 当转子旋 转时, 该电机电枢绕组中匝链的磁链 极性也会发生变化, 因此永磁体的磁 链为双极性, 如图 6.14 所示。由于磁 链的双极性变化, 使得磁通反向永磁 电机对硅钢片利用率比磁链作单极性 变化的双凸极永磁电机高, 因而其功 率密度也较高。与开关磁阻电机类似,

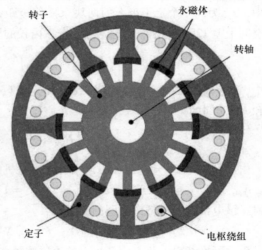

图 6.13　FRPM 电机拓扑结构

转子斜槽可以显著降低该电机的定位力矩（齿槽转矩）。

由于磁通反向永磁电机的永磁体安装在定子齿表面, 这势必会引起较大的永磁体涡 流损耗, 此外, 该电机的功率因数也较低。永磁体的存在, 会使得磁通反向永磁电机的 等效气隙大大增加, 永磁体厚度、转子齿宽以及气隙长度都对电机电磁性能具有重要影 响。因此, 对这些尺寸进行优化设计一直以来都是研究热点, 例如用凹形定子齿和隔磁 条抑制电机的漏磁 （Kim and Lee, 2004）; 转子采用大小齿组合以减小定位力矩等 （Kim et al. , 2005）。

对于任意一台三相磁通反向永磁电机, 假设定、转子极数、永磁体极对数分别为

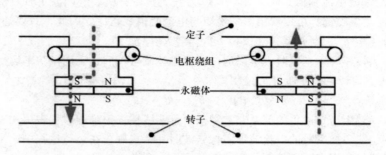

图 6.14   FRPM 电机绕组和永磁体安置方式

N_s、N_r、N_{PM}（Boldea，Zhang，and Nasar，2002）。该电机两个转子极之间的极距等于定子上两块极性相反的永磁体之间的极距的两倍，即

$$2\,\tau_{PM} = \frac{\pi\,D_r}{N_r} \tag{6.27}$$

式中，τ_{PM} 为同一个定子齿上的两块永磁体极距；D_r 为转子外径。由于相邻两块永磁体在空间上差 120° 电角度（$2\tau_{PM}/3$），定子内径的周长可表示为

$$\left(2N_{PM}\,\tau_{PM} + \frac{2}{3}\,\tau_{PM}\right)N_s = \pi(D_r + 2\delta) \tag{6.28}$$

式中，δ 为气隙长度；若将式（6.27）代入式（6.28）并忽略气隙长度，则可得到 N_s、N_r 和 N_{PM} 之间的关系：

$$\left(N_{PM} + \frac{1}{3}\right)N_s = N_r \tag{6.29}$$

由式（6.29）可知，三相磁通反向永磁电机的极槽配合有很多种不同组合方式，例如，$N_{PM}=1$，$N_s=12$，$N_r=16$；$N_{PM}=2$，$N_s=12$，$N_r=28$；$N_{PM}=3$，$N_s=12$，$N_r=40$。同时，该电机转速与频率之间的关系为

$$f = n_r\,N_r \tag{6.30}$$

由此可推断出，每个定子齿上的永磁体越多，转子极数就越大，转子转速越低。例如，当 $N_r=40$，$f=50\mathrm{Hz}$ 时，$n_r=1.25\mathrm{r/s}$ 或 $75\mathrm{r/min}$。

磁通反向永磁电机驱动系统的工作原理与双凸极永磁电机驱动系统类似，如图 6.15 所示，图中 ψ_{PM} 为瞬时永磁磁链，i 为瞬时相电流。显然，由于电流波形为矩形波，该控制系统为无刷直流运行方式。在磁链增加区域时，输入电流为正；而在磁链减小区域时，输入电流为负。因此，两个区域都能产生相应的永磁转矩。而由于该电机电感随转子位置的变化很小，因此磁阻转矩可以忽略。

此外，当转子采用斜槽时，电机的永磁磁链会趋于正弦，如图 6.16 所示，因此相电流更适合通以正弦波，且与永磁磁链在相位上相差 90°。由此可知，该电机系统可以沿用传统永磁同步电机的控制方式，例如矢量控制和直接转矩控制。

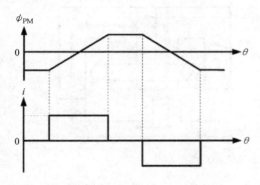

图 6.15　FRPM 电机无刷直流运行

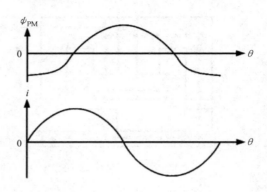

图 6.16　FRPM 电机无刷交流运行

6.5　磁通切换永磁电机驱动技术

近年来，磁通切换永磁电机受到越来越广泛的关注。在定子永磁电机中，磁通切换永磁电机定子的拓扑结构（见图 6.17）相对复杂。在这种结构中，每个定子磁极由两块相邻的 U 形铁心和一块永磁体组成，每个定子铁心单元嵌入两块切向充磁的永磁体之间，可以产生聚磁效应（Zhu et al.，2005）。一般而言，这种电机采用集中绕组，线圈缠绕在每一个定子磁极上。因此，当转子齿与同一个线圈下的两个定子齿分别正对时，线圈中匝链的磁链极性发生变化，这也就是所谓的磁通切换原理，如图 6.18 所示。

磁通切换永磁电机的拓扑结构主要取决于定转子极数，一般而言，定转子极数满足以下条件：

$$\begin{cases} N_s = 2mi \\ N_r = N_s \pm 2j \end{cases} \quad (6.31)$$

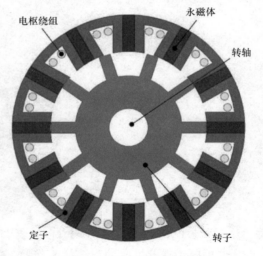

图 6.17　FSPM 电机拓扑结构

式中，N_r 和 N_s 分别为转子和定子极数；m 为相数；i 和 j 均为正整数。例如，当 $m=3$，$i=2$，$j=1$ 时，N_s 可取 12，N_r 可取 10 或 14，即 12/10 和 12/14 极；当 $m=5$，$i=2$，$j=1$ 时，N_s 可取 20，N_r 可取 18 或 22，即 20/18 和 20/22 极。

图 6.19 给出了磁通切换永磁电机不同的绕组和永磁体排布形式（Owen et al.，2010），从图中可以看到，在传统的拓扑结构中（即图 a），每一个线圈绕在一个定子磁极上，每一相由四个线圈组成，每个定子槽内上下两层线圈分属于不同相，构成双层绕

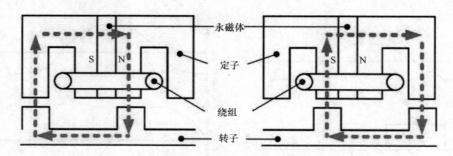

图 6.18　FSPM 电机的永磁体和绕组的布置

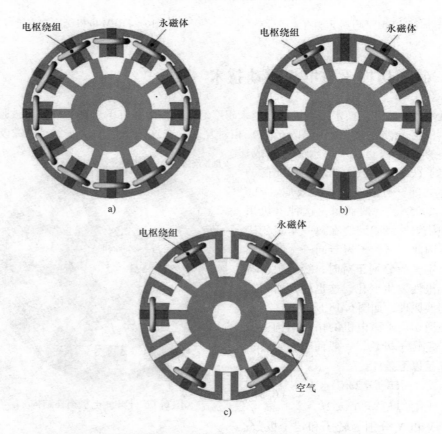

图 6.19　不同拓扑结构的 FSPM 电机：a）传统；b）交替磁极缠绕；
c）减少永磁体的交替磁极缠绕

组。而在第二种拓扑结构中，线圈交替地绕在定子磁极上，即隔齿绕结构，每个定子槽内的线圈属于同一相。这样的好处在于该绕组连接方式属于单层结构，降低相间耦合度，提高电机容错能力。在第三种拓扑结构中，移除没有线圈包围的永磁体，即采用交替永磁体的形式以显著降低其用量和成本。由以上分析可以看出，采用交替永磁体的结构虽然会引起较大的转矩脉动，但是可以保证与传统结构相等的转矩出力。较大的转矩脉动可以通过转子斜槽来解决。可见，这种结构虽然减少了永磁体用量，但是牺牲了一部分的电磁性能。

在开关磁阻电机中，定子通常通过采用多齿结构以提高转矩出力，同理，这种方法也可以推广到磁通切换永磁电机，进一步提高其转矩密度（Zhu et al.，2008）。这种多齿结构与原始的增加定子齿数和永磁体数，以及转子极数的磁通切换永磁电机相似。因此，可以大大提高转矩密度，降低转矩脉动。然而，由于其更强的电枢反应，导致其电流增加时迅速饱和，过载能力比传统结构差。

磁通切换永磁电机系统的工作原理与磁通反向永磁电机类似，即在磁链增加区域，输入电流为正；而在磁链减小区域，输入电流为负。因此，两个区域都能产生相应的永磁转矩。从理论上来说，磁通切换永磁电机系统可以运行于无刷直流和无刷交流两种模式。与另外两种定子永磁电机相比，由于具有绕组互补性，使得空载反电动势更趋于正弦，因此，该类电机更适合无刷交流运行模式，其可以利用常用的矢量控制和直接转矩控制策略。

6.6　混合励磁永磁电机驱动技术

与传统的转子永磁电机（永磁同步电机和永磁无刷直流电机）类似，由于永磁体磁通不可控，因此，很难控制定子永磁电机的气隙磁场。虽然可以通过复杂的矢量控制技术或先进的导通角控制技术控制气隙磁场，但是需要复杂的控制算法和高成本的硬件作保证。因此，可通过混合励磁技术（永磁体和励磁线圈同时励磁），实现对定子永磁电机气隙磁场的直接控制。理论上，以上提到的三种定子永磁电机都可以采用混合励磁的形式。

当双凸极永磁电机采用混合励磁时，其拓扑结构变为如图 6.20 所示。定子由电枢绕组、直流励磁绕组和永磁体组成，而转子上既无永磁体又无绕组，具有较高的机械强度。三相电枢绕组的功能与普通双凸极永磁电机相同，而励磁绕组不仅可以产生磁场，而且还可以调节磁场。此外，永磁体处有一段附加气隙，如果直流励磁绕组产生的磁动势是增强永磁磁动势，这段附加气隙有助于磁场增强；

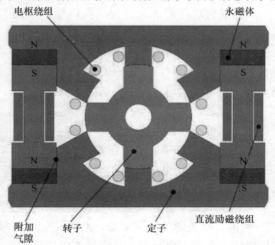

图 6.20　HE - DSPM 电机拓扑结构

相反，如果励磁绕组产生的磁动势和永磁磁动势相反，则这段气隙可以增强永磁体漏磁，进一步达到弱磁的目的。因此，通过合理设计这段气隙的尺寸，只要施加较小的直流励磁电流就可以获得较宽的调磁范围。

图 6.21 为直流励磁电流的控制电路图，本质上是一个典型的 H 桥变换器。因此，可以通过调节开通功率器件的占空比对直流励磁电流的幅值进行调节。其电流方向可以通过选取不同的导通器件配合方式来改变。

类似的，当磁通切换永磁电机采用混合励磁时，其拓扑结构可变为图 6.22（Hua, Cheng, and Zhang, 2009）。除了定子上多了一套励磁绕组以外，其他结构和磁通切换永磁电机非常相似。为

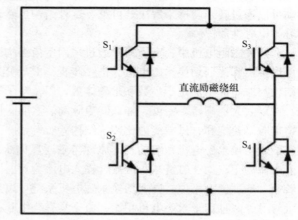

图 6.21 HE - DSPM 电机直流励磁线圈控制电路构成

了腾出空间安放励磁绕组，该电机的永磁体长度选取比普通磁通切换永磁电机短。

除了能够直接调节气隙磁场外，该电机其他工作原理与传统磁通切换永磁电机相似。如图 6.23 所示，可以通过控制直流励磁电流的大小和方向，很容易实现增磁或弱磁的目的。同时，这种励磁绕组的排布方式不会增加整个电机的尺寸。

虽然混合励磁的概念理论上可以推广到磁通反向永磁电机，但由于不同极性的永磁体安装在定子齿表面，很难将励磁绕组插入到定子齿上，除非增加额外的定子齿以放置励磁绕组。因此在实际运用过程中仍然受到限制。

总而言之，对于电动汽车而言，混合励磁定子永磁电机具有许多优点：

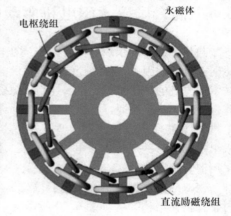

图 6.22 HE - FSPM 电机拓扑结构

- 通过改变励磁电流方向和大小，很容易调节气隙磁场；
- 通过增磁，电机可以获得较大的转矩，这对于混合动力电动汽车冷态起动，以及为短时过载和爬坡提供动力具有重要意义。
- 通过弱磁，电机可获得较宽的恒功率运行区，这对电动汽车巡航行驶很重要。
- 通过在线调节气隙磁密，电机发电运行时可以在很宽的转速范围内维持恒定的电压输出，有利于电动汽车的电池充电。
- 通过在线调节气隙磁密，可以实现电机的效率最优控制，这对于电动汽车非常重要。

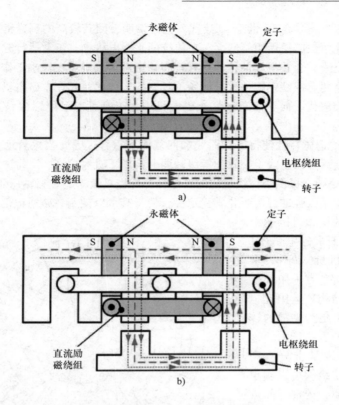

图 6.23　HE – FSPM 电机的磁通控制方式：a) 增磁；b) 弱磁

6.7　磁通记忆永磁电机驱动技术

　　随着定子永磁电机的出现，电枢绕组和永磁体全部置于定子侧，从而使永磁体的机械问题得到了彻底的解决。因此，对这类电机的研究主要集中在如何调节其气隙磁场，以获得更宽的恒功率运行区域。通过在定子上增加直流励磁线圈，一种磁场可调的永磁电机，即混合励磁双凸极永磁电机，其可同时实现增磁和弱磁。然而，持续通电的直流励磁线圈要占用一定空间，这势必会降低电机的功率密度和效率。

　　传统的记忆电机都是转子永磁型的结构，利用直轴电流实现永磁体在线充/去磁（Ostovic，2003）。然而传统的交流励磁记忆电机采用复杂的矢量控制技术，需要考虑转子机械强度和电枢反应引起的意外退磁的可能性。将采用直流励磁绕组来实现双凸极永磁电机的混合励磁的思想推广到记忆电机，得到磁通记忆永磁电机，也可称为直流励磁记忆电机（Yu and Chau，2011a）。磁通记忆的概念是由于铝镍钴永磁体可以实现在线的充/去磁。该电机只需要较小的励磁绕组对永磁体进行短暂的充磁，因此避免了持续的励磁电流和复杂的电流控制方式。

铝镍钴永磁材料早在 19 世纪 30 年代就已经发明，因其较高的剩磁密度、较强的温度、化学稳定性而被广泛运用。然而，在传统的永磁电机中，正常运行时，希望永磁体退磁曲线与回复线重合并呈线性，并且有较高的矫顽力以避免在极端工作条件下发生不可逆退磁。而这两点都是铝镍钴永磁体所不具有的，因此，其在永磁电机中的应用逐渐被衫钴和钕铁硼取代。而在磁通记忆永磁电机中，正是可以利用铝镍钴永磁体的以上缺点：

- 非线性的退磁特性使得退磁曲线和回复线不重合。因此当短暂地施加退磁电流后，其工作点会落在回复线上，磁化等级减弱，实现了磁通记忆。
- 较低的矫顽力提供了在线退磁的可能性，这也是钕铁硼和衫钴所不具有的特点。此外，由于铝镍钴较强的温度、化学稳定性，使得其可以被用在磁通记忆永磁电机中。

磁通记忆的概念可以运用到所有三种定子永磁电机中，图 6.24 为磁通记忆双凸极永磁电机拓扑结构，其采用外转子、双层定子结构。运用五相代替三相以获得更为平滑的转矩输出和更好的容错能力，这对电动汽车而言是十分有利的。运用外转子结构可以实现轮毂电机的直驱，内部空间可以被永磁体、电枢绕组、励磁绕组充分利用，获得更为紧凑的结构。由于电枢绕组和永磁体置于不同层的定子上，永磁体可避免电枢反应引起的退

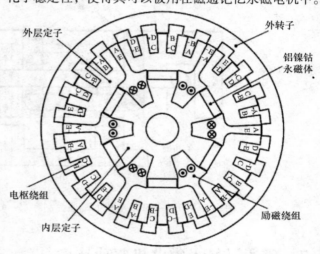

图 6.24　外转子 FM – DSPM 电机结构

磁。此外，电机采用分数槽集中绕组，一个线圈的跨度等于定子槽距，减小了定位力矩和绕组端部长度。转子结构与普通双凸极永磁电机类似，既无永磁体也无绕组，具有很高的鲁棒性。其励磁绕组与混合励磁电机不同，不需要持续通入电流，可减小其体积。更重要的是，只需要在电机中通入短暂的电流脉冲，因此在增磁或弱磁过程中的损耗较混合励磁电机低。

根据双凸极的结构特点，磁通记忆电机的定子极数 N_s、永磁体极数 N_{PM}、转子极数 N_r 和相数 m 与双凸极永磁电机类似：

$$\begin{cases} N_s = 2mk \\ N_{PM} = \dfrac{N_s}{m} \\ N_r = N_s \pm 2k \end{cases} \tag{6.32}$$

式中，k 为正整数。例如当 $m = 5$ 时，可推断出 $N_s = 10k$，$N_r = 8k$，$N_{PM} = 2k$。采用多相

结构可以得到更平滑的转矩和提高容错能力，但是需要更多的功率器件；同时更多的转子极数也可以在旋转时产生更多的转矩脉冲，有利于得到更加平滑的转矩。另一方面，由于电机运行频率与转子极数成正比，为了抑制铁耗，转子极数不宜选取过大。因此，取 $k=3$，于是 $N_s=30$，$N_r=24$，$N_{PM}=6$。

　　除了磁场强度可调外，磁通记忆双凸极永磁电机的工作原理与普通双凸极永磁电机类似。永磁磁链和自感波形的理论值如图 6.25 所示，为了使电机的转矩始终保持一个方向，根据电流波形，可以有两种工作模式。对于第一种模式，电枢绕组中通以双极性的电流，且磁链增加时电流为正，减小时为负。此时，转矩波形中主要为永磁转矩分量，而磁阻转矩平均值为零，是一种引起转矩脉动的寄生转矩。这种工作模式最初应用于双凸极永磁电机，因此在磁通记忆电机中称之为双凸极永磁电机模式。而对于第二种模式，电枢绕组中通以单极性的电流，且磁链增加时输入正向电流，由于磁链减小区域并未利用，牺牲了转矩密度，这种控制模式最初应用于开关磁阻电机，因此称之为开关磁阻电机模式。

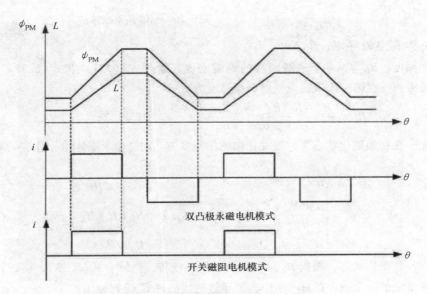

图 6.25　FM – DSPM 的工作波形

　　由于铝镍钴永磁材料非线性退磁特性和较小的在第二象限内有拐点的磁滞回线，使得对磁通记忆双凸极永磁电机的分析过程比其他定子永磁电机更加困难。因此，需要借助铝镍钴永磁体的磁滞模型。由于分段线性磁滞模型可以运用到有限元法中（稳态和瞬态分析），因此，其可以代替以 Preisach 理论为基础的复杂磁滞模型（Gong et al.，2009）。如图 6.26 所示，图中主磁滞回线和各小磁滞回线有相同的矫顽力 H_c 和不同的剩磁密度 B_{rk}，相对磁导率 μ_r 和相对回复磁导率 μ_{rec} 都相等。

　　图中指向性直线表示充磁和去磁过程，并用 L_1、L_2 和 L_3 表示，在充磁过程中，铝镍

钴的工作点转移到 L_2，然后沿着 L_1，到达工作点 P；相应地，去磁过程中，工作点沿着 L_1 向左移动，沿着 L_3 往下，最后沿着回复线向右到达 Q 点。L_1、L_2 和 L_3 这三条直线可分别表示为

$$B = \mu_r\mu_0 H + B_{rk} \qquad k = 1,2,3,\cdots \tag{6.33}$$

$$B = \frac{\mu_r\mu_0 H_m + B_{r1}}{H_m - H_c}(H - H_c) \tag{6.34}$$

$$B = \frac{\mu_r\mu_0 H_m + B_{r1}}{H_m - H_c}(H + H_c) \tag{6.35}$$

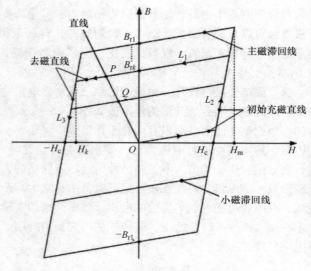

图 6.26 铝镍钴永磁体磁滞模型

式中，μ_0 为真空磁导率；H_m 为饱和磁场强度；B_{rk} 为第 k 个磁滞回线的剩磁密度。通过式（6.33）和式（6.35）可知，第 k 个磁滞回线在第二象限拐点处的磁场强度为

$$H_k = \frac{(H_m - H_c)B_{rk} - H_c(\mu_r\mu_0 H_m + B_{r1})}{\mu_r\mu_0 H_c + B_{r1}} \qquad k = 1,2,3,\cdots \tag{6.36}$$

首先，在初始磁化状态下，施加正向磁场强度 H，则每个永磁体单元相应的剩磁密度为

$$B_r = \begin{cases} 0 & 0 \le H \le H_c \\ \dfrac{\mu_r\mu_0 H_m + B_{r1}}{H_m - H_c}(H - H_c) - \mu_r\mu_0 H & H_c < H < H_m \\ B_{r1} & H_m \le H \end{cases} \tag{6.37}$$

其次，在工作状态，根据 B_{rk} 和负向的磁场强度 H，再结合式（6.33），可以计算每个永磁体单元的磁密 B。在每一步中，都通过迭代法将 B_{rk} 进行修正：

$$B_r = \begin{cases} B_{rk} & H_k \le H \le 0 \\ \dfrac{\mu_r\mu_0 H_m + B_{r1}}{H_m - H_c}(H + H_c) - \mu_r\mu_0 H & -H_c < H < H_k \\ \mu_r\mu_0\left[H + H_c - \dfrac{(\mu_r\mu_0 H + B_{rk})(H_m - H_c)}{\mu_r\mu_0 H + B_{r1}}\right] + B_{rk} & H \le -H_c \end{cases} \tag{6.38}$$

正如前面所述，当电枢电流分别施加双极性和单极性电流时，磁通记忆双凸极永磁电机可分别工作在双凸极永磁电机模式和开关磁阻电机模式。在正常工作时，永磁体处于完全磁化或者局部磁化状态，更适用于双凸极永磁电机模式运行。图 6.27 为相应的

转速控制模块框图，其中有两个反馈回路，即带滞环调节器的电流内环和带 PI 调节器的转速外环。然后借助位置传感器，每一相的导通信号结合滞环调节信号可形成功率器件的门信号。

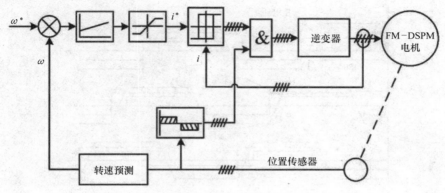

图 6.27　FM – DSPM 电机转速控制模块框图

如图 6.28 所示，由于磁通记忆双凸极永磁电机只需要产生一个短暂的、幅值和方向可调的电流脉冲，因此，在该控制系统中的磁通调节器与混合励磁双凸极永磁电机系统有所不同。由图可知，功率回路由一个降压变换器和一个桥式变换器组成。前者主要控制励磁电流的幅值 I_m，而后者控制电流方向 D 和持续时间 T。例如，在弱磁运行时，根据由电机转速 ω 得到的气隙参考磁链 ψ^* 与从磁链观测器得到的磁链 ψ 差值，可确定励磁电流的方向。相应的脉冲持续时间不需要任何控制方式得到，即为完成弱磁或增磁过程所需要的最短时间。所需的增磁或弱磁电流幅值 I_m^* 可由气隙磁密和磁动势的关系表达式求出。最后，通过调整输出电压和电流幅值 I_m，可得到降压变换器的占空比 δ。

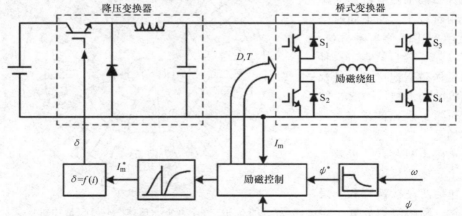

图 6.28　FM – DSPM 电机磁通控制框图

五相电机系统的反电动势、位置信号和导通时间的关系如图 6.29 所示。由于反电动势为梯形，当反电动势为最大值时，位置信号随之调整。逆变器每一相功率器件的上下桥臂在位置信号上升或者下降边缘时导通。在任何时刻，同时有四相导通，有一相处于换相状态。每一相导通144°，相邻两相之间的相位差为72°。

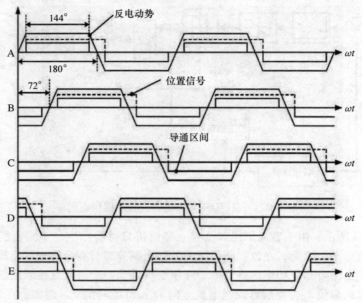

图 6.29 FM – DSPM 电机的控制波形

由于铝镍钴永磁体的磁能积比钕铁硼小，这些磁通记忆双凸极永磁电机的功率密度相对较小。如果同时分别使用上述两种永磁材料，则可以弥补各自缺点。这种双永磁体磁通记忆双凸极永磁电机的基本结构如图6.30所示，除了永磁体排布，其他结构与常规的磁通记忆双凸极永磁电机相同。也就是说每个定子磁极有三段永磁体，包括两段钕铁硼和一段铝镍钴。励磁绕组放置于定子内部靠里位置，用于给铝镍钴在线充磁。铝镍钴提供可调的磁通，钕铁硼提供恒定的磁通，这样可获得较大而且可调的磁密。

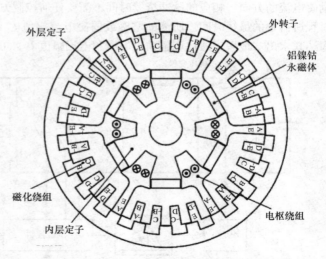

图 6.30 外转子双永磁体 FM – DSPM 电机

双永磁体磁通记忆双凸极永磁电机的磁动势由两种永磁体共同产生，铝镍钴永磁体的充磁方向可通过励磁绕组改变。电机正常工作时，铝镍钴充以与钕铁硼方向一致的磁场，从而获得最大的气隙磁密。而在轻载或高速情况下，通过对铝镍钴永磁体退磁，从而使气隙磁密只取决于钕铁硼。必要时，也可以将铝镍钴充以与钕铁硼方向相反的磁场以相互抵消，等效于一台开关磁阻电机。

图 6.31 为每个永磁极下的简化磁路图，其中，穿过相邻两块钕铁硼永磁体的磁通形成一个闭合回路，而穿过相邻的两块铝镍钴永磁体的磁通分属于两个回路（Li et al.，2012）。进一步，等效磁路图可由图 6.32a 表示，两种永磁体充磁方向相同，其中 F_{mag} 是励磁绕组磁动势，F_{Al} 是铝镍钴永磁体磁动势，R_{Al} 是铝镍钴永磁体磁阻，F_{Nd} 是钕铁硼永磁体磁动势，R_{Nd} 是钕铁硼永磁体磁阻，R_δ 是气隙磁阻。相应的戴维南等效磁路图如图 6.32b 所示，戴维南等效磁动势 F_{th} 和戴维南等效磁阻 R_{th} 可表示为

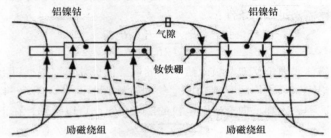

图 6.31　一对永磁极下的磁通方向

$$F_{th} = \frac{2F_{mag}R_{Nd}}{2R_{Nd}+R_\delta} - \frac{2F_{Nd}R_\delta}{2R_{Nd}+R_\delta} \qquad (6.39)$$

$$R_{th} = \frac{2R_{Nd}R_\delta}{2R_{Nd}+R_\delta} \qquad (6.40)$$

为了使铝镍钴永磁体正向充磁，磁动势必须要足够大以抵消钕铁硼磁动势，见式（6.39），因此，增磁的铝镍钴磁动势必须满足以下条件：

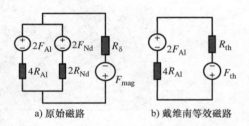

图 6.32　正向充磁情况下的等效磁路

$$\frac{2F_{mag}R_{Nd}}{2R_{Nd}+R_\delta} - \frac{2F_{Nd}R_\delta}{2R_{Nd}+R_\delta} \geqslant 3H_{Al}2h_{Al} \qquad (6.41)$$

式中，H_{Al} 和 h_{Al} 分别为铝镍钴永磁体矫顽力和厚度。同时，当无励磁时，需要确保铝镍钴尺寸足够厚以抵抗钕铁硼磁场。因此，铝镍钴永磁体厚度需满足以下条件：

$$h_{Al} \geqslant \frac{2F_{Nd}R_\delta}{H_{Al}(2R_{Nd}+R_\delta)} \qquad (6.42)$$

当铝镍钴永磁体反向充磁时，可以减弱甚至抵消钕铁硼产生的磁场，其等效磁路如图 6.33a 所示，相应的戴维南等效磁路图如图 6.33b 所示，戴维南等效磁动势 F'_{th} 和戴维南等效磁阻 R'_{th} 可表示为

$$F'_{th} = \frac{2F_{Nd}R_\delta}{2R_{Nd} + R_\delta} + \frac{F_{mag}2R_{Nd}}{2R_{Nd} + R_\delta} \quad (6.43)$$

$$R'_{th} = R_{th} \quad (6.44)$$

由于戴维南等效磁动势由钕铁硼磁动势和铝镍钴磁动势两部分组成，钕铁硼磁动势有助于励磁绕组对于铝镍钴永磁体的反向充磁。所以，反向充磁所需要的磁动势比正向时小很多。反向充磁时铝镍钴磁动势需满足以下条件：

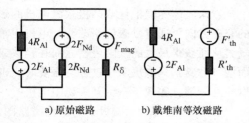

a) 原始磁路   b) 戴维南等效磁路

图 6.33   反向充磁情况下的等效磁路

$$F_{mag} \geq 3H_{Al}h_{Al}\left(2 + \frac{R_\delta}{R_{Nd}}\right) - F_{Nd}\frac{R_\delta}{R_{Nd}} \quad (6.45)$$

因此，其厚度需满足如下条件：

$$h_{Al} \leq \frac{F_{Nd}R_\delta + F_{mag}R_{Nd}}{3H_{Al}(2R_{Nd} + R_\delta)} \quad (6.46)$$

外转子双永磁体磁通记忆双凸极永磁电机的永磁体尺寸可以根据以上推导的公式得到。一般而言，铝镍钴永磁体的宽度和厚度约为钕铁硼的两倍。图 6.34 分别为铝镍钴永磁体正向充磁、不充磁和反向充磁时电机的磁场分布。可以看到，在正向充磁时气隙

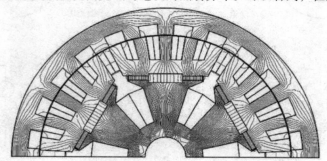

a) 正向充磁

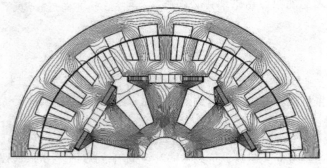

b) 不充磁

图 6.34   外转子双永磁体 FM – DSPM 电机的磁密分布

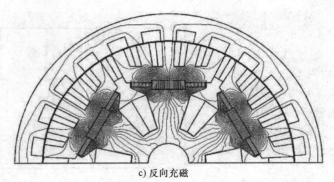

c) 反向充磁

图 6.34　外转子双永磁体 FM - DSPM 电机的磁密分布（续）

磁密显著增加，因为铝镍钴与钕铁硼两种永磁体同时对气隙磁力线产生贡献；而在不充磁时，气隙磁密只由钕铁硼永磁体所产生；反向充磁时，铝镍钴永磁体与钕铁硼永磁体构成闭合回路，显著降低气隙磁密（Li et al.，2011）。

6.8　设计准则

不同类型的定子永磁电机设计原则与双凸极永磁电机类似（Cheng et al.，2001）。重新整理式（6.18），可相应得到电机的尺寸方程：

$$D_{si}^2 I_e = \cfrac{P_2}{\cfrac{0.87\pi^2}{120}\cfrac{N_r}{N_s}k_s k_d k_e k_i A_s B_\delta n_s \eta} \tag{6.47}$$

式中，双凸极永磁电机的 N_r 与 N_s 之间关系已由式（6.1）给出，由于通常情况下，$\theta_w \approx \theta_{cr}/3$，因此 I_{rms} 与 I_m 的关系可表示为

$$I_{rms} = \sqrt{\frac{1}{T}\int_0^T i^2 dt} = \sqrt{\frac{1}{\theta_{cr}}2I_m^2\theta_w} = \sqrt{\frac{2}{\theta_{cr}}\frac{1}{3}\theta_{cr}I_m} = \sqrt{\frac{2}{3}}I_m \tag{6.48}$$

因此，可以得到 k_i

$$k_i = \frac{I_m}{I_{rms}} = \sqrt{\frac{3}{2}} \tag{6.49}$$

一般而言，$k_d = 0.9 \sim 0.93$，$k_e = 1.2 \sim 2.0$，$k_s = 1$（无转子斜槽），$A_s = 10 \sim 30\text{kA/m}$，取 $B_\delta = 1.5\text{T}$。根据 P_2、n_s 和 η，可以确定 D_{si} 和 l_e 等电机主要尺寸。主要尺寸一旦确定后，其他的结构尺寸，如定子外径、齿高、齿宽可以很容易得到。

永磁体尺寸的选取非常重要，直接关系到电机的性能和成本。虽然在不同的定子永磁电机中，永磁体尺寸和位置不同，但是尺寸确定方法非常相似，即主要采用磁路法。例如，对于四相 8/6 结构电机，其等效磁路如图 6.35 所示，其中假设铁心磁导率无穷大。

可从磁路中得到

$$\psi_a = \psi_\delta \frac{\Lambda_a}{\Lambda_a + \Lambda_b + \Lambda_c + \Lambda_d} = \psi_\delta \frac{\Lambda_a}{\Lambda_\delta} \tag{6.50}$$

$$\psi_\delta = \psi_{PM} \frac{\Lambda_\delta}{\Lambda_\delta + \Lambda_\sigma} \quad (6.51)$$

式中，Λ_a、Λ_b、Λ_c 和 Λ_d 分别为 A、B、C 和 D 相磁导；Λ_δ 为四相气隙磁导之和；Λ_σ 为永磁体漏磁导；ψ_a 为 A 相磁链；ψ_δ 为四相气隙磁链总和；ψ_{PM} 为永磁磁链。利用以上两个公式，可得

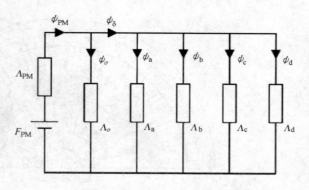

图 6.35　四相 DSPM 电机的等效磁路

$$\psi_{PM} = \frac{\Lambda_\delta + \Lambda_\sigma}{\Lambda_\delta} \frac{\Lambda_\delta}{\Lambda_a} \psi_a = \sigma \frac{\Lambda_\delta}{\Lambda_a} \psi_a$$
$$(6.52)$$

式中，σ 为永磁体漏磁系数，其定义为永磁磁链和气隙磁链之比：

$$\sigma = \frac{\psi_{PM}}{\psi_\delta} = \frac{\Lambda_\delta + \Lambda_\sigma}{\Lambda_\delta} \quad (6.53)$$

σ 取决于电机结构，一般而言 $\sigma = 1.4 \sim 1.5$。

于是，Λ_a 和 Λ_δ 可表示为

$$\Lambda_a = \mu_0 \frac{D_{si} \alpha_a l_e}{4 g_0} \quad (6.54)$$

$$\Lambda_\delta = \mu_0 \frac{D_{si} \alpha_\delta l_e}{4 g_0} \quad (6.55)$$

式中，α_a 为 A 相绕组缠绕的定子齿与转子齿的夹角；α_δ 为各相定转子极之间夹角之和；g_0 为气隙长度；μ_0 为真空磁导率。当转子齿宽 β_r 满足以下条件时

$$\beta_r = 2\theta_{cs} - \theta_{cr} \quad (6.56)$$

α_δ 为恒定，因此，永磁体的工作点不随转子位置的变化而变化。即使不满足式 (6.56)，工作点的变化也不会引起太大的误差。因此，当 A 相绕组包围的定子齿与转子齿正对时，通过式 (6.52) 可计算永磁磁通，即 A 相永磁磁通达到最大值 ψ_{amax}。从而，α_a 和 α_δ 可表示为

$$\alpha_\delta = 2\beta_s + \beta_r + \theta_{cr} - 2\theta_{cs} \quad (6.57)$$

$$\alpha_a = \min(\beta_s, \beta_r) = \beta_s \quad (6.58)$$

将式 (6.54)、式 (6.55) 代入式 (6.52)，同时利用式 (6.57) 和式 (6.58) 可得

$$\psi_{PM} = \frac{\sigma B_\delta D_{si} l_e}{2} (2\beta_s + \beta_r + \theta_{cr} - 2\theta_{cs}) \quad (6.59)$$

当永磁材料为钕铁硼永磁体时，其退磁曲线几乎为线性，因此

$$B_{PM} = B_r \left(1 - \frac{H_{PM}}{H_c} \right) \quad (6.60)$$

$$H_{PM} = H_c \left(1 - \frac{B_{PM}}{B_r} \right) \quad (6.61)$$

式中，B_{PM} 和 H_{PM} 分别为永磁体工作点上的磁通密度和磁场强度；B_r 和 H_c 分别为永磁体的剩磁和矫顽力。运用安培定则：

$$H_{PM}h_{PM} = 2H_\delta g_0 \tag{6.62}$$

式中，H_δ 为气隙磁场强度；h_{PM} 为永磁体磁化方向长度。从式（6.61）和式（6.62）可得

$$h_{PM} = \frac{2B_\delta g_0}{\mu_0 H_c \left(1 - \dfrac{B_{PM}}{B_r}\right)} \tag{6.63}$$

一般而言，$B_{PM}/B_r = 0.7 \sim 0.95$。运用式（6.59），永磁体的表面积为

$$S_{PM} = \frac{\psi_{PM}}{2B_\delta} = \frac{\sigma B_\delta D_{si} l_e}{4B_{PM}} (2\beta_s + \beta_r + \theta_{cr} - 2\theta_{cs}) \tag{6.64}$$

一般而言，由于永磁的轴向长度和电机叠压长度相同，因此，永磁体宽度 w_{PM} 可表示为

$$w_{PM} = \frac{S_{PM}}{l_{PM}} = \frac{\sigma B_\delta D_{si}}{4B_{PM}} (2\beta_s + \beta_r + \theta_{cr} - 2\theta_{cs}) \tag{6.65}$$

在无刷直流驱动方式下，双凸极永磁电机的每相电磁转矩表达式为

$$T_{ph} = i\left(\frac{\mathrm{d}\psi_{PM}}{\mathrm{d}\theta}\right) + \frac{1}{2}i^2\left(\frac{\mathrm{d}L}{\mathrm{d}\theta}\right) = T_{PM} + T_r \tag{6.66}$$

式中，磁阻转矩分量平均值 T_r 为零，每相电磁转矩平均值主要取决于永磁转矩平均值 T_{PM}，其计算公式为

$$T_{ph} = \frac{1}{\theta_{cr}}\int_0^{\theta_{cr}}\left(i\,\frac{\mathrm{d}\psi_{PM}}{\mathrm{d}\theta}\right)\mathrm{d}\theta = \frac{2}{\theta_{cr}}I_m\Delta\psi_{PM}w \tag{6.67}$$

式中，I_m 为矩形波电流的幅值，因此，m 相的总转矩为

$$T_{av} = \frac{2m}{\theta_{cr}}I_m\Delta\psi_{PM}w \tag{6.68}$$

若忽略风摩损耗，则

$$T_{av}\frac{2\pi n_s}{60} = P_2 \tag{6.69}$$

将式（6.12）和式（6.68）代入式（6.69），可得到

$$w = \frac{U\theta_w\eta}{\Delta\psi_{PM}\dfrac{2\pi n_s}{60}} \tag{6.70}$$

将式（6.15）代入式（6.70），每相绕组串联匝数可表示为

$$w = \frac{U\theta_w\eta}{0.87k_d\dfrac{\alpha_s\pi D_{si}}{N_s}l_e B_\delta\dfrac{2\pi n_s}{60}} \tag{6.71}$$

实际电流波形是梯形波而非矩形波，因此相应的 θ_w 比理想值小，引入一个修正系数 0.8，则修正后的每相绕组串联匝数为

$$w = \frac{0.8U\theta_w\eta}{0.87k_d \dfrac{\alpha_s\pi D_{si}}{N_s}l_e B_\delta \dfrac{2\pi n_s}{60}} \tag{6.72}$$

上述双凸极永磁电机的设计原则经过一定的修正后，可推广到其他定子永磁电机，如磁通反向永磁电机、磁通切换永磁电机、混合励磁（双凸极、磁通反向、磁通切换）永磁电机以及磁通记忆（双凸极、磁通反向、磁通切换）永磁电机，但需要对包括直流励磁绕组、充磁绕组、永磁体材料的设计原则进行相应的修正。

6.9   设计案例

定子永磁电机的种类很多，有双凸极永磁电机、磁通切换永磁电机、磁通反向永磁电机、混合励磁（双凸极、磁通切换、磁通反向）永磁电机和磁通记忆（双凸极、磁通切换、磁通反向）永磁电机。下面详细阐述其中两类近年来发展起来的电机，分别是的外转子混合励磁双凸极永磁电机和磁通记忆双凸极永磁电机。

6.9.1   外转子混合励磁双凸极永磁电机驱动系统

与前面提到的混合励磁双凸极永磁电机不同，本节提到的电机采用外转子结构，如图 6.36 所示。选择外转子结构而非内转子主要有两个原因：第一，如果采用传统的内转子结构，定子部分需要扩大尺寸以放置永磁体和直流励磁绕组。若采用外转子结构，则定子内部空间，即电枢绕组内部的空间可以用来放置永磁体和励磁绕组，减小整个电机尺寸。第二，采用传统结构，永磁体和励磁绕组漏磁较为严重。而若采用外转子结构，永磁体和励磁绕组都被定子铁心包围，有效解决漏磁问题。此外，该电机定子分为两层，外定子是用来安放电枢绕组，而内定子则是安放永磁体和励磁绕组，

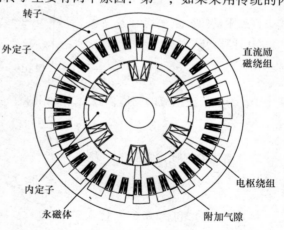

图 6.36   外转子 HE – DSPM 电机的结构

同时转子部分为简单的凸极结构，无永磁体和绕组（Chau et al. , 2006）。

由于直流励磁绕组的存在，混合励磁双凸极永磁电机功率密度通常低于双凸极永磁电机，需要在获得调磁能力和降低功率密度之间做出取舍。由于对内定子的冷却更加困难，因此，外转子结构的散热较差。

电机极数的选择由式(6.1) 决定，若 $m = k = 3$，N_s 和 N_r 可取 36 和 24，因此可得到一台三相 36/24 极混合励磁双凸极永磁电机。这里需要指出的是如果 k 取得太大，N_r 会变得很大，这势必会增加电机运行频率，引起较大的损耗；相反，如果 k 太小，会导致

整流器输出电压脉动较大。为了提高直流励磁绕组对磁场控制的效果，增加了一个带磁桥的气隙与永磁体并联。当两个磁场激励反向时，这个气隙有助于永磁体磁通流过，增强弱磁的效果。这台外转子混合励磁双凸极永磁电机的关键参数见表 6.2。

表 6.2 外转子 HE – DSPM 电机的关键参数

额定功率	8kW
额定转速	1000r/min
恒转矩运行	0 ~ 1000r/min
恒功率运行	1000 ~ 4000r/min
相数	3
定子极数	36
转子极数	24
永磁体极数	6
电枢绕组匝数	46
直流励磁绕组匝数	150
转子外径	270mm
转子内径	221.2mm
定子外径	220mm
气隙长度	0.6mm
叠压长度	320mm

除了磁场可调外，该电机的工作原理与双凸极永磁电机类似。因此，当直流励磁绕组产生的磁场方向与永磁磁场相同时，气隙磁链增强，瞬间产生较大的转矩以满足起动和过载要求。另一方面，当直流励磁绕组产生的磁场方向与永磁磁场相反时，气隙磁链减弱以实现电动汽车的高速恒功率运行。图 6.37 为弱磁（$F_{DC} = -350A \cdot$ 匝）、无调磁（$F_{DC} = 0$）和增磁（$F_{DC} = +1000A \cdot$ 匝）情况下的气隙磁密分布。从图中可以看出，气隙磁密可以调节为原来的 9 倍。

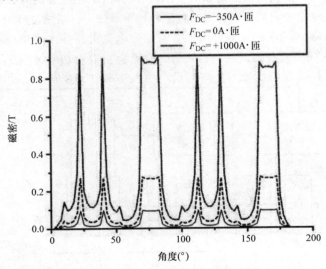

图 6.37 外传子 HE – DSPM 电机在不同直流励磁下的气隙磁密分布

与双凸极永磁电机相比，混合励磁双凸极永磁电机的直流励磁绕组势必会引起额外的铜耗，可以利用调磁能力以补偿这部分损耗，提高系统的效率（Liu et al.，2009）。该电机的损耗分析如下：

• 铜耗同时存在于电枢绕组和直流励磁绕组中，且分别由电枢电流和励磁电流决定。对于特定的工作点，电枢电流受气隙磁密的影响，而气隙磁密可直接由直流励磁电流调节，因此，铜耗与励磁电流有着直接或间接的关系。

• 铁耗由磁滞损耗和涡流损耗组成，磁滞损耗是由于铁磁材料中磁畴被反复磁化所引起的。当转速一定时，磁滞损耗与气隙磁密相关，而气隙磁密又可由直流励磁绕组调节；而涡流损耗是由于铁心中涡流的存在，当转速一定时，涡流损耗与气隙磁密相关。因此，铁耗可以由励磁电流调节。

• 杂散损耗是一种由负载电流引起的附加损耗，这种损耗一般较小，但是不能忽略。由于定子电流受变化的气隙磁密的影响，因此，杂散损耗也受直流励磁电流影响。

• 机械损耗是由于通风和摩擦引起的，主要取决于转子速度和环境，与这些电气变量无关。

在一定的转矩和转速条件下，除了机械损耗，其他损耗都可由直流励磁电流调节。因此，通过在线调节直流励磁电流可以优化电机效率。

图 6.38 是混合励磁双凸极永磁电机系统的效率最优控制策略的框图。最关键的是通过调节直流励磁电流实现气隙磁密的在线调节。因此，在特定的转矩和转速条件下，获得最小的功率输入。在该系统中，通过自寻优控制而不是通过损耗的解析计算公式来抑制总损耗，这种控制方式的优点是避免解析公式的不确定性和持续运行时的参数变化影响。相应的自寻优控制算法如图 6.39 所示，该算法采用查表的方式基于历史数据获得所需要的直流励磁电流值。在特定的转速和转矩条件下，给励磁电流一个扰动，如果初始点 P_1 在最小输入功率的左侧，增加直流励磁电流会使输入功率减小；相反，初始点 P_2 在最小输入功率的右侧，减小直流励磁电流会使输入功率减小。因此，若输入功率减小，需要保持随后的扰动不变直到最小输入功率点，否则，扰动会导致相反的结

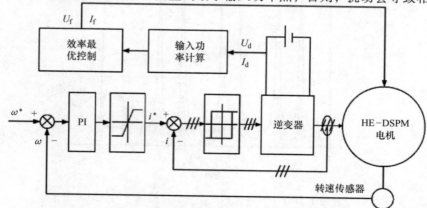

图 6.38　HE - DSPM 电机的效率最优控制系统框图

果。此外，一旦得到优化的条件，
相应的值会被保存并设置为下一步
搜寻的初始值，这样会大大提高寻
优速度。这里需要指出的是，由于
输入电流由直流侧测得，因此效率
优化是对整个电机系统而言的，包
括 HE – DSPM 电机和功率逆变器。

　　当混合励磁双凸极永磁电机的
气隙磁密低于最优值时，效率优化
控制开始第一次估算。图 6.40 为
不同转矩和转速条件下的输入功率
和励磁电流响应。可以看到，在条

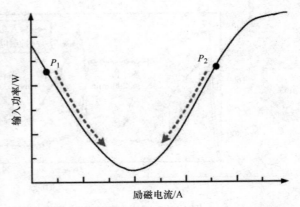

图 6.39　HE – DSPM 电机效率优化的自寻优控制原理

件Ⅰ下（10N·m，300r/min），直流励磁电流逐渐增加直到输入功率达到最小值；当突
然运行到条件Ⅱ时（5N·m，200r/min），开始新的寻优，因此，通过调节励磁电流可
以减小输入功率；当突然切换到条件Ⅲ（与条件Ⅰ相同），可以直接从保存的数据中查
找初始的工作点。因此，只需要很短的时间以获得最小的输入功率。然后，当气隙磁密
大于最优值时，可计算优化的效率，如图 6.41 所示。可以看到，在条件Ⅰ下
（15N·m，200r/min），直流励磁电流逐渐减小直到输入功率达到最小值；当突然运行
到条件Ⅱ时（10N·m，100r/min），又触发了新的寻优，最后得到另一个最小值；当突
然运行到与条件Ⅰ相同的情况时，可以直接从保存的数据中查找初始的工作点，以再次
快速决定最小功率输出。

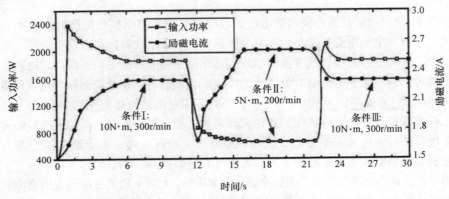

图 6.40　增加气隙磁密时 HE – DSPM 电机效率优化的响应

6.9.2　外转子磁通记忆双凸极永磁电机驱动系统

　　五相外转子磁通记忆双凸极永磁电机的结构和工作原理已经在图 6.24 中阐明。这
类电机系统的一个最主要的特点是强容错能力，表现在：
  - 当一相甚至是两相缺失时，电机仍能容错运行，提高系统的可靠性。

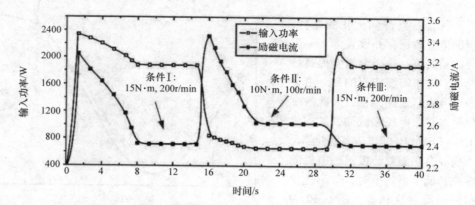

图 6.41   减小气隙磁密时 HE – DSPM 电机效率优化的响应

- 电枢绕组和永磁体置于不同层的定子上，因此正常情况下，或是即使在短路故障下的电枢反应也不会引起该电机永磁体的退磁。
- 分数槽集中绕组使得相间在磁路上独立，线圈宽度与槽距相同，有助于各相解耦容错运行。
- 电枢电流控制器采用全桥拓扑结构，保证相间电气隔离，因此有助于这些正常相工作在容错运行状态。
- 磁化电流控制器采用全桥拓扑结构，可以提供双向的电流脉冲独立地对永磁体进行充磁或去磁，在有无永磁体时都可以容错运行。
- 转子为简单的凸极结构，不存在永磁体和绕组，在容错运行时具有较高的机械强度和可靠性。

图 6.42 为磁通记忆双凸极永磁电机的双模式运行的控制模块框图，主要由五个部分组成：电机、电枢电流控制器、电枢电流逆变器、磁化控制器和磁化变换器。磁化变换器由 DC – DC 变换器和桥式变换器组成，其作用是得到幅值可调的瞬时增磁或去磁磁化电流脉冲。前者功能是控制电流脉冲的幅值 I_m，而后者功能是控制脉冲电流的方向 D 和作用时间 T。永磁磁链系数 $\kappa \in [0, 1]$ 是决定该电机系统运行于哪种模式（双凸极永磁电机模式或开关磁阻电机模式）的关键系数。当 κ 趋近 1 时，由于永磁转矩占主导地位，电机的转矩电流关系更趋于线性；然而当 κ 趋近 0 时，由于磁阻转矩占主导地位，电机的转矩电流关系更趋于 2 次方关系（Yu and Chau, 2011b）。

由于铝镍钴永磁体的磁化和退磁曲线均为非线性，I_m 与 κ 的关系应该先由有限元或者实验测得并存在表格中。因此，可以通过调整 DC – DC 变换器的占空比 δ 获得想要的电流幅值 I_m，T 不受严格控制，可以简单认为是实现充磁或去磁过程所需要的最小时间。

电枢电流控制器仍然采用传统的双闭环控制策略，电流外环采用比例 – 积分 – 微分（PID）调节器以实现对速度的控制，电流内环采用滞环调节器以实现电流斩波控制（CCC）。然后通过比较参考速度和实际速度，得到参考电流，再与实际电流比较，得到滞环调节器的信号。通过比较滞环调节器与每相导通（取决于电机的运行模式）之间的逻辑信号，则可以从电枢电流逆变器中得到每个功率器件的门信号。为了结合传统双凸极永磁电机的半桥逆变器和传统开关磁阻电机不对称半桥逆变器的特点，该电机系统采用全桥逆变器拓扑结构给电枢绕组供电。

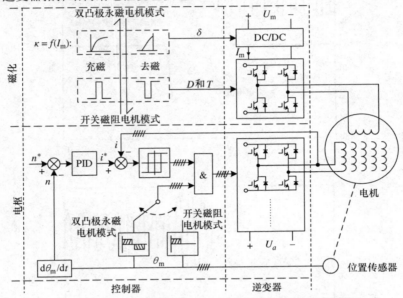

图 6.42　外转子 FM – DSPM 电机的双模式运行控制框图

该外转子磁通记忆双凸极永磁电机的关键设计参数见表 6.3，为了估算电机的在线充/去磁能力，在两种模式转换时（从双凸极永磁电机模式到开关磁阻电机模式或者从开关磁阻电机模式到双凸极永磁电机模式），模拟了该电机系统在 100r/min 时的空载反电动势瞬态响应，如图 6.43 所示。由图可以看到，电流脉冲时间只有 0.1s。电流脉冲幅值为 – 2.4A 时，可以使永磁体完全退磁，使其运行在开关磁阻电机模式中；而电流脉冲幅值为 10A 时，可以使永磁体重新充磁并运行于双凸极永磁电机模式。

表 6.3　外转子 FM – DSPM 电机的关键设计参数

额定功率	4kW
额定转速	600r/min
恒转矩运行	0 ~ 600r/min
恒功率运行	600 ~ 2000r/min
相数	3
定子极数	36
转子极数	24
永磁体极数	6
电枢绕组匝数	60
直流励磁绕组匝数	250
转子外径	270mm
转子内径	221. 2mm
定子外径	220mm
气隙长度	0. 6mm
叠压长度	320mm

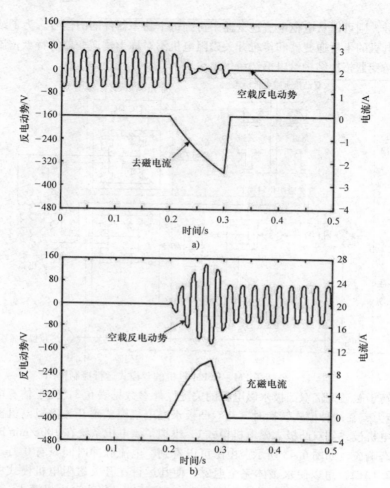

图 6.43　外转子 FM – DSPM 电机驱动系统瞬态响应：a）从双凸极永磁电机
模式到开关磁阻电机模式；b）从开关磁阻电机模式到双凸极永磁电机模式

　　此外，通过计算得到的双凸极永磁电机模式和开关磁阻电机模式下的电机工作特性
如图 6.44 所示，其中双凸极永磁电机模式下施以双极性电流，而开关磁阻电机模式下
施以单极性电流。从图中可以看出当双凸极永磁电机模式下施以 1.2A 的电流所产生的
转矩与开关磁阻电机模式下施以 5.5A 的电流所产生的转矩同为 20N·m 左右。同时，
由于半程转矩的产生机制，使得开关磁阻电机的转矩脉动较大 。

　　当电机发生开路故障时，如绕组开路或者功率器件开路，会导致整相故障。此时，
电机系统可利用非故障相运行与双凸极永磁电机模式下进行容错。一般而言，如果不采
用转子斜槽，磁通记忆双凸极永磁电机的反电动势为梯形波，因此，该电机系统通常在
双凸极永磁电机模式下作无刷直流运行。在无刷交流运行下发生开路故障时，采用容错
控制策略，使得非故障相产生转矩的平均值不下降，与正常运行时的转矩相当。为了得

到相同的转矩，该控制策略首先推导磁通记忆双凸极永磁电机在无刷直流运行时和无刷交流运行时的转矩关系，然后推导无刷交流运行时不同非故障相数下的转矩关系（Yu and Chau，2011c）。

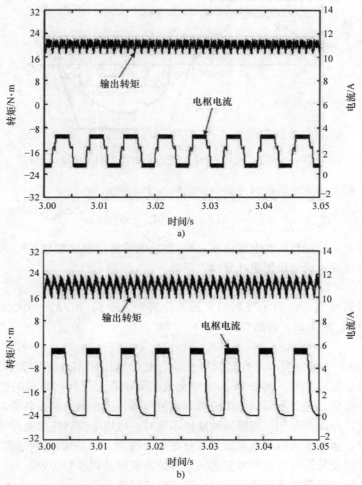

图 6.44　外转子 FM – DSPM 电机的稳态波形：
a）双凸极永磁电机模式；b）开关磁阻电机模式

在双凸极永磁电机模式下作无刷直流运行时，电机转矩主要由永磁转矩构成，忽略磁阻转矩，因此，计算得到的转矩 T_1 主要取决于永磁转矩分量的平均值：

$$T_1 = \frac{P_1}{\omega} = \frac{5}{2\pi\omega}\left(\int_{\theta_1}^{\theta_2} E_{1m} I_{1m} \mathrm{d}\theta + \int_{\theta_3}^{\theta_4}(-E_{1m})(-I_{1m})\mathrm{d}\theta\right) = \frac{4E_{1m}I_{1m}}{\omega} \tag{6.73}$$

式中，P_1 为无刷直流运行时的电磁功率；ω 为角速度；E_{1m} 为梯形波反电动势幅值；I_{1m} 为矩形波电流幅值；θ_i（$i = 1，2，3，4$）为无刷直流运行时开通和关断时的转子位置

（电气角），$\theta_2 - \theta_1 = \theta_4 - \theta_3 = 144°$，如图 6.45 所示。

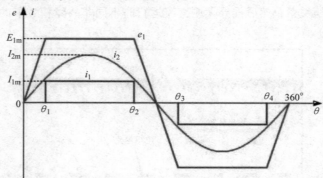

图 6.45　外转子 FM – DSPM 电机的无刷直流和无刷交流运行

类似的，在无刷交流运行时计算得到的转矩 T_2 可表示为

$$T_2 = \frac{P_2}{\omega} = \frac{5}{2\pi\omega}\int_0^{2\pi}(E_{2m}\sin\theta)(I_{2m}\sin\theta)\,\mathrm{d}\theta = \frac{5E_{2m}I_{2m}}{2\omega} \tag{6.74}$$

式中，P_2 为无刷交流运行时的电磁功率；E_{2m} 为反电动势的基波幅值；I_{2m} 为正弦电流的幅值。对梯形波反电动势做傅里叶分解，可得

$$E_{2m} = 1.43E_{1m} \tag{6.75}$$

在两种运行模式下，为了得到相同的输出转矩，令式（6.73）与式（6.74）相等，则可得到 I_{1m} 与 I_{2m} 的关系，再结合式（6.75），则

$$I_{2m} = 1.12I_{1m} \tag{6.76}$$

由式（6.76）中可以看出，当无刷交流运行时的电流幅值比无刷直流运行高 12% 时，电机的输出转矩相等。图 6.46 为无刷交流和无刷直流运行时电机的输出转矩和电枢电流波形。显然，施以不同的电流波形和幅值可以得到相同的输出转矩。

根据电机工作原理可知，当旋转磁动势不变时，电机电磁转矩也会保持恒定。当出现开路故障时，虽然非故障相电流的正弦分布不会改变，但是其幅值和瞬态分布是可控的。因此，无刷交流运行时非故障相的转矩等效实质就是磁动势等效。

电机在无刷交流模式下正常运行时，各相电流可表示为

$$\begin{cases} i_a = I_{2m}\cos\theta \\ i_b = I_{2m}\cos(\theta + 2\pi/5) \\ i_c = I_{2m}\cos(\theta + 4\pi/5) \\ i_d = I_{2m}\cos(\theta - 4\pi/5) \\ i_e = I_{2m}\cos(\theta - 2\pi/5) \end{cases} \tag{6.77}$$

相应的电流相量如图 6.47 所示。由于各相在空间上依次相差 72°，因此，由相电流产生的旋转磁动势可以表示为五相磁动势之和：

$$\text{MMF} = i_a N_{ph} + \alpha i_b N_{ph} + \alpha^2 i_c N_{ph} + \alpha^3 i_d N_{ph} + \alpha^4 i_e N_{ph} \tag{6.78}$$

式中，N_{ph} 为每相绕组串联匝数；$\alpha = 1 \angle -72°$ 是相电流的空间分布角。

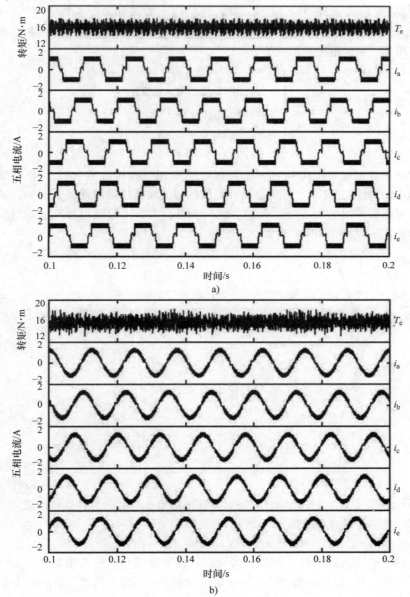

图 6.46　外转子 FM – DSPM 电机的输出转矩和电枢电流：
a）无刷直流运行；b）无刷交流运行

当其中一相（如 A 相）开路时，相应的电流变为零，因此，其余四个非故障相的磁动势之和为

$$MMF' = \alpha i'_b N_{ph} + \alpha^2 i'_c N_{ph} + \alpha^3 i'_d N_{ph} + \alpha^4 i'_e N_{ph} \tag{6.79}$$

令式(6.78)与式(6.79)相等，则可得到两个等式和四个未知数（i'_b，i'_c，i'_d，i'_e），为了减少两个自由度，令 $i'_b = -i'_d$，$i'_c = -i'_e$，以保证解的唯一性和电流相量之和为零，因此，新的电流表达式为

$$\begin{cases} i'_a = 0 \\ i'_b = 1.382 I_{2m} \cos(\theta + \pi/5) \\ i'_c = 1.382 I_{2m} \cos(\theta + 4\pi/5) \\ i'_d = 1.382 I_{2m} \cos(\theta - 4\pi/5) \\ i'_e = 1.382 I_{2m} \cos(\theta - \pi/5) \end{cases} \tag{6.80}$$

相应的电流相量如图 6.48 所示，可以看到 B 相电流滞后了 36°，E 相电流超前了 36°，而 C 和 D 相保持不变。同时，每相电流的幅值相比之前都增加了 38%。输出转矩和各相电流波形如图 6.49 所示。所以，当一相开路时，可以通过提高这两对相位反向的电流幅值，来提供相同的转矩。

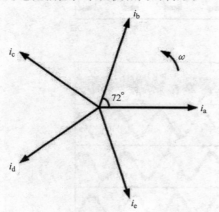

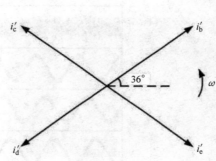

图 6.47　正常 BLAC 模式下的　　　　　　图 6.48　一相开路 BLAC 模式容错
　　　　五相电流相量图　　　　　　　　　　　　运行下的五相电流相量图

当两相绕组（如 A、B 相）开路时，即相应的电流同时为零，旋转磁动势为剩余的三个健康相磁动势的合成，即

$$MMF'' = \alpha^2 i''_c N_{ph} + \alpha^3 i''_d N_{ph} + \alpha^4 i''_e N_{ph} \tag{6.81}$$

令式(6.78)与式(6.81)相等，则可得到两个等式和三个未知数（i''_c，i''_d，i''_e），令 $i''_d + i''_c + i''_e = 0$，以保证解的唯一性和电流相量之和为零，因此，新的电流表达式为

$$\begin{cases} i''_a = 0 \\ i''_b = 0 \\ i''_c = 2.236 I_{2m} \cos(\theta + 2\pi/5) \\ i''_d = 3.618 I_{2m} \cos(\theta - 4\pi/5) \\ i''_e = 2.236 I_{2m} \cos\theta \end{cases} \tag{6.82}$$

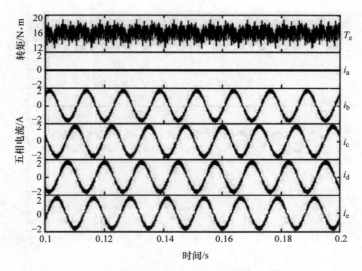

图 6.49　一相开路 BLAC 模式容错运行下的外转子
FM – DSPM 电机的输出转矩和电枢电流

相应的电流相量如图 6.50 所示，
可以看到，C、E 相电流分别变换到与
原始 A、B 相电流相位相同的位置，
而 D 相电流相位不变；且 C、E 相电
流幅值是原来的 223.6%，E 相为原来
的 361.8%。相应的转矩和电流波形
如图 6.51 所示。可以看到，两相开路
时电机仍能输出相同的转矩，但是脉
动较大。

磁通记忆双凸极永磁电机的短路
故障主要包括相间短路、匝间短路、
端部绕组短路和功率器件短路。其中，
由于绝缘问题导致的匝间短路最为常

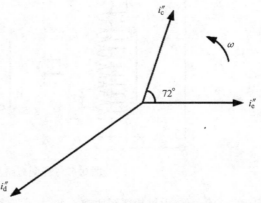

图 6.50　两相开路 BLAC 模式容错
运行下的电流相量图

见。当某一相发生匝间短路时，可用变压器等效电路来分析，如图 6.52 所示。

整个相绕组可以视为变压器的一次绕组，而短路绕组可视为二次绕组，因此，电路
方程可表示为

$$\begin{cases} u = Ri + c = Ri + N_{\mathrm{ph}}\dfrac{\mathrm{d}\psi}{\mathrm{d}t} \\ e_{\mathrm{sc}} = N_{\mathrm{sc}}\dfrac{\mathrm{d}\psi}{\mathrm{d}t} = R_{\mathrm{sc}}i_{\mathrm{sc}} \end{cases} \tag{6.83}$$

式中，ψ 为每相磁链；e 为每相反电动势；e_{sc} 为短路绕组中的感应电动势；i_{sc} 为短路绕

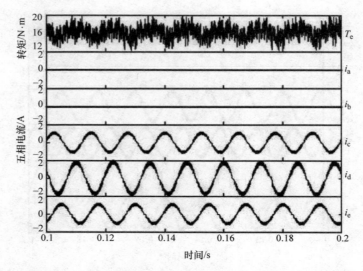

图 6.51   两相开路 BLAC 模式容错运行下的外转子 FM – DSPM 电机的输出转矩和电枢电流

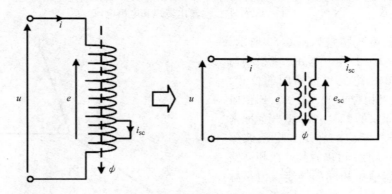

图 6.52   匝间短路及其等效电路

组中的电流；N_{ph} 为每相绕组匝数；N_{sc} 为短路绕组的匝数；R_{cs} 为短路电阻。感应电动势和电阻有如下关系：

$$\begin{cases} \dfrac{e_{sc}}{e} = \dfrac{N_{sc}}{N_{ph}} \\[2mm] \dfrac{R_{sc}}{R} = \dfrac{N_{sc}}{N_{ph}} \end{cases} \qquad (6.84)$$

因此，相电流和短路电流可表示为

$$\begin{cases} i = \dfrac{u - e}{R} \\[2mm] i_{sc} = \dfrac{e_{sc}}{R_{sc}} = \dfrac{e}{R} \end{cases} \qquad (6.85)$$

一般而言，相电阻通常比较小，匝间短路的绕组匝数也非常少，其对相电流的影响可以忽略。然而短路电流的幅值通常很大。而通常，感应电动势 e 为端电压的 85% ～ 95%，因此设 $e = ku$，$k \in [0.85, 0.95]$，并将其代入式（6.85），则

$$i_{\text{sc}} = \frac{k}{1-k}i \qquad (6.86)$$

可以看到，短路电流通常是相电流的 5.7 ～ 19 倍，会导致绕组发热严重，恶化匝间短路，因此有必要研究这种短路故障情况下的容错运行。

传统的弥补策略是破坏短路相绕组，使其变为开路故障，然后利用开路故障情况下的正常运行方法。但是，这种方法有两大缺点：一是由于相数减少，电机效率降低；二是由于零转矩区的存在使得转矩脉动变大。因此，有必要通过特殊的方法得到一种替代的短路故障容错策略。

为了减小短路电流，需要降低感应电动势，其表达式如下：

$$e = N_{\text{ph}}\frac{\mathrm{d}\psi}{\mathrm{d}t} = \frac{\mathrm{d}\psi_{\text{PM}}}{\mathrm{d}t} + \frac{\mathrm{d}(Li)}{\mathrm{d}t} \qquad (6.87)$$

可以看到，如果将永磁磁链设为零，则 e 和 i_{sc} 显著降低。另一方面，根据式（6.85），i 会显著增加，从而可以补偿由于永磁转矩减小而减小的总转矩。在这台电机中，将永磁磁链设为零就是令铝镍钴永磁体完全去磁，这可以通过在励磁绕组中施加负脉冲的磁化电流来实现。于是，磁通记忆双凸极永磁电机可以看作是一台开关磁阻电机。也就是说，当出现匝间短路故障时，修复措施是将电机由双凸极永磁电机模式切换到开关磁阻电机模式以保证相等的转矩输出。

当处于双凸极永磁电机模式容错运行时，每相平均转矩 T_{D} 可表示为

$$
\begin{aligned}
T_{\text{D}} &= \frac{1}{2\pi}\left(\int_{\theta_1}^{\theta_2} I_{\text{D}}K_{\text{PM}}\mathrm{d}\theta + \int_{\theta_3}^{\theta_4}(-I_{\text{D}})(-K_{\text{PM}})\mathrm{d}\theta\right) \\
&\quad + \frac{1}{2\pi}\left(\int_{\theta_1}^{\theta_2}\frac{1}{2}I_{\text{D}}^2 K_{\text{D}}\mathrm{d}\theta + \int_{\theta_3}^{\theta_4}\frac{1}{2}(-I_{\text{D}})^2(-K_{\text{D}})\mathrm{d}\theta\right) \\
&= \frac{(\theta_2 - \theta_1)}{\pi}I_{\text{D}}K_{\text{PM}} \qquad (6.88)
\end{aligned}
$$

式中，I_{D} 是电枢电流；θ_i（$i = 1, 2, 3, 4$）为开通和关断时的转子位置（电气角）；K_{PM} 是永磁磁链变化的斜率；K_{D} 是双凸极永磁电机模式下 L_{D} 变化的斜率。

当处于开关磁阻电机模式容错运行时，每相平均转矩 T_{S} 可表示为

$$
\begin{aligned}
T_{\text{S}} &= \frac{1}{2\pi}\int_{\theta_1}^{\theta_2}\left(\frac{1}{2}I_{\text{S}}^2 K_{\text{S}}\right)\mathrm{d}\theta \\
&= \frac{(\theta_2 - \theta_1)}{4\pi}I_{\text{S}}^2 K_{\text{S}} \qquad (6.89)
\end{aligned}
$$

式中，I_{S} 是电枢电流；L_{S} 是自感；θ_i（$i = 1, 2$）为开通和关断时的转子位置（电气角）；K_{S} 是开关磁阻电机模式下 L_{S} 变化的斜率。为保持在两种模式下输出转矩相等，即式（6.88）与式（6.89）相等，则 I_{D} 和 I_{S} 的关系可表示为

$$I_S = 2 \sqrt{\frac{I_D K_{PM}}{K_S}} \qquad (6.90)$$

式中，K_{PM} 和 K_S 可由有限元分析或实验确定。为了在匝间短路故障下，保证相同的转矩输出，对于一个特定的 I_D（双凸极永磁电机模式），相应的 I_S（开关磁阻电机模式）可由式(6.90)求得，如图 6.53 所示。

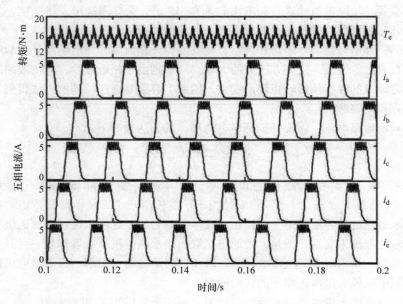

图 6.53　容错运行下的外转子 FM - DSPM 电机输出转矩和电枢电流

6.10　应用前景

定子永磁电机驱动系统在电动汽车中具有较大的应用潜力，它可以解决永磁无刷电机（无刷直流和无刷交流）系统中存在的两大基本问题，具体如下：

• 转子上无永磁体，不存在高速情况下的机械强度问题，避免永磁体在转子上安放、承受较大离心力的问题。

• 所用永磁体安放在定子上，更有利于对永磁体进行直接冷却，解决了热稳定性的问题。

如前所述，电动汽车用定子永磁电机主要分为五大类，即双凸极永磁电机、磁通反向永磁电机、磁通切换永磁电机、混合励磁永磁电机和磁通记忆永磁电机。同时，混合励磁和磁通记忆都可以与双凸极永磁电机、磁通反向永磁电机、磁通切换永磁电机相结合，形成新的电机种类，如混合励磁双凸极永磁电机和磁通记忆双凸极永磁电机等。基于电动汽车驱动应用，对这五大类定子永磁电机系统的功率密度、转矩密度、效率、控制性能、永磁体抗干扰能力、鲁棒性、制造和成熟度进行了对比，评估结果见表 6.4。

表6.4　电动汽车驱动用定子永磁电机的评估

	双凸极永磁电机	磁通反向永磁电机	磁通切换永磁电机	混合励磁永磁电机	磁通记忆永磁电机
功率密度	中等	好	高	中等	中等
转矩密度	中等	好	高	高	高
效率	好	好	好	高	高
控制性能	中等	中等	中等	极好	极好
永磁体抗干扰能力	中等	弱	好	好	好
鲁棒性	极好	中等	中等	中等	中等
制造	简单	中等	中等	困难	困难
成熟度	高	中等	中等	低	低

　　从功率密度和转矩密度而言，由于磁通切换永磁电机采用聚磁式的永磁体排布，其优势最大。而采用双馈的混合励磁永磁电机和磁通记忆永磁电机功率密度、转矩密度等级有所降低，这是因为额外的磁化绕组和励磁绕组的存在。然而，其相应的转矩，尤其是起动时的转矩可通过瞬间的增磁来增加。这些双馈电机具有调节气隙磁场的能力，因此，与单馈电机相比，它们可获得更高的效率，而且控制方法也更加简单。

　　由于永磁材料相对易碎，其退磁和机械性能需要加以考虑。由于磁通反向永磁电机的永磁体置于定子齿表面，容易受到电枢磁场或温升影响而引起局部退磁，在电机严重的振动时容易损伤，因此抗干扰能力最差。

　　就鲁棒性和工艺制造而言，由于双凸极永磁电机的定转子结构都较为简单，因而鲁棒性较好，制造工艺相对简单。相反，对于双馈混合励磁和磁通记忆永磁电机需要在定子上安放两套绕组，增加了制造工艺的复杂程度。

　　就技术成熟度而言，双凸极永磁电机有超过20多年的发展，最为成熟。其次，磁通切换永磁电机和磁通反向永磁电机也相对较为成熟，具有10多年的发展历史。混合励磁和磁通记忆永磁电机最近几年才发展起来，相比较之下不够成熟。

参 考 文 献

Boldea, I., Zhang, L. and Nasar, S.A. (2002) Theoretical characterization of flux reversal machine in low-speed servo drives-the pole-PM configuration. *IEEE Transactions on Industry Applications*, **38**, 1549–1557.

Chau, K.T., Li, Y.B., Jiang, J.Z. and Liu, C. (2006) Design and analysis of a stator-doubly-fed doubly-salient permanent-magnet machine for automotive engines. *IEEE Transactions on Magnetics*, **42**, 3470–3472.

Cheng, M., Chau, K.T. and Chan, C.C. (2001) Design and analysis of a new doubly salient permanent magnet motor. *IEEE Transactions on Magnetics*, **37**, 3012–3020.

Cheng, M., Chau, K.T., Chan, C.C. and Sun, Q. (2003) Control and operation of a new 8/6-pole doubly salient permanent magnet motor drive. *IEEE Transactions on Industry Applications*, **39**, 1363–1371.

Cheng, M., Hua, W., Zhang, J. and Zhao, W. (2011) Overview of stator-permanent magnet brushless machines. *IEEE Transactions on Industrial Electronics*, **58**, 5087–5106.

Deodhar, R.P., Andersson, S., Boldea, I. and Miller, T.J.E. (1997) The flux-reversal machine: a new brushless doubly-salient permanent-magnet machine. *IEEE Transactions on Industry Applications*, **33**, 925–934.

Gong, Y., Chau, K.T., Jiang, J.Z. *et al.* (2009) Analysis of doubly salient memory motors using Preisach theory. *IEEE Transactions on Magnetics*, **45**, 4676–4679.

Hua, W., Cheng, M. and Zhang, G. (2009) A novel hybrid excitation flux switching motor for hybrid vehicles. *IEEE Transactions on Magnetics*, **45**, 4728–4731.

Kim, T.H. and Lee, J. (2004) A study of the design for the flux reversal machine. *IEEE Transactions on Magnetics*, **40**, 2053–2055.

Kim, T.H., Won, S.H., Bong, K. and Lee, J. (2005) Reduction of cogging torque in flux-reversal machine by rotor teeth pairing. *IEEE Transactions on Magnetics*, **41**, 3964–3966.

Li, W., Chau, K.T., Gong, Y. *et al.* (2011) A new flux-mnemonic dual-magnet brushless machine. *IEEE Transactions on Magnetics*, **47**, 4223–4226.

Li, F., Chau, K.T., Liu, C. *et al.* (2012) Design and analysis of magnet proportioning for dual-memory machines. *IEEE Transactions on Applied Superconductivity*, **22**, 4905404-1–4905404-4.

Liu, C., Chau, K.T., Li, W. and Yu, C. (2009) Efficiency optimization of a permanent-magnet hybrid brushless machine using dc field current control. *IEEE Transactions on Magnetics*, **45**, 4652–4655.

Ostovic, V. (2003) Memory motor. *IEEE Industry Applications Magazine*, **9**, 52–61.

Owen, R.L., Zhu, Z.Q., Thomas, A.S. *et al.* (2010) Alternate poles wound flux-switching permanent-magnet brushless ac machines. *IEEE Transactions on Industry Applications*, **46**, 790–797.

Rauch, S.E. and Johnson, L.J. (1955) Design principles of flux-switching alternators. *AIEE Transactions*, **74**, 1261–1268.

Yu, C. and Chau, K.T. (2011a) Design, analysis and control of DC-excited memory motors. *IEEE Transactions on Energy Conversion*, **26**, 479–489.

Yu, C. and Chau, K.T. (2011b) Dual-mode operation of DC-excited memory motors under flux regulation. *IEEE Transactions on Industry Applications*, **47**, 2031–2041.

Yu, C. and Chau, K.T. (2011c) New fault-tolerant flux-mnemonic doubly-salient permanent-magnet motor drive. *IET Electric Power Applications*, **5**, 393–403.

Zhu, Z.Q., Chen, J.T., Pang, Y. *et al.* (2008) Analysis of a novel multi-tooth flux-switching PM brushless ac machine for high torque direct-drive applications. *IEEE Transactions on Magnetics*, **44**, 4313–4316.

Zhu, Z.Q., Pang, Y., Howe, D. *et al.* (2005) Analysis of electromagnetic performance of flux-switching permanent-magnet machines by nonlinear adaptive lumped parameter magnetic circuit model. *IEEE Transactions on Magnetics*, **41**, 4277–4287.

第 7 章　磁齿轮复合电机驱动系统

近年来，轮毂电机驱动在电动汽车中得到越来越广泛的应用。特别是，轮毂电机能够实现电子差速，从而省去复杂笨重的机械差速装置。由于汽车车轮一般每分钟旋转几百转，因此，轮毂电机一般采用无齿轮低速外转子电机或者带行星齿轮减速的高速内转子电机。前者虽具有无齿轮的优点，但低速电机设计将导致其体积和重量过大；后者具有相对较小的体积与重量，但行星齿轮会带来传输损耗、噪声以及定期润滑维护的问题。通过将磁齿轮应用于电机可以兼具高速电机设计、低速输出以及无齿轮传输的优点。

本章讨论了磁齿轮复合电机及其驱动技术，包括系统结构、磁齿轮、磁齿轮复合电机、功率变换器和控制策略。同时，介绍了该电机设计准则、设计案例及应用前景。

7.1　系统结构

磁齿轮复合电机驱动系统主要由磁齿轮复合电机、功率变换器及控制器组成。其核心是由磁齿轮与电机构成的磁齿轮复合电机。磁齿轮包括直齿轮、行星齿轮和同轴齿轮几种类型，且电机又包括内转子型与外转子型，因此磁齿轮复合电机可分为以下六种类型，如图 7.1 所示。

- 直磁齿轮内转子电机
- 直磁齿轮外转子电机
- 行星磁齿轮内转子电机
- 行星磁齿轮外转子电机
- 同轴磁齿轮内转子电机
- 同轴磁齿轮外转子电机

其中，行星磁齿轮外转子电机与同轴磁齿轮外转子电机要优于其他类型，因为行星磁齿轮和同轴磁齿轮可以直接安装在外转子上。因此，外转子电机可以与行星齿轮中的太阳齿轮共用旋转部分，如图 7.2 所示；并且也可以与同轴齿轮的内齿共用旋转部分，如图 7.3 所示。

比较两种外转子电机，同轴磁齿轮相对于行星磁齿轮具有如下优点：

- 同轴磁齿轮上所有永磁体都参与转矩输出，而行星磁齿轮中只有部分的永磁体参与转矩输出，因此同轴磁齿轮电机具有更高的转矩密度。
- 同轴磁齿轮的调制环的厚度小于行星磁齿轮的行星齿的直径，因此同轴磁齿轮电机具有更高的集成度。

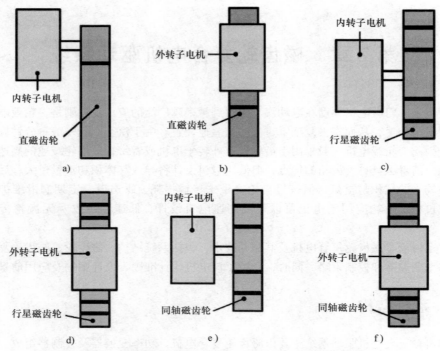

图 7.1　磁齿轮电机的基本结构：a）内转子与直磁齿轮；
b）外转子与直磁齿轮；c）内转子与行星磁齿轮；d）外转子与
行星磁齿轮；e）内转子与同轴磁齿轮；f）外转子与同轴磁齿轮

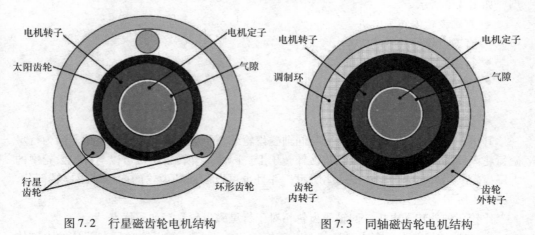

图 7.2　行星磁齿轮电机结构　　　　图 7.3　同轴磁齿轮电机结构

7.2　磁齿轮

机械齿轮作为现代工业文明的象征，在工业领域得到快速发展与广泛应用。简而言之，机械齿轮被用来传输转矩、力或改变包括运动速度和方向在内的运动形式。尽管机械齿轮在很多方面得到应用，但其机械接触部分不可避免地会带来诸如摩擦损耗、噪声、振动以及需要定期润滑维护等问题。

随着钕铁硼等稀土永磁材料的发展，磁齿轮得到了越来越多的关注。磁齿轮的概念最早可以追溯到 1913 年在美国申请的一个电磁齿轮专利，即为磁齿轮的原型（Neuland，1916），但当时没有引起人们的注意。直到 1941 年直磁齿轮被提出，人们才开始逐渐关注磁齿轮（Faus，1941）。

磁齿轮可分为两大类：变换型与磁场调制型。前者是机械齿轮的直接延伸，只是用永磁体的 N、S 极来代替机械齿轮的齿槽，该类型的主要问题是永磁体的利用率及转矩密度低；后者是基于两个永磁转子间的磁场调制，所有永磁体都参与转矩输出，具有较高的转矩密度。

7.2.1　变换型磁齿轮

1980 年，多单元磁齿轮被提出，其主要利用磁阻变化来传递转矩（Hesmondhalgh and Tipping，1980）。此后，磁性渐开线齿轮（Tsurumoto and Kikuchi，1987）与磁性蜗轮（Kikuchi and Tsurumoto，1993）被相继提出，如图 7.4 与图 7.5 所示。而这些磁齿轮都是从相应的机械齿轮直接变换而来。由于永磁体利用率低，使得这些磁齿轮转矩密度较低，一般小于 $2\mathrm{kN \cdot m/m^3}$。

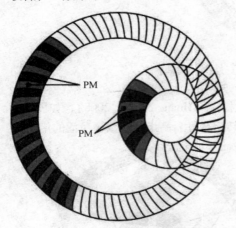

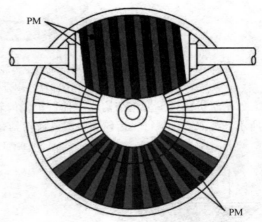

图 7.4　磁性渐开线齿轮　　　　　　　　　　图 7.5　磁性蜗轮

除了复杂的磁性渐开线齿轮和磁性蜗轮外，许多学者还对平行轴直磁齿轮进行研究，包括两种不同的磁场耦合：径向耦合和轴向耦合（Jorgensen，Andersen，and Rasmussen，2005）。图 7.6 为两种径向耦合拓扑结构和一种轴向耦合拓扑结构。此外，一种垂直轴直磁齿轮被提出（Yao et al.，1996），如图 7.7 所示。尽管平行轴磁齿轮与垂直轴磁齿轮结构简单，但由于其较低的转矩密度，一般低于 $12\mathrm{kN \cdot m/m^3}$，限制了该类磁齿轮的发展。

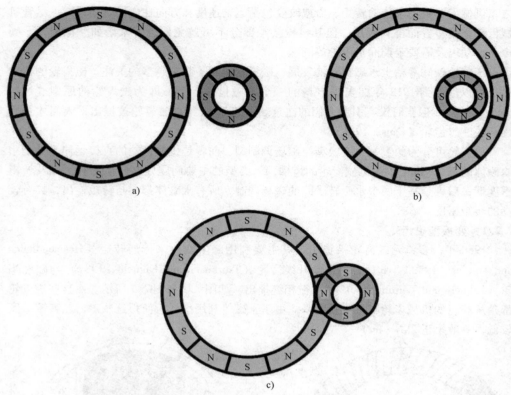

图7.6 平行轴直磁齿轮：a）外部径向耦合；
b）内部径向耦合；c）轴向耦合

　　基于机械行星齿轮结构，一种行星磁齿轮被提出（Huang et al.，2008），如图7.8所示。类似于机械行星齿轮，行星磁齿轮具有高转矩密度、高齿轮系数和灵活的传输能

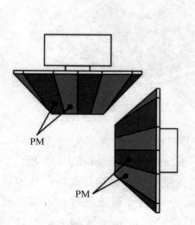

图7.7 垂直轴直磁齿轮

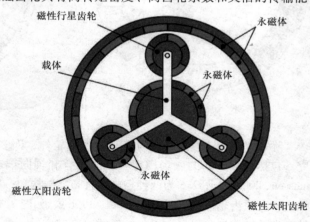

图7.8 行星磁齿轮

力等优点。一般情况下，磁性行星齿轮数越多，转矩输出能力越强。例如，具有六个磁性行星齿轮的行星磁齿轮可以获得接近 $100kN \cdot m/m^3$ 的剪应力，其转矩密度与相应的机械齿轮（$100 \sim 200kN \cdot m/m^3$）相当。因此，行星磁齿轮在许多方面的应用逐渐得到认可，例如风力发电和电气直驱。

7.2.2　磁场调制型磁齿轮

　　2001 年，一种完全不同于变换型磁齿轮的新型磁齿轮被提出（Atallah and Howe，2001）。如图 7.9 所示，这种磁齿轮由三个同轴的部分组成：装有永磁体的内外转子和位于中间的装有铁磁块的静止调制环。其运行原理是通过铁磁块调制两个永磁转子所产生的磁场（Atallah，Calverley and Howe，2004；Jian and Chau，2009）。由于全部永磁体都参与转矩传输，该同轴磁齿轮具有较高的转矩密度，一般为 $50 \sim 150kN \cdot m/m^3$。

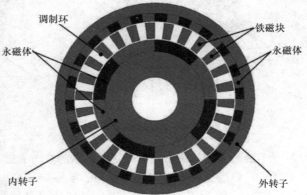

图 7.9　同轴磁齿轮

　　随着同轴磁齿轮即径向磁通磁齿轮的发展，另外两种拓扑结构也被相继提出，即直线磁齿轮（Atallah，Wang and Howe，2005；Li and Chau，2012）和轴向磁通磁齿轮（Mezani，Atallah and Howe，2006），如图 7.10 和图 7.11 所示。当采用钕铁硼永磁材料时，直线磁齿轮可以提供超过 $1.7MN/m^3$ 的力密度，使之能够应用于许多直线驱动场合，如电气化铁路牵引和波浪能发电（Li，Chau and Jiang，2011）。类似地，轴向磁通磁齿轮可以提供超过 $70kN \cdot m/m^3$ 的转矩密度，使之能够应用于扁平空间下直接驱动领域，如轮毂驱动、航天驱动以及要求输入轴与输出轴密封隔离的场合。

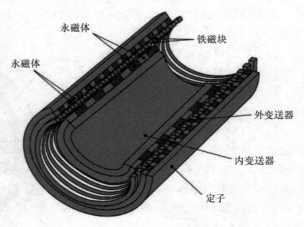

图 7.10　直线磁齿轮

　　最初的同轴磁齿轮采用径向磁化的永磁体，安装在内转子的外表面和外转子的内表面，如图 7.12 所示，图中箭头表示永磁体的磁化方向。径向磁化永磁体或者表贴式永磁体结构简单，但在高速运行时会存在机械完整性的问题。

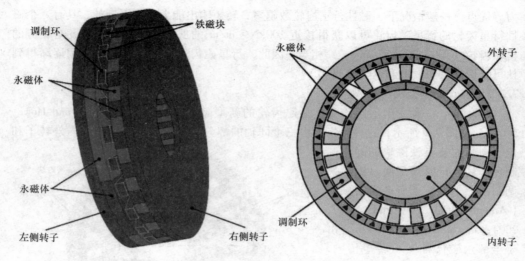

图 7.11　轴向磁通磁齿轮　　　　　图 7.12　永磁体径向磁化的同轴磁齿轮

　　一个磁极下的几块永磁体分别以合适的方向充磁形成 Halbach 结构，该结构具有如下的优点：接近正弦的气隙磁密分布、高磁场强度以及具有磁场自屏蔽的特点（Halbach，1980）。采用 Halbach 永磁阵列得到的同轴磁齿轮（Jian and Chau，2010）如图 7.13 所示，将有助于提高转矩密度和降低转矩脉动，但 Halbach 永磁阵列生产加工复杂，成本增加。此外，考虑到周向力与机械应力，Halbach 结构不适合应用于高速转矩传输。

　　为了解决机械完整性与可靠性问题，永磁体被插入或埋入铁心内部。同时，永磁体采用切向充磁并且两片永磁体构成一个磁极，这有助于提高气隙磁密，即聚磁效应或聚磁型排布方式。如图 7.14a 所示，同轴磁齿轮中内转子上所有永磁体均采用切向磁化（Rasmussen et al.，2005），而图 7.14b 中同轴磁齿轮的外转子上所有永磁体均采用切向磁化（Li et al.，2011）。这两种结构均采用聚磁型排布方式，从而提高了气隙磁密幅值（Jian et al.，2009）。内转子或外转子或内外转子

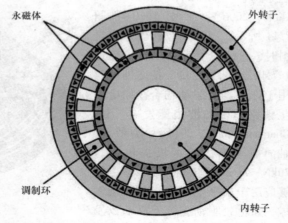

图 7.13　永磁体 Halbach 磁化的同轴磁齿轮

上永磁体是否采用该种排布方式取决于旋转速度与所承受的周向力。

　　为了进一步提高机械完整性，双极性永磁极（即 N、S 极沿圆周交替排布）可以用

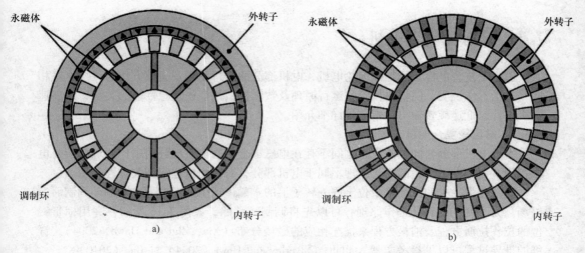

图7.14 永磁体切向磁化的同轴磁齿轮：a）内转子型；b）外转子型

单极性永磁极（即永磁极与铁心极沿圆周交替排布，而铁心极可以与相邻永磁极形成相反的极性（Liu et al.，2009））取代。如图7.15所示，典型的同轴磁齿轮外转子上采用单极性永磁体，该结构可以明显改善电机的机械完整性、简化加工工艺，同时维持一定的转矩密度。

从转矩密度、转矩脉动、生产加工、机械完整性及成熟度方面对前述几种同轴磁齿轮进行比较。由表7.1可知，若从结构简单及成熟度方面考虑，径向磁化结构为最佳

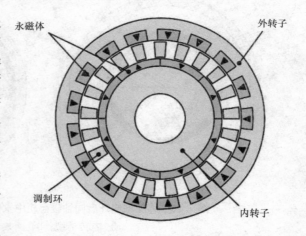

图7.15 单极性永磁体的同轴磁齿轮

选择；若从转矩密度及转矩脉动方面考虑，Halbach结构为最佳选择；另外，若从转矩密度及机械完整性方面考虑，切向磁化结构为最佳选择；若从生产加工及机械完整性方面考虑，单极性永磁体结构更具优势。

表7.1 不同同轴磁齿轮结构的比较

结构	转矩密度	转矩脉动	生产加工	机械完整性	成熟度
永磁体径向磁化	好	中等	容易	中等	高
Halbach永磁体	极好	低	困难	低	低
永磁体切向磁化	很好	高	中等	高	中等
单极性永磁体	好	高	容易	高	中等

7.3 磁齿轮复合电机

磁齿轮复合电机是同轴磁齿轮电机，电机部分的运行原理及建模方法与传统电机相同，这里不作说明。同轴磁齿轮的运行原理及数学模型是获得理想性能的关键，即高速电机设计与低速旋转输出，本节将详细介绍。

7.3.1 磁齿轮复合电机工作原理

由于电机部分与同轴磁齿轮之间不存在电磁耦合，且电机部分的工作原理与传统电机相同，而同轴磁齿轮的工作原理不同于电机部分，对转矩传递起到关键性作用。

同轴磁齿轮中的磁场是由位于内外转子上的永磁体产生并经过静止调制环调制后的磁场。为了便于理解其工作原理，可以先将调制环移除，如图 7.16 所示，并用标量磁位的拉普拉斯方程及泊松方程来描述相应的磁场分布（Xia, Zhu and Howe, 2004），详细的推导过程可以见参考文献 Atallah, Calverley and Howe（2004）与 Jian（2010）。

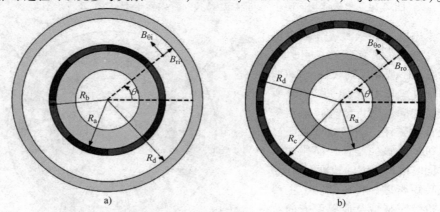

图 7.16　移除调制环后同轴磁齿轮中永磁转子所产生的磁场：

a）内转子型；b）外转子型

由内外转子上永磁体所产生的磁场的径向及切向分量可以表示成

$$B_{ri}(r) = \frac{B_r p_i}{1+p_i} \frac{1-\left(\frac{R_a}{R_b}\right)^{p_i+1}}{1-\left(\frac{R_a}{R_d}\right)^{2p_i}} \left[\left(\frac{r}{R_d}\right)^{p_i-1} \left(\frac{R_b}{R_d}\right)^{p_i+1} + \left(\frac{R_b}{r}\right)^{p_i+1} \right]$$

$$\times \cos(p_i(\theta-\omega_i t) + p_i \theta_{i0}) = A(r)\cos(p_i(\theta-\omega_i t) + p_i \theta_{i0}) \quad (7.1)$$

$$B_{\theta i}(r) = \frac{-B_r p_i}{1+p_i} \frac{1-\left(\frac{R_a}{R_b}\right)^{p_i+1}}{1-\left(\frac{R_a}{R_d}\right)^{2p_i}} \left[\left(\frac{r}{R_d}\right)^{p_i-1} \left(\frac{R_b}{R_d}\right)^{p_i+1} - \left(\frac{R_b}{r}\right)^{p_i+1} \right]$$

$$\times \sin(p_i(\theta-\omega_i t) + p_i \theta_{i0}) = B(r)\sin(p_i(\theta-\omega_i t) + p_i \theta_{i0}) \quad (7.2)$$

$$B_{\mathrm{ro}}(r) = \frac{-B_{\mathrm{r}}p_{\mathrm{o}}}{1-p_{\mathrm{o}}} \frac{1-\left(\dfrac{R_{\mathrm{c}}}{R_{\mathrm{d}}}\right)^{p_{\mathrm{o}}-1}}{1-\left(\dfrac{R_{\mathrm{a}}}{R_{\mathrm{d}}}\right)^{2p_{\mathrm{o}}}}\left[\left(\frac{r}{R_{\mathrm{c}}}\right)^{p_{\mathrm{o}}-1}+\left(\frac{r}{R_{\mathrm{c}}}\right)^{p_{\mathrm{o}}-1}\left(\frac{R_{\mathrm{a}}}{r}\right)^{2p_{\mathrm{o}}}\right]$$

$$\times \cos\left(p_{\mathrm{o}}(\theta-\omega_{\mathrm{o}}t)+p_{\mathrm{o}}\theta_{\mathrm{o0}}\right)=C(r)\cos\left(p_{\mathrm{o}}(\theta-\omega_{\mathrm{o}}t)+p_{\mathrm{o}}\theta_{\mathrm{o0}}\right) \quad (7.3)$$

$$B_{\theta\mathrm{o}}(r) = \frac{B_{\mathrm{r}}p_{\mathrm{o}}}{1-p_{\mathrm{o}}} \frac{1-\left(\dfrac{R_{\mathrm{c}}}{R_{\mathrm{d}}}\right)^{p_{\mathrm{o}}-1}}{1-\left(\dfrac{R_{\mathrm{a}}}{R_{\mathrm{d}}}\right)^{2p_{\mathrm{o}}}}\left[\left(\frac{r}{R_{\mathrm{c}}}\right)^{p_{\mathrm{o}}-1}-\left(\frac{r}{R_{\mathrm{c}}}\right)^{p_{\mathrm{o}}-1}\left(\frac{R_{\mathrm{a}}}{r}\right)^{2p_{\mathrm{o}}}\right]$$

$$\times \sin\left(p_{\mathrm{o}}(\theta-\omega_{\mathrm{o}}t)+p_{\mathrm{o}}\theta_{\mathrm{o0}}\right)=D(r)\sin\left(p_{\mathrm{o}}(\theta-\omega_{\mathrm{o}}t)+p_{\mathrm{o}}\theta_{\mathrm{o0}}\right) \quad (7.4)$$

式中，p_{i}、p_{o}分别为内外转子上永磁体的极对数，R_{a}、R_{b}分别为内转子的内径与外径，R_{c}、R_{d}分别为外转子的内径与外径，ω_{i}、ω_{o}分别为内外转子的旋转角速度，θ_{i0}、θ_{o0}分别为内外转子的初始相位角。系数 A、B、C、D 为弧长 r 的函数，且与角度 θ 无关。

当涉及如图 7.17 所示的调制环时，铁磁部分的磁导率可认为无限大且与内外气隙等电位。其对磁场的畸变影响类似于永磁无刷电机的齿槽效应（Wang et al.，2003），近似于将原始磁场乘以调制函数。由于畸变影响发生在二维平面，因而可采用二维复磁导函数（Zarko，Ban and Lipo，2006）。因此，当存在调制环时，磁密可表示成

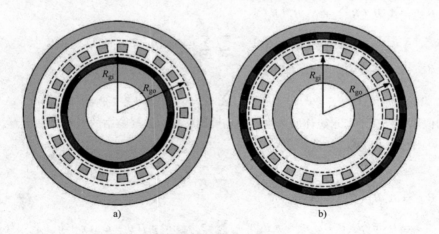

图 7.17　存在调制环时同轴磁齿轮中永磁转子所产生的磁场：a) 内转子型；b) 外转子型

$$B_{\mathrm{m}} = B_{\mathrm{o}}\Lambda^{*} \quad (7.5)$$

式中，B_{m}、B_{o}分别为有调制环和没有调制环时的磁密，Λ^{*} 为相对气隙磁导。在极坐标系下，相对气隙磁导可表示为

$$\Lambda^{*} = \Lambda_{\mathrm{r}}\overrightarrow{e}_{\mathrm{r}} - \Lambda_{\theta}\overrightarrow{e}_{\theta} \quad (7.6)$$

对于内外气隙，可以得到

$$\Lambda_{ri} = \Lambda_{ri0} + \sum_{k=1}^{\infty} \Lambda_{rik} \cos(kN_s\theta) \tag{7.7}$$

$$\Lambda_{\theta i} = \sum_{k=1}^{\infty} \Lambda_{\theta ik} \sin(kN_s\theta) \tag{7.8}$$

$$\Lambda_{ro} = \Lambda_{ro0} + \sum_{k=1}^{\infty} \Lambda_{rok} \cos(kN_s\theta) \tag{7.9}$$

$$\Lambda_{\theta o} = \sum_{k=1}^{\infty} \Lambda_{\theta ok} \sin(kN_s\theta) \tag{7.10}$$

式中，N_s 为调制环上铁磁块的数量，Λ_{ri0}、Λ_{rik}、$\Lambda_{\theta ik}$ 分别为内气隙磁导的傅里叶分解系数，Λ_{ro0}、Λ_{rok}、$\Lambda_{\theta ok}$ 分别为外气隙磁导的傅里叶系数。因此，内转子上永磁体所产生的磁场调制后在内气隙中的磁密可表示为

$$B_{rii} = \Lambda_{ri}B_{ri}(R_{gi}) + \Lambda_{\theta i}B_{\theta i}(R_{gi})$$

$$= a_0\cos(p_i(\theta - \omega_i t) + p_i\theta_{i0}) + \sum_{j=\pm1}\sum_{k=1}^{\infty} a_{jk}\cos[p_{ijk}(\theta - \omega_{ijk}t) + jp_i\theta_{i0}] \tag{7.11}$$

$$B_{\theta ii} = \Lambda_{ri}B_{\theta i}(R_{gi}) - \Lambda_{\theta i}B_{ri}(R_{gi})$$

$$= b_0\sin(p_i(\theta - \omega_i t) + p_i\theta_{i0}) + \sum_{j=\pm1}\sum_{k=1}^{\infty} b_{jk}\sin[p_{ijk}(\theta - \omega_{ijk}t) + jp_i\theta_{i0}] \tag{7.12}$$

内转子上永磁体所产生的磁场调制后在外气隙中的磁密可表示为

$$B_{roi} = \Lambda_{ro}B_{ri}(R_{go}) + \Lambda_{\theta o}B_{\theta i}(R_{go})$$

$$= c_0\cos(p_i(\theta - \omega_i t) + p_i\theta_{i0}) + \sum_{j=\pm1}\sum_{k=1}^{\infty} c_{jk}\cos[p_{ijk}(\theta - \omega_{ijk}t) + jp_i\theta_{i0}] \tag{7.13}$$

$$B_{\theta oi} = \Lambda_{ro}B_{\theta i}(R_{go}) - \Lambda_{\theta o}B_{ri}(R_{go})$$

$$= d_0\sin(p_i(\theta - \omega_i t) + p_i\theta_{i0}) + \sum_{j=\pm1}\sum_{k=1}^{\infty} d_{jk}\sin[p_{ijk}(\theta - \omega_{ijk}t) + jp_i\theta_{i0}] \tag{7.14}$$

相似地，外转子上永磁体所产生的磁场调制后在内外气隙中的磁密可表示为

$$B_{rio} = \Lambda_{ri}B_{ro}(R_{gi}) + \Lambda_{\theta i}B_{\theta o}(R_{gi})$$

$$= e_0\cos(p_o(\theta - \omega_o t) + p_o\theta_{o0}) + \sum_{j=\pm1}\sum_{k=1}^{\infty} e_{jk}\cos[p_{ojk}(\theta - \omega_{ojk}t) + jp_o\theta_{o0}] \tag{7.15}$$

$$B_{\theta io} = \Lambda_{ri}B_{\theta o}(R_{gi}) - \Lambda_{\theta i}B_{ro}(R_{gi})$$

$$= f_0\sin(p_o(\theta - \omega_o t) + p_o\theta_{o0}) + \sum_{j=\pm1}\sum_{k=1}^{\infty} f_{jk}\sin[p_{ojk}(\theta - \omega_{ojk}t) + jp_o\theta_{o0}] \tag{7.16}$$

$$B_{roo} = \Lambda_{ro}B_{ro}(R_{go}) + \Lambda_{\theta o}B_{\theta o}(R_{go})$$

$$= g_0\cos(p_o(\theta - \omega_o t) + p_o\theta_{o0}) + \sum_{j=\pm1}\sum_{k=1}^{\infty} g_{jk}\cos[p_{ojk}(\theta - \omega_{ojk}t) + jp_o\theta_{o0}] \tag{7.17}$$

$$B_{\theta oo} = \Lambda_{ro}B_{\theta o}(R_{go}) - \Lambda_{\theta o}B_{ro}(R_{go})$$

$$= h_0\sin(p_o(\theta - \omega_o t) + p_o\theta_{o0}) + \sum_{j=\pm1}\sum_{k=1}^{\infty} h_{jk}\sin[p_{ojk}(\theta - \omega_{ojk}t) + jp_o\theta_{o0}] \tag{7.18}$$

式中，R_{gi}、R_{go} 分别为内外气隙半径，a_0、b_0、c_0、d_0、e_0、f_0、h_0 以及 a_{jk}、b_{jk}、c_{jk}、d_{jk}、e_{jk}、f_{jk}、g_{jk}、h_{jk} 都为常数，p_{ijk}、p_{ojk} 分别为内外气隙中谐波成分的极对数，可表示为

$$\begin{cases} p_{ijk} = kN_{s} + jp_{i} \\ p_{ojk} = kN_{s} + jp_{o} \end{cases} \tag{7.19}$$

式中，$j = \pm 1$，$k = 1$，$\cdots$，∞，ω_{ijk}、ω_{ojk} 为相应的旋转速度，可表示为

$$\begin{cases} \omega_{ijk} = \dfrac{jp_{i}\omega_{i}}{kN_{s} + jp_{i}} \\ \omega_{ojk} = \dfrac{jp_{o}\omega_{o}}{kN_{s} + jp_{o}} \end{cases} \tag{7.20}$$

式中，ω_{i}、ω_{o} 为内外转子的旋转速度。最后，忽略磁路的非线性因素，内外气隙中的合成磁场可表示为

$$\begin{aligned} B_{ri} &= B_{rii} + B_{rio} \\ &= a_{0}\cos(p_{i}(\theta - \omega_{i}t) + p_{i}\theta_{i0}) + e_{0}\cos(p_{o}(\theta - \omega_{o}t) + p_{o}\theta_{o0}) \\ &\quad + \sum_{j = \pm 1}\sum_{k=1}^{\infty}\left[a_{jk}\cos(p_{ijk}(\theta - \omega_{ijk}t) + jp_{i}\theta_{i0}) + e_{jk}\cos(p_{ojk}(\theta - \omega_{ojk}t) + jp_{o}\theta_{o0})\right] \end{aligned} \tag{7.21}$$

$$\begin{aligned} B_{\theta i} &= B_{\theta ii} + B_{\theta io} \\ &= b_{0}\sin(p_{i}(\theta - \omega_{i}t) + p_{i}\theta_{i0}) + f_{0}\sin(p_{o}(\theta - \omega_{o}t) + p_{o}\theta_{o0}) \\ &\quad + \sum_{j = \pm 1}\sum_{k=1}^{\infty}\left[b_{jk}\sin(p_{ijk}(\theta - \omega_{ijk}t) + jp_{i}\theta_{i0}) + f_{jk}\sin(p_{ojk}(\theta - \omega_{ojk}t) + jp_{o}\theta_{o0})\right] \end{aligned} \tag{7.22}$$

$$\begin{aligned} B_{ro} &= B_{roi} + B_{roo} \\ &= c_{0}\cos(p_{i}(\theta - \omega_{i}t) + p_{i}\theta_{i0}) + g_{0}\cos(p_{o}(\theta - \omega_{o}t) + p_{o}\theta_{o0}) \\ &\quad + \sum_{j = \pm 1}\sum_{k=1}^{\infty}\left[c_{jk}\cos(p_{ijk}(\theta - \omega_{ijk}t) + jp_{i}\theta_{i0}) + g_{jk}\cos(p_{ojk}(\theta - \omega_{ojk}t) + jp_{o}\theta_{o0})\right] \end{aligned} \tag{7.23}$$

$$\begin{aligned} B_{\theta o} &= B_{\theta oi} + B_{\theta oo} \\ &= d_{0}\sin(p_{i}(\theta - \omega_{i}t) + p_{i}\theta_{i0}) + h_{0}\sin(p_{o}(\theta - \omega_{o}t) + p_{o}\theta_{o0}) \\ &\quad + \sum_{j = \pm 1}\sum_{k=1}^{\infty}\left[d_{jk}\sin(p_{ijk}(\theta - \omega_{ijk}t) + jp_{i}\theta_{i0}) + h_{jk}\sin(p_{ojk}(\theta - \omega_{ojk}t) + jp_{o}\theta_{o0})\right] \end{aligned} \tag{7.24}$$

　　类似于机械齿轮，当转子以不同速度旋转时，磁齿轮能够产生稳定的转矩传输。因此，p_{i}、p_{o}、N_{s} 的关系可表示如下：

$$N_{s} = p_{i} + p_{o} \tag{7.25}$$

　　齿轮系数 G_{r} 可表示为

$$G_{r} = -\frac{p_{o}}{p_{i}} = -\frac{\omega_{i}}{\omega_{o}} \tag{7.26}$$

式中，负号表示两个转子以不同方向旋转。

　　作用在内转子上的平均电磁转矩可通过计算内气隙中麦克斯韦应力得到

$$T_{mi} = \frac{L_{e}R_{gi}^{2}}{\mu_{0}}\int_{0}^{2\pi}B_{ri}B_{\theta i}\mathrm{d}\theta \tag{7.27}$$

式中，L_e 为有效轴向长度。由式（7.21）和式（7.22）可知，内气隙径向与切向磁密均含有大量的谐波成分，可表示为

$$b_{ri} = \delta\cos(p_m\theta + \alpha) \tag{7.28}$$

$$b_{\theta i} = \varepsilon\sin(p_n\theta + \beta) \tag{7.29}$$

式中，p_m、p_n 为极对数，α、β 为相角，δ、ε 为常数。因此，可得

$$\int_0^{2\pi} b_{ri}b_{\theta i}\mathrm{d}\theta = \int_0^{2\pi} \delta\varepsilon\cos(p_m\theta + \alpha)\sin(p_n\theta + \beta)\mathrm{d}\theta$$

$$= \begin{cases} 0 & p_m \neq p_n \\ \delta\varepsilon\pi\sin(\beta - \alpha) & p_m = p_n \end{cases} \tag{7.30}$$

可以发现只要满足以下两个条件，乘积项 $b_{ri}b_{\theta i}$ 就能够产生平均电磁转矩。

- R1：b_{ri} 与 $b_{\theta i}$ 有相同的极对数
- R2：b_{ri} 与 $b_{\theta i}$ 有不同的相角

因此，基于式（7.19）、式（7.20）、式（7.25）和式（7.26），以及条件 R1、R2，乘积项 $b_{ri}b_{\theta i}$ 可产生平均转矩。此外，内气隙中有效谐波的极对数及其产生的转矩见表 7.2。

相似地，作用在外转子上的平均电磁转矩可以通过计算外气隙中麦克斯韦应力得到

$$T_{mo} = \frac{L_e R_{go}^2}{\mu_0}\int_0^{2\pi} B_{ro}B_{\theta o}\mathrm{d}\theta \tag{7.31}$$

此外，外气隙中有效谐波的极对数及其产生的转矩见表 7.3。

表 7.2　同轴磁齿轮内气隙中电磁转矩的组成成分

极对数	电磁转矩
$p_i = p_{o-11}$	$\dfrac{L_e R_{gi}^2}{\mu_0}\left[\pi(a_0 f_{-11} - b_0 e_{-11})\sin(p_o\theta_{o0} - p_i\theta_{i0})\right]$
$p_o = p_{i-11}$	$\dfrac{L_e R_{gi}^2}{\mu_0}\left[\pi(f_0 a_{-11} - e_0 b_{-11})\sin(p_o\theta_{o0} - p_i\theta_{i0})\right]$
$p_{o-1(k+1)} = p_{i1k}(k = 1,\cdots,\infty)$	$\dfrac{L_e R_{gi}^2}{\mu_0}\left[\pi(a_{1k} f_{-1(k+1)} - b_{1k} e_{-1(k+1)})\sin(p_o\theta_{o0} - p_i\theta_{i0})\right]$
$p_{i-1(k+1)} = p_{o1}(k = 1,\cdots,\infty)$	$\dfrac{L_e R_{gi}^2}{\mu_0}\left[\pi(f_{1k} a_{-1(k+1)} - e_{1k} b_{-1(k+1)})\sin(p_o\theta_{o0} - p_i\theta_{i0})\right]$

表 7.3　同轴磁齿轮外气隙中电磁转矩的组成成分

极对数	电磁转矩
$p_i = p_{o-11}$	$\dfrac{L_e R_{go}^2}{\mu_0}\left[\pi(c_0 h_{-11} - d_0 g_{-11})\sin(p_o\theta_{o0} - p_i\theta_{i0})\right]$
$p_o = p_{i-11}$	$\dfrac{L_e R_{go}^2}{\mu_0}\left[\pi(h_0 c_{-11} - g_0 d_{-11})\sin(p_o\theta_{o0} - p_i\theta_{i0})\right]$
$p_{o-1(k+1)} = p_{i1k}(k = 1,\cdots,\infty)$	$\dfrac{L_e R_{go}^2}{\mu_0}\left[\pi(c_{1k} h_{-1(k+1)} - d_{1k} g_{-1(k+1)})\sin(p_o\theta_{o0} - p_i\theta_{i0})\right]$
$p_{i-1(k+1)} = p_{o1k}(k = 1,\cdots,\infty)$	$\dfrac{L_e R_{go}^2}{\mu_0}\left[\pi(h_{1k} c_{-1(k+1)} - g_{1k} d_{-1(k+1)})\sin(p_o\theta_{o0} - p_i\theta_{i0})\right]$

由表 7.2 与表 7.3 可知，作用在内外转子上的电磁转矩为两个转子初始相角差的正弦函数。由式 (7.26) 可得，由于与时间无关，因而磁齿轮在转速变化时仍能传递稳定的电磁转矩。

7.3.2　磁齿轮复合电机模型

由于磁齿轮只起转矩传递的作用，因而磁齿轮复合电机的数学模型只取决于装有磁齿轮的电机。当磁齿轮采用稀土永磁材料时，电机部分即为永磁无刷电机。永磁无刷电机可以馈以正弦波电流（即永磁无刷交流电机），也可以馈以矩形波电流（即永磁无刷直流电机）。

磁齿轮永磁无刷直流电机能够较好地应用于轮毂电机，其具有高转矩密度、控制简单的优点。类似于传统永磁无刷直流电机，其数学模型可表示如下：

$$\begin{bmatrix} u_a \\ u_b \\ u_c \end{bmatrix} = \begin{bmatrix} R & 0 & 0 \\ 0 & R & 0 \\ 0 & 0 & R \end{bmatrix} \begin{bmatrix} i_a \\ i_b \\ i_c \end{bmatrix} + \begin{bmatrix} L-M & 0 & 0 \\ 0 & L-M & 0 \\ 0 & 0 & L-M \end{bmatrix} p \begin{bmatrix} i_a \\ i_b \\ i_c \end{bmatrix} + \begin{bmatrix} e_a \\ e_b \\ e_c \end{bmatrix} \tag{7.32}$$

式中，$[u_a, u_b, u_c]$、$[e_a, e_b, e_c]$ 和 $[i_a, i_b, i_c]$ 分别为定子 A、B、C 三相的电压矢量、反电动势及电枢电流矢量，R、L、M 分别为相电阻、自感与互感。

永磁无刷直流电机的电磁转矩表示如下：

$$T_e = (e_a i_a + e_b i_b + e_c i_c) / \omega_i \tag{7.33}$$

其作用在同轴磁齿轮内转子上。因此，内外转子的运动方程可表示为

$$J_i \frac{d\omega_i}{dt} = T_e - T_{mi} - B_i \omega_i \tag{7.34}$$

$$J_o \frac{d\omega_o}{dt} = T_{mo} - T_L - B_o \omega_o \tag{7.35}$$

式中，J_i、J_o、B_i、B_o 分别为内外转子的转动惯量与摩擦系数，T_{mi}、T_{mo} 分别为内外转子上的驱动转矩。

7.4　磁齿轮复合电机驱动用逆变器

正如前文所提到，用于驱动运行的磁齿轮（MG）电机的磁齿轮本质上是无源的，因此对于 MG 电机的功率逆变器的选择取决于 MG 电机自身。此外，由于 MG 电机在本质上仍是永磁无刷电机，所以传统结构的逆变器能够直接应用于这种电机的驱动系统中。

虽然逆变器一般可以分为两种形式：其一为电压源型逆变器，其二为电流源型逆变器。但因为电流源型逆变器需要在电路中引入一个很大的串联电感，以此来等效一个恒流源，因此很少被使用。事实上，如图 7.18 所示的电压源型逆变器由于具有简单的拓扑结构和双向能量流的能力，已被广泛使用。

同时，电压源型逆变器具有两种控制方式：一是能够利用电压进行控制，二是能够

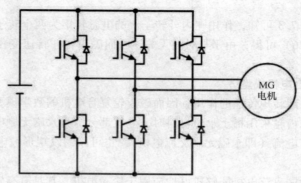

图 7.18   三相全桥电压源型逆变器

利用电流进行控制。前者具有简单电压控制的明显优势，而后者具有提供直流控制的显著特点。对于电动汽车驱动来说，电流控制能够为电动汽车领域所需的高性能运行提供所期望的电流和快速的转矩响应。

7.5   磁齿轮复合电机控制

与 MG 电机的本体和逆变器选型相似，该种电机的控制策略取决于电机自身参数。抛开已经在第 4 章中详细介绍的永磁无刷电机驱动的控制策略不谈，此外还有四种现有的比较成熟的控制策略，即效率优化控制、直接转矩控制、人工智能控制和无位置传感器控制。这四种控制方式已经在 MG 电机驱动的应用（Chau，Chan and Liu，2008）中进行过简要的对比和描述。

不同的电机驱动应该使用不同的方式来进行效率的最优分配。当 MG 电机的本体使用的是永磁无刷直流电机时，由于电动汽车的续航里程依旧受限，所以效率优化控制对电动汽车非常适用。改进电驱动的能量效率能够很明显地增加行驶距离。图 7.19a 展示了一种控制策略，它利用在线调节 d 轴电枢电流 I_d，来达到能量选择的目的。在这种方式下运行能够减小电机驱动的总损耗（Cavallaro et al.，2005）。相应的损耗 P_{loss} 可以如下所示：

$$P_{loss}(I_d,T,\omega) = P_{Cu}(I_d,T,\omega) + P_{Fe}(I_d,T,\omega) \tag{7.36}$$

式中，P_{Cu} 代表铜耗，P_{Fe} 代表铁耗，T 表示转矩，ω 表示转速。如图 7.19b 所示，对于给定的工作点（T，ω）存在唯一的 d 轴电枢电流以实现最佳效率。特别地，在损耗最小时的 d 轴电流要低于铜耗最小时的 d 轴电流，因此说明了最大转矩电流比控制并不能增大整体效率。

直接转矩控制方式对于电动汽车的驱动控制来说也非常适用，由于轮毂电机需要更快的转矩响应，因而此控制方式尤其适用于轮毂电机。相对于其他的 FOC 来说，由于直接转矩控制不依赖于电流控制和参数，因而直接转矩控制有着非常明显的优势。当 MG 电机本体为永磁无刷交流电机时，可利用直接转矩控制实现了转矩和磁链的解耦。当以这种方式进行工作时，控制器通过逆变器输出合适的电压向量，且这两种变量能跟

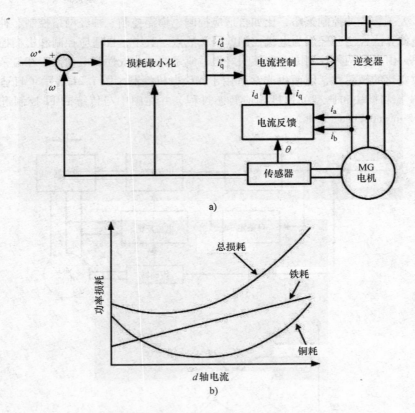

a)

b)

图 7.19　效率优化控制：a) 控制模块图；b) 损耗最小化

随已经事先确定的轨迹（Pascas and Weber, 2005）。图 7.20 所示为相关的控制模块和典型的转矩跟踪响应。

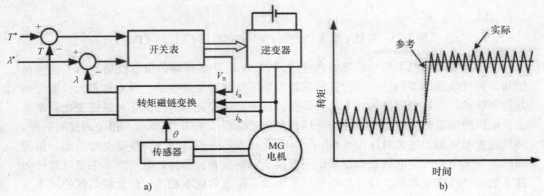

a)

b)

图 7.20　直接转矩控制：a) 控制模块；b) 转矩跟踪响应

　　基于人工智能的控制策略，比如自适应控制、模糊控制、神经网络控制、神经模糊控制、遗传算法控制已经成为电机控制的研究热点。其中，自适应控制和模糊控制已经非常成熟。由于这两种控制方式能够很好地适应系统的非线性和电动汽车在复杂环境下对于参数变化的敏感性，因而也非常适用于 MG 电机控制。图 7.21 展示了自适应模糊控制的 PI 控制模块和典型的速度响应暂态过程，并在图中与传统的 PI 控制进行对比（Cheng，Sun and Zhou，2006）。

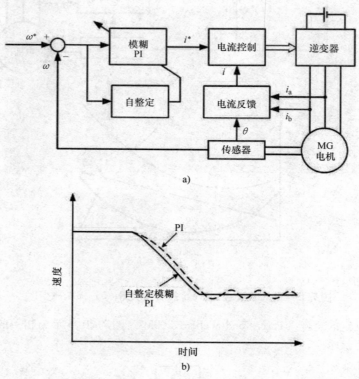

图 7.21　自整定模糊 PI 控制：a）控制框图；b）速度响应

　　为了实现电动汽车驱动系统的高性能，MG 电机需要精确的位置反馈。为了避免使用到昂贵且笨重的编码器，无位置传感器控制策略显得愈发重要。现有许多无位置传感器控制技术，大体可以分为如下几种类型：反电动势变化、电感变化和磁链变化。基本上，电机的位置能够通过在线分析电压和电流来获得。图 7.22 显示了相关的控制框图，估计速度与实测速度的对比图（Silva，Asher and Summer，2006）。需要说明的是，位置编码器对于电动汽车电机驱动器来说一般属于强制安装，因为对电动汽车来说可靠性和技术的成熟度非常重要，并且与电动汽车驱动系统总的成本相比，位置编码器的成本基本上可算作微乎不计的。尽管如此，由于电动汽车容错策略技术的快速发展，无位置传感器控制将在编码器处于故障状态时进行容错控制中发挥重要的作用。

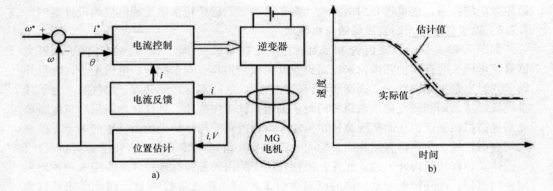

图 7.22 无位置传感器控制：a）控制框图；b）速度估计

7.6 设计准则

在开始磁齿轮复合电机驱动系统设计之前，对磁齿轮复合电机的一些基本尺寸参数的初始化设计是非常重要的。以下为磁齿轮复合电机的一些设计方法，目的是为获得 $100N \cdot m/L$ 以上的转矩密度（Rasmussen et al.，2009）。

• 在转矩密度方面，高速内转子上永磁体厚度比低速外转子永磁体厚度更为重要。由于外转子上永磁体极弧较小，会存在较大漏磁，因而增加永磁体的厚度并不会明显提高气隙磁密；然而内转子上永磁体极弧较大，其厚度的增加将明显提高气隙磁密。为提高转矩密度，内转子上永磁体厚度较大时，应该考虑高速运行下相应的周向力问题。

• 由于调制环中的铁磁块处于变化的磁场中，因此需采用叠片结构来减小铁耗。在叠片之间可以用塑料等非导磁材料填充，这样既能改善机械完整性，同时又不会影响磁场分布。

• 为了将永磁体固定在内外转子上，应采用高抗拉强度黏合剂。考虑到较大的周向力，需采用非导磁的护套确保永磁体能固定在高速转子上。但非导磁护套的采用将不可避免地增加有效气隙长度，从而降低转矩密度。

• 磁齿轮内转子的轭部同时也属于电机外转子的一部分，因此轭宽应足够大以确保电机部分与磁齿轮部分间的磁场解耦，否则，电机部分的速度或转矩控制将受到磁齿轮的影响。

• 由于电机部分的设计需实现弱磁运行，因此相应叠向长度应小于磁齿轮。通过采用不等的轴向长度，可无需额外的空间来放置电机的绕组端部。

• 由于磁齿轮电机通常采用内定子的设计，则需要考虑散热问题。在无特殊冷却方式的情况下，电枢电流密度应限制在 $5A/mm^2$ 内且槽满率低于 60%。

7.7 设计案例

由于磁齿轮必须采用永磁体，因而电机部分通常为永磁无刷电机。磁齿轮电机具有齿轮效应的特点，这里将介绍两种电动汽车轮毂驱动磁齿轮永磁无刷电机的设计案例。

7.7.1 磁齿轮永磁无刷直流轮毂电机驱动

如图 7.23 所示，该磁齿轮永磁无刷直流轮毂电机（Jian，2010）为外转子永磁无刷直流电机，装有同轴磁齿轮来提高集成度。该结构具有四个部分：电机定子，电机外转子同时也是齿轮内转子，调制环和齿轮外转子。这四部分之间共有三层气隙。为了减少涡流损耗，调制环在提供磁路的同时还采用了铁磁块叠片，且叠片之间用环氧树脂填充来提高机械强度，从而实现高转矩传输。齿轮内转子与外转子均由转轴的轴承支撑来实现自由转动。为获得直接驱动，轮胎轮辋安装在齿轮外转子上。内转子为杯状设计，永磁体安装在转子内外表面。此外，齿轮外转子的内表面装有永磁体。所用永磁体均采用径向磁化，内外转子上永磁体的极对数为 3 和 22，铁磁块数为 25。因此齿轮系数为 $-22:3$，主要设计参数见表 7.4。

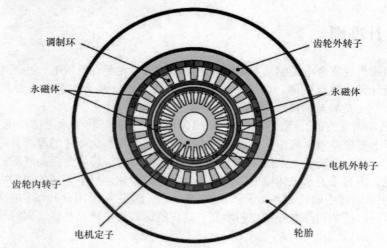

图 7.23　磁齿轮永磁无刷直流轮毂电机结构

表 7.4　磁齿轮永磁无刷直流轮毂电机的设计参数

额定功率	5kW
额定频率	220Hz
齿轮内转子额定速度	4400r/min
齿轮外转子额定速度	600r/min
相数	3
定子槽数	27
内转子极对数	3
外转子极对数	22
铁磁块数	25
定子外径	120mm
内转子内径	121.2mm
内转子外径	142.8mm
调制环内径	144mm
调制环外径	170mm

（续）

外转子内径	172mm
外转子外径	184mm
轴长	100mm
永磁材料	Nd－Fe－B

　　考虑到磁路饱和与端部效应，需采用有限元分析。磁齿轮永磁无刷直流轮毂电机在空载与负载的情况下的磁场分布如图 7.24 所示。由图可知，大部分磁力线将经过三层气隙来实现转矩传输。一部分磁力线直接沿永磁体边缘闭合，这部分磁力线不产生转矩传输，因而会引起功率损耗。此外通过比较空载与负载下的磁场分布，可知电枢反应对磁齿轮影响较小。图 7.25 展示了内、中、外三层气隙中径向磁场的波形。可知内层与中层气隙磁密的有效谐波成分为 3 对极，而外层气隙为 22 对极，这也验证了调制环磁场的调制效果。

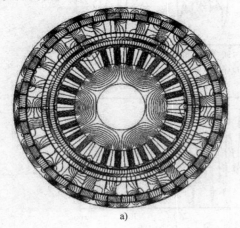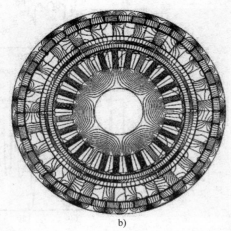

a)　　　　　　　　　　　　　　　　　b)

图 7.24　磁齿轮永磁无刷直流轮毂电机的磁场分布：a）空载；b）负载

　　基于内层气隙磁密分布，可以得到三相电枢绕组的反电动势。图 7.26 为内转子以额定转速 4400r/min 旋转时的三相反电动势波形。由于反电动势波形为梯形波，永磁无刷直流电机采用 120°导通模式工作。因此，当供以 120°导通的矩形波相电流时，任意时刻两相导通，从而产生稳定的转矩输出。

　　进一步分析该磁齿轮永磁无刷直流电机的动态性能。图 7.27 所示为电机在给定速度为 2000r/min 时的起动速度响应。由此可以发现齿轮内转子稳态转速为外转子稳态转速的 7.3 倍。由于两个转子以不同方向旋转，这与设计的齿轮系数 -22/3 一致。此外，图 7.28 为稳态转矩响应，说明了磁齿轮永磁无刷电机的输出转矩幅值可提高 7.3 倍。需要注意的是，这里的转矩响应同步但方向相反。

7.7.2　磁齿轮永磁无刷交流轮毂电机驱动

　　为了进一步改善磁齿轮永磁无刷轮毂电机的性能，内外转子上均采用 Halbach 阵列

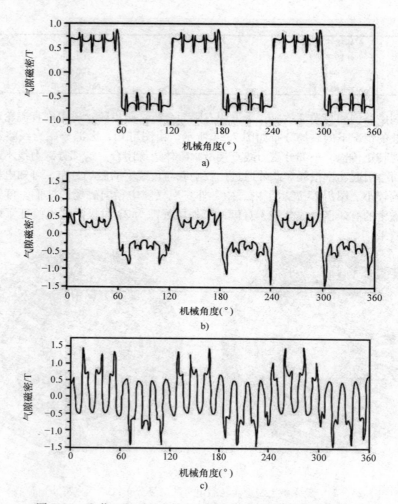

图 7.25 空载工况下磁齿轮永磁无刷直流轮毂电机的径向磁密：
a) 内层气隙；b) 中层气隙；c) 外层气隙

结构（Jian and Chau，2009b；Jian，2010）。该结构主要是利用 Halbach 阵列的正弦磁场分布、高磁场强度及自屏蔽的优点。由于高磁场强度且正弦分布，Halbach 阵列的采用将提高磁齿轮电机的转矩密度并减小齿槽转矩。此外，该结构自屏蔽效应将有助于内电机磁场与外齿轮磁场的解耦。由于内气隙磁场按正弦分布，该电机将以永磁无刷交流方式而非永磁无刷直流方式运行。

图 7.29 为磁齿轮永磁无刷交流轮毂电机驱动。该电机与之前所述的磁齿轮永磁无刷直流电机结构相似。主要的区别在于内外转子上采用 Halbach 阵列构成所需的永磁极对数。该电机外转子上采用 3 对极且齿轮内转子上也为 3 对极，在结构上背靠背安置。同时齿轮外转子的内表面装有 16 对极的永磁体。根据式(7.25)，调制环上有 19 个铁磁

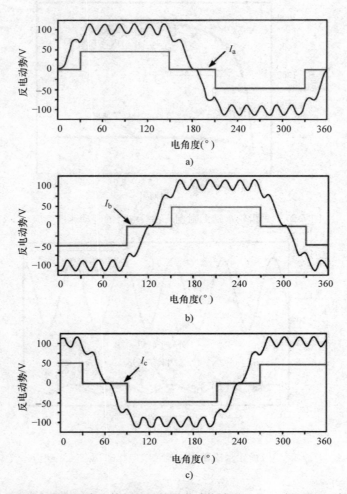

图 7.26　磁齿轮永磁无刷直流轮毂电机的反电动势波形：a）A 相；b）B 相；c）C 相

块。就 Halbach 阵列而言，构成一个磁极的永磁体块数越多，其产生的磁场将越正弦化，但生产加工也将相应地越困难。特别地，由于齿轮外转子上的永磁体极弧小于齿轮内转子或电机外转子上的永磁体极弧，因而齿轮外转子上所构成的每磁极永磁体块数将通常少于齿轮内转子或电机外转子。因此，这种磁齿轮电机的齿轮外转子一般采用两块永磁体构成一个磁极，而齿轮内转子和电机外转子上采用四块永磁体构成一个磁极。相应地，电机外转子上共有 24 块永磁体，齿轮内转子上共有 24 块永磁体，齿轮外转子上共有 64 块永磁体，这都会增加生产加工的难度。

　　除了在永磁转子上采用不同极对数的 Halbach 阵列结构，磁齿轮永磁无刷交流轮毂电机的设计参数与之前所述的磁齿轮无刷直流电机的设计参数相似，见表 7.5。通过有限元分析，该磁齿轮复合电机的磁场分布如图 7.30 所示。由于 Halbach 永磁阵列的自

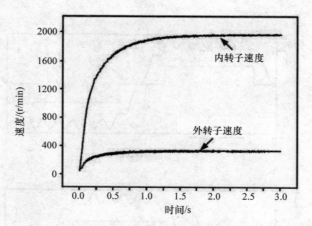

图 7.27　磁齿轮永磁无刷直流轮毂电机的起动速度响应

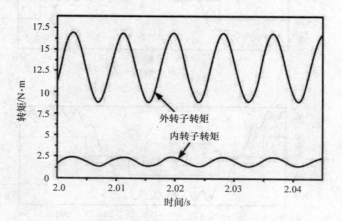

图 7.28　磁齿轮永磁无刷直流轮毂电机的稳态转矩响应

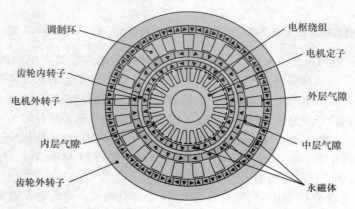

图 7.29　采用 Halbach 阵列的磁齿轮永磁无刷交流轮毂电机结构

屏蔽效应，电机外转子的磁场与齿轮内转子的磁场能够实现解耦，有效避免了使电机外转子与齿轮内转子磁场解耦的较厚轭部，从而使得电机的体积与重量显著降低。

表 7.5 磁齿轮永磁无刷交流轮毂电机的设计参数

额定功率	5kW
额定频率	220Hz
齿轮内转子额定速度	4400r/min
齿轮外转子额定速度	825r/min
相数	3
定子槽数	27
内转子极对数	3
内转子每极永磁体块数	4
外转子极对数	16
外转子每极永磁体块数	2
铁磁块数	19
定子外径	120mm
内转子内径	121.2mm
内转子外径	142.8mm
调制环内径	144mm
调制环外径	170mm
外转子内径	172mm
外转子外径	184mm
轴长	100mm
永磁材料	Nd – Fe – B

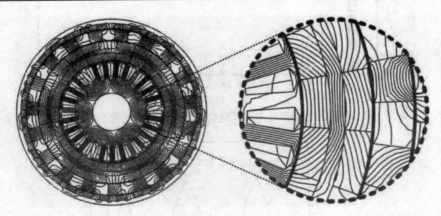

图 7.30 采用 Halbach 阵列的磁齿轮永磁无刷交流轮毂电机的磁场分布

图 7.31 为该磁齿轮电机内气隙中径向磁密波形。由图可知，该波形接近于正弦，这是由于 Halbach 阵列具有正弦磁场分布的特点。相应的谐波分析如图 7.32 所示，可知 3 对极的有效谐波成分占主要部分且其他不同极对数的谐波成分得到抑制。这也降低了由定子槽所引起的齿槽转矩。此外，由于正弦磁场分布，其反电动势波形也趋于正弦，如图 7.33 所示。这也验证了该磁齿轮复合电机将以永磁无刷交流方式运行而非永磁无刷直流方式。

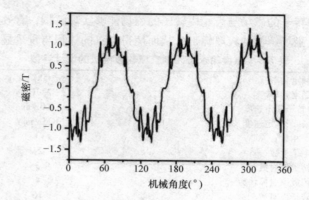

图 7.31　采用 Halbach 阵列的磁齿轮永磁无刷交流轮毂电机内气隙中径向磁密波形

通过计算内外气隙的麦克斯韦应力张量，内外转子的转矩－角度关系如图 7.34 所示。由于采用 Halbach 永磁阵列，两条转矩－角度关系曲线高度正弦且转矩脉动较小。由图可知，外转子上的转矩幅值为内转子上转矩的 5.3 倍，这与所设计的齿轮系数－16/3 一致。

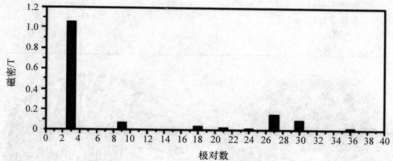

图 7.32　采用 Halbach 阵列的磁齿轮永磁无刷交流轮毂电机内气隙中径向磁密的谐波分析

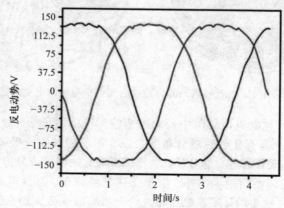

图 7.33　采用 Halbach 阵列的磁齿轮永磁无刷交流轮毂电机的反电动势波形

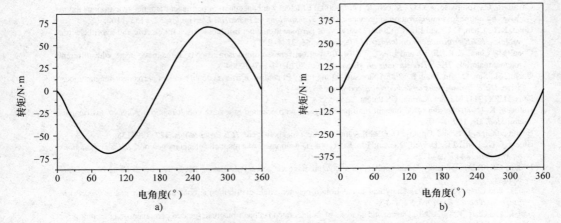

图 7.34　采用 Halbach 阵列的磁齿轮永磁无刷交流轮毂电机的转矩 – 角度曲线：
a）齿轮内转子；b）齿轮外转子

7.8　应用前景

　　传统电机只能以较低的转矩密度来提供直接驱动。为实现高集成度设计，采用机械齿轮连接高速电机与低速运动输出，这将带来定期润滑维护、齿轮噪声、过载时出现故障等问题，而磁齿轮复合电机驱动能够很好地解决以上的问题。由于该电机具有较高的转矩密度，伪直接驱动且不需要润滑与维护的优点，因此磁齿轮无刷轮毂电机能够较好地应用于电动汽车驱动。

　　Magnomatics 公司成立于 2006 年。该公司一直致力于电动汽车用磁齿轮轮毂电机的商业化研究。该公司的伪直驱模型 PDD4k 是一款高转矩电机驱动，额定功率达 65kW，且能够适用于标准的城市公交车 22 英寸轮毂轮辋（Magnomatics，2014）。该电机的额定转矩与速度高达 2000N·m 和 350r/min，且能够提供 120kW 和 4000N·m 的连续峰值功率及输出转矩。其齿槽转矩小于额定转矩的 0.5%。

　　尽管稀土永磁材料正逐渐取代其他材料被应用于磁齿轮复合电机驱动，但仍有希望采用非稀土永磁材料。当然，应考虑在性能与成本之间如何取得平衡。尤其是非稀土永磁材料如铝镍钴被应用于磁齿轮时具有低成本与高温运行下高可靠性的优点（Chen et al.，2014）。

参 考 文 献

Atallah, K., Calverley, S.D. and Howe, D. (2004) Design, analysis and realization of a high-performance magnetic gear. *IEE Proceedings – Electric Power Applications*, **151**, 135–143.

Atallah, K. and Howe, D. (2001) A novel high-performance magnetic gear. *IEEE Transactions on Magnetics*, **37**, 2844–2846.

Atallah, K., Wang, J. and Howe, D. (2005) A high-performance linear magnetic gear. *Journal of Applied Physics*, **97**, 10N516-1–10N516-3.

Cavallaro, C., Tommaso, A.O.D., Miceli, R. *et al.* (2005) Efficiency enhancement of permanent-magnet synchronous motor drives by online loss minimization approaches. *IEEE Transactions on Industrial Electronics*, **52**, 1153–1160.

Chau, K.T., Chan, C.C. and Liu, C. (2008) Overview of permanent-magnet brushless drives for electric and hybrid electric vehicles. *IEEE Transactions on Industrial Electronics*, **55**, 2246–2257.

Chen, M., Chau, K.T., Li, W. and Liu, C. (2014) Cost-effectiveness comparison of coaxial magnetic gears with different magnet materials. *IEEE Transactions on Magnetics*, **50**, 7020304-1–7020304-4.

Cheng, M., Sun, Q. and Zhou, E. (2006) New self-tuning fuzzy PI control of a novel doubly salient permanent-magnet motor drive. *IEEE Transactions on Industrial Electronics*, **53**, 814–821.

Faus, H.T. (1941) Magnet gearing. US Patent 2 243 555.

Halbach, K. (1980) Design of permanent multipole magnets with oriented rare earth cobalt material. *Nuclear Instruments and Methods*, **169**, 1–10.

Hesmondhalgh, D.E. and Tipping, D. (1980) A multielement magnetic gear. *IEE Proceedings*, **127**, 129–138.

Huang, C.C., Tsai, M.C., Dorrell, D.G. and Lin, B.J. (2008) Development of a magnetic planetary gearbox. *IEEE Transactions on Magnetics*, **44**, 403–412.

Jian, L. (2010) Design, analysis and application of coaxial magnetic gears. PhD. thesis. The University of Hong Kong, Hong Kong.

Jian, L. and Chau, K.T. (2009a) Analytical calculation of magnetic field distribution in coaxial magnetic gears. *Progress in Electromagnetics Research*, **92**, 1–16.

Jian, L. and Chau, K.T. (2009b) Design and analysis of an integrated Halbach-magnetic-geared permanent-magnet motor for electric vehicles. *Journal of Asian Electric Vehicles*, **7**, 1213–1219.

Jian, L. and Chau, K.T. (2010) A coaxial magnetic gear with Halbach permanent-magnet arrays. *IEEE Transactions on Energy Conversion*, **25**, 319–328.

Jian, L., Chau, K.T., Gong, Y. *et al.* (2009) Comparison of coaxial magnetic gears with different topologies. *IEEE Transactions on Magnetics*, **45**, 4526–4529.

Jorgensen, F.T., Andersen, T.O., and Rasmussen, P.O. (2005) Two dimensional model of a permanent magnet spur gear. Proceedings of IEEE Industry Applications Conference, pp. 261–265.

Kikuchi, S. and Tsurumoto, K. (1993) Design and characteristics of a new magnetic worm gear using permanent magnet. *IEEE Transactions on Magnetics*, **29**, 2923–2925.

Li, W. and Chau, K.T. (2012) Analytical field calculation for linear tubular magnetic gears using equivalent anisotropic magnetic permeability. *Progress in Electromagnetics Research*, **127**, 155–171.

Li, X., Chau, K.T., Cheng, M. and Hua, W. (2013) Comparison of magnetic-geared permanent-magnet machines. *Progress in Electromagnetics Research*, **133**, 177–198.

Li, W., Chau, K.T. and Jiang, J.Z. (2011) Application of linear magnetic gears for pseudo-direct-drive oceanic wave energy harvesting. *IEEE Transactions on Magnetics*, **47**, 2624–2627.

Li, X., Chau, K.T., Cheng, M. *et al.* (2011) An improved coaxial magnetic gear using flux focusing. Proceedings of International Conference on Electrical Machines and Systems, pp. 1–4.

Liu, X., Chau, K.T., Jiang, J.Z. and Yu, C. (2009) Design and analysis of interior-magnet outer-rotor concentric magnetic gears. *Journal of Applied Physics*, **105**, 07F101-1–07F101-3.

Magnomatics (2014) PDD High Torque Traction Motor, Magnomatics, http://www.magnomatics.com/images/pdfs/PDD_Traction_motor_brochure.pdf (accessed September 2014).

Mezani, S., Atallah, K. and Howe, D. (2006) A high-performance axial-field magnetic gear. *Journal of Applied Physics*, **99**, 08R303-1–08R303-3.

Neuland, A.H. (1916) Apparatus for transmitting power. US Patent 1 171 351.

Pascas, M. and Weber, J. (2005) Predictive direct torque control for the PM synchronous machine. *IEEE Transactions on Industrial Electronics*, **52**, 1350–1356.

Rasmussen, P.O., Andersen, T.O., Jorgensen, F.T. and Nielsen, O. (2005) Development of a high-performance magnetic gear. *IEEE Transactions on Industry Applications*, **41**, 764–770.

Rasmussen, P.O., Mortensen, H.H., Matzen, T.N., and Jahns, T.M. (2009) Motor integrated permanent magnet gear with a wide torque-speed range. Proceedings of IEEE Energy Conversion Congress and Exposition, pp. 1510–1518.

Silva, C., Asher, G.M. and Sumner, M. (2006) Hybrid rotor position observer for wide speed-range sensorless PM motor drives including zero speed. *IEEE Transactions on Industrial Electronics*, **53**, 373–378.

Tsurumoto, K. and Kikuchi, S. (1987) A new magnetic gear using permanent magnet. *IEEE Transactions on Magnetics*, **23**, 3622–3624.

Wang, X., Li, Q., Wang, S. and Li, Q. (2003) Analytical calculation of air-gap magnetic field distribution and instantaneous characteristics of brushless DC motors. *IEEE Transactions on Energy Conversion*, **18**, 424–432.

Xia, Z.P., Zhu, Z.Q. and Howe, D. (2004) Analytical magnetic field analysis of Halbach magnetized permanent-magnet machines. *IEEE Transactions on Magnetics*, **40**, 1864–1872.

Yao, Y.D., Huang, D.R., Hsieh, C.C. *et al.* (1996) The radial magnetic coupling studies of perpendicular magnetic gears. *IEEE Transactions on Magnetics*, **32**, 5061–5063.

Zarko, D., Ban, D. and Lipo, T.A. (2006) Analytical calculation of magnetic field distribution in the slotted air gap of a surface permanent-magnet motor using complex relative air-gap permeance. *IEEE Transactions on Magnetics*, **42**, 1828–1837.

第 8 章 永磁游标电机驱动系统

直接驱动被广泛应用于各种场合，特别是电动汽车驱动领域。直接驱动具有高转矩、响应快、无齿轮运行和零传输损耗的优点。在轮毂驱动中采用直驱不仅能够实现所谓的电子差动作用，而且能够实现许多先进的车辆功能，如制动防抱死系统、防滑调节和电子稳定系统。在已有的直驱电机中，永磁游标电机能提供低速大转矩，因而能够消除机械齿轮甚至磁性齿轮来提高低速运行时的转矩。

本章将介绍应用于电动汽车驱动的各种永磁游标电机驱动系统，包括系统结构、电机拓扑、功率逆变器和控制策略，以及相应的设计准则、设计案例及应用前景。

8.1 系统结构

本质上，永磁游标电机属于永磁同步电机的一种，其驱动系统结构类似于永磁无刷电机驱动，由电机、电子控制器、逆变器和传动齿轮组成。由于永磁游标电机固有的低速大转矩特性，因此该电机适用于轮毂直接驱动，从而消除传动齿轮。此外，轮毂驱动能够消除笨重的、成本高的机械差速装置。需要注意的是，由传动齿轮和机械差速装置引起的传输损耗达到电机总功率的 20%（Jones, 2007）。

图 8.1 为电动汽车用永磁游标电机轮毂直接驱动的系统配置。永磁游标电机驱动由控制系统运行的电子控制器，两个被直接安装在车轮内的低速大转矩永磁游标电机（又可称为轮毂电机），两个独立控制两台电机执行指定工作的逆变器组成。由于不需要传输齿轮和机械差速装置，传输损耗被消除且运行效率得到提高。由于再生制动可以发生在每个驱动车轮内，因而相应的能量回馈将更高效，这将提高电动汽车的行驶里程。此外，由于取消了机械差速装置，车内空间扩大，从而可以安装更多的电池，这意味着汽车单次充电的行驶里程将得到极大提升（Jain and Williamson, 2009）。

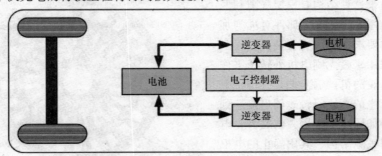

图 8.1 使用双逆变器的永磁游标轮毂电机驱动

　　一般情况下，两轮驱动的电动汽车需要两台电机和两个逆变器，四轮驱动的电动汽车就需要四台电机和四个逆变器。相应的电子控制器为单独的模块来控制所有逆变器的开关动作。为了降低逆变器的成本，单个的逆变器如五桥臂逆变器或九开关逆变器被用来取代两个标准的三相三桥臂逆变器，且能独立地控制两台永磁游标电机。图8.2为采用单个逆变器的永磁游标轮毂电机驱动的系统配置，具有节约成本和空间的特点。然而，采用单个逆变器独立控制两台电机将带来脉宽调制（PWM）方案和冷却方案更复杂的问题。

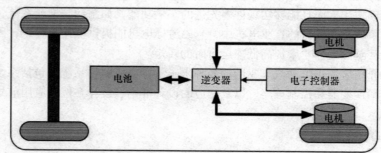

图8.2　使用单逆变器的永磁游标轮毂电机驱动

8.2　永磁游标电机

　　众所周知，游标磁阻电机具备低速大转矩运行特点的同时能够避免增加电枢绕组的极对数。为了改善功率密度，游标磁阻电机采用永磁体来产生励磁磁场，即永磁游标电机。

8.2.1　永磁游标电机与磁齿轮电机的比较

　　正如第7章所述，磁齿轮电机是一种结合同轴磁齿轮与永磁无刷电机来同时获得低速直接驱动与高速电机的设计。显然，外转子永磁无刷电机与同轴磁齿轮共用一个转子即齿轮内转子与电机外转子来构成磁齿轮电机。由于这种结构有三层气隙和两个转子，如图8.3所示，部件对准与加工精确度的要求更高、更复杂。

　　除了采用永磁无刷电机外转子来作为同轴磁齿轮的机械输入端口，定子上电枢绕组产生的高速旋转磁场也能达到这一目的。如图8.4所示，该磁齿轮电机采用两层气隙结构，其用静止的电枢绕组来代替同轴磁齿轮的高速内转子，这将减小电机体积与重量（Wang et

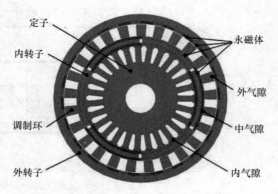

图8.3　三气隙的磁齿轮电机

al.，2009）。由于定子静止，静止电枢绕组与静止调制环之间无需气隙隔开。进一步，移除该气隙，该磁齿轮电机将只剩下单层气隙，如图8.5所示。当调制环上的铁磁块数为定子齿数的整数倍时，单气隙磁齿轮电机即为永磁体位于转子上的永磁游标电机（Li，Chau and Li，2011；Li et al.，2013）。

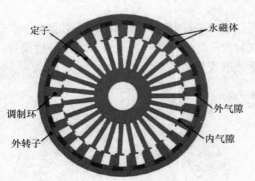

图 8.4　两气隙的磁齿轮电机

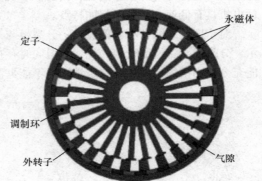

图 8.5　单气隙的磁齿轮电机

8.2.2　永磁游标电机的结构

永磁游标电机可分为三种类型：转子永磁型（所有永磁体都装在转子上）、定子磁磁型（所有永磁体都装在定子上）和全永磁型（转子与定子上都装有永磁体）。由于转子永磁型游标电机发展最成熟，所以直接称为永磁游标电机。除非特别说明，否则所有讨论的永磁游标电机都指的是转子永磁型游标电机。

8.2.2.1　转子永磁型游标电机

图 8.6 为永磁游标电机最常见的结构，该结构定子上有三相电枢绕组，永磁体安装在转子上。尽管这种结构与普通的永磁无刷电机类似，但这种永磁游标电机有两个特殊之处：定子面向气隙侧采用均匀齿距，转子的极数较多（Toba and Lipo，1999）。这些特征的约束条件如下：

$$N_r = N_s \pm p \qquad (8.1)$$

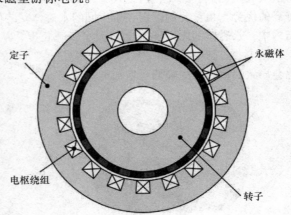

图 8.6　转子永磁型永磁游标电机结构

式中，p、N_s、N_r 分别为电枢绕组极对数、定子齿数和转子永磁体极对数，例如，当 $N_s = 18$，$p = 1$ 时，$N_r = 17$，即电枢绕组极数为 2，定子齿数为 18，转子上有 34 块永磁体的三相转子永磁型游标电机，如图 8.6 所示。

本质上，永磁体产生多极磁动势，该磁场由于定子齿部变化的磁导而被调制。为了使电枢磁场有相对较少的极对数，永磁体的极对数与定子齿数接近但并不相等。这种磁路的特点类似于游标卡尺，其存在有对齐与不对齐两种状态。当转子旋转一个永磁体极距时，磁力线的极性将发生改变。对齐状态的旋转速度要高于转子本身。因此，电枢绕组的感应电动势将正比于磁链变化的速率且高频高幅值。从电枢磁场的速度降低到转子的速度的过程称为磁齿轮效应，其类似于机械齿轮能降低速度或提高转矩。因此永磁游标电机具有低速大转矩运行的特点。

对于定子，有两种齿槽设计：分裂极与开口槽（Toba and Lipo, 1999）。如图8.7所示，分裂极具备齿数较多的优势，但同时存在齿间死区的问题。另一方面，开口槽设计能充分利用槽的空间来放置绕组，但不能灵活地改变齿数。

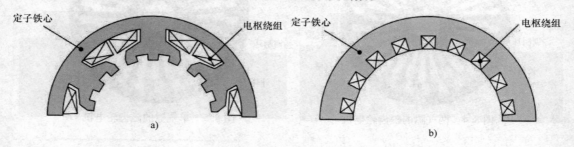

图8.7 转子永磁型永磁游标电机的定子设计：a) 分裂极；b) 开口槽

对于转子，主要有两种永磁体排布的类型：表贴式与内置式（Toba and Lipo, 1999）。如图8.8所示，表贴式中，永磁体以N、S极交替排布在转子表面，该类型具有易于安装的优点。然而，内置式中，永磁体以N、S极插入到转子表面内，其具有结构可靠的优势。最重要的区别在于不同的永磁体安装位置对相电感的影响。表贴式的转子结构中，永磁体的厚度实际上增大了气隙长度，从而使电机有相对较低的相电感。相反，在内置式转子结构中，由于转子铁心直接面向气隙使得电机的相电感较高。高的电感会导致功率因数的降低且增加电流控制难度。

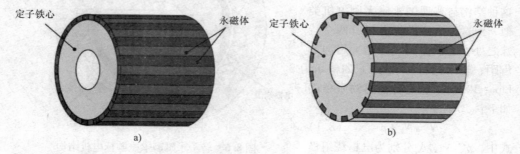

图8.8 转子永磁型永磁游标电机的转子设计：a) 表贴式；b) 插入式

8.2.2.2 定子永磁型游标电机

定子永磁型游标电机一般称为混合游标电机（Spooner and Haydock, 2003）。定子永磁型游标电机的运行原理与转子永磁型类似（Li and Chau, 2012），即这两种游标电机

都应用磁齿轮效应来实现低速大转矩。但
正如其名，永磁极被安装在定子上而非转
子上。实际上，这种永磁游标电机类似于
磁通反向电机，将电枢绕组绕于定子齿上
且面向槽转子，永磁体安装在定子齿的表
面，如图 8.9 所示。借鉴磁通反向电机的
设计公式，定子永磁型游标电机的齿与永
磁体的设计如下：

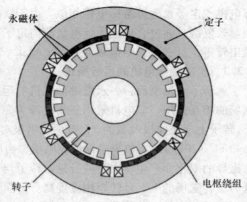

图 8.9　永磁体在定子上的永磁游标电机结构

$$N_r = N_s(N_{PM} + 1/3) \qquad (8.2)$$

式中，N_s、N_r、N_{PM} 分别为定子齿数、转子
齿数和每个定子齿上永磁体的极对数。例
如，当 $N_s = 6$，$N_{PM} = 4$ 时，$N_r = 26$，即定
子齿数为 6，每个定子齿上永磁体极对数为 4，转子齿数为 26 的三相定子永磁型游标电
机，如图 8.9 所示。

　　定子永磁型游标电机一般采用三相电枢绕组来降低齿槽转矩。每相线圈以相反的极
性设计绕于电机上使得电枢磁力线只匝链于这些线圈。此外，每相线圈也可以相同的极
性设计使电枢磁力线从定子到转子再经过其他相形成回路（Spooner and Haydock，
2003）。

　　由于磁齿轮效应，尽管转子速度适中，但该电机的运行频率较高。因而该电机中的
铁心及涡流损耗限制了其最大运行速度，而非机械损耗。

8.2.2.3　全永磁型游标电机

　　如图 8.10 所示，在定子与转子上
均有永磁体的永磁游标电机被称为全
永磁型游标电机。三相电枢绕组绕在定
子上，在定转子上有均匀间隔的小的凹
槽，永磁体被安装在这些凹槽内且同向
磁化，即定子上面向气隙的永磁体均为
N 极而转子上面向气隙的永磁体均为 S
极。绕组的极对数与永磁体的块数可表
示如下（Hosoya and Shimomura，2011）：

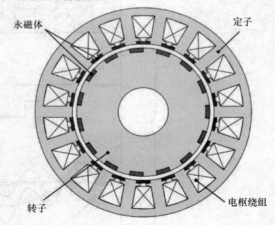

图 8.10　定转子都有永磁体的永磁游标电机结构

$$\begin{cases} N_s = 6aqp \\ N_r = N_s \pm p \end{cases} \qquad (8.3)$$

式中，a 为正整数，q 为每极每相槽数，
p 为电枢绕组的极对数，N_s 为定子上永磁体的块数，N_r 为转子上永磁体的块数。例如，
当 $N_s = 18$ 时，可得 $a = 1$，$q = 1$，$p = 3$，$N_r = 15$，即电枢绕组为 6 极，定子上永磁体为
18 块，转子上永磁体为 15 块的三相全永磁游标电机，如图 8.10 所示。

　　全永磁型游标电机同样应用磁齿轮效应来获得低速大转矩运行，这与转子永磁型游

标电机或定子永磁型游标电机相似。由于铁心易发生磁饱和，这种永磁游标电机的设计相对较复杂。通过合理地设计电负荷与定子内径，可明显地提高该电机的单位电流密度输出转矩，且避免磁路饱和（Tasaki et al.，2012）。

8.2.3　永磁游标电机的运行原理

就转子永磁型而言，永磁游标电机的运行原理主要是基于定子电枢磁场与转子永磁磁场的相互作用。该电机采用三相电源为三相分布式绕组供电。图 8.11 为定子齿数为 6，转子上永磁体极对数为 5，电枢绕组极对数为 1 的永磁游标电机的运行原理（Kataoka et al.，2013）。类似于磁性齿轮电机，由图可知三相电枢绕组产生的旋转磁场由于气隙磁导的变化而产生 5 次谐波分量，转子与 5 次谐波磁场同步旋转，因此转子的速度降低为旋转磁场的 1/5 且转矩相应提高。因而通过增加转子上永磁体的极对数，永磁游标电机可低速运行，具体公式表示如下：

$$n_r = \left(\frac{f}{p}\right)\left(\frac{p}{N_r}\right) = \frac{f}{N_r} \tag{8.4}$$

式中，n_r 为同步转速，单位为 r/s，f 为频率，单位为 Hz。

详细的永磁游标电机的转矩分析可参考 Toba and Lipo（2000）。为说明该电机如何产生理想稳定的输出转矩，作如下假设：

- 铁心磁导率为无限大
- 永磁材料的相对磁导率与气隙磁导率相等，便于把永磁体看成气隙
- 气隙磁动势、磁导及磁密只在周向变化，径向和轴向上保持不变

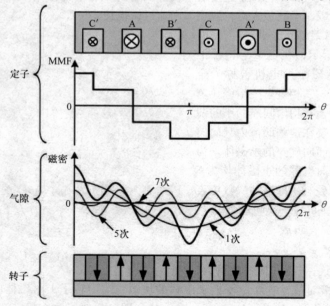

图 8.11　永磁游标电机的运行原理

定子上的电枢绕组通以三相对称电流，可表示如下：

$$\begin{cases} I_a = \sqrt{2}I\cos(\omega t - \alpha) \\ I_b = \sqrt{2}I\cos\left(\omega t - \alpha - \dfrac{2\pi}{3}\right) \\ I_c = \sqrt{2}I\cos\left(\omega t - \alpha - \dfrac{4\pi}{3}\right) \end{cases} \tag{8.5}$$

式中，I 为相电流，ω 为角频率，α 为任意相角，相应的电枢电流磁动势 F_a 可表示如下：

$$\begin{aligned} F_a(\theta_s, t) = \frac{3F_{a1}}{2}\Bigg[&\sum_{n=1,7,13,\cdots} \frac{k_{dn}k_{pn}}{n}\cos(np\theta_s - (\omega t - \alpha)) \\ &+ \sum_{n=5,11,17,\cdots} \frac{k_{dn}k_{pn}}{n}\cos(np\theta_s + (\omega t - \alpha)) \Bigg] \end{aligned} \tag{8.6}$$

式中，n 为谐波次数，θ_s 为定子相对于 A 相电流矢量的夹角，k_{dn}、k_{pn} 分别为 n 次谐波的分布系数与极距系数，F_{a1} 为电枢电流磁动势的基波成分，可表示如下：

$$F_{a1} = \frac{2\sqrt{2}N_{ph}I}{\pi p} \tag{8.7}$$

式中，N_{ph} 为每相电枢绕组的匝数。同时，分布系数 k_{dn} 和极距系数 k_{pn} 可表示如下：

$$k_{dn} = \frac{\sin(n\pi/6)}{q\sin(n\pi/6q)} \tag{8.8}$$

$$k_{pn} = \sin(n\pi\beta/2) \tag{8.9}$$

式中，q 为每极每相槽数，β 为线圈跨距与极距的比值系数。

转子上永磁体产生的永磁磁动势可表示为

$$F_{PM}(\theta_s) = \sum_{\text{odd } n}^{\infty} \frac{F_{PM1}}{n}\cos(nN_r\theta_r) = \sum_{\text{odd } n}^{\infty} \frac{F_{PM1}}{n}\cos(nN_r(\theta_s - \theta_m)) \tag{8.10}$$

式中，θ_r 为转子相对于永磁体中心线的夹角，θ_m 为转子位置，等于 $(\theta_s - \theta_r)$，F_{PM1} 为永磁磁动势的基波成分。

由于齿槽效应，径向上气隙磁导系数可表示为（Rezzoug and Zaïm, 2013）

$$P(\theta_s) = P_0 + (-1)^\varepsilon \sum_{m=1}^{\infty} P_m\cos(mN_s\theta_s) \tag{8.11}$$

式中，P_m 为 m 次谐波磁导系数的幅值，ε 为短距绕组所跨的槽数。因此，永磁转子所产生的气隙磁密 B_{PM} 为 $F_{PM}(\theta_s)$ 与 $P(\theta_s)$ 的乘积。忽略高次谐波成分，B_{PM} 可表示为（Toba and Lipo, 2000）：

$$\begin{aligned} B_{PM} &= [F_{PM1}\cos(N_r(\theta_s - \theta_m))][P_0 + (-1)^\varepsilon P_1\cos(N_s\theta_s)] \\ &= (-1)^\varepsilon B_{PM1}\cos[(N_r - N_s)\theta_s + N_r\theta_m] + B_{PMh}\cos(N_r(\theta_s - \theta_m)) \end{aligned} \tag{8.12}$$

式中，B_{PM1} 与 B_{PMh} 可表示为

$$B_{PM1} = \frac{F_{PM1}P_1}{2} \tag{8.13}$$

$$B_{PMh} = F_{PM1}P_0 \tag{8.14}$$

由式（8.12）可知，第一项与电枢电流磁动势的基波成分有相同的空间周期，第二项与电枢电流磁动势的槽谐波成分有相同的空间周期。如果 N_r 等于 $(N_s + p)$，第一项与第二项的旋转方向相同；如果 N_r 等于 $(N_s - p)$，旋转方向则相反。

一般情况下，电枢电流磁动势槽谐波的高次成分与基波成分旋转方向相同，反之亦然。因而当电枢电流磁动势的基波成分与气隙磁密的第一项同步旋转时，气隙磁密的第二项也将与相应的电枢电流磁动势槽谐波成分同步旋转，这两项谐波成分相互作用产生稳定的输出转矩。只考虑基波与槽谐波时，式（8.6）所表示的电枢电流磁动势可修改为

$$F_a = \frac{3k_{d1}k_{p1}F_{a1}}{2}\big[\cos(p\theta_s - (\omega t - \alpha))$$

$$+ \frac{(-1)^\varepsilon}{N_s/p - 1}\cos((N_s - p)\theta_s + (\omega t - \alpha))$$

$$+ \frac{(-1)^{\varepsilon-1}}{N_s/p + 1}\cos((N_s + p)\theta_s - (\omega t - \alpha))\big] \tag{8.15}$$

假设所有的磁场能都存储在气隙和永磁体（永磁体被等效为气隙）中，产生的转矩可表示为（Toba and Lipo，2000）

$$T = \frac{p\tau l}{\pi}\int_0^{2\pi} P(F_a + F_{PM})\frac{\partial F_{PM}}{\partial \theta_m}d\theta_s \tag{8.16}$$

式中，τ 为电枢绕组的极距，l 为铁心的堆叠长度。将式（8.10）~式（8.15）代入式（8.16）可得

$$T = \frac{3}{2}p\tau lN_r k_{d1}k_{p1}F_{a1}\left(B_{PM1} \mp \frac{B_{PMh}}{N_r/p}\right)\sin((\omega t - \alpha) \mp N_r\theta_m) \tag{8.17}$$

式中，符号次序与式（8.1）一致。由此可知当 $N_r = N_s - p$ 时，转矩增加；当 $N_r = N_s + p$ 时，转矩降低。根据式（8.13）、式（8.14）可知，相比于基波转矩成分，谐波转矩成分有着更大的影响（Ishizaki et al. 1995；Llibre and Matt，1998）。为产生稳定的转矩输出，电枢电流频率可表示为

$$\omega = \pm N_r\omega_m \tag{8.18}$$

式中，符号的次序与式（8.1）一致，$\omega_m = \theta_m/t$ 为转子旋转角速度。将式（8.7）、式（8.18）和 $\alpha = \pm\pi/2$ 代入到式（8.17），最大稳态转矩 T_m 可表示为

$$T_m = \frac{3\sqrt{2}}{\pi}\tau lN_r k_{d1}k_{p1}N_{ph}I\left(B_{PM1} \mp \frac{B_{PMh}}{N_r/p}\right) \tag{8.19}$$

8.2.4   永磁游标电机的建模

本质上，永磁游标电机的运行原理与永磁同步电机相似，但转矩的产生是基于旋转磁场的谐波成分而不是基波成分。如图 8.12 所示，永磁游标电机的等效磁路与永磁同步电机相似。其中 V 为电源电压，E_o 为反电动势，I 为电枢电流，R_a 为电枢电阻，X_s 为同步电抗。相应的 $\delta - \gamma$ 轴下的相量图如图 8.13 所示，其中 ϕ 为功率因数角，$N_r\delta_L$ 为负载角或功角（Kakihata et al.，2012）。

稳态下永磁游标电机在 δ 与 γ 轴下的电压方程为

$$V\cos(N_r\delta_L) = E_o + IX_s\sin(\phi - N_r\delta_L) + IR_a\cos(\phi - N_r\delta_L) \tag{8.20}$$

$$V\sin(N_r\delta_L) = IX_s\cos(\phi - N_r\delta_L) - IR_a\sin(\phi - N_r\delta_L) \tag{8.21}$$

将电流变换到 δ 与 γ 轴下，式（8.20）、式（8.21）可改写为

$$I_\delta = I\cos(\phi - N_r\delta_L) = \frac{V}{Z_s}\cos(\theta_s - N_r\delta_L) - \frac{E_o}{Z_s}\cos\theta_s \tag{8.22}$$

$$-I_\gamma = I\sin(\phi - N_r\delta_L) = \frac{V}{Z_s}\sin(\theta_s - N_r\delta_L) - \frac{E_o}{Z_s}\sin\theta_s \tag{8.23}$$

式中，$Z_s = \sqrt{R_a^2 + X_s^2}$ 为同步阻抗，$\theta_s = \arctan(X_s/R_a)$ 为同步阻抗角，I_δ 为电枢电流在 δ 轴上的分量，I_γ 为电枢电流在 γ 轴上的分量。

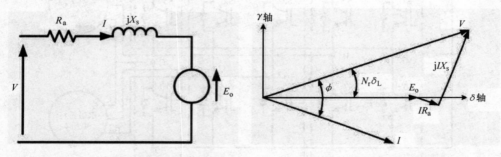

图 8.12　永磁游标电机的等价电路　　　　图 8.13　永磁游标电机的相量图

将式（8.22）乘以 E_o，输出功率 P_o 可表示为

$$P_o = 3\left[\frac{VE_o}{Z_s}\cos(\theta_s - N_r\delta_L) - \frac{E_o^2}{Z_s}\cos\theta_s\right] \tag{8.24}$$

忽略电枢电阻，令 $\theta_s = 90°$，输出功率可简化为

$$P_o = 3\left[\frac{VE_o}{X_s}\sin(N_r\delta_L)\right] \tag{8.25}$$

这与三相同步电机相同。由于转子的角速度等于电源的角频率除以 N_r，由式（8.24）得到的输出转矩可表示为

$$T = \frac{P_o}{\omega/N_r} = 3\frac{N_r}{\omega}\left[\frac{VE_o}{Z_s}\cos(\theta_s - N_r\delta_L) - \frac{E_o^2}{Z_s}\cos\theta_s\right] \tag{8.26}$$

8.3　永磁游标电机的逆变器选型

　　由于永磁游标电机是同步电机的一种，因而针对永磁同步电机开发的 PWM 逆变器能够应用到永磁游标电机中。一般采用三相三桥臂逆变器拓扑结构和相应的 PWM 开关方案。

　　前文已提到，由于其独特的低速大转矩特性，永磁游标电机驱动主要应用于电动汽车推进系统的轮毂直接驱动。对于两轮驱动电动汽车，推进系统需要两台永磁游标电机，它们由两套逆变器分别供电，与单个逆变器供电的常规单电机驱动相比，逆变器成本和总体尺寸增加。为了克服这一缺点，开发了各种单逆变器系统，与使用两个标准逆变器相比，它们可以独立地控制两台电机，同时需要更少的功率器件。

　　图 8.14 是一种三相五桥臂逆变器拓扑，与传统三相三桥臂逆变器相比，增加了两

个桥臂。这种五桥臂逆变器可分别驱动两台电机（Jain and Williamson, 2009）。即两台电机的 A、B 相分别接到各自的桥臂，而两台电机的 C 相接在公共桥臂上。由于这种连接方式导致了两台电机 C 相开关模式的差异，应用于三桥臂逆变器的 PWM 开关方案将不再适用。为实现两台电机转矩的分别控制，开发了一种被称作双桥臂调制的特殊的 PWM 开关方案（Enokijima, Oka, and Matsuse, 2011），但相应的电压利用率相对较低。

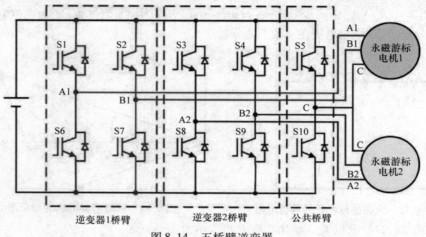

图 8.14　五桥臂逆变器

为了同时分别控制两台电机，还有一种九开关逆变器（Kominami and Fujimoto, 2007）结构，如图 8.15 所示。它可以看作上下两层逆变器交替的拓扑，上层 6 个开关，S1 ~ S6，下层也有 6 个开关，S4 ~ S9，其中 S4 ~ S6 是公共开关。为实现独立控制两台电机，开发了一种利用正负载波信号的特殊 PWM 开关方案。由于两路输出相应的调制指数之和应小于或等于 1，所以输出电压幅值通常比使用两个单独的逆变器的电压幅值小。

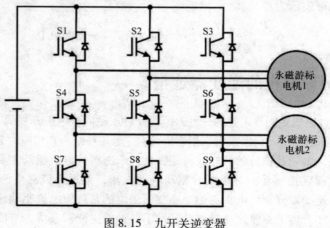

图 8.15　九开关逆变器

尽管上述逆变器拓扑结构具备能降低成本和减小尺寸的优点，但其主要问题却集中在于控制的复杂性和苛刻的冷却条件。由于系统可靠性是电动汽车电机驱动系统的主要关注点之一，因而在双电机推进系统中，电动汽车制造商目前倾向于使用两个传统的三桥臂逆变器而非五桥臂或九开关逆变器。

8.4　永磁游标电机的控制

由于永磁游标电机本质上为永磁同步电机，因而永磁游标电机驱动系统的控制策略与传统的永磁同步电机的控制策略基本相同。如图 8.16 所示，其控制系统包括两个控制环，即带电流滞环调节器的电流内环和带比例积分（PI）调节器的转速外环。

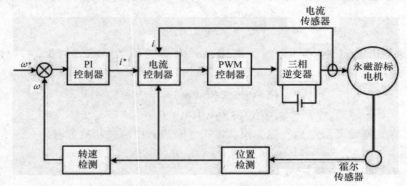

图 8.16　永磁游标电机转速控制模块示意图

控制的种类是多种多样的。电流控制器可以实现多种控制策略以满足恒转矩和恒功率控制，包括磁场定向控制、直接转矩控制和效率优化控制。同时，PWM 控制器能够实现多种 PWM 开关方案，包括电流滞环控制和空间矢量脉宽调制（SVPWM）。PI 控制器也可与多种更精确的算法结合，例如模糊控制、神经网络控制、自适应控制、滑模控制等。值得一提的是，控制技术中的无位置传感器控制技术还能省去霍尔传感器。

8.5　设计准则

由于永磁游标电机属于永磁无刷电机的一种，可以通过永磁无刷电机的标准功率方程来确定和估算永磁游标的主要尺寸。基于初始尺寸，采用有限元法对电机进行分析，但需要反复修改电机的尺寸直到电机性能满足要求。

永磁游标电机的定子齿数 N_s、电枢绕组极对数 p 和转子的极对数 N_r 可根据式（8.1）选定。一般情况下，相数选择为三相，以便于可通过标准的 PWM 逆变器和绕组连接方式来产生旋转磁场。此外，永磁游标电机的定子齿宽、定子槽深、定子轭宽和转子轭宽的选择方法可总结如下：

- 在额定负载下电枢绕组的电流密度低于 $6A/mm^2$；否则将需要特殊的冷却处理。
- 定子齿部、定子轭部与转子轭部的磁密应低于 1.7T。

- 定子的槽满率应在55%左右，以便于下线。
- 由于磁齿轮效应，铁损应限制在合理的范围内，特别是在高速运行下。
- 相绕组之间的互感应尽量小。
- 齿槽转矩与转矩脉动应尽量小。

通常采用磁路法估算永磁游标电机的永磁体尺寸（Li, 2012），即永磁体的厚度 h_{PM} 与永磁体的表面积 S_{PM}。假设外部磁路总的磁压降为 F，气隙的磁压降为 F_δ，两者关系如下：

$$F = k_s F_\delta = k_s k_\delta \delta H_\delta \tag{8.27}$$

式中，k_s 为饱和系数，k_δ 为气隙系数，δ 为气隙长度，H_δ 为气隙磁场强度。当永磁体的磁密为 B_{PM}，磁场强度为 H_{PM} 时，可得

$$\begin{cases} H_{PM} h_{PM} = F \\ B_{PM} S_{PM} = \psi_{PM} = \sigma \psi_\delta \end{cases} \tag{8.28}$$

式中，ψ_{PM} 为永磁磁链，ψ_δ 为气隙磁链，σ 为漏磁系数。将式（8.27）代入到式（8.28）可得

$$\begin{cases} k_s k_\delta \delta H_\delta = H_{PM} h_{PM} \\ \sigma B_\delta S_\delta = \sigma \mu_o H_\delta S_\delta = B_{PM} S_{PM} \end{cases} \tag{8.29}$$

式中，B_δ 为气隙磁密，S_δ 为气隙面积。将式（8.29）中两式相乘可得

$$\sigma \mu_o k_s k_\delta \delta S_\delta H_\delta^2 = B_{PM} H_{PM} h_{PM} S_{PM} \tag{8.30}$$

因此，永磁体的体积可表示为

$$V_{PM} = S_{PM} h_{PM} = \frac{\sigma \mu_0 k_s k_\delta \delta S_\delta H_\delta^2}{B_{PM} H_{PM}} \tag{8.31}$$

由 B_{PM} 与 H_{PM} 的乘积所决定。当工作点设计为获得最大磁能积时，永磁体的体积最小。此时，$B_{PM} = B_r / 2$，$H_{PM} = -H_c / 2$，永磁体的体积最小且可表示为

$$V_{PM} = \frac{4 \sigma \mu_0 k_s k_\delta \delta S_\delta H_\delta^2}{B_r H_c} \tag{8.32}$$

式中，B_r、H_c 分别为永磁体的剩磁和矫顽力。将式（8.29）中两式相除可得

$$\frac{k_s k_\delta}{\sigma \mu_0} \frac{\delta}{S_\delta} = \frac{H_{PM}}{B_{PM}} \frac{h_{PM}}{S_{PM}} \tag{8.33}$$

在最大磁能积的情况下，式（8.33）可修改为

$$\frac{h_{PM}}{S_{PM}} = \frac{k_s k_\delta}{\sigma \mu_0} \frac{B_{PM}}{H_{PM}} \frac{\delta}{S_\delta} = \frac{k_s k_\delta}{\sigma \mu_0} \frac{B_r}{H_c} \frac{\delta}{S_\delta} \tag{8.34}$$

应用式（8.32）和式（8.34），可得永磁体的厚度为

$$h_{PM} = \frac{2 k_s k_\delta B_\delta \delta}{\mu_0 H_c} \tag{8.35}$$

因此，永磁体的表面积为

$$S_{PM} = \frac{2 \sigma S_\delta B_\delta}{B_r} \tag{8.36}$$

需要注意的是，永磁体的尺寸是非常重要的，它直接影响电机的综合性能与成本。因

此，在应用以上的公式确定永磁体的初始尺寸后，需要通过有限元分析来迭代优化电机尺寸以获得理想的性能和成本。

永磁游标电机属于永磁无刷电机的一种。因此，类似于永磁无刷电机，永磁游标电机可采用分布式绕组即一相线圈可跨多个槽（Kakihata et al.，2012）。在磁场强度及磁通的利用率方面，这种绕组设计将优于集中绕组。但由于分布式绕组具有较长的绕组端部，将导致用铜量及铜耗的增加。

另一方面，类似于永磁无刷直流电机，永磁游标电机也可以采用集中绕组即一相线圈只跨一个槽（Yang et al.，2013）。相比于分布式绕组，集中绕组具有减少用铜量、绕组安装方便和降低整体加工成本等优势。此外，集中绕组的相电阻低于分布式绕组，这将改善电机的效率。

8.6　设计案例

由于永磁游标电机在低速大转矩运行方面独特的优势，所以永磁游标电机能较好地应用于电动汽车轮毂驱动，特别是外转子拓扑结构。因此两个外转子永磁游标电机将作为实例来介绍，其中一个为基本的转子永磁型游标电机，另一个为磁通可控转子永磁型游标电机。

8.6.1　外转子永磁游标电机驱动

图 8.17 为外转子永磁游标电机驱动电动汽车轮毂的基本结构。在内定子的外侧采用的分裂极设计，称为磁场调制极（FMP），可调制电枢绕组产生的高速旋转磁场和外转子上永磁体产生的低速旋转磁场（Li et al.，2010a；Li，2012）。电枢绕组采用三相集中绕组，线圈跨距等于槽距。

类似于其他转子永磁型游标电机，定转子的设计可以根据式（8.1），即 $N_r = N_s \pm p$，其中 N_s 为定子上磁场调制极的数量，N_r 为转子上永磁体的极对

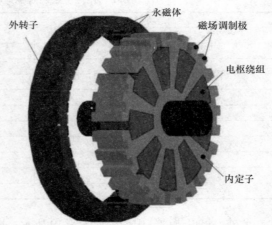

图 8.17　外转子永磁游标电机结构

数，p 为电枢绕组极对数。一般情况下，采用 $N_r = N_s - p$，则齿轮系数 G_r 为

$$G_r = \frac{ip + jN_s}{ip} \tag{8.37}$$

式中，$i = 1, 3, \cdots, j = 0, \pm 1, \pm 2, \cdots$。选择 $i = 1, j = -1$，此时能产生最大的异步空间谐波磁场。内定子有 9 槽，能放置 6 极（$p = 3$）的电枢绕组。每个定子齿分裂成 3 个磁场调制极，即总共 27 个磁场调制极（$N_s = 27$）。根据式（8.1），可以得到永磁体极对数为 24（$N_r = 24$），即转子上共有 48 块永磁体。同时，根据式（8.37），可得

$G_r = -8:1$，这表明转子速度仅为具有相同电枢绕组极对数的传统电机转速的 1/8 且旋转方向相反。因此，当电源频率为 60Hz，相应的定子旋转磁场的速度为 1200r/min，而外转子的速度下降到 1/8，为 150r/min。

相比于已有的永磁游标电机，该电机具有如下特点：

• 外转子具有较大的直径，能够容纳更多的永磁体极数，且定子能够充分利用内部空间来放置电枢绕组。

• 外转子能够直接安装在车轮上，将降低对转轴的要求且提高机械集成度。

• 内定子采用调制极的设计能够进行紧凑式电枢绕组设计，避免缠绕式绕组所带来的相关问题。

• 电枢绕组采用集中绕组，即线圈距等于槽距，这将减少绕组端部，因而节省了用铜量且降低了铜耗。

表 8.1 为外转子永磁游标电机的主要设计参数。通过有限元分析可以得到该电机的磁场分布。如图 8.18 所示，当外转子逆时针旋转的机械角度为 7.5°，相应的电角度为 180°。此外，由图可知每个定子齿上的磁力线将分别经过磁场调制极，证明了该电机的磁场调制能力。同时，磁力线从一个定子齿顺时针经过另一个定子齿，这验证了转子的旋转方向与定子磁场旋转方向相反。

表 8.1　外转子永磁游标电机的主要设计参数

额定功率	2.3kW
额定转矩	110N・m
额定转速	200r/min
相数	3
定子极对数	3
定子磁场调制极数量	27
转子永磁极对数	24
转子外径	240mm
定子外径	202mm
气隙长度	0.6mm
轴长	120mm
永磁材料	Nd - Fe - B

此外，该电机的气隙磁密如图 8.19 所示。由图可知在 360° 内气隙磁场有 24 对极，且定子磁场为 3 对极，这与磁齿轮运行原理一致。额定转速下空载反电动势波形如图 8.20 所示。由图可知空载反电动势波形对称且正弦。

此外，额定工况下该电机的转矩波形如图 8.21 所示。由图可知该电机的平均转矩可达到 113N・m，该转矩足够以应用于电动汽车轮毂驱动。同时，转矩脉动主要是由齿槽转矩引起的，其值为 11.8%，这对于电动汽车驱动是可以接受的。

8.6.2　磁通可控外转子永磁游标电机驱动

低速大转矩运行和高速恒功率运行对电动汽车轮毂直接驱动非常重要。与采用磁场定向控制来调节 d 轴电枢电流从而实现弱磁运行相比，采用直流励磁绕组来调节气隙磁场更加直接与有效。

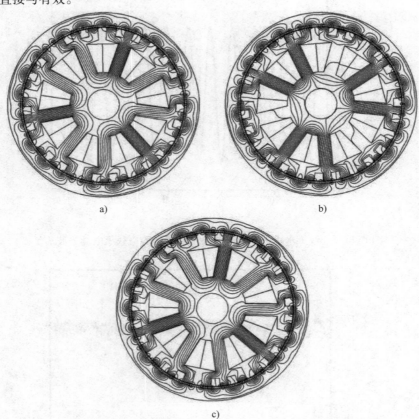

a)　　　　　　　　　　　b)

c)

图 8.18　外转子永磁游标电机在不同转子角位置时的磁场分布:
a) 0°; b) 90°; c) 180°

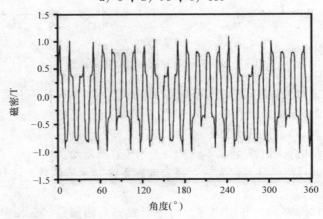

图 8.19　外转子永磁游标电机的气隙磁密波形

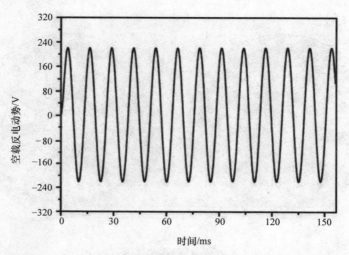

图 8.20　外转子永磁游标电机在额定转速下的空载反电动势波形

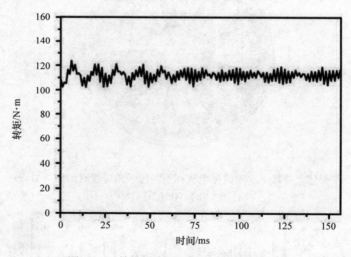

图 8.21　外转子永磁游标电机的转矩波形

图 8.22 为磁通可控外转子永磁游标电机的基本结构，其外转子上采用 22 对极的永磁体，定子上有 24 个磁场调制极且定子有 6 槽来放置电枢绕组及励磁绕组（Liu，Zhong and Chau，2011）。该结构的特点总结如下：

● 外转子的结构有利于安装在车轮轮毂上用于直接驱动。

● 外转子的设计使其具有较大的直径来放置更多的永磁体数，这有利于永磁游标电机设计。

● 外转子设计能够充分利用内部空间以安置磁场调制极、三相电枢绕组和直流绕组。

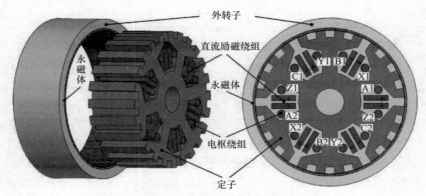

图 8.22 磁通可控外转子永磁游标电机结构

- 三相电枢绕组采用集中绕组设计以获得理想的高速旋转磁场,减少了用铜量,降低了铜耗。
- 嵌入式槽形设计减少了电枢绕组槽数,从而增大槽面积来放置更多的线圈。
- 多极分数槽设计降低了传统电机所具有的齿槽转矩。
- 磁场调制极利用磁齿轮效应来降低高速旋转磁场,从而实现低速大转矩运行。
- 直流励磁绕组能够实现灵活的气隙磁场调节,有利于电动汽车在巡航模式下获得高速恒功率运行的弱磁控制。

类似于之前所述,该电机的极槽设计可根据式(8.1),且相应的由高到低的速度比 G_r 可根据式(8.37) 得到。此外,磁场调制极极对数 N_s 与电枢绕组极对数 p 的关系表示如下:

$$N_s = mpk \tag{8.38}$$

式中, m 为绕组相数, $k = 2$, 3, $4\cdots$。

在该电机的设计中,选择 $m = 3$, $p = 2$, $k = 4$。根据式(8.38),可以得到 $N_s = 24$。基于式(8.1),可以得到 $N_r = 22$。因此,该电机为定子磁场调制极数为24,转子永磁体极对数为22的三相4极磁通可控外转子永磁游标电机。将 $i = 1$, $j = -1$ 代入式(8.37) 可获得最大的空间谐波含量,且齿轮系数 $G_r = -11:1$,这表明转子的旋转速度为具有相同电枢绕组极对数的传统电机的1/11且旋转方向相反。当定子磁场的旋转速度为2200r/min,外转子的旋转速度为定子磁场的1/11,为200r/min。主要设计参数见表8.2。

表 8.2 磁通可控外转子永磁游标电机的主要设计参数

额定功率	2kW
额定转矩	90N·m
额定转速	200r/min
速度范围	0~1000r/min
相数	3
定子极对数	2
定子磁场调制极数量	24
转子永磁极对数	22
直流励磁绕组极对数	6

（续）

转子外径	246mm
转子内径	211.2mm
定子外径	210mm
气隙长度	0.6mm
轴长	80mm
永磁材料	Nd – Fe – B

该电机的运行原理和控制策略本质上与之前介绍的永磁游标电机相同，除了直流励磁绕组还需要单独供给与控制。直流励磁绕组电流控制的功率电路为标准 H 桥逆变器，如图 8.23 所示。因此通过控制功率开关的导通与开断次数可以灵活地调节直流励磁电流的幅值与方向。

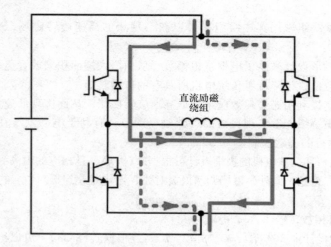

图 8.23   磁通可控外转子永磁游标电机的直流励磁绕组控制

通过有限元分析该电机性能。首先，在加直流绕组控制与不加直流绕组控制下空载磁场分布如图 8.24 所示。可以发现磁力线被定子上磁场调制极调制再经过永磁极，验证了理想的磁场调制效果。此外，在 5A/mm^2 的直流磁场控制下，可以发现虽然部分磁密被励磁磁场加强，而这些部分远低于磁场被削弱的部分。因此，相应的磁力线波形如图 8.25 所示，该图说明直流磁场控制能有效地削弱磁力线。

为了评估该电机恒转矩运行的性能，额定工况下的转矩波形如图 8.26 所示。同时齿槽转矩波形也被绘制来说明其对输出转矩的影响。由图可知稳态转矩达到 90N·m，验证了恒转矩运行下理想的转矩输出能力。此外，转矩脉动为平均转矩的 12%，这主要是由齿槽转矩引起的。该转矩脉动对于电动汽车驱动是可以接受的。

为了评估该电机恒功率运行的性能，转速为 200r/min 及 1000r/min 无弱磁控制时该电机的反电动势波形如图 8.27 所示。正如预想一样，反电动势的幅值随转速的增加而

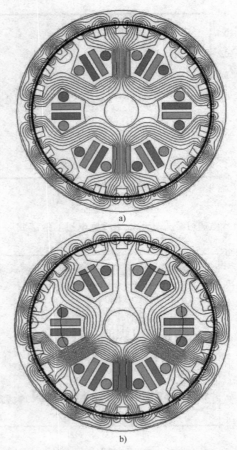

a)

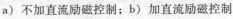

b)

图 8.24 磁通可控外转子永磁游标电机的空载磁场分布:
a) 不加直流励磁控制; b) 加直流励磁控制

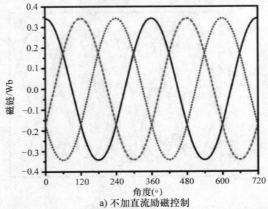

a) 不加直流励磁控制

图 8.25 磁通可控外转子永磁游标电机的磁链波形

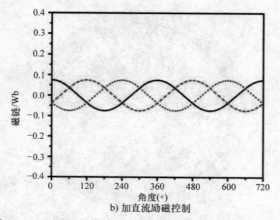

b) 加直流励磁控制

图 8.25　磁通可控外转子永磁游标电机的磁链波形（续）

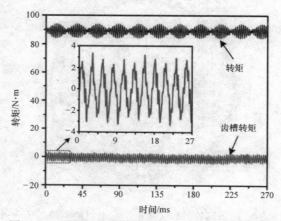

图 8.26　磁通可控外转子永磁游标电机的转矩波形

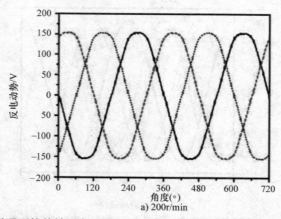

a) 200r/min

图 8.27　磁通可控外转子永磁游标电机在不加直流励磁控制时反电动势波形

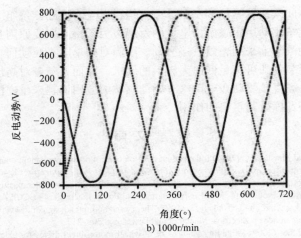

b) 1000r/min

图 8.27 磁通可控外转子永磁游标电机在不加直流励磁控制时反电动势波形（续）

增加，当超过额定转速时，这将对恒功率运行不利。通过施加 5A/mm² 的直流磁场控制来实现弱磁，转速为 1000r/min 时的反电动势幅值如图 8.28 所示，其可以与额定转速下的反电动势维持相同的水平。因此，这证实了该电机能够拓宽恒功率的运行范围。

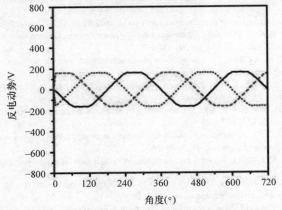

图 8.28 磁通可控外转子永磁游标电机在加直流励磁控制 1000r/min 下反电动势波形

8.7 应用前景

现阶段永磁游标电机在电动汽车上的应用非常少见。其中一个例子为法国公司 ER-NEO 采用永磁游标电机来驱动轻量型电动汽车，该永磁游标电机采用内转子结构，稳态转矩设计为 33N·m，可持续超过 1min 的峰值转矩为 125N·m（Rezzoug and Zaïm, 2013）。

尽管永磁游标电机具有低速大转矩运行的特点，但由于内转子结构仍需要机械装置将转子上的输出转矩传递到车轮，因而限制了其实际应用。如果采用外转子的结构，由于外转子可以直接安装在车轮轮毂上，因而可以省去机械装置。此外，可以充分利用外转子结构的内部空间来放置磁场调制极、电枢绕组以及直流励磁绕组。

目前，电动汽车驱动用永磁游标电机的发展较为缓慢。主要原因是大型电动汽车制造商不愿意在电动汽车上采用轮毂直接驱动。因为对于单电机驱动而言，在永磁同步电机上安装固定齿轮装置即可满足低速大转矩的要求。然而，随着对高性能与高可靠性的需求逐渐增加，轮毂直接驱动在电动汽车驱动领域的应用将越来越广泛。永磁游标电机将在电动汽车领域发挥极其重要的作用。

参 考 文 献

Enokijima, H., Oka, K. and Matsuse, K. (2011) Independent position control of two permanent magnet synchronous motor drives fed by a five-leg inverter. *Journal of International Council on Electrical Engineering*, **1**, 400–404.

Hosoya, R., and Shimomura, S. (2011) Apply to in-wheel machine of permanent magnet vernier machine using NdFeB bonded magnet – fundamental study. Proceedings of IEEE 7th International Power Electronics – ECCE Asia, pp. 2208–2215.

Ishizaki, A., Tanaka, T., Takasaki, K., and Nishikata, S. (1995) Theory and optimum design of PM vernier motor. Proceedings of IEE International Conference on Electrical Machines and Drives, pp. 208–212.

Jain, M., and Williamson, S.S. (2009) Suitability analysis of in-wheel motor direct drives for electric and hybrid electric vehicles. Proceedings of Electrical Power 0026 Energy Conference, pp. 1–5.

Jones, W.D. (2007) Putting electricity where the rubber meets the road. *IEEE Spectrum*, **44**, 18–20.

Kakihata, H., Kataoka, Y., Takayama, M. et al. (2012) Design of surface permanent magnet-type vernier motor. Proceedings of 15th International Conference on Electrical Machines and Systems, pp. 1–6.

Kataoka, Y., Takayama, M., Matsushima, Y. and Anazawa, Y. (2013) Comparison of three magnet array-type rotors in surface permanent magnet-type vernier motor. *Journal of International Conference on Electrical Machines and Systems*, **2**, 1–8.

Kominami, T., and Fujimoto, Y. (2007) A novel nine-switch inverter for independent control of two three-phase loads. Proceedings of IEEE Industry Applications Society Annual Conference, pp. 2346–2350.

Li, J. (2012) Design, analysis and control of permanent-magnet vernier machines. PhD Thesis. The University of Hong Kong.

Li, J. and Chau, K.T. (2012) Performance and cost comparison of permanent-magnet vernier machines. *IEEE Transactions on Applied Superconductivity*, **22**, 5202304:1–5202304:4.

Li, J., Chau, K.T., Jiang, J.Z. et al. (2010a) A new efficient permanent-magnet vernier machine for wind power generation. *IEEE Transactions on Magnetics*, **45**, 1475–1478.

Li, J., Wu, D., Zhang, X., and Gao, S. (2010b) A new permanent-magnet vernier in-wheel motor for electric vehicles. Proceedings of IEEE Vehicle Power and Propulsion Conference, pp. 1–6.

Li, X., Chau, K.T., Cheng, M. and Hua, W. (2013) Comparison of magnetic-geared permanent-magnet machines. *Progress In Electromagnetics Research*, **133**, 177–198.

Li, J., Chau, K.T. and Li, W. (2011) Harmonic analysis and comparison of permanent magnet vernier and magnetic-geared machines. *IEEE Transactions on Magnetics*, **47**, 3649–3652.

Liu, C., Zhong, J. and Chau, K.T. (2011) A novel flux-controllable vernier permanent-magnet machine. *IEEE Transactions on Magnetics*, **47**, 4238–4241.

Llibre, J.-F. and Matt, D. (1998) Harmonic study of the effort in the vernier reluctance magnet machine. Proceedings of International Conference on Electrical Machines, pp. 1664–1669.

Rezzoug, A. and Zaïm, M.E.-H. (2013) *Non-conventional Electrical Machines*, Wiley-ISTE.

Spooner, E. and Haydock, L. (2003) Vernier hybrid machines. *IEE Proceedings – Electric Power Applications*, **150**, 655–662.

Tasaki, Y., Kashitani, Y., Hosaya, R., and Shimomura, S. (2012) Design of the vernier machine with permanent magnets on both stator and rotor side. Proceedings of IEEE 7th International Power Electronics and Motion Control Conference – ECCE Asia, pp. 302–309.

Toba, A. and Lipo, T.A. (1999) Novel dual-excitation permanent magnet vernier machine. Proceedings of Industry Applications Conference, pp. 2539–544.

Toba, A. and Lipo, T.A. (2000) Generic torque-maximizing design methodology of surface permanent-magnet vernier machine. *IEEE Transactions on Industry Applications*, **36**, 1539–1546.

Wang, L.L., Shen, J.X., Luk, P.C.K. et al. (2009) Development of a magnetic-geared permanent magnet brushless motor. *IEEE Transactions on Magnetics*, **45**, 4578–4581.

Yang, J., Liu, G., Zhao, W. et al. (2013) Quantitative comparison for fractional-slot concentrated-winding configurations of permanent-magnet vernier machines. *IEEE Transactions on Magnetics*, **49**, 3826–3829.

第9章　新型无永磁型电机驱动系统

过去的十几年中，永磁（PM）无刷电机已经逐渐超越并取代了感应电机在电动汽车（EV）驱动上的应用，原因在于它们具有出色的转矩密度、功率密度和工作效率。然而，永磁材料，特别是稀土元素的供应是非常有限且不断变化的，相应的市场价格存在着上升和波动。因此，近年来，新型无永磁型电机的研发越来越引人注目。虽然这些无永磁型电机通常有着较低的转矩密度，但是较高成本效益绝对是它们的一大优点。与此同时，研究人员已经开发了针对 EV 应用的各种无永磁型电机的拓扑。

本章主要介绍包括同步磁阻（SynR）、双凸极 DC（DSDC）、磁通切换 DC（FS-DC）、游标磁阻（VR）和双馈游标磁阻（DFVR）在内的新型无永磁型电机拓扑，以及其轴向磁通的形式。同时，给出了相应的设计准则、设计案例及应用前景。

9.1　什么是新型无永磁型电机

随着 PM 电机应用的日益普及，钕－铁－硼（Nd－Fe－B）永磁材料的需求急剧上升。其中，原料钕的价格是 Nd－Fe－B 永磁成本的决定因素。如图 9.1 所示，钕的价格在 2009 年 7 月至 2011 年 7 月期间大幅增加，目前定价为初始价格的几倍（Supermagnete，2014）。钕价格的绝对值和波动性严重地增加了 PM 电机发展的不确定性，从而推动了新型无永磁型电机的研究。

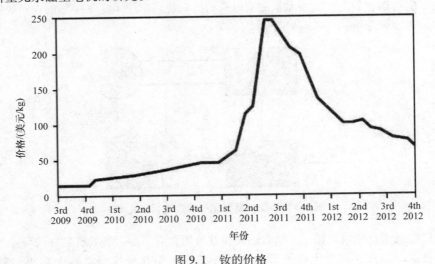

图 9.1　钕的价格

最初，无永磁型电机系列的制造仅旨在与 PM 电机系列进行区别。理论上讲，感应电机和开关磁阻（SR）电机是一种无永磁型电机，因为它们不需要安装任何永磁体。由于这两种电机已经开发得相当成熟，已经形成了各自的系列。因此，加入形容词"新型"是为了将这两种电机从最近开发的或相对不成熟的那些无永磁型电机中排除。

针对那些可用于 EV 驱动的新型无永磁型电机，可确定以下五种主要类型：

- 同步磁阻（SynR）电机
- 双凸极直流（DSDC）电机
- 磁通切换直流（FSDC）电机
- 游标磁阻（VR）电机
- 双馈游标磁阻（DFVR）电机

同时，上述五种无永磁型电机拓扑的径向磁通（RF）和轴向磁通形式都适用于 EV 驱动。尤其是轴向磁通形式，在轮毂电机驱动方面的应用非常值得关注。

9.2 系统结构

与其他电机类似，新型无永磁型电机由四个主要部件组成：无永磁型电机、变换器、传感器和控制器。根据无永磁型电机的类型及其辅助功率变换器，新型无永磁体电动机具有不同的系统配置。

其中，同步磁阻（SynR）电机和游标磁阻（VR）电机由一个功率变换器单独馈电，而其他电机则是有两个功率变换器的双馈电机。图 9.2 中描述了单馈型新型无永磁型电机的系统配置，其中，定子上的电枢绕组由变换逆变器馈电。同时，图 9.3 描述了双馈型新型无永磁型电机的系统配置，其中电枢绕组由逆变器馈电，而励磁绕组由变换器馈电。值得注意的是，新型无永磁型电机的所有绕组都位于定子中，而它们的转子都没有永磁体或铜绕组。

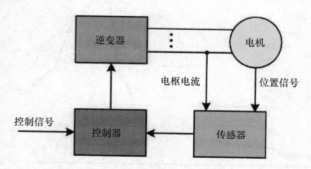

图 9.2　单馈型新型无永磁型电机的配置

单馈电机和双馈电机相比，前者的简单性毋庸置疑，而后者具有额外的可控性以提高工作性能。当然，双馈电机不管是在拓扑结构还是在变换器电路上都更加复杂和昂贵。

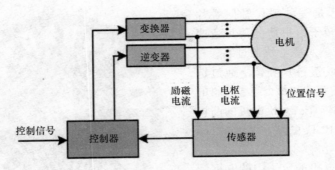

图 9.3　双馈型新型无永磁型电机的配置

9.3　同步磁阻（SynR）电机

永磁同步电机是公认的能够提供高功率密度和高运行效率的电机。然而，永磁材料成本高，且永磁体易去磁且受热不稳定。SynR 电机依赖于磁阻转矩，而不是在圆柱形绕线转子同步电机和表贴式永磁同步电机中占主导地位的电枢反应转矩。

与开关磁阻（SR）电机基于最小磁阻的操作原理相比，SynR 电机是在旋转磁场下运行的。这种旋转磁场使得电机提供平稳的转矩输出并且具有低速下稳定运行的能力，这两种特性在 SR 电机中都较难实现。此外，与 SR 电机不同，SynR 电机与其他交流电机的定子和逆变器完全兼容。

用于 EV 驱动的 SynR 电机的系统配置与永磁同步电机驱动的系统配置类似。它由 SynR 电机、PWM（脉冲宽度调制）逆变器、电子控制器、传感器和可选的机械变速器组成。这个系统有许多优点：

- SynR 电机转子上无励磁绕组，故能够提供更高的机械完整性以承受高速运行。
- SynR 电机不需要昂贵的永磁材料，它比永磁同步电机成本降低。
- SynR 电机排除了永磁体意外退磁发生的可能性，该电机可以提供非常高的电流操作。
- 由于 SynR 电机还排除了永磁体的热不稳定性，电动机可允许在高温环境中工作。

实际上，SynR 电机是电机最早的类型之一。第一代设计基于沿直轴磁通方向上具有多个狭缝的圆柱形转子（Kostko，1923）。这种转子结构不能提供高的凸极率，导致产生的磁阻转矩相对较低。第二代设计基于分段转子（Lawrenson and Gupta，1967）。其凸极率可达到 5 或更高，从而产生相对较高的磁阻转矩。最新的第三代设计基于一种轴向叠片转子，其利用了弯曲成 U 形的硅钢片，然后在径向方向上进行堆叠（Cruickshank，Anderson and Menzies，1971）。其凸极率可达到 7 或更高，这使得 SynR 电机与感应电机相比具有竞争优势。然而，这种轴向叠片转子需要更复杂的制造工艺和更高的制造成本。

图 9.4 所示是一种现代轴向叠片 SynR 电机。其转子由很薄的薄片弯曲成半圆形构成。这些铁心块通过绝缘材料（例如空气或塑料）隔离。通过选择每个铁心块的宽度和每个绝缘材料的宽度之间的比率，该 SynR 电机的凸极率可以优化到 10 或更高（Matsuo and Lipo，1994）。

由于 SynR 电机的定子中的电枢绕组是正弦分布的，所以气隙磁密的谐波可以忽略。因此，描述 SynR 电机特性的方程可以从描述传统的绕线转子同步

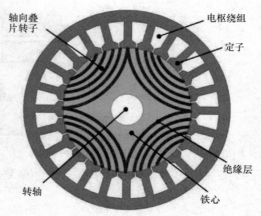

图 9.4　同步磁阻电机的拓扑结构

电机的常规方程推导得出。因此，通过删去励磁激励，SynR 电机很容易基于 $d-q$ 轴变换来建模，方程为

$$v_{ds} = R_s i_{ds} + \frac{\mathrm{d}\lambda_{ds}}{\mathrm{d}t} - \omega_r \lambda_{qs} \tag{9.1}$$

$$v_{qs} = R_s i_{qs} + \frac{\mathrm{d}\lambda_{qs}}{\mathrm{d}t} + \omega_r \lambda_{ds} \tag{9.2}$$

式中，v_{ds} 和 v_{qs} 是定子电压的 $d-q$ 轴分量，i_{ds} 和 i_{qs} 是定子电流的 $d-q$ 轴分量，λ_{ds} 和 λ_{qs} 是定子磁链的 $d-q$ 轴分量，R_s 是定子电枢绕组电阻，ω_r 是转子速度，该方程忽略了磁饱和效应和铁心损耗。凸极率可以定义为

$$\kappa = \frac{L_d}{L_q} \tag{9.3}$$

定子磁链分量可以表示为

$$\lambda_{ds} = (L_{md} + L_{ls}) i_{ds} = L_{ds} i_{ds} \tag{9.4}$$

$$\lambda_{qs} = (L_{mq} + L_{ls}) i_{qs} = L_{qs} i_{qs} \tag{9.5}$$

式中，L_{md} 和 L_{mq} 分别是 d 轴和 q 轴磁化方向的电感，L_{ls} 是定子漏电感，L_{ds} 和 L_{qs} 分别是 d 轴和 q 轴的定子电感。将式（9.4）和式（9.5）代入式（9.1）和式（9.2），可以推导出如图 9.5 所示的 SynR 电机的等效电路图。最终，产生的转矩可表达为

$$T = \frac{3}{2} p (L_{ds} - L_{qs}) i_{ds} i_{qs} \tag{9.6}$$

式中，p 是极对数。很明显，κ 值越大，产生的转矩也就越高。此外，当凸极率为 7 时，SynR 电机可以工作在功率因数 0.8 左

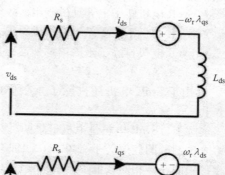
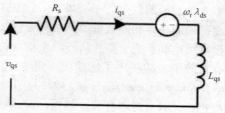

图 9.5　同步磁阻电机的等效电路

右，这和用于 EV 驱动的感应电机能力相当。

由于 SynR 电机的控制方法与永磁同步电机类似，为永磁同步电机开发的控制策略也同样适用于 SynR 电机。相关的控制策略包括磁场定向控制（Xu et al.，1991）、直接转矩控制（Morales – Caporal and Pacas，2008）、最优效率控制（Lee，Kang，and Sul，1999），以及无传感器控制（Agarlita，Boldea，and Blaabjerg，2012）。

9.4 双凸极直流（DSDC）电机

双凸极永磁（DSPM）电机是一种定子永磁型无刷电机，它结合了永磁无刷电机和开关磁阻电机的优点。但与永磁无刷电机类似，DSPM 电机在高速运行下永磁磁链不可调节且永磁材料成本较高。通过直接用 DC 励磁绕组替代永磁体励磁，得到 DSDC 电机，它包括两种定子绕组：多相电枢绕组和 DC 励磁绕组（Fan and Chau，2008）。由于定子是双馈的，该 DSDC 电机也被称为定子双馈型双凸极电机。

与 DSPM 电机相比，DSDC 电机具有以下优点，适用于 EV 的驱动：

- 因为不采用永磁材料，DSDC 电机的系统成本可以显著降低。
- 由于直流励磁是直接可控的，所以气隙磁密可以被临时增强以提高 EV 起动时电机的转矩，或者将其削弱以使电机能够在高速下恒功率运行，保证 EV 的巡航。
- 当直流励磁在线可调时，电机可以在各种行驶条件下执行效率优化，从而最大化 EV 行驶里程。

当然，具备上述优点也是有代价的。DSDC 电机具有以下缺点：

- 由于励磁绕组使用铜导线，DSDC 电机具有更大的尺寸和更重的重量。
- 由于持续的直流励磁，DSDC 电机具有较高的铜耗，导致系统效率降低。

图 9.6 所示是一个三相 12/8 极 DS-DC 电机，它由定子中的三相集中电枢绕组和 DC 励磁绕组以及转子铁心组成。定子和转子均为凸极，且具有不同极数。例如，在定子中有 12 个凸极，在转子中有 8 个凸极。因为转子中没有永磁体、电刷和绕组，所以它具有非常坚固的结构和高速运行的能力。

DSDC 电机的极对数选择与 DSPM 电机相同，要满足以下标准：

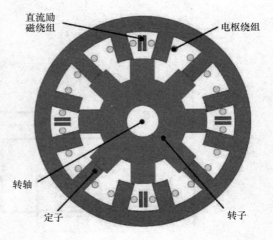

图 9.6 双凸极直流电机的结构

$$\begin{cases} N_s = 2mk \\ N_r = N_s \pm 2k \end{cases} \tag{9.7}$$

$$\omega = \frac{60f}{N_r} \tag{9.8}$$

式中，N_s 是定子极数，N_r 是转子极数，m 是相数，k 是常整数，ω 是转子速度，f 是换向频率。为了减少换向频率和因其产生的功率开关的开关损耗以及极和轭部中的铁心损耗，应该尽可能选择较少的转子极数。对于相同的转子速度，转子极数通常小于定子极数。同时，相数应该大于或等于 3，以使电机能够在正反方向上自起动。因此，$N_s/N_r = 6/4$、$8/6$ 和 $12/8$ 这三种配置对 DSDC 电机来说最为可行。其中，$6/4$ 极和 $12/8$ 极为三相，而 $8/6$ 为四相配置，因此需要更多的功率器件。与三相 $6/4$ 极相比，三相 $12/8$ 极电机在磁轭中具有较短的磁通路径，铁心损耗较低。此外，由于 $12/8$ 极电机中每极磁通是 $6/4$ 极电机中的一半，定子轭和齿的宽度几乎是 $6/4$ 极的一半。这导致定子内径和转子直径的增大，因此能够实现较高的转矩密度。此外，较短的定子齿宽能够减少绕组端部长度，从而减小绕组电阻、节省铜材料的使用。因此，$12/8$ 极 DSDC 电机可以提供比 $6/4$ 极更高的效率。

DSDC 电机的工作波形如图 9.7 所示，它与 DSPM 电机的波形类似。由于磁链波形基本上是梯形，所以一般采用无刷直流（BLDC）的运行模式。当磁链 ψ_{DSDC} 增加，空载电动势（EMF）变为正时，施加正电枢电流 i_{DSDC} 以产生正转矩 T_{DSDC}。类似地，当磁链减小时施加负电枢电流，空载电动势为负，也产生正转矩。每相采用 120° 导通。得到的电磁转矩 T_{DSDC} 可以表示为

$$\begin{aligned} T_{\mathrm{DSDC}} &= \frac{1}{2\pi} \int_0^{2\pi} \left(i_{\mathrm{DSDC}} \frac{\mathrm{d}\psi_{\mathrm{DSDC}}}{\mathrm{d}\theta} + \frac{1}{2} i_{\mathrm{DSDC}}^2 \frac{\mathrm{d}L_{\mathrm{DSDC}}}{\mathrm{d}\theta} \right) \mathrm{d}\theta \\ &= T_{\mathrm{DC}} + T_{\mathrm{R}} \end{aligned} \tag{9.9}$$

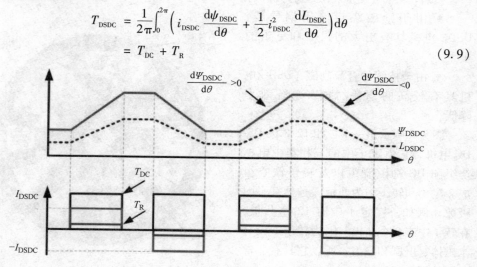

图 9.7　双凸极直流电机的工作波形

式中，L_{DSDC} 是自感，T_{DC} 是直流励磁转矩分量，T_{R} 是磁阻转矩分量。实质上，所产生的转矩主要由直流励磁转矩分量提供，磁阻转矩分量较小并且以平均值为 0 上下

波动。

应当注意的是，电机高速运行时，电枢绕组在合适的转子位置角关断之前，正电流可能还未达到其稳态值，而负电流则可能快速地达到其稳态值。因此，正、负电流分别需要通过使用角度位置控制和电流斩波控制来限制其幅值。

为了给 DSDC 电机提供电流，需要双极型变换器拓扑来提供双向工作电流。下面两种变换器拓扑都可以在双向工作时独立地控制相电流：全桥变换器和带分裂电容器的半桥变换器。半桥变换器通常采用如图 9.8 所示的结构，因为它可以最小化功率器件的数量。分裂的电容器中点和电机中性点之间的连接，可根据需要选择，来适应换向期间的瞬时电流。

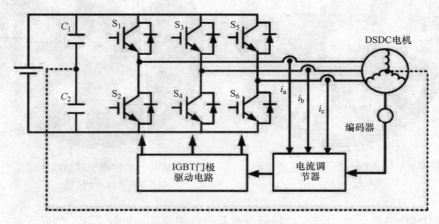

图 9.8　双凸极直流电机的半桥双极型变换器

9.5　磁通切换直流（FSDC）电机

与 DSDC 电机类似，FSDC 电机是一种双凸极无刷电机，定子中包含电枢绕组和直流励磁绕组。与 DSDC 电机不同，FSDC 电机存在着双极性的磁链和聚磁的结构，从而能够提供更高的转矩密度。

由于定子中的聚磁结构，磁通切换永磁（FSPM）电机可以提供高气隙磁通密度，产生高转矩密度。但是，永磁体材料的成本和 FSPM 电机的热稳定性仍是不可忽视的关注点。此外，由于定子中存在极其严重的磁饱和现象，FSPM 电机很难进行弱磁，这限制了相应的恒功率调速范围。除了高转矩密度，宽的恒功率调速范围也是 EV 驱动的重要需求。

通过使用直流励磁绕组取代 FSPM 电机的永磁体励磁，FSDC 电机可以通过降低直流励磁绕组电流削弱气隙磁通密度，为高速下的恒功率运行提供优良的弱磁能力。这种弱磁能力正是 EV 巡航所需要的。此外，与 DSDC 电机类似，FSDC 电机具有 EV 起动时短时间增磁的能力和提高 EV 行驶里程的在线调磁能力。当然，FSDC 电机与 FSPM 电机相比，具有较低的转矩密度和效率。

图9.9所示为在每隔一个定子槽中绕有直流励磁绕组的绕线转子FSDC电机的结构，它能产生径向励磁磁场，但不能聚磁，产生的转矩密度相对较低（Tang et al.，2013）。为了得到聚磁结构的效果（Tang et al.，2012），提出了如图9.10所示的环形绕组励磁。不可避免，环形绕组励磁的结构相对更加复杂。

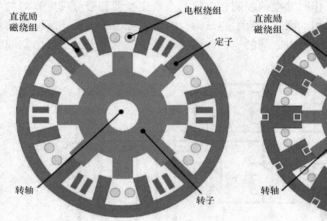

图9.9　励磁绕组绕线型磁通切换
直流电机的结构

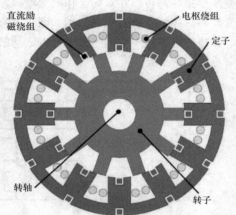

图9.10　励磁绕组环形磁通切换
直流电机的结构

与DSDC电机不同，FSDC电机呈现出双极性的磁链。也就是说，当转子从一个对称位置旋转到另一个对称位置时，相应的电枢绕组所匝链的磁通极性发生了变化。这种磁通切换的原理如图9.11所示。此外，双极性磁链的存在使得FSDC电机能够工作在能量转换平面的四个象限中，磁链与磁动势（MMF）的关系，实际上有别于DSDC电机，如图9.12所示。

在使用环形励磁绕组的基础上，FSDC电机结构需满足以下约束条件：

$$\begin{cases} N_s = 2mi \\ N_r = N_s \pm 2j \end{cases} \tag{9.10}$$

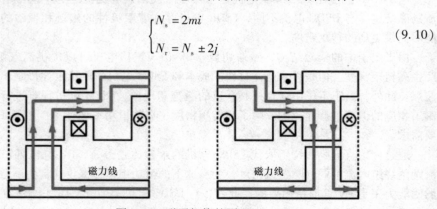

图9.11　磁通切换的原理

式中，N_s 是定子极数，N_r 是转子极数，m 是电枢绕组相数，i 和 j 是正整数。例如，当选择 $m = 3$，$i = 2$ 以及 $j = 1$ 时，可以得到 $N_s = 12$ 以及 $N_r = 10$ 或 14，从而产生了 12/10 和 12/14 两种 FSDC 电机拓扑。

与 DSDC 电机通常工作在 BLDC 模式不同，FSDC 电机既可以工作在 BLDC 模式，也可以工作在无刷交流（BLAC）模式，这取决于磁链波形（Lee et al.，2014b）。这表示，当电枢绕组采用集中绕组形式排布，磁链本质上为梯形波，更适合于 BLDC 模式；而电枢绕组采用分布绕组形式排布，磁链波形是正弦的，更加适合于 BLAC 控制。

图 9.13 为 FSDC 电机采用 BLDC 控制模式下的工作波形。当磁链 ψ_{FSDC} 增加时，施加正电枢电流 i_{FSDC} 以产生正转矩 T_{FSDC}。同样地，当磁链减小时施加负电枢电流，也产生正转矩。每相采用 120°导通。得到的电磁转矩 T_{FSDC} 在 BLDC 控制模式下可以表示为

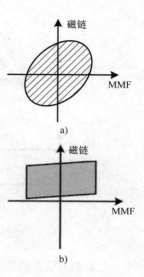

图 9.12　能量转换环：a) FSDC；b) DSDC

$$T_{\mathrm{FSDC}} = \frac{1}{2\pi}\int_0^{2\pi}\left(i_{\mathrm{FSDC}}\frac{\mathrm{d}\psi_{\mathrm{FSDC}}}{\mathrm{d}\theta} + \frac{1}{2}i_{\mathrm{FSDC}}^2\frac{\mathrm{d}L_{\mathrm{FSDC}}}{\mathrm{d}\theta}\right)\mathrm{d}\theta$$

$$= T_{\mathrm{DC}} + T_{\mathrm{R}} \tag{9.11}$$

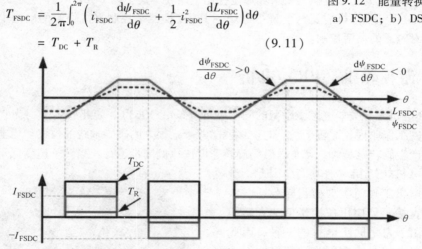

图 9.13　FSDC 电机在 BLDC 模式下的控制波形

式中，L_{FSDC} 是自感，T_{DC} 是直流励磁转矩分量，T_{R} 是磁阻转矩分量。直流励磁转矩分量是转矩的主要来源，磁阻转矩很小，但也是转矩脉动的来源。

图 9.14 所示为 FSDC 电机在 BLAC 模式下的控制波形。当磁链 ψ_{FSDC} 增加，施加正电枢电流 i_{FSDC} 以产生正转矩 T_{FSDC}；同样地，当磁链减小时施加负电枢电流，也产生正转矩。每相采用 180°导通，得到的电磁转矩 T_{FSDC} 在 BLAC 控制模式下可以表示为

$$T_{\mathrm{FSDC}} = \frac{3}{\omega}\frac{1}{2\pi}\int_0^{2\pi}\left((E_m\sin\theta)(I_m\sin\theta)\right)\mathrm{d}\theta$$

$$= \frac{3E_m I_m}{2\omega} \tag{9.12}$$

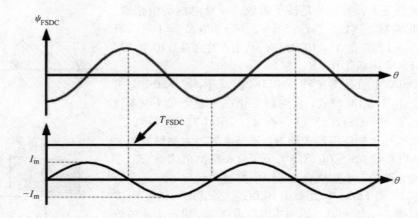

图 9.14 FSDC 电机在 BLAC 模式下的控制波形

式中，I_m是相电流的幅值，E_m是反电动势基波分量的幅值，ω是电角速度。

FSDC 电机的功率变换器要求和速度控制策略在本质上与 DSDC 电机相同。与 FSPM 电机相比，FSDC 电机需要一个额外的 DC – DC 变换器来控制直流绕组的励磁电流，从而达到对磁通的灵活控制。

9.6 游标磁阻（VR）电机

VR 电机是一类非电感激励型的同步电机（Lee，1963）。如此取名是因为它基于游标效应的工作原理，即转子很小的位移就能够产生很大的磁导轴线的位移。当电机的电枢绕组产生旋转磁场时，转子以磁场旋转速度按比例同步运行。当转子速度低于旋转磁场时，电机转矩相应地升高。因此，游标磁阻电机工作时类似磁齿轮效应，特别符合直接驱动应用所期望低速大转矩运行。由于它是同步电机的一种，因此游标磁阻电机只有在同步运行模式下才能产生转矩。

图 9.15 所示为 VR 电机的结构，其中定子和转子都有开口槽，电枢绕组以绕线方式安装在定子中。因为定子是具有电枢绕组的开槽铁心，而转子只是一个开槽铁心没有绕组，这台电机具有低成本、坚固的结构和良好的耐热性等优点。转子槽的间距与定子槽的间距稍有不同，这使得一部分转子齿与定子齿相

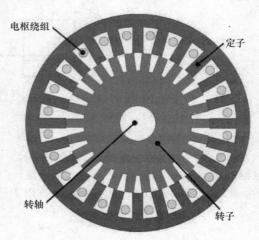

图 9.15 游标磁阻电机的结构

对（最大磁导），一部分转子槽与定子齿相对（最小磁导）。如图 9.16 所示，其中 τ_s 是定子槽的间距，τ_r 是转子槽的间距，当定子齿在位置 X 处正好对应于一个转子齿时，磁导最大；在转子向右移动一个 $(\tau_s - \tau_r)$ 的距离后，在位置 Y 处则下一个定子齿与下一个转子齿相对。因此，转子移动 $(\tau_s - \tau_r)$ 会使得磁导的轴线在同一个方向上移动 τ_s（Mukherji and Tustin, 1974）。所以，磁导的轴线和转子同方向旋转，但转速更高。相应的速度比，也称为磁齿轮传动比 G_r，可以表示为

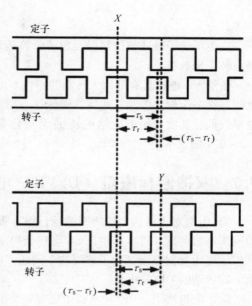

$$G_r = \frac{\tau_s}{\tau_s - \tau_r} \qquad (9.13)$$

式中，N_s 是定子齿的个数，N_r 是转子齿的个数，式（9.13）可以改写为

$$G_r = \frac{N_r}{N_r - N_s} \qquad (9.14)$$

图 9.16　游标磁阻电机的工作原理

值得注意的是，当转子槽的间距大于定子槽的间距（$\tau_r > \tau_s$）时，得到的 G_r 值为负，这表示转子旋转的方向与旋转磁场的方向相反。通常情况下，更倾向于选用定子槽的间距大于转子槽的间距（$\tau_s > \tau_r$），因为这样可以增加定子电枢绕组的排布空间。

在 VR 电机中，气隙磁密波形应与定子电动势波形具有相同的极对数。因此，定转子齿应满足如下关系式：

$$N_s = N_r \pm 2p \qquad (9.15)$$

式中，p 是电枢绕组旋转磁场的极对数。当采用三相电枢绕组时，定子齿的个数可表示为

$$N_s = 6apq \qquad (9.16)$$

式中，a 是正整数，q 是每极每相槽数。例如，当选择 $N_s = 24$，$p = 1$，可以得到 $q = 4$，$a = 1$ 以及 $N_r = 26$。如前面提到的，倾向于选择 $\tau_s > \tau_r$，所以 $N_r = 26$。最终获得了图 9.15 中，具有 24 个定子齿、26 个转子齿的 3 相 2 极游标磁阻电机。

当极对数为 p 的 VR 电机中通过三相绕组提供的频率为 f 的交流电时，旋转磁场速度即通常所说的以 r/min 为单位的同步转速 ω_r，可以表示为

$$\omega_s = \frac{60f}{p} \qquad (9.17)$$

将式（9.14）和式（9.15）代入式（9.17），可以得到转子以 r/min 为单位的转速 ω_r：

$$\omega_r = \frac{120f}{N_r} \tag{9.18}$$

这表示转子转速与极数以及定子齿数是无关的，故转子的速度不受极数的影响，但是与转子齿数有关。

虽然 VR 电机具有低速大转矩的特性，但它存在两个问题：首先，旋转磁场与转子之间存在一个较大的相对速度，转子铁心损耗与杂散负载损耗较明显，因此该电机通常效率较低；其次，由于电枢电流的无功分量较高，该电机的功率因数通常较低，在 $0.2 \sim 0.4$ 的水平上。

9.7　双馈游标磁阻（DFVR）电机

VR 电机对于低速大转矩下的运行很有吸引力，特别是对于直接驱动应用。当它作为同步电机运行，可以提供比 SR 电机低得多的转矩脉动。然而，其功率因数较差，使其广泛应用受到限制。为了解决这个问题，可以采用额外的电源来给电机的定子绕组馈电，即所谓的 DFVR 电机。

除了电枢绕组，DFVR 电机中还有一个附加的励磁绕组。这个励磁绕组可以通过多相交流电流或直流电流馈电，因此可分为两类：游标磁阻交流（VRAC）电机和游标磁阻直流（VRDC）电机。理论上，励磁绕组可以位于定子或转子中。前者需要两个绕组在定子中正确绕线，其需要更严苛的磁路设计、散热系统和制造工艺。相比之下，后者需要集电环和电刷来连接转子电路，因而增加了 EV 的维护成本。无论励磁绕组的位置在哪，因为气隙磁导的变化以及电枢绕组和励磁绕组之间极对数的差异，DFVR 电机都可以在低速下以较高的功率因数同步运行。

图 9.17 为具有 N_s 个定子齿和 N_r 个转子齿的 VRAC 电机的结构。电枢绕组是具有 p_a 对极的传统三相分布绕组，励磁绕组是另一套具有 p_f 对极的三相分布绕组（Taibi, Tounzi, and Piriou, 2006）。两套绕组都位于定子中。

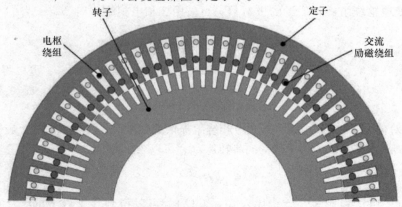

图 9.17　游标磁阻交流电机的结构

假设铁心的磁导率无穷大，该 VRAC 电机的磁能或磁共能 W_e 只存储在气隙中，可表示为

$$W_e = \frac{1}{2} \int_0^{2\pi} (F_a + F_f)^2 P(\theta_s, \theta) \, d\theta_s \qquad (9.19)$$

式中，F_a 和 F_f 分别由电枢和励磁绕组产生，P 是气隙单位角度的磁导，θ_s 是气隙中的给定点相对于定子框架的位置，θ 是转子和定子框架之间的角度。

由于电枢和磁场励磁绕组是传统的三相分布式绕组，它们的 MMF 可表示为（Tounzi, Ramdane and Zaim, 2008）

$$F_a = \sum_{i=0}^{\infty} \frac{3}{\pi} \frac{Z_a I_{am}}{(2i+1)} (-1)^i K_{aw}^i \cos(\omega_a t - (2i+1)p_a \theta_s) \qquad (9.20)$$

$$F_f = \sum_{i=0}^{\infty} \frac{3}{\pi} \frac{Z_f I_{fm}}{(2i+1)} (-1)^i K_{fw}^i \cos(\omega_f t - (2i+1)p_f \theta_s) \qquad (9.21)$$

式中，K_{aw}^i 和 K_{fw}^i 是绕组系数，Z_a 和 Z_f 是每槽的导体数量，I_{am} 和 I_{fm} 是电流的幅值，ω_a 和 ω_f 是角频率。同时，气隙磁导可表示为

$$P(\theta_s, \theta) = P_0 + \sum_{j=1}^{\infty} P_{js} \cos(j N_s \theta_s) + \sum_{k=1}^{\infty} P_{kr} \cos(k N_r (\theta_s - \theta))$$

$$+ \frac{1}{2} \sum_{j=1}^{\infty} \sum_{k=1}^{\infty} P_{js-kr} \cos(j N_s \theta_s + \varepsilon k N_r (\theta_s - \theta)) \qquad (9.22)$$

式中，P_0、P_{js}、P_{kr} 和 P_{js-kr} 是取决于几何特性的系数，$\varepsilon = \pm 1$。通过将式（9.20）~ 式（9.22）代入式（9.19），可以获得输出转矩：

$$T = \frac{\partial W_e}{\partial \theta} \bigg|_{\text{constant current}} \qquad (9.23)$$

为了得到所产生的转矩，定子齿和转子齿的数量以及磁场极对数需满足：

$$|N_s + \varepsilon N_r| = |p_a + \varepsilon p_f| \qquad (9.24)$$

为了得到仅在电枢和励磁绕组的磁场之间相互作用产生的转矩，定子齿和转子齿的数量以及电枢和励磁磁场的极对数需要满足：

$$|N_s + \varepsilon N_r| \neq 2p_a \neq 2p_f \qquad (9.25)$$

$$|N_s + \varepsilon N_r| \neq p_a \neq p_f \qquad (9.26)$$

因此，转矩方程可表示为

$$T = \frac{4}{\pi} N_r F_{am} F_{fm} P_{1s-1f} \sin((\omega_a + \varepsilon \omega_f) t + \varepsilon N_r (\theta - \theta_0)) \qquad (9.27)$$

式中，F_{am} 和 F_{fm} 分别是电枢磁动势和励磁磁动势的幅值。θ_0 是一个角度常量。在下式给出的同步转速 ω_r 下运行，转矩输出为常量：

$$\omega_r = \left| \frac{\omega_a + \varepsilon \omega_f}{\varepsilon N_r} \right| \qquad (9.28)$$

因此，该电机的运行方式类似于传统的同步电机。

在理想的同步转速下，我们可以从式（9.28）得出电枢绕组频率（$f_a = \omega_a / 2\pi$）、励磁绕组频率（$f_f = \omega_f / 2\pi$）和转子齿数的关系。例如，当 $\omega_r = 50 \text{r/min}$，$f_a = 50 \text{Hz}$，$f_f =$

8.33Hz 时，其结果为 $N_r = 70$；然后，通过式（9.24）~式（9.26），得到 $N_s = 72$，$p_a = 6$，$p_f = 4$。应注意，存在很多满足设计方程的可能解。根据经验，通过最小化定子齿和转子齿数量之间的差异，可获得平滑的正弦气隙磁导。

当 VRAC 电机的励磁绕组串联，以提供相同极对数，然后由直流励磁电流供电时，它便成为了 VRDC 电机。对应的同步转速可以从式（9.28）中得出：

$$\omega_r = \frac{\omega_a}{N_r} \tag{9.29}$$

例如，当具有 70 个转子齿的电机被提供有 50Hz 频率的电流时，转子的转速为 43r/min。

图 9.18 为 VRDC 电机的另一种可行结构，也被称为双绕组磁阻电机，其中电枢绕组和直流励磁绕组以不重叠的方式集中分布在定子中（Fukami et al.，2010）。使用集中绕组布置，可以简化绕组结构、减少绕组端部和铜的使用量。电枢绕组的极对数为 p_a，直流励磁绕组的极对数为 p_f，转子极对数为 p_r，这相当于具有 $2p_r$ 个转子齿。

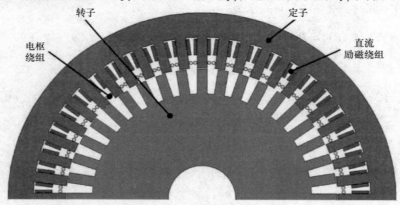

图 9.18   游标磁阻直流电机的结构

电机运行的关键是利用磁阻转子来调制静态直流励磁磁场，以及与旋转的电枢磁场相耦合。也就是说，当直流励磁绕组产生激励时，在气隙中产生了具有 p_f 对极的静态磁场。该磁场通过磁阻转子的调制形成了具有 p_a 对极的旋转磁场，它与具有 p_a 对极的电枢旋转磁场耦合。因此，该电机具有（$p_a + p_f$）对极，以同步电机的模式运行。要正常工作，电枢绕组、励磁绕组和转子的极对数的关系为

$$p_r = \frac{p_a + p_f}{2} \tag{9.30}$$

因此，转子齿的个数 N_r 为

$$N_r = 2p_r = p_a + p_f \tag{9.31}$$

由于每个定子齿上的绕组都是一个磁极，定子齿的个数 N_s 为

$$N_s = 2p_f \tag{9.32}$$

为了将调制直流励磁磁场和电枢磁场耦合，电枢和励磁绕组的极对数由下式给出：

$$p_f = Kp_a \tag{9.33}$$

式中，K 是每个电枢极下定子齿的数量。因此，转子速度可以表示为

$$\omega_r = \frac{\omega_a}{N_r} = \frac{2\omega_a}{p_a + p_f} \tag{9.34}$$

电机等效为具有 $(p_a + p_f)$ 对极的同步电机运行。同样，磁齿轮传动比与转子齿数相同：

$$G_r = N_r \tag{9.35}$$

因此，这种双绕组磁阻电机是一种 VRDC 电机，但具有更多的设计特点与运行特点。

基于预期转子速度和电枢绕组频率，转子齿的数量可以通过式(9.34) 算出。然后，电枢和励磁绕组的极对数以及定子齿的数量可以从式(9.31)~式(9.33) 算出。例如，当 $\omega_r = 75\mathrm{r/min}$ 和 $f_a = 50\mathrm{Hz}$ 时，结果为 $N_r = 40$，$p_a = 16$，$p_f = 24$，$N_s = 48$。

9.8 轴向磁通无永磁型电机

基于磁通路径的方向和载流导体的位置，电机的拓扑通常可以分为径向磁通（RF）、轴向磁通和直线磁通三种模式。也就是说，所有电机拓扑，例如感应电机、同步电机、开关磁阻电机和新型无永磁型电机，都可以设计为相应的轴向磁通模式。例如，DSDC 电机的不同拓扑形态如图 9.19 所示。

虽然大多数电机是以 RF 形式设计的，气隙磁通指向径向，但是轴向磁通电机具有指向轴向的气隙磁通。所以相应的定子通常具有环形结构，而转子是圆盘，有效内径和外径几乎相同。电机从定子内径到外径的径向长度是产生转矩的有效区域。轴向长度取决于定子和转子轭部的磁通密度。由于通过适当的磁轭设计，定子和转子都可以被利用，轴向磁通电机通常能够比同样的 RF 设计提供更高的转矩密度和功率密度。随着极数的增加，电机径向的有效部分保持不变。因此，薄饼状的轴向磁通用于低速大转矩电机驱动，例如直接驱动轮毂电机（Profumo, Zhang, and Tenconi, 1997）有着特别的优势。

基本的轴向磁通无永磁型（AFM）

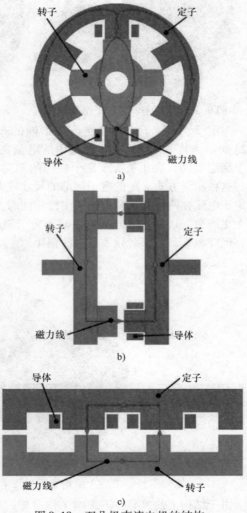

图 9.19 双凸极直流电机的结构：
a) 径向磁通；b) 轴向磁通；c) 直线磁通

电机是如图9.20所示的单定子、单转子结构。这种设计的主要问题是由转子施加在定子上的轴向力较大。该轴向力可以通过采用单定子、双转子或双定子、单转子的结构来减轻，分别如图9.21和图9.22所示。也就是说，一对转子和定子之间的轴向力可以通过另一对转子和定子之间的轴向力抵消。

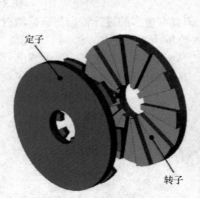
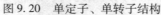

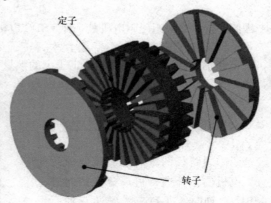

图9.20　单定子、单转子结构　　　　图9.21　单定子、双转子结构

单定子、双转子结构存在两种不同的布设方式，其导致不同的磁通分布，如图9.23所示。其一，定子电枢绕组中的电流在两个背对背的定子槽中沿相反方向流动。由于绕组端部长度几乎等于定子轭部的轴向长度，可以节省铜的用量并减少铜耗。然而，这种布设方式需要的定子轭部的尺寸较大。其二，两个相同的电枢绕组相连接，使得定子电流在两个背对背定子槽中按相同的方向流动。匝链定子绕组和两个转子的只有一个主磁通。这种布设方式可以减小定子轭部或者不需要轭部，减少了铁心材料和铁耗，但绕组端部较长会导致较高的铜耗。

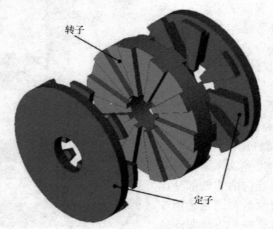

图9.22　双定子、单转子结构

由于结构上的差异并不影响工作原理，AFM电机的数学模型、电力电子和控制策略基本上与RF电机相同。然而，轴向磁通电机的电磁分析要比相应的RF电机困难，

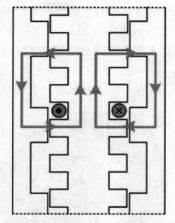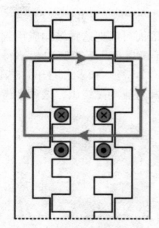

图 9.23　单定子、双转子结构的磁通分布

因为前者通常涉及三维有限元分析。

9.9　设计准则

只要把永磁电机中的永磁体用励磁绕组代替就可以轻易得到相对应的新型无永磁型电机的设计准则。也就是说，同步磁阻电机、双凸极直流电机和磁通切换直流电机的设计准则分别与永磁同步电机、双凸极永磁电机和磁通切换永磁电机相似，游标磁阻电机和双馈游标磁阻电机类似于游标永磁电机，同时轴向拓扑结构的电机设计准则和径向的相同。

由于没有了高磁能的永磁体作为励磁源，新型无永磁型电机的转矩密度通常要比永磁电机低。虽然短暂地增加励磁电流可以增加转矩输出，例如双凸极直流电机和磁通切换直流电机，但这种方法会产生很高的铜损，并且不能持续增磁，所以新型无永磁型电机一个很重要的设计原则是优化电机的尺寸以提高转矩密度，另一方面也可以避开与永磁电机比较转矩以及功率密度，而去考虑如何提高性价比，也就是用单位价格下的转矩（N·m/美元）或功率（kW/美元）来衡量，由此看来，新型无永磁型电机可以降低电动汽车的成本，比永磁电机有更大的优势。

9.10　设计案例

由于多齿以及轴向结构能够显著提高转矩密度，所以双凸极直流电机和磁通切换直流电机是两种最具有潜力的新型无永磁型电机。下面将介绍多齿结构的双凸极直流电机和磁通切换直流电机、轴向双凸极直流电机以及轴向磁通切换直流电机的具体设计。

9.10.1　多齿双凸极直流电机

多齿结构（每个定子上多个齿）可以提高开关磁阻电机的转矩密度（Lee et al., 2013），把多齿结构应用到双凸极直流电机上，就成了多齿双凸极直流电机，图 9.24 介绍了一种基于外转子结构的多齿开关磁阻电机，此种结构对于电动汽车用直驱轮毂电机非常适用，因而可以把这种结构应用到双凸极直流电机中。图9.25 展示了一台定子有6 极的外转子多齿双凸极直流电机，每对极配有 4 个齿，因此就等效为在定子上有 24极，转子上有 26 极。和多齿的开关磁阻电机不同的是，多齿双凸极直流电机同时安装有电枢绕组和直流励磁绕组，这种多齿双凸极直流电机的特点总结如下：

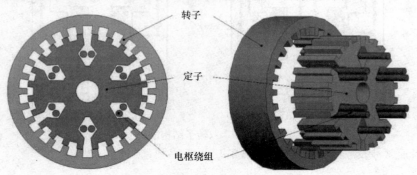

图9.24　外转子结构的多齿开关磁阻电机

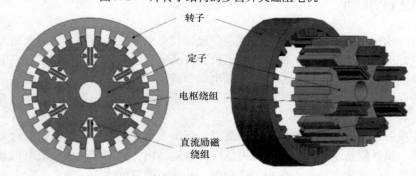

图9.25　外转子结构的多齿双凸极直流电机

- 这种内定子、外转子结构使得内部定子有足够的空间去安装电枢绕组和励磁绕组，与内转子结构的同类电机相比，这种外转子电机有更高的功率密度。

- 多齿结构的使用，可以使电机的转矩密度得到进一步的提升。因此多齿双凸极直流电机和其同类电机相比起来有更高的转矩密度。

- 直流励磁绕组结构使得在电感的上升区和电感的下降区都能产生转矩，因此，和多齿开关磁阻电机比起来，多齿双凸极直流电机可以提供更高的转矩和更小的转矩脉动。

由于多齿双凸极直流电机由多齿开关磁阻电机拓展而来，因此设计方程包含了多齿开关磁阻电机和双凸极直流电机的设计准则，公式如下：

$$\begin{cases} N_{\mathrm{sp}} = 2mk \\ N_{\mathrm{se}} = N_{\mathrm{sp}} N_{\mathrm{st}} \\ N_{\mathrm{r}} = N_{\mathrm{se}} + 2k \end{cases} \tag{9.36}$$

式中，N_{sp}是定子极数，N_{st}是每极定子齿数，N_{se}是最终等效的定子极数，N_r是转子极数，m是电机相数，k是整数。如图 9.25 所示，$N_{sp} = 6$，$N_{st} = 4$，$m = 3$，$k = 1$ 则可计算出 $N_{se} = 24$，$N_r = 26$。而电机的尺寸，也就是定子直径、转子直径、铁心长度、极弧、极高以及轭的厚度，都以减少磁饱和和铁损为设计原则。

正如多齿开关磁阻电机和传统开关磁阻电机运行原理相同，多齿双凸极直流电机和传统双凸极直流电机的运行原理也相同，表 9.1 是一台多齿双凸极直流电机的主要设计参数，同时也给出了多齿开关磁阻电机的相同参数以做对比。

表 9.1　多齿双凸极直流电机和开关磁阻电机的主要设计参数

	多齿双凸极直流电机	多齿开关磁阻电机
转子外径/mm	280	280
转子内径/mm	211.2	211.2
定子外径/mm	210	210
定子内径/mm	40	40
气隙长度/mm	0.6	0.6
叠片长度/mm	500	500
相数	3	3
电枢绕组匝数	30	60
励磁绕组匝数	100	N/A

对这台电机进行有限元仿真得到输出转矩，波形如图 9.26 所示，从图中可以看出，额定输出转矩是 92.3N·m，额定的齿槽转矩是 6.4N·m，相应的转矩脉动是 19.6%，与普通双凸极直流电机相当。齿槽转矩指的是在起动的时候，由于励磁磁场的存在而使得定转子齿之间产生的一种相互作用。因此，齿槽转矩也可以认为是在空载情况下的输出转矩。另外，用转矩纹波来描述转矩波动的大小，转矩纹波定义为转矩峰峰值与平均值之比。

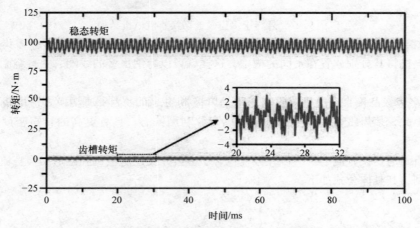

图 9.26　多齿双凸极直流电机的转矩波形

表9.2对比了该多齿双凸极直流电机和多齿开关磁阻电机的性能。从中可以看出，与开关磁阻电机相比，多齿双凸极直流电机的功率密度和转矩密度大约提高了2.6倍，而转矩脉动也下降了3.3倍。

表9.2 多齿双凸极直流电机和开关磁阻电机的主要性能

	多齿双凸极直流电机	多齿开关磁阻电机
额定功率/kW	4.8	1.8
额定转速/(r/min)	500	500
额定电枢电流/(A/mm²)	5	5
额定励磁电流/A·匝	500	N/A
额定转矩/N·m	92.3	35.2
齿槽转矩/N·m	6.4	N/A
转矩脉动（%）	19.6	64.3

9.10.2 多齿磁通切换直流电机

图9.27展示了一台外转子的多齿磁通切换直流电机，该电机有6个定子极，每极配有4个齿，因此有24个等效的定子极，转子上有20极。与多齿双凸极直流电机相对比，多齿磁通切换直流电机有以下几个优点：

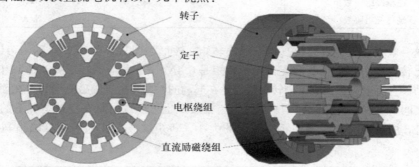

转子
定子
电枢绕组
直流励磁绕组

图9.27 外转子多齿磁通切换直流电机结构

• 多齿双凸极直流电机中，电枢绕组和励磁绕组放置在一个槽中，而多齿磁通切换直流电机将其分别放置在不同的槽中，这样就可以容纳更多的线圈，并且绕制起来就更方便。

• 多齿双凸极直流电机的磁链变化是单极性的，而多齿磁通切换直流电机是双极性的，因此，多齿磁通切换直流电机可以充分利用铁心，具有更高的转矩密度和功率密度。

多齿磁通切换直流电机的设计方程包含了多齿开关磁阻电机和磁通切换直流电机的设计准则，其具体公式如下：

$$\begin{cases} N_{sp} = 2mi \\ N_{se} = N_{sp}N_{st} \\ N_r = N_{se} - N_{sp} \pm 2j \end{cases} \quad (9.37)$$

式中，N_{sp}是定子极数，N_{st}是每极定子齿数，N_{se}是最终等效的定子极数，N_r是转子极数，m是电机相数，i和j均是整数。如图 9.27 所示，$N_{sp}=6$，$N_{st}=4$，$m=3$，$i=1$，$j=1$，则可计算出 $N_{se}=24$，$N_r=20$。而电机的尺寸，也就是定子直径、转子直径、铁心长度、极弧、极高以及轭的厚度，都以减少磁饱和和铁损为设计原则。表 9.3 是一台多齿磁通切换直流电机的主要设计参数，同时也给出了多齿开关磁阻电机的相同参数以做对比。

表9.3　多齿磁通切换直流电机和开关磁阻电机的主要设计参数

	多齿磁通切换直流电机	多齿开关磁阻电机
转子外径/mm	280	280
转子内径/mm	211.2	211.2
定子外径/mm	210	210
定子内径/mm	40	40
气隙长度/mm	0.6	0.6
叠片长度/mm	500	500
相数	3	3
电枢绕组匝数	60	60
励磁绕组匝数	80	N/A

多齿磁通切换直流电机的运行原理和磁通切换直流电机的运行原理相同。对这台电机进行有限元仿真得到输出转矩，波形如图 9.28 所示，从图中可以看出，额定输出转矩是 105.8N·m，额定齿槽转矩是 7.8N·m，相应的转矩脉动是 31.6%，与普通磁通切换直流电机大致相同。表 9.4 对比了该多齿磁通切换直流电机和多齿开关磁阻电机的性能。从中可以看出，与开关磁阻电机相比，多齿磁通切换直流电机明显提高了功率密度和转矩密度，以及降低了转矩脉动。通过对比表 9.2 和表 9.4，可以发现多齿磁通切换直流电机与多齿双凸极直流电机相比，虽然具有更高的功率密度和转矩密度，但同时也有更大的齿槽转矩和转矩脉动。

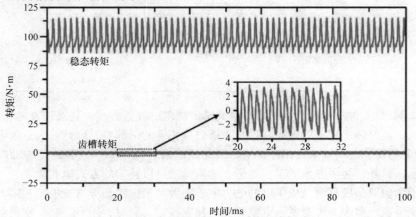

图 9.28　多齿磁通切换直流电机的转矩波形

表9.4 多齿磁通切换直流电机和开关磁阻电机的主要性能

	多齿磁通切换直流电机	多齿开关磁阻电机
额定功率/kW	5.5	1.8
额定转速/(r/min)	500	500
额定电枢电流密度/(A/mm²)	5	5
额定励磁电流/A·匝	500	N/A
额定转矩/N·m	105.8	35.2
齿槽转矩/N·m	7.8	N/A
转矩脉动（%）	31.6	64.3

9.10.3 轴向双凸极直流电机

　　轴向双凸极直流电机被设计为轮毂电机应用于电动汽车中。表9.5列出了一台轮毂电机的规格。图9.29是轴向双凸极直流电机的拓扑，采用了双定子、单转子结构，在每个定子上都装有电枢绕组和直流励磁绕组，且都采用集中绕组形式（Lee，Liu，and Chau，2014）。在这种结构具有适当尺寸的基础上，可以直接将轮胎固定到电机转子上，实现轮毂电机的直驱。如图9.30所示，是一台四相拓扑电机。其电机设计方程式与径向双凸极直流电机相同，因此该轴向双凸极电机的定转子极数配合选择为 $N_s = 8$，$N_r = 10$，每个定子有8极，转子的每一面有10极，表9.6列出了其主要设计参数。

表9.5 轮毂电机规格

直流峰值电压	360V
额定功率	4.7kW
额定转矩	150N·m
恒转矩范围	0~300r/min
恒功率范围	300~900r/min
峰值转矩	10s 突增130%
轮子尺寸	195/65 R15

　　图9.31所示为两个定子上的两套直流励磁绕组的放置方式，其磁轴方向相互平行，方向相反，此时转子轭上的磁通路径几乎被分成相等的两部分，因此轴向方向上，定子1、定子2与转子之间的拉力相互抵消，因此该结构解决了单一定转子结构轴向电机的主要问题，另外，为了方便加工，定子上的两套绕组以特定的方式串联。

　　用于轴向双凸极直流电机供电的电力电子装置和径向双凸极直流电机相同，电枢绕组接有全桥逆变器来实现对电枢电流相位的独立控制，同时，用DC-DC变换器来控制直流励磁绕组，以提供双向的励磁电流来实现增磁和弱磁作用。

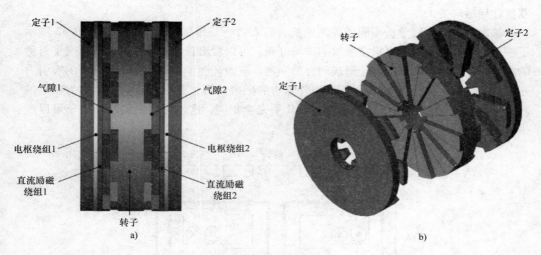

图 9.29　轴向双凸极直流电机:
a）拓扑；b）结构

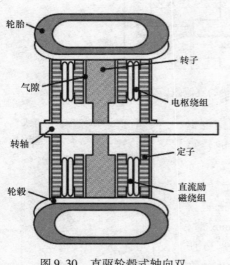

图 9.30　直驱轮毂式轴向双
凸极直流电机结构

表9.6　轴向双凸极直流电机的主要设计参数

径向外径	381mm
径向内径	100mm
轴向叠片长度	195mm
定子内径	100mm
单个气隙长度	0.5mm
定子每面极数	8
转子每面极数	10
电枢相数	4
单个电枢绕组线圈匝数	50
单个励磁绕组线圈匝数	50

　　和径向双凸极直流电机类似，轴向双凸极直流电机通常工作在无刷直流模式，而且采用双极性导通策略使得在电感上升区以及下降区都能产生转矩。不仅如此，当直流励磁绕组开路故障时，该电机还可以在单极性导通策略下运行，事实上，双凸极直流电机采用单极性导通策略运行在无刷直流模式下时就等同于开关磁阻电机。更具体一些，单极性导通策略下容错运行时，增大电枢电流使得输出转矩与在双极性导通策略下相当，但效率大大下降。由于单极性导通仅仅利用了转矩产生周期的一半，所以转矩脉动要比

双极性导通时要大。

轴向电机的电磁分析不同于径向电机，需要进行三维的有限元分析。图 9.32 展示了一台轴向双凸极直流电机空载时的磁场分布。可以看出转子轭中的磁力线分成了对称的两路，分别穿过两侧的定子形成闭合的回路，进而证明了两侧的定子对转子的吸引力相互抵消。图 9.33 是空载情况下两侧气隙中的磁密波形，其中直流励磁电流为额定的 $5A/mm^2$。可以看出两个气隙的磁密波形几乎完全相同，这也可以说明两个定子可以产生大小完全相同的转矩。

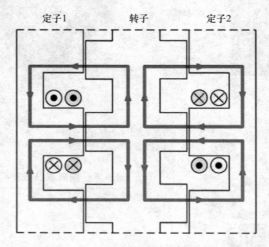

定子1   转子   定子2

图 9.31   轴向双凸极直流电机的直流磁场磁通路径

图 9.34 是一台轴向双凸极直流电机在额定电枢电流 $5A/mm^2$ 和额定励磁电流 $5A/mm^2$ 情况下的转矩波形，可以看出稳定后的转矩可以达到 $154.2N\cdot m$ 的平均转矩，可以满足表 9.5 中所要求的额定转矩。由于直流励磁绕组可以独立控制，因此气隙磁链就可以灵活地调节，当励磁电流突加到 $10A/mm^2$ 时，最终可以达到 $203.2N\cdot m$ 的平均转矩，如图 9.35 所示，这对 EV 起动和超车时瞬时提高转矩是非常有用的。

和双凸极永磁电机相比，双凸极直流电机具有明显的优势，即其励磁磁场可灵活控制，因此，具有更强的弱磁能力来实现宽速范围的恒功率运行。图 9.36 是转矩 – 转速曲线的仿真图，其中随着转速的增加，励磁电流逐渐减小，可以看出此种电机可以在一个非常宽的转速范围内保证恒功率运行。尤其是当励

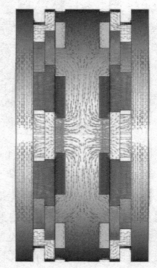

图 9.32   轴向双凸极直流电机空载时的磁场分布

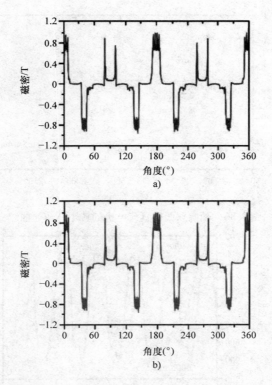

图 9.33　轴向双凸极直流电机的气隙磁密：a）气隙 1；b）气隙 2

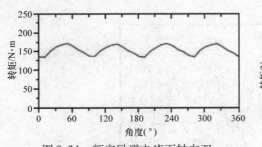

图 9.34　额定励磁电流下轴向双
凸极直流电机的转矩波形

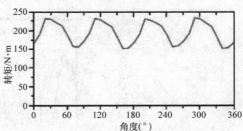

图 9.35　轴向双凸极直流电机
增加励磁时的转矩波形

磁电流减小到 1.5A/mm²，运行转速为 907r/min，这足以满足表 9.5 中所列的恒功率转速范围的需求。而且，轴向双凸极直流电机的直流励磁磁场可以很方便地调节，并能随着转速的变化而变化，这样即使转速变化，定子上也能产生幅值恒定的反电动势，这一特点就可以实现更宽转速范围内的再生制动电池充电。图 9.37 对比了有直流调磁和无直流调磁情况下变速时的空载反电动势。显然，在没有直流调磁的情况下，输出电压的幅值随转速的改变而改变，这对于电池充电是非常不利的，甚至都有可能损坏电池。而利用直流励磁

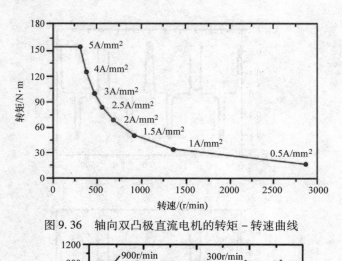

图 9.36　轴向双凸极直流电机的转矩 – 转速曲线

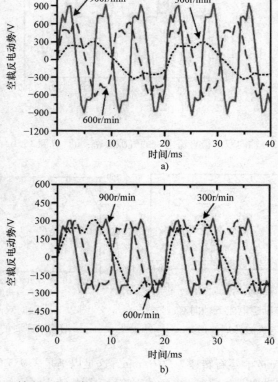

图 9.37　轴向双凸极直流电机在不同转速下的空载反电动势波形：
a）无直流励磁控制；b）有直流励磁控制

进行控制时，输出电压的幅值可以在一个很宽的转速范围内保持恒定。

表 9.7 总结了这台轴向双凸极直流电机的所有性能参数，为了证明轴向结构的合理

性，将轴向双凸极直流电机的一些性能参数与三种径向电机即径向开关磁阻电机、径向双凸极直流电机和径向双凸极永磁电机进行了对比。为了对比结果的公正性，所有电机均采用相同的尺寸，即外径、内径、轴长以及气隙长度，另外绕组因数和电流密度也是相同的。经过有限元分析，表 9.8 列出了它们的主要性能。由于径向开关磁阻电机在一个电周期内只有一半产生了转矩，因此额定转矩密度是最小的，同时，由于径向双凸极直流电机在整个周期内都产生转矩，因此其转矩输出性能要略好于径向开关磁阻电机，但是仍然低于径向双凸极永磁电机。而轴向双凸极直流电机的转矩密度要高于轴向双凸极直流电机，并且可与径向双凸极永磁电机相媲美。另一方面也表明了新型无永磁型电机可以提供与永磁型电机相比拟的转矩密度。虽然径向双凸极永磁电机的转矩密度稍稍高于轴向双凸极直流电机，但由于使用了永磁体，费用明显要高。可以计算它们在单位成本下的额定转矩来评估其性价比，可以发现轴向双凸极直流电机性价比是最高的，并且远高于径向双凸极永磁电机。

表 9.7　轴向双凸极直流电机性能

额定功率	4.8kW
功率密度	35.4W/kg
基速运行时的频率	50Hz
电枢绕组 1 的空载反电动势	153V
电枢绕组 2 的空载反电动势	153V
额定直流励磁	5A/mm^2
额定转矩	154.2N·m
额定转矩下的转矩脉动	27.4%
增磁时的直流励磁电流	10A/mm^2
增磁转矩	203.2N·m

表 9.8　轴向电机和径向电机的性能对比

	径向开关磁阻	径向双凸极直流	径向双凸极永磁	轴向双凸极直流
额定单位质量转矩/(N·m/kg)	0.51	0.61	1.21	1.13
额定单位体积转矩/(kN·m/m^3)	4.12	4.85	9.51	8.97
成本/美元	208.4	209.8	411.9	239.5
额定单位成本转矩/(N·m/美元)	0.34	0.41	0.39	0.65

9.10.4　轴向磁通切换直流电机

和轴向双凸极直流电机相同，轴向磁通切换直流电机可作为电动汽车的轮毂电机并满足表 9.5 所列出的规格，但和前者不同的是，此种电机采用的是单定子双转子结构，而不是双定子单转子，如图 9.38 所示。在定子的两面都放置有电枢绕组和直流励磁绕组，而且均采用集中绕组（Lee et al.，2014a）。基于此种结构，就可以直接将轮胎固定在电机上，成为直驱的轮毂电机。其电机设计方程式与径向磁通切换直流电机相同，即式（9.10）。因此该轴向磁通切换直流电机的极数配置为 $m = 3$，$i = 2$，$j = 1$，那么 $N_s =$ 12，$N_r = 10$，也就是一台定子每侧 12 极、每个转子 10 极的三相电机。由于磁通切换直流电机固有的定子极数分离特性，因此，定子的 12 极就等效为 24 极，主要设计参数见

表9.9。

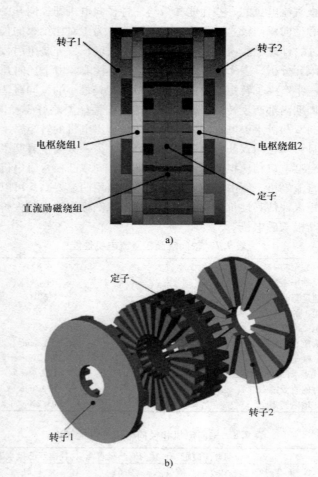

a)

b)

图9.38 轴向磁通切换电机：a）拓扑；b）结构

表9.9 轴向磁通切换电机的主要设计

径向外径	381mm
径向内径	100mm
轴向叠片长度	195mm
单个气隙长度	0.5mm
定子每面极数	12
定子每极的齿数	2
定子每面的等效极数	24
单个转子上的极数	10
电枢绕组相数	3
单个电枢绕组线圈匝数	50
单个励磁绕组线圈匝数	50

　　图9.39 为定子直流励磁绕组的放置方式，两套绕组的磁轴方向相互垂直，定子上产生的直流磁场磁通所走的路径被均匀分成两部分，因此两个转子对定子的吸引力就相互抵消，克服了单定子、单转子轴向结构的主要缺点。

　　用于轴向磁通切换直流电机供电的电力电子装置和径向磁通切换直流电机相同，电枢绕组用全桥逆变器供电，同时，用全桥 DC – DC 变换器来控制直流励磁绕组。和径向磁通切换直流电机相同，轴向磁通切换直流电机既可以工作在无刷直流模式，也可以工作在无刷交流模式，并且在直流励磁绕组开路故障时也可容错运行，即直流绕组故障时，轴向磁通切换直流电机在单极性导通策略下以无刷直流方式运行，因此这种容错运行下的磁通切换直流电机就像开关磁阻电机一样，虽然可以保持一定的转矩输出水平，但效率却非常低，并且转矩脉动大。

　　图9.40 是三维有限元分析下的空载磁场分布图。表明中间定子上的磁力线分成了对称的两路，分别穿过两侧的转子形成闭合的回路，进而证明了两侧的转子对定子的吸引力相互抵消。由于两边气隙的磁密几乎相同，因此能够产生几近相同的转矩。

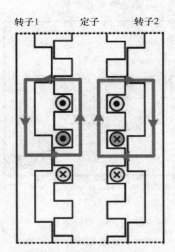

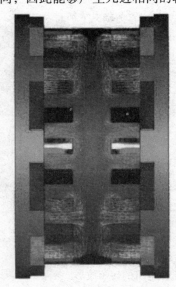

图9.39　轴向磁通切换直流电机的　　　图9.40　轴向磁通切换直流电机的空载磁场分布
　　　　 直流磁场磁通路径

　　图9.41 是轴向磁通切换直流电机在 5A/mm^2 额定直流励磁情况下的磁链波形，可以看出磁链是正负双极性的，因此体现了磁通切换特性。同时又可以看出三相磁链是平衡的，表明绕组的极对数配合是合适的。图9.42 是在额定电枢电流 5A/mm^2 和直流励磁电流 5A/mm^2 时的转矩波形，可以看出平均转矩为 151.3N·m，这足可以达到理想的转矩要求。当直流励磁电流瞬时激增到 10A/mm^2 时，平均转矩为 192.5N·m，如图9.43 所示，这在电动汽车起动和超车时是极其有用的。

　　图9.44 是轴向磁通切换直流电机在弱磁情况下的转矩 – 转速曲线，可以看出，由

于其直流励磁磁场可以很方便地调节，此种电机可以在一个很宽的转速范围内保证恒功率运行。尤其是当励磁电流减小到 $1A/mm^2$，运行转速为 $1183r/min$，这足以满足理想的转速范围需求。

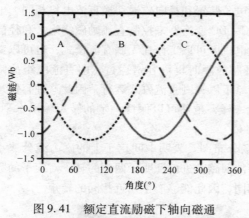

图 9.41　额定直流励磁下轴向磁通切换直流电机的磁链波形

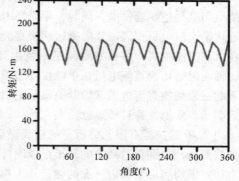

图 9.42　额定直流励磁下轴向磁通切换直流电机的转矩波形

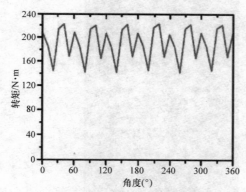

图 9.43　增磁情况下轴向磁通切换直流电机的转矩波形

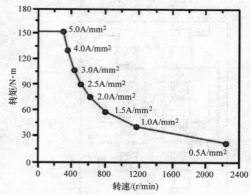

图 9.44　轴向磁通切换电机的转矩 - 转速曲线

　　为了凸显轴向磁通切换直流电机磁场调节的优势，图 9.45 对比了在有无直流励磁控制情况下不同转速时的空载反电动势波形。在没有直流励磁控制的情况下，输出电压的幅值随转速的改变而改变，而存在直流励磁控制时，输出电压的幅值可以在一个很宽的转速范围内保持恒定，对于宽速高效再生制动充电来说，这是一个极大的优势。

　　表 9.10 总结了轴向磁通切换直流电机的所有性能。总的来说，此种电机转矩密度和功率密度较高，调磁方便，能够在电动汽车起动和超车时提供瞬时大转矩，恒功率调速范围宽，并且在电动汽车再生制动时能够在很宽的转速范围内维持幅值恒定的反电动势。

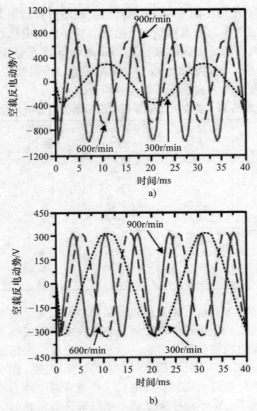

图 9.45　不同转速下轴向磁通切换直流电机的空载反电动势波形：
a）无直流励磁控制；b）有直流励磁控制

表 9.10　轴向磁通切换直流电机的性能

额定功率	4.7kW
基速	300r/min
空载反电动势	316V
额定直流励磁电流	5A/mm^2
额定转矩	151.3N·m
额定转矩下的转矩脉动	28.4%
增磁时的直流励磁电流	10A/mm^2
增磁转矩	192.5N·m

9.11　应用前景

　　永磁电机由于其卓越的性能，被首选为高性能电动汽车的动力输出元件。同时受永磁材料高价格以及供应波动的限制，新型无永磁型电机将在高性价比电动汽车中发挥重要作用。

如前所述，一共讨论了电动汽车动力系统中应用的六种新型无永磁型电机，即同步磁阻电机、双凸极直流电机、磁通切换直流电机、游标磁阻电机、双馈游标磁阻电机以及轴向电机，轴向电机指的是由双凸极直流和磁通切换直流等径向电机演化而来的电机。表9.11就功率密度、转矩密度、效率、功率因数、控制性能、鲁棒性、加工制造、成本以及技术的成熟度这些方面进行了比较分析。

表 9.11　新型无永磁型电机应用潜力的分析比较

	同步磁阻电机	双凸极直流电机	磁通切换直流电机	游标磁阻电机	双馈游标磁阻电机	轴向电机
功率密度	中等	高	略高	低	中等	非常高
转矩密度	中等	高	略高	略高	略高	非常高
效率	中等	高	高	中等	高	高
功率因数	低	中等	中等	低	中等	中等
控制性能	一般	好	好	一般	好	好
鲁棒性	差	一般	一般	好	一般	差
加工制造	困难	一般	一般	容易	一般	困难
成本	中等	中等	中等	低	中等	中等
成熟度	成熟	一般	一般	成熟	不成熟	不成熟

就功率密度和转矩密度而言，轴向电机是最高的，因为此类电机可以充分利用铁心来产生转矩。磁通切换直流电机产生的磁链是双极性的，可以提高对铁心的利用率，所以其拥有比双凸极直流电机更高的功率密度以及转矩密度。游标磁阻电机和双馈游标磁阻电机均利用了磁齿轮原理，因此在低速时拥有高转矩密度。像双凸极直流电机、磁通切换直流电机、双馈游标磁阻电机和轴向电机这些拥有调磁能力的双馈无永磁型电机比单馈电机拥有更高的效率。由于这些无永磁型电机都拥有很高的电感值，因此它们的功率因数都不高，就控制性能而言，这些双馈无永磁型电机，即双凸极直流电机、磁通切换直流电机、双馈游标磁阻电机和轴向电机要好于同类型的单馈电机。

就鲁棒性和加工制造而言，同步磁阻电机和轴向电机在这两个方面都没有优势，因为同步磁阻电机需要冲压轴向的硅钢片，而轴向电机需要两个定子或转子。与之相反，游标磁阻电机在结构上最简单，鲁棒性强以及便于加工制造，而且，简单的结构以及单馈特性使得游标磁阻电机具有成本最低的优点。

就技术的成熟度而言，同步磁阻电机和游标磁阻电机相对来说是最成熟的，因为几十年前就开始了对它们的研究；其次是双凸极直流电机和磁通切换直流电机，发展了近十年，它们被认为是永磁电机的首选替代品。由于双馈游标磁阻电机是近几年才从游标磁阻电机发展起来的，因此还很不成熟。同样，轴向电机也是最近才从径向电机衍生出来，这类电机也相对不成熟。

参 考 文 献

Agarlita, S.-C., Boldea, I. and Blaabjerg, F. (2012) High-frequency-injection-assisted 'active-flux'-based sensorless vector control of reluctance synchronous motors, with experiments from zero speed. *IEEE Transactions on Industry Applications*, **48**, 1931–1939.

Cruickshank, A.J.O., Anderson, A.F. and Menzies, R.W. (1971) Theory and performance of reluctance motors with axially laminated anisotropic rotors. *Proceedings of the IEEE*, **118**, 887–894.

Fan, Y. and Chau, K.T. (2008) Design, modeling, and analysis of a brushless doubly fed doubly salient machine for electric vehicles. *IEEE Transactions on Industry Applications*, **44**, 727–734.

Fukami, T., Matsuura, Y., Shima, K. et al. (2010) Development of a low-speed multi-pole synchronous machine with a field winding on the stator side. Proceedings of International Conference on Electrical Machines, pp. 1–6.

Kostko, J.K. (1923) Polyphase reaction synchronous motors. *Journal of American Institute of Electrical Engineers*, **42**, 1162–1168.

Lawrenson, P.J. and Gupta, S.K. (1967) Developments in the performance and theory of segmental-rotor reluctance motors. *Proceedings of the IEEE*, **114**, 645–653.

Lee, C.H. (1963) Vernier motor and its design. Proceedings of IEEE Winter General Meeting, pp. 343–349.

Lee, C.H.T., Chau, K.T., Chan, C.C. et al. (2014a) Development of axial-field flux-switching DC in-wheel motor drive for electric vehicles. Proceedings of International Conference on Electrical Engineering, pp. 1–6.

Lee, C.H.T., Chau, K.T., Liu, C. and Lin, F. (2014b) Design and analysis of a magnetic flux-switching DC-excited machine for wind power generation. *Journal of International Council on Electrical Engineering*, **4**, 80–87.

Lee, C.H.T., Liu, C. and Chau, K.T. (2014) A magnetless axial-flux machine for range-extended electric vehicles. *Energies*, **7**, 1483–1499.

Lee, C.H.T., Chau, K.T., Liu, C. *et al.* (2013) Quantitative comparison and analysis of magnetless machines with reluctance topologies. *IEEE Transactions on Magnetics*, **49**, 3969–3972.

Lee, H.-D., Kang, S.-J. and Sul, S.-K. (1999) Efficiency-optimized direct torque control of synchronous reluctance motor using feedback linearization. *IEEE Transactions on Industrial Electronics*, **46**, 192–198.

Matsuo, T. and Lipo, T.A. (1994) Rotor design optimization of synchronous reluctance machine. *IEEE Transaction on Energy Conversion*, **9**, 359–365.

Morales-Caporal, R. and Pacas, M. (2008) Encoderless predictive direct torque control for synchronous reluctance machines at very low and zero speed. *IEEE Transactions on Industrial Electronics*, **55**, 4408–4416.

Mukherji, K.C. and Tustin, A. (1974) Vernier reluctance motor. *Proceedings of the IEEE*, **121**, 965–974.

Profumo, F., Zhang, Z. and Tenconi, A. (1997) Axial flux machines drives: a new viable solution for electric cars. *IEEE Transactions on Industrial Electronics*, **44**, 29–45.

Supermagnete (2014) What is the Development of Neodymium Magnet Prices? http://www.supermagnete.de/eng/faq/price (accessed 1 May 2014).

Taibi, S., Tounzi, A. and Piriou, F. (2006) Study of a stator current excited vernier reluctance machine. *IEEE Transactions on Energy Conversion*, **21**, 823–831.

Tang, Y., Ilhan, E., Paulides, J.J.H., and Lomonova, E.A. (2013) Design considerations of flux-switching machines with permanent magnet or DC excitation. Proceedings of 15th European Conference on Power Electronics and Applications, pp. 1–10.

Tang, Y., Paulides, J.J.H., Motoasca, T.E. and Lomonova, E.A. (2012) Flux-switching machine with DC excitation. *IEEE Transactions on Magnetics*, **48**, 3583–3586.

Tounzi, A., Ramdane, B., and Zaim, M.E. (2008) Study of a rotor current excited vernier reluctance machine. Proceedings of 18th International Conference on Electrical Machines, pp. 1–6.

Xu, L., Xu, X., Lipo, T.A. and Novotny, D.W. (1991) Vector control of a synchronous reluctance motor including saturation and iron loss. *IEEE Transactions on Industry Applications*, **27**, 977–985.

第 10 章 起动发电一体机系统

起动发电一体机（Integrated – Starter – Generator，ISG）是混合动力汽车（Hybrid Electric Vehicles，HEV）中的一种重要装置，该装置取代了传统的起动电动机和发电机（包括交流发电机或直流发电机）。ISG 的另一种常用名称为起动交流发电一体机（Integrated – Starter – Alternator，ISA）。除了起动发动机和发电给电池充电之外，ISG 还能为微混型和轻混型混合动力汽车提供以下三种重要功能：怠速停止－起动、再生制动及电力助动。

在本章中，将详细阐述各种 ISG 系统在微混型和轻混型混合动力汽车中的应用，包括其系统构成、电机结构和工作模式。此外，相应的 ISG 系统设计准则、设计案例及应用案例也将在本章中予以介绍。

10.1 混合动力汽车分类

混合动力汽车主要有两种分类方式：一种是根据功率流进行分类，另一种则是根据混合程度进行分类。前者偏重于从学术角度提供相应的技术信息，而后者则较为简单且更容易为公众理解。

根据电能和机械能的流向规律，混合动力汽车曾被分为两个基本构型：串联型混合动力模式和并联型混合动力模式。随着一些兼具串联型和并联型特征的混合动力汽车的出现，其基本构型被扩展为三类：串联型、并联型以及串并混联型。此外，随着一些不能被此三种基本构型所涵盖在内的双轴推进的车型出现，混合动力汽车构型被扩充至四种（Chau and Wong，2002；Ehsani et al.，2005）：

- 串联型混合动力模式
- 并联型混合动力模式
- 串并混联型混合动力模式
- 复合型混合动力模式

图 10.1 所示的即为上述四种模式的混合动力汽车经典构型。其中，B 为电池，D 为差速器，E 为发动机，F 为燃油箱，G 为发电机，M 为电动机，P 为功率变换器，T 为传动系统，W 为车轮。实线代表电气连接，双线代表机械连接，虚线表示液压信号连接。电气和机械信号在本质上都是双向传递能量的，而液压系统则为单向传递能量。可以看出，串联型混合动力模式的主要特点在于将发电机和发动机连接，从而产生电能为纯电力推进系统供电；而并联型的主要特点在于将发动机和电动机的机械能并联，通过传动装置共同驱动车辆。串并混联模式则综合了串联和并联的特点，而复合型混合动力系统则可看作是纯电动和混合动力两种模式的结合。

串联型混合动力模式为所有模式中最简单的一种。由于发动机直接与发电机连接，故发动机输出的机械能全部由发电机转化为电能。转化的电能可根据路况，为电池充电或供电给电动机以驱动车轮。由于采用电气布线，故发动机与发电机的空间排布具有较高的灵活性。同时，由于发动机运行转速范围较小，故发动机极易实现效率最大化运行。尽管串联型混合动力模式具有上述优势，但仍受制于其采用的三个推进装置，即发动机、发电机以及电动机，这三者的尺寸、功率等需合理匹配以实现功率最大化。除非专为短途运行设计，如上、下班和购物，相应的发动机－发电机组可选用较小的功率等级。事实上，如今大多数采用串联型模式的混合动力汽车都是行程距离较短、工作时间适中的车辆，如公交客车等。

　　与串联模式不同的是，并联型混合动力允许发动机和电动机以并联的方式共同传递机械能以驱动车轮。由于发动机和电动机均与车轮的传动系统连接，故驱动力可仅由发动机或电动机单独提供，也可由两者共同提供。而在再生制动或轻负载条件下，电动机可作发电运行给电池充电。相比串联模式，并联型混合动力汽车的优势为仅需两个推进装置，即发动机和电动机。此外，由于最大输出功率由发动机和电动机同时提供，故两者的总体积可小于串联模式下的相应尺寸。即使是作长途运行用，也仅仅只需要将发动机按最大输出功率设计，电动机按一半最大功率进行设计即可。

　　在串并混联模式中，尽管其结合了串联和并联的特征，但比串联模式额外增加了一

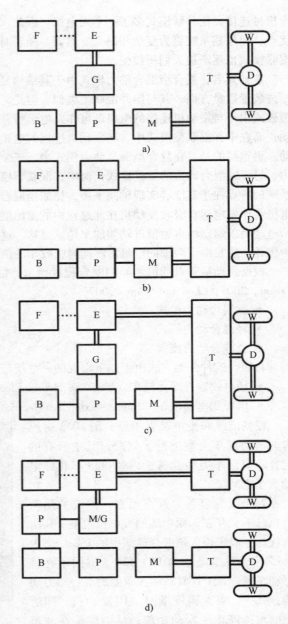

图 10.1　基于功率流的混合动力汽车分类：
a）串联型混合动力；b）并联型混合动力；
c）串并混联型混合动力；d）复合型混合动力

个机械连接，比并联模式多了一个发电机。因此，虽然串并混联模式兼具串联和并联的优点，但是其系统更为复杂和昂贵。然而，随着对性能和灵活性的需求不断增加，串并混联模式也逐渐被人们所接受。

正如其名，复合型混合动力模式由于其结构复杂而不能被归类为以上三种类型。在推进装置数量方面，其与串并混联型类似。但是，这两者仍存在本质上的区别：在复合型模式中，与发动机连接的电机既可作发电运行，也可作电动运行，以实现功率双向流动；而在串并混联型模式中，与发动机连接的电机仅能作发电机运行以实现功率单向流动。更重要的是，在复合型混合动力模式中，三个推进装置的排布方式可实现一轴纯电力、另一轴混合动力的推进模式，而串并混联型模式则不具备这一功能。这种双轴推进系统的特点在于其能够实现轴间平衡，比如当混合动力推进轴侧的车轮打滑时，相应的电机将作发电运行吸收发动机在此过程中的溢出能量；通过电池，这部分能量则能提供给电动机以驱动纯电力推进轴侧的车轮。显然，这种构型的再生制动能力比其他构型更为优越，这是由于两轴的电机都能同时吸收车轮的制动能量用以电池充电。

根据发动机和电动机之间的混合程度而言，混合动力汽车可被划分为（Ebron and Cregar，2005；Chau and Chan，2007）

- 微混合动力模式
- 轻混合动力模式
- 全混合动力模式

目前，这种分类方式由于如下出现的一些新车型而被进一步扩展：

- 插电式混合动力汽车（Plug – in Hybrid Electric Vehicle，PHEV）
- 增程式电动汽车（Range – extended Electric Vehicle，REV）

根据能源和推进装置类型，图 10.2 对所有的电动汽车类型进行了划分，其中所有的混合动力汽车类型都属于内燃机汽车和纯电动汽车之间。

对于微混合动力汽车而言，传统的起动电机已不复存在，而单纯的发电机也被 ISG 所取代。一般来说，该混合模式中的 ISG 功率为 3～5kW，系统电压为 14～42V。不同于直接驱动车辆，该 ISG 具备两项重要的混合动力功能：其一，当车辆停歇时关闭发动机，即所谓的怠速停止 – 起动功能，从而能够在城市驾驶环境下提升 10%～15% 的燃油经济性；

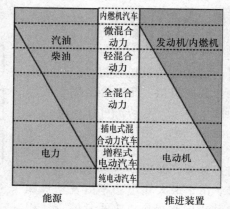

图 10.2　基于混合程度的混合动力汽车分类

其二，通过控制发电机在减速和制动时产生电能以给电池充电，从而回收少量的制动能量，相应的电池电压在 12～36V 之间。目前，在欧洲销售的 Citroën C3 就是微混合动力汽车。

对于轻混合动力汽车而言，ISG 一般置于发动机和传动系统之间。该模式中的 ISG

功率为 7 ~ 15kW，系统电压为 100 ~ 150V。该混合动力模式具有怠速停止 – 起动和全再生制动两种功能。同时，由于 ISG 可辅助发动机驱动车辆，因此，可采用功率相对较小的发动机。由于在相当多的设计方案中，ISG 的转子取代了发动机飞轮，因而发动机和 ISG 共轴安置，因而这种混合动力模式并不能实现纯电力发动，仅能依靠电能加速起动。轻混合动力汽车中电池电压在 36 ~ 144V 之间，而本田 Insight 可能是最早实现商业化的轻混合动力汽车车型。

和前两者不同，全混合动力模式既可以仅采用发动机或电动机作为动力源，也可同时采用两者作为动力源。该模式采用的是电动变速器（Electric Variable Transmission，EVT）系统而不是 ISG，EVT 又称电子无级变速器（Electronic – Continuously Variable Transmission，E – CVT）系统，该系统可实现功率分配和功率调节两大功能。因此，该动力模式具备全部的混合动力特征，包括：全电起动、怠速停止 – 起动、再生制动及发动机小型化，凭借这些功能可提升汽车 30% 的燃油经济性。一般而言，该模式所采用的电动机功率为 50 ~ 60kW，系统电压为 500 ~ 600V，电池容量为 1 ~ 2kWh 及电池标定电压为 200 ~ 300V。丰田 Prius 就是一款全混合动力汽车，它有可能是混合动力汽车中最为成功的一款车型。与此同时，这款产品还有其衍生品，即功率混合动力模式，唯一的不同之处就是在强功率混合动力模式下的系统并不具备发动机小型化这一特征，而是依然采用与传统内燃机汽车一样功率大小的发动机，从而在运行过程中获得比传统内燃机汽车更大的转矩与加速能力。Lexus RX450h 就是该强功率混合动力车型中的代表。

采用以上三种混合动力模式的汽车都需为获得 10% ~ 30% 的燃油经济性而付出一定额外的成本（几百到几千美元不等）。正如图 10.3 所示，微混合动力汽车在燃油经济性与成本上具有最高的成本效益，全混合动力汽车则具有最高的燃油经济性，而轻混合动力汽车则在两者之间取了折中方案。无论如何，三种车型都有自己的市场范围与消费群体。

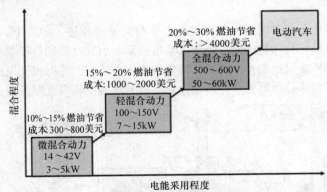

图 10.3 不同类型混合动力汽车的额外成本价格与燃油经济性比较

对于插电式混合动力汽车而言，不仅拥有全混合动力汽车的全部特征，并且还额外具有插入式充电功能。总体而言，插电式混合动力汽车比全混合动力汽车配备更多的电池组，通常情况下容量为 4 ~ 5kWh，标定电压为 200 ~ 300V。因此，插电式混合动力汽车拥有更长久的电能续航里程，同时减小了加油需求。这种插电式混合动力模式可通过运行于电量消耗模式（纯电动模式）提供一个相当不错的电能续航里程，也可以通过混合消耗模式，即以电能驱动为主、发动机为辅的方式而最大化地提高发动机的燃油经济性。通常情况下，在该模式下所采用的电机功率大约为 60kW，系统电压为 400~500V。而对应的电机和电池电压一般分别在 30~50kW、400~500V 范围之内。2012 年上市的丰田 Prius PHV 就是一款中型插电式混合动力汽车。

对于增程式电动汽车而言，其经常被归类于插电式混合动力汽车中，而非单独为一类。增程式电动汽车拥有插电式混合动力汽车的所有特征以及其本身所特有的串联型混合动力模式。一般而言，与插电式混合动力汽车相比，增程式电动汽车的发动机功率更小而电池组容量更大。正如其名，增程式电动汽车更倾向运行于纯电动状态，直到电池容量从完全充电状态下降至预定阈值。此时，增程式电动汽车会切换至串联型混合动力模式，从而使发动机驱动发电机发电，确保电池电量处于可驱动电动机的最低水平。在高速重载情况下，增程式电动汽车运行于插电式混合动力模式或全混合动力模式。通常情况下，为提供所需的电能续航里程，增程式电动汽车中的电池组容量需超过 16kWh，同时标定电压为 350~390V。与此相对应，驱动电机需达到 110kW 以实现纯电动运行模式。通用汽车（GM）雪佛兰 Volt 是一款具有代表性的增程式电动汽车，并于 2011 年开始进行大规模生产。

在后续几节中，将重点介绍微混合动力汽车和轻混合动力汽车中的 ISG 系统。至于全混合动力汽车、插电式混合动力汽车以及增程式电动汽车中的 EVT 系统，涵盖了 ISG 系统的全部特性，将会在后面几章中详细介绍。

10.2 ISG 系统结构

在传统汽车中，起动电动机和发电机分别与发动机相连，如图 10.4 所示，在通常情况下，起动电动机与飞轮连接并位于发动机后部，而发电机则位于发动机前端，从而起动电动机为车辆提供冷起动所需的大转矩，而发电机则产生电池充电所需的电能。这种排布方式具有结构简单的优点，但是存在电机利用率不高以及配备两台电机所导致的

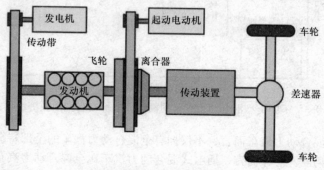

图 10.4　分别独立的起动 – 发电系统

系统重量和尺寸过大的缺陷。因此，将起动和发电两个功能集于一体，研发 ISG 系统就成为了一种自然选择（Viorel et al. , 2004；Walker et al. , 2004）。

对于微混型和轻混型混合动力汽车而言，ISG 取代了传统的起动电动机和发电机。作为一个双向机电能量转换装置，ISG 既能将电能转化为机械能，也能将机械能转化为电能。当 ISG 运行于电动模式时，可接近无声地起动发动机并且起动速度远快于传统起动电动机；而当运行于发电模式时，其效率则远超于传统发电机。

如图 10.5 所示，将 ISG 安置于传统起动电动机或发电机的位置并通过传动带将其与飞轮及发动机连接，称为传动带驱动 ISG 系统。这种系统结构简单，且成本低，无需对传统汽车底盘进行较大改动，从而允许传统汽车生产线直接生产混合动力汽车。因此，从根本上极大降低了生产成本，同时也便于汽车制造商更为灵活地调整生产结构。

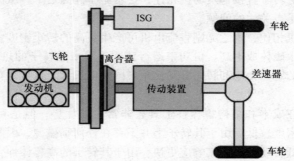

图 10.5　传动带驱动的 ISG 系统

由于 ISG 的转子具有飞轮惯性，通过直接连接 ISG 和曲轴可取代上述与发动机连接的传统飞轮，如图 10.6 所示。这种结构可直接控制 ISG 起动和发电，且无需采用传动带驱动，从而降低了系统损耗及复杂度。然而，相应的 ISG 通常需要使用更多的材料，如铜和铁，并且需要承受剧烈的曲轴振动。另外，传统车辆底盘需要经过较大的改装才能安装这种基于曲轴的 ISG 系统。

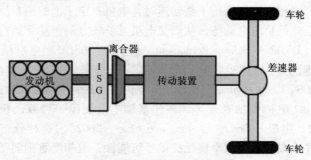

图 10.6　曲轴 ISG 系统

10.3　ISG 电机

电机是 ISG 系统的核心部件（Cai，2004）。直流电机由于电刷具有易磨损等固有缺陷，不再被现代 ISG 系统采用，尽管如此，其仍然被广泛用作汽车起动电机。现有无刷电机中，感应电机和永磁无刷电机，包括永磁无刷交流电机（一般被称为永磁同步电机）和永磁无刷直流电机，被广泛用于现代 ISG 系统中。

目前，感应电机和永磁同步电机是 ISG 系统主要的竞争对手。感应电机虽然具有成本低和鲁棒性高的优点，但是在较宽的速度范围内保持稳定发电所需要的控制算法比较复杂。同时，感应电机还存在气隙小、效率低及不易散热等问题。

永磁同步电机虽具有效率高和功率密度高的优点，但也存在着永磁体成本高和恒功率运行范围小的缺点。由于永磁同步电机转子可独立励磁，因此其气隙长度可大于感应电机。显然，由于需将转子安置于振动严重的曲轴之上，气隙越大越有利于安装与运行。但是，由于永磁转子直接与发动机相连，会暴露于高温之下，从而永磁体材料的热稳定性成了一个需重点关注的问题。

和永磁同步电机相比，永磁无刷直流电机可产生更高的转矩密度。但其缺点和永磁同步电机类似，即永磁体成本高、恒功率运行范围小及永磁转子的热稳定性差。同时，永磁无刷直流电机的定位力矩和转矩脉动比永磁同步电机大，这也是在 ISG 应用中需要重点关注的问题。

开关磁阻电机在成本和结构鲁棒性上具有非常大的优势，但是和永磁无刷电机相比，其效率及功率密度较低。由于其转子上并不存在任何励磁源，因此不须考虑热稳定性的问题，相应的低转动惯量使其响应更快。由于其转子的高鲁棒性，开关磁阻电机对于曲轴 ISG 系统而言具有特别的吸引力（Viorel et al.，2004）。

为提高电机输出转矩以利于发动机较快地提速，同时提升电机本身的恒功率运行范围，将永磁同步电机与双定子、单转子的排布理念结合，由此提出了一种双定子永磁同步电机的概念（Niu，Chau，and Jiang，2008b；Niu，Chau，and Yu，2009）。双定子永磁同步电机采用双定子结构，且具有传统永磁同步电机效率高和功率密度大的优点，因而其转矩密度高以及恒功率运行范围广。也就是说，两个定子可同步与转子相互作用以产生更大的转矩，同时当电机运行于高转速时，电机双定子上的两套绕组可通过电子开关改变连接方式以降低感应电动势，从而使电机具备较宽的恒功率运行范围。

双凸极永磁（Doubly – Salient Permanent – Magnet，DSPM）电机结合了永磁无刷直流电机和开关磁阻电机的优点，具有效率高、功率密度大以及转动惯量低的优点（Cheng et al.，2003；Chau et al.，2005），但是仍存在磁链控制困难的问题。利用直流励磁绕组取代 DSPM 电机中的永磁体，在此基础上发展出一种双凸极直流（Doubly – Salient DC，DSDC）电机（Chau，Cheng，and Chan，2002）。这种分布可解决永磁磁链不可控的问题，并为实现在线效率优化提供了可能性，但却严重削弱了永磁无刷电机功率密度高的主要优势。因此，通过结合直流励磁绕组和 DSPM 电机而产生的混合励磁 DSPM 电机，具有效率高、功率密度大、鲁棒性强、转动惯量低以及恒功率调速范围宽的优点，极为适用于 ISG（Chau et al.，2006）。

10.4　ISG 运行模式

一般而言，ISG 系统主要有五种运行模式，其中两种模式是来自传统汽车中原有的起动和发电模式，而另外三种模式为混合动力汽车所特有：怠速停止－起动模式、再生制动模式和辅助动力模式。

10.4.1　起动模式

作为起动电动机，ISG 将发动机拖至 200r/min 以完成发动机独立输出功率的初始化运行。该起动时间很短，通常小于 2s。当采用 12V 电池时，四缸和八缸发动机的起动电流分别为 150～185A 和 185～200A。

10.4.2　发电模式

作为发电机，ISG 会将发动机的机械能转化为电能为电池充电。当采用 12V 电池时，依据电池型号、荷电状态（State－Of－Charge，SOC）、环境温度、ISG 最大输出电流和发动机速度，充电电流会在几安培到上百安培范围之内。当采用铅酸蓄电池或锂离子电池时，电池充电分三个阶段完成：大电流充电阶段、恒压充电阶段以及浮充阶段。在大电流充电阶段，充电电流仅受 ISG 最大输出电流限制，故电池处于恒电流充电状态。在恒压充电阶段，电池充电电压处于恒压状态而电流在电池充满电后逐步下降。在浮充阶段，于电池两极施加一个恒定的电压，以补偿电池因自放电造成的电量流失，进而维持电池满电状态。

10.4.3　怠速停止－起动模式

在怠速停止－起动模式下，ISG 可使发动机停止工作以节省燃油，并在加油门时立即重新起动发动机。因此，该模式也被称为自动停止－起动运行模式。仅这一特征即可使混合动力汽车在驾驶过程中，尤其在城市中，比传统汽车节省 10%～15% 的燃油。除了节省燃油，这种运行模式可以大大减少路边排放，特别是在等待交通信号灯指示和交通堵塞时，能够提高人类驾车行驶等安全性。

与传统起动发电机不同，ISG 在怠速停止－起动模式下可立即起动发动机，这一过程通常小于 300ms。怠速停止－起动具有多种形式，例如，当混合动力汽车准备在交通灯为红灯停下时，怠速停止－起动过程如下：

- 在自动变速情况下，一旦车辆完全停止，发动机将在几秒钟后自动关闭。在手动变速情况下，即车辆完全停止后，如果档位处于"空档"位置，松开离合器踏板，发动机立即关闭。
- 关闭发动机后，位于仪表组中的指示灯将闪烁，表示发动机已关闭。
- 在自动变速情况下，一旦踩下油门，发动机将立即重新起动。在手动变速情况下，如果档位处于"前进"或"后退"位置并踩下油门，发动机也将立即重新起动。
- 当发动机重新起动后，位于仪表组中的指示灯将关闭。驾驶员一般不会注意到整个怠速停止－起动过程。

值得注意的是，对于现在欧洲大多数汽车而言，包括混合动力和非混合动力，怠速停止－起动功能已作为一项标准。虽然驾驶员们仍一再关心 ISG 系统能够承受的重启次数，但是一般而言，100 万次的重启是完全可以保证的。

10. 4. 4　再生制动模式

在混合动力汽车再生制动模式下，ISG 作发电机运行，吸收车辆动能并转换为电能给电池充电。即，当松开油门或踩下制动器时，车辆会产生使其减速的制动转矩。如果所需的制动转矩比再生制动转矩大，其中的差额会被机械制动器弥补。值得注意的是，再生制动仅可减缓车速，而使车辆完全停止则往往需要配合使用机械制动器。

现有两种再生制动策略：最大功率再生制动和"舒适型"（good－pedal－feel）再生制动。前者可提供最大功率的再生制动，而后者则可模仿机械制动器使得制动过程更加舒适。

首先，使再生制动能量最大化的控制策略如图 10. 7 所示（Jung et al. , 2010）。从制动踏板、电池、电动机以及传动系统收集了所有必要信息后，控制器将做出是否启动再生制动的决定。例如，若电池 SOC 过高，再生制动则不会启动；否则，可能会对电池造成损害。如果再生制动已经启动，则控制器将会根据电池 SOC 和电动机转速确定最优再生制动方案。万一在再生制动过程中出现转矩脉动，延时补偿控制会主动响应以减小脉动。因此，制动转矩指令和再生制动转矩之间的转矩差应与机械制动转矩相等。这两种制动转矩在每一个时间步长内不断修正以响应不断变化的输入数据。在这种控制策略下，再生制动转矩会提供踏板异常的感觉。当需要进行机械制动时，制动主缸压力会有急剧变化，这可能将误导驾驶员的制动反应。因此，这种最大功率的再生制动可能会导致一系列的安全问题。

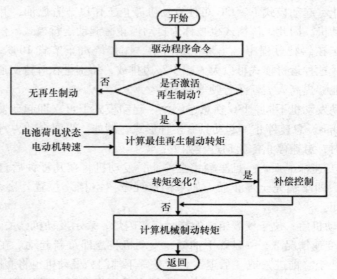

图 10. 7　再生制动控制策略

其次，采用"舒适型"再生制动可解决踏板感觉异常的问题（Bracken and Selker,

2013)。在这种控制策略下，再生制动仅在轮缸压力趋于稳定时启动。因此，制动主缸压力不会产生突然变化。但是，这种"舒适型"再生制动策略和最大功率再生制动策略相比，将损失 10% 的再生能量，然而对于能量回收策略而言，安全问题不可忽视。

　　显然，结合了最大再生制动和"舒适型"再生制动策略特点的协调再生制动控制策略无疑是非常具备市场竞争力的（Zhang et al., 2012）。在这种策略下，再生制动通过和液压制动结合模拟正常的制动感觉。也就是说，轮缸内的压力是逐渐增大的，同时再生制动转矩提供制动指令与实际制动转矩之间的差值。如果制动命令高于阈值，则再生制动将运行在最大转矩工况下，且液压制动液也会泵入液压泵。如果制动指令超出了最大再生制动转矩，则液压制动液将泵回原路。因此，在保证踏板无异感的同时，可实现最大功率再生制动。

10.4.5　辅助动力模式

　　ISG 可作电动运行提供额外的机械功率以辅助发动机快速提速。例如，ISG 可以瞬间输出推进功率以提高车辆动力实现快速起动、爬坡或超车。同时，这种助力还可在不影响整车性能的情况下减小发动机排量。

10.5　设计准则

　　设计 ISG 系统是一项极具挑战性的工作，这是由于其需要实现多种功能，即起动、发电、息速停止 – 起动、再生制动以及辅助动力。同时，ISG 需要和发动机一起，在强振动、高温度的恶劣环境下工作。ISG 系统的设计准则可总结如下：

- 为满足起动条件，起动转矩应达到额定转矩的 3 ~ 4 倍。
- 需要有一个较长的使用寿命，10 年内 100 万次以上的息速停止 – 起动能力。
- 恒功率运行范围应能达到额定转速的 3 ~ 4 倍，以便于在宽转速范围内发电运行给电池充电。
- 再生制动应具备高能效，至少吸收制动能量的 60% 以上。
- 当速度低于基速时，能产生较大转矩以提供辅助动力。
- 在较宽的转矩和速度范围内，效率应达 85% 以上。
- 能够承受 20g 的工作振动。
- 能够在 – 30 ~ 120℃ 的温度范围内正常工作。
- 系统应为 ISG 电机提供良好的可维修性并实现零维护。
- 系统成本必须在可接受范围内。

　　ISG 系统主要由两部分构成：ISG 电机和 ISG 变换器。其中，ISG 电机是满足以上设计准则的关键部件，而 ISG 变换器则在 ISG 系统内用于实现功率的双向流动与调节。因此，ISG 电机的设计标准和 ISG 系统在设计准则本质上一致，同时，在设计过程中也需遵循不同电机的相应附加设计原则。

10.6 设计案例

在采用不同类型 ISG 电机的各类 ISG 系统中，本节将详细阐述两个最近开发的 ISG 系统，即基于双定子永磁同步电机的 ISG 系统和基于混合励磁 DSPM 电机的 ISG 系统。

10.6.1 基于双定子永磁同步电机的 ISG 系统

双定子永磁同步电机是能够满足混合动力汽车 ISG 系统需求的最有潜力的电机类型之一，尤其是针对轻混合动力汽车（Niu，Chau，and Jiang，2008a）。该电机的拓扑结构如图 10.8 所示，两个同心 24 槽定子各置有一套三相电枢绕组，一个杯形转子安置于双定子之间，转子两侧分别安置了 22 块永磁体。如图 10.9 所示，两套定子电枢绕组分别采用内定子三相单层绕组和外定子三相双层绕组。一般而言，与单层绕组相比，采用双层绕组的空载反电动势波形正弦度更高。

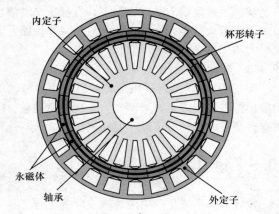

针对 ISG 性能需求，该双定子永磁同步电机具有以下特点：

● 采用双定子结构可极大提高电机转矩以满足汽车起动需求，同时，该结构还能通过采用灵活的绕组连接方式以实现宽转速范围内发电。

● 转子设计为杯形并装有永磁体。这种杯形转子可以有效地缩短磁路以减小铁心体积，从而提升转矩密度。

● 由于永磁体的磁导率与空气接近，因此内、外定子绕组之间的互感可忽略不计，从而提升了电机可控性。

● 由于定子绕组线圈跨距设计为槽距，因此每相磁通路径在实质上是独立的。从这个意义上说，相绕组之间的互感也可忽略不计，因此，进一步提升了电机可控性。

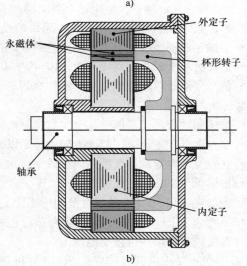

图 10.8 双定子永磁同步电机：
a）构造图；b）结构图

● 由于该电机内、外定子为 24 槽，转子为 22 极，槽距和极距之比为 11/12。这种每极每相分数槽结构能够极大减小永磁同步电机中的定位力矩。

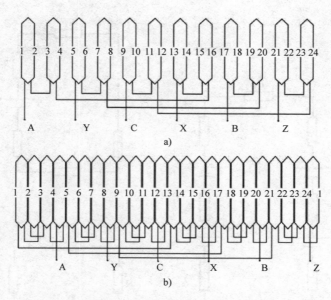

图 10.9　双定子永磁同步电机绕组排布方式：a）单层绕组；b）双层绕组

- 多极结构可以缩短磁通路径，同时槽距为 1 的集中式绕组线圈结构可减少绕组端部长度，从而提高硅钢片和铜的利用率，进一步提升转矩密度。

双定子永磁同步电机在本质上可视为两台电机的组合：一台内转子永磁同步电机和一台外转子永磁同步电机（Wang et al.，2011）。这两台电机的电枢直径基本相同，两个转子则融合成一个转子，从而减少了转子轭部。该双定子永磁同步电机、单定子内转子永磁同步电机以及单定子外转子永磁同步电机的主磁路如图 10.10 所示，其中，F_1 为内转子永磁磁动势（Magnetomotive force，MMF），F_2 为外转子永磁 MMF，R_1 为外定子铁心磁阻，R'_1 为内定子铁心磁阻，R_2 为外层气隙和永磁体的磁阻，R'_2 为内层气隙和永磁体的磁阻，R_3 为径向转子铁心磁阻，R_4 为单定子电机转子轭部铁心磁阻。由图中可知，双定子结构可有效缩短磁路，从而提升铁心利用率。

双定子永磁同步电机的运行原理和传统永磁同步电机类似，同时，还具有额外的运行模式。当 ISG 需要输出较大转矩以起动汽车时，双定子绕组按同相串联的方式连接。当 ISG 需要扩大恒功率运行范围时，即需要在很宽的转速范围内输出稳定电压以给电池充电时，双定子绕组可通过灵活的连接方式来改变所产生的感应电动势。

当两定子之间的空间位置角相差 20°时，电机两套三相绕组间将产生六种可能的连接方式。如图 10.11 所示，不同的连接方式能产生不同的电动势相量组合。当电机转速 ω 低于基速 ω_b 时，相同的两相（比如 E_A 和 E_a）串联组成 E_1，即所谓的运行模式 1。同理，当电机转速处于 ω_b 至 $1.2\omega_b$ 时，相邻的反相位绕组将串联组成 E_2，即所谓的运行模式 2。类似地，当转速处于 $1.2\omega_b$ 至 $1.5\omega_b$ 时，组成 E_3 以进入运行模式 3。之后，当转速处于 $1.5\omega_b$ 至 $2\omega_b$ 时，相邻两相绕组串联组成 E_4 以进入运行模式 4。当转速处于 $2\omega_b$ 至

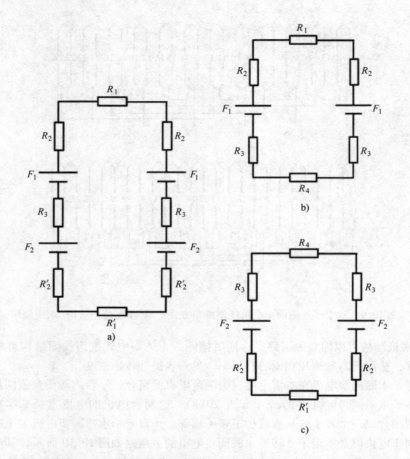

图 10.10　永磁电机主磁路：
a）双定子；b）单定子、内转子；c）单定子、外转子

$3\omega_b$ 时，组成 E_5 以进入运行模式 5。最终，当转速处于 $3\omega_b$ 至 $6\omega_b$ 时，相同反相位绕组串联组成 E_6 以进入运行模式 6。根据对应的相位图，可推得 $E_1 \approx 6E_6$，$E_2 \approx 5E_6$，$E_3 \approx 4E_6$，$E_4 \approx 3E_6$，以及 $E_5 \approx 2E_6$，这就表明所有产生的感应电动势都可调节为 E_6 的有限整数倍。对于进一步的微调或转速超出 $6\omega_b$ 时，可借助于传统的弱磁方式来调整电压。

　　为实现两套三相电枢绕组的灵活连接，可使用一个如图 10.12 所示的矩阵电源开关，六种模式下的开关管组合见表 10.1。例如，当电机运行于模式 1，即 $\omega < \omega_b$ 时，开关管 S_{X1}、S_{Y2} 及 S_{Z3} 开通而其余开关管关断。在大转速变化范围内，该电机可实现所有六种运行模式。

　　该双定子永磁同步电机的主要设计参数见表 10.2。相应的六种运行模式下所产生的输出电压波形如图 10.13 所示。由图中可知，在电机转速从 800r/min 增加至 4800r/min（六倍基速）的过程中，输出电压大小基本保持不变。

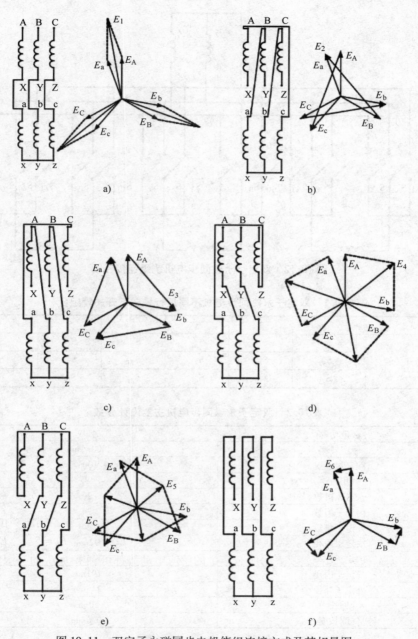

图 10.11　双定子永磁同步电机绕组连接方式及其相量图：
a）运行模式 1；b）运行模式 2；c）运行模式 3；d）运行模式 4；
e）运行模式 5；f）运行模式 6

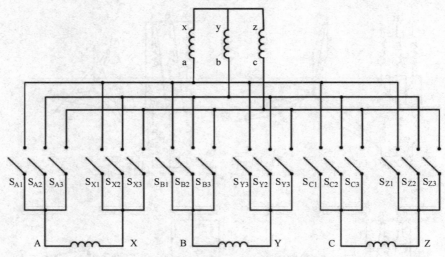

图 10.12   双定子永磁同步电机绕组连接控制

表 10.1   双定子永磁同步电机不同运行模式下开关管组合

模式	1	2	3	4	5	6
开通开关管	S_{X1}	S_{A3}	S_{A2}	S_{X2}	S_{X3}	S_{A1}
	S_{Y2}	S_{B1}	S_{B3}	S_{Y3}	S_{Y1}	S_{B2}
	S_{Z3}	S_{C2}	S_{C1}	S_{Z1}	S_{Z2}	S_{C3}

表 10.2   双定子永磁同步电机主要设计参数

额定功率	4kW
额定转速	800r/min
额定相电压	100V
相数	3
永磁体极数	22
内定子槽数	24
外定子槽数	24
内定子内径	92mm
内定子外径	165mm
外定子内径	191mm
外定子外径	245mm
轴长	50mm
气隙长度	0.6mm

10.6.2   基于混合励磁双凸极永磁电机的 ISG 系统

混合励磁 DSPM 电机也是能够满足轻混合动力汽车 ISG 系统需求的最有潜力的电机类型之一（Liu，Chau，and Jiang，2010）。该电机是一种外转子电机，其结构如图 10.14 所示。混合励磁 DSPM 电机具有双凸极结构，其定子和转子分别具有 36 和 24 个

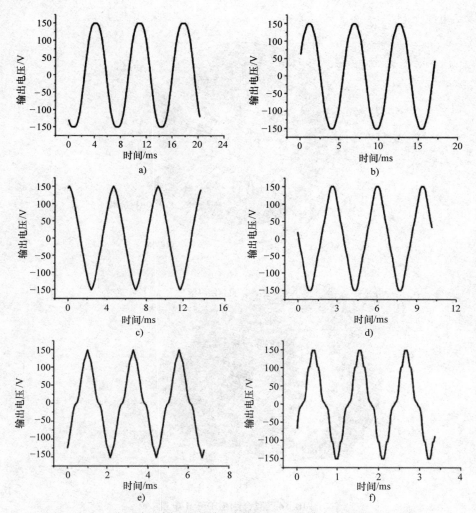

图 10.13　双定子永磁同步电机在不同转速及工作模式下的输出电压波形：
a) 800r/min；b) 960r/min；c) 1200r/min；d) 1600r/min；e) 2400r/min；f) 4800r/min

凸极。该电机将电枢绕组、永磁体及直流励磁绕组集中安置于定子之上，其转子为一个简单的凸极铁心。同时，定子采用了双层结构：外层定子安置电枢绕组，而内层定子置有永磁体及直流励磁绕组。电枢绕组采用了分数槽集中式结构，直流励磁绕组则采用了简单的直流绕组分布结构。此外，每一个永磁极都有一对导磁桥与之相并联。在采用这种特殊结构的情况下，基于混合励磁 DSPM 电机的 ISG 系统具有以下优点：

● 通过调整直流励磁电流的大小和方向，可灵活地调节电机气隙磁通。因此，通过增加磁通强度，电机可瞬间输出大转矩以起动汽车或提供助力转矩以满足车辆爬坡或超车的需求。另外，通过在线磁通控制，电机可在广泛的转速－转矩范围内发出稳定电压以给电池充电。

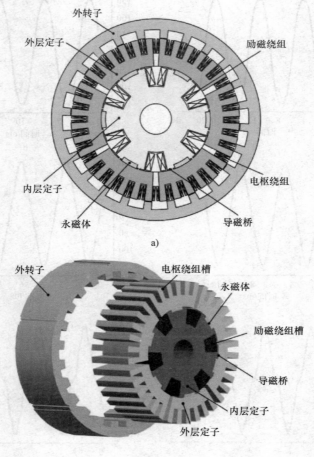

图 10. 14　混合励磁 DSPM 电机：

a）构造图；b）结构图

• 外转子结构可使内定子（安装在电枢绕组下的部分）空间得到充分利用以安装永磁体和直流励磁绕组，从而提升电机功率密度。同样，由于永磁体和直流励磁绕组被转子包围，因此，将极大地减小漏磁问题。

• 由于转子上没有任何的永磁体或绕组，因此，转子的机械强度很高，能够承受起动时的大转矩。

• 导磁桥可通过内定子铁心抑制永磁体磁场的漏磁，同时在施加与永磁磁通相反的励磁 MMF 时，可增大弱磁效应。

• 分数槽电枢绕组可缩短磁路及绕组端部，这将减少铁和铜的材料用量，从而进一步提升转矩密度。另外，这种多极集中绕组的布置方式能够显著降低存在于永磁电机中的定位力矩。

为说明混合励磁 DSPM 电机的调磁能力及调磁范围，建立了该电机空载等效磁路，如图 10.15 所示，其中 R_{PM} 为永磁体磁阻，R_b 为导磁桥磁阻，R_g 为气隙磁阻，F_{DC} 为直流励磁绕组 MMF 以及 F_{PM} 为永磁体 MMF。因此，由图中可得以下公式：

$$\frac{F_{DC+}}{F_{PM}} = \left(\frac{\psi_{g+}}{\psi_{g0}} - 1\right) \Big/ \left(\frac{R_{PM}}{R_b} + 1\right) \qquad (10.1)$$

$$\frac{F_{DC-}}{F_{PM}} = \left(1 - \frac{\psi_{g-}}{\psi_{g0}}\right) \Big/ \left(\frac{R_{PM}}{R_b} + 1\right) \qquad (10.2)$$

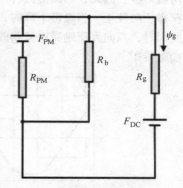

图 10.15　混合励磁 DSPM
电机磁路图

式中，ψ_{g0} 为 $F_{DC} = 0$ 的气隙磁通；F_{DC-} 和 ψ_{g-} 为弱磁分量；F_{DC+} 和 ψ_{g+} 为增磁分量。假设气隙磁通调节范围为 $(\psi_{g+}/\psi_{g0}) = 3$ 及 $(\psi_{g-}/\psi_{g0}) = 1/3$，则 (R_{PM}/R_b)、(F_{DC-}/F_{PM}) 及 (F_{DC+}/F_{PM}) 之间的关系可根据式（10.1）及式（10.2）推出并列于表 10.3。当 $(R_{PM}/R_b) = 7$ 时，则可推出 $(F_{DC-} = F_{PM}/12)$ 及 $(F_{DC+} = F_{PM}/4)$，这说明直流励磁绕组仅需分别提供永磁体磁场的 8.3% 和 25% 以弱磁和增磁，可使得气隙磁场变化达到 9 倍。

表 10.3　混合励磁 DSPM 电机磁阻比选择

(R_{PM}/R_b)	(F_{DC-}/F_{PM})	(F_{DC+}/F_{PM})
10	2/33	2/11
9	1/15	1/5
8	2/27	2/9
7	1/12	1/4
6	2/21	2/7
5	1/9	1/3
4	2/15	2/5
3	1/6	1/2
2	2/9	2/3
1	1/3	1

图 10.16 描述了这种混合励磁 DSPM 电机的工作波形。可见，主要波形和其他 DSPM 电机类似，但不同之处在于气隙合成磁通 ψ_A、ψ_B 及 ψ_C 可控，其主要由永磁磁链分量 ψ_{PM} 和直流励磁磁链分量 ψ_{DC} 合成。因此，该电机电磁转矩 T_e 主要由三部分构成：永磁转矩分量 T_{PM}，由永磁磁链和电枢相电流 i 互相作用而产生；直流励磁转矩分量 T_{DC}，由直流励磁磁场和电枢相电流互相作用而产生；磁阻转矩分量 T_r，由绕组电感 L 随转子位置变化而产生。数学上，它可由下式表示：

$$T_e = T_{PM} + T_{DC} + T_r = i\frac{d\psi_{PM}}{dt} + i\frac{d\psi_{DC}}{dt} + \frac{1}{2}i^2\frac{dL}{dt} \qquad (10.3)$$

永磁转矩分量实际上主要决定了电机的转矩输出，而磁阻转矩分量较小且转矩脉动平均值为零。因此，当磁链因转子位置变化而上升时，绕组中将通入正向电枢电流，从而获得正向转矩。当磁链下降时，绕组中将通入负向电枢电流，同样将获得正向转矩。与此同时，双向直流励磁电流将改变直流励磁磁链，从而产生不同 ISG 工作模式下的直流励磁转矩。

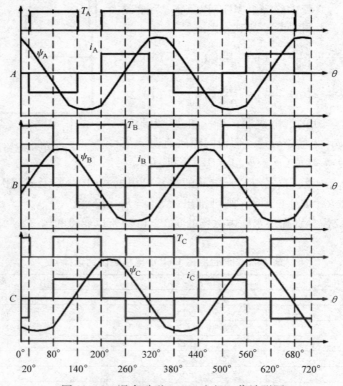

图 10.16　混合励磁 DSPM 电机工作波形图

根据 ISG 不同运行模式，混合励磁 DSPM 电机以如下方式工作：

● 当 ISG 处于起动模式时，混合励磁 DSPM 电机作电动机运行。此时，直流励磁绕组中将输入瞬时正向直流励磁电流以瞬间增强气隙磁场，从而使电机达到发动机起动所需的大转矩。

● 当 ISG 处于发电模式时，混合励磁 DSPM 电机作发电机运行。此时，直流励磁绕组中将视情况通入正向或负向电流以增强或减弱气隙磁场，从而输出稳定的电压为电池充电。

● 当 ISG 处于辅助动力模式时，混合励磁 DSPM 电机仍作电动机运行。此时，直流励磁绕组中将在短期内通入正向直流励磁电流以增强气隙磁场，从而为车辆提供辅助驱动转矩。

如图 10.17 所示，通过有限元分析，可直观地比较该电机的增磁与弱磁效果。由图中可知，当通入正向直流励磁电流时，永磁磁通将被直流励磁磁通增强，从而增加气隙磁场。当通入反向直流励磁电流时，永磁磁通将被直流励磁磁通削弱，从而减小气隙磁场。由图中还可以发现，导磁桥可在增磁时防止永磁体漏磁，而在弱磁时则可增强弱磁效果。

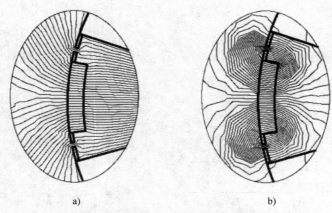

a)　　　　　　　　　　　　　　　b)

图 10.17　混合励磁 DSPM 电机磁场分布:
a）正向直流励磁电流；b）负向直流励磁电流

混合励磁 DSPM 电机主要设计参数见表 10.4。在正常和增磁情况下相应的稳态转矩波形如图 10.18 所示。由图中可得，在相同的初始电流下，增磁（$F_{DC} = +1000$ 安匝）之后的转矩平均值为普通状态（$F_{DC} = 0$ 安匝）下的 3 倍，说明该电机可凭借此特性极大提升输出转矩以起动发动机。另一方面，当电机处于低于基速（400r/min）、等于基速（1200r/min）或高于基速（3600r/min）运行时，相应的空载感应电动势如图 10.19所示。由图中可得，在未调磁的情况下，电机空载感应电动势幅值随转速变化明显，在调磁（400r/min 时增磁，3600r/min 时弱磁）的情况下，电机空载感应电动势幅值基本保持恒定，这种特性使电机可在宽调速范围内保持输出电压恒定以给电池充电，这对于ISG 系统而言尤为重要。

表 10.4　混合励磁型双凸极永磁电机关键设计参数

额定功率	2.5kW
额定转速	1200r/min
额定相电压	100V
相数	3
定子极数	36
转子极数	24
永磁体极数	6
转子外径	270mm
转子内径	221.2mm
定子外径	220mm
定子内径	40mm
轴长	80mm
气隙长度	0.6mm

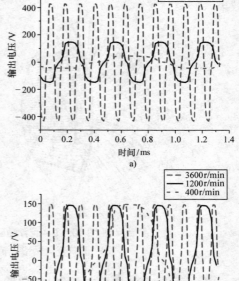

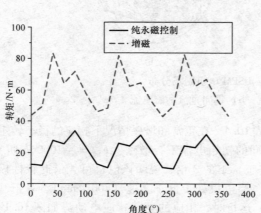

图 10.18　混合励磁 DSPM 电机在纯永磁和增磁控制模式下的转矩输出

图 10.19　混合励磁 DSPM 电机空载反电动势波形：

a）纯永磁模式；b）磁链控制模式

10.7　应用案例

德国大陆集团，是一家总部位于德国的汽车系统供应商，自 1996 年以来开始开发集成起动交流发电机阻尼器（Integrated – Starter – Alternator – Damper，ISAD）系统。该 ISAD 系统是一种基于感应电机的曲轴 ISG 系统，其中，转子作为飞轮安置于发动机和传动装置之间（Hills，2001）。该 ISAD 系统不仅具有起动电动机和发电机的功能，还具有阻尼器的功能，能够稳定整个转动系统的振动和振荡的问题。另外，该系统还具备所有混合动力汽车所需要的怠速停止 – 起动、再生制动以及动力辅助这三种功能。该 ISAD 系统于 2003 年进行量产并随后被通用汽车公司（GMC）Sierra 和雪佛兰 Silverado 轻混合动力汽车采用。

ZF Sachs 公司的 DynaStart 是一款具有代表性的基于永磁同步电机的曲轴 ISG 系统。

该系统可采用内转子或外转子结构，其设计特点为大直径、短轴长，从而达到输出大转矩以及促进动力总成集成的要求。与传统电机相比，DynaStart 采用了在模块化叠片铁心上进行自动绕线的工艺，这种生产方式提高了性价比。该产品被广泛地应用于乘用车和商用车中。相应的 DynaStart SG325 可输出高达 210N·m 的起动转矩和 6500r/min 的最大转速（ZF，2014）。这种 ISG 系统自 2008 年已进入标准化生产，梅赛德斯奔驰 S - 400 混合动力汽车首先采用了该系统。

本田内部开发的 ISG 技术被称为集成电机辅助（Integrated - Motor - Assist，IMA）系统，并于 1999 年首次被 Insight 混合动力汽车采用。IMA 是基于永磁无刷直流电机的 ISG 系统，电机安置于发动机和传动装置之间，是集再生制动发电机、发动机平衡器及动力辅助于一体的电机。IMA 的设计目标为低速大转矩，此特性尤其有利于发动机在低速条件下加速。该系统在转速 1500r/min 的情况下可向传动装置输出最大 10kW 的功率，在转速 1000r/min 的情况下可向传动装置输出 78N·m 的转矩（Honda，2014）。与此同时，IMA 具有怠速停止 - 起动模式。当 IMA 电池温度和 SOC 低于预定值时，一台 12V 的传统起动电机将开始运转并起动发动机。目前，IMA 已应用于各类混合动力汽车，包括 Honda Insight、Honda CivicHybrid、Honda Accord Hybrid、Honda CR - Z，以及 Acura ILX Hybrid。

10.8　ISG 系统技术是否已经成熟

混合动力汽车在交通方面能够有效应对能源挑战及减少尾气排放，其技术研发与产业化正逐步发展。近年来，混合动力汽车，尤其是微混型和轻混型混合动力汽车作为低消耗低排放车辆而大批量生产，在经济上的可行性已有目共睹。ISG 系统是微混型和轻混型混合动力汽车的核心技术，相关研发也在飞速发展。事实上，基于感应电机及永磁无刷电机的 ISG 系统的大规模生产技术已经成熟，会进一步降低系统成本。尽管如此，ISG 系统，尤其是 ISG 电机技术，仍需进一步发展以改善起动转矩、恒功率运行范围、电动与制动效率、鲁棒性和使用寿命等不足。

参 考 文 献

Bracken, J. and Selker, G. (2013) Regenerative Braking: Decelerating for the Future. University of Pittsburgh, Swanson School of Engineering, Session B7, 3077, pp. 1–8.

Cai, W. (2004) Comparison and review of electric machines for integrated starter alternator applications. Proceedings of IEEE Industry Applications Society Annual Meeting, pp. 386–393.

Chau, K.T. and Chan, C.C. (2007) Emerging energy-efficient technologies for hybrid electric vehicles. *Proceedings of the IEEE*, **95**, 821–835.

Chau, K.T., Cheng, M. and Chan, C.C. (2002) Nonlinear magnetic circuit analysis for a novel stator-doubly-fed doubly-salient machine. *IEEE Transactions on Magnetics*, **38**, 2382–2384.

Chau, K.T., Li, Y.B., Jiang, J.Z. and Liu, C. (2006) Design and analysis of a stator-doubly-fed doubly-salient permanent-magnet machine for automotive engines. *IEEE Transactions on Magnetics*, **42**, 3470–3472.

Chau, K.T., Sun, Q., Fan, Y. and Cheng, M. (2005) Torque ripple minimization of doubly salient permanent magnet motors. *IEEE Transactions on Energy Conversion*, **20**, 352–358.

Chau, K.T. and Wong, Y.S. (2002) Overview of power management in hybrid electric vehicles. *Energy Conversion and Management*, **43**, 1953–1968.

Cheng, M., Chau, K.T., Chan, C.C. and Sun, Q. (2003) Control and operation of a new 8/6-pole doubly salient permanent magnet motor drive. *IEEE Transactions on Industry Applications*, **39**, 1363–1371.

Ebron, A., and Cregar, R. (2005) Introducing Hybrid Technology. National Alternative Fuels Training Consortium eNews, July 1–5.

Ehsani, M., Gao, Y., Gay, S.E. and Emadi, A. (2005) *Modern Electric, Hybrid Electric, and Fuel Cell Vehicles: Fundamentals, Theory, and Design*, CRC Press, Boca Raton, FL.

Hills, A. (2001) Continental ISAD System Chosen by General Motors for Hybrid Truck Project, EV World, http://evworld .com/news.cfm?newsid=1160, (accessed September 2014).

Honda (2014) Insight IMA Technical Information and Emergency Handling Guide, http://www.techinfo.honda-eu.com/ sv/sv/Images/104185.pdf Honda. (accessed September 2014).

Jung, K.H., Kim, D., Kim, H. and Hwang, S.-H. (2010) in *Analysis of a Regenerative Braking System for a Hybrid Electric Vehicle Using Electro-Mechanical Brakes, Urban Transport and Hybrid Vehicles* (ed S. Soylu), InTech.

Liu, C., Chau, K.T. and Jiang, J.Z. (2010) A permanent-magnet hybrid brushless integrated starter-generator for hybrid electric vehicles. *IEEE Transactions on Industrial Electronics*, **57**, 4055–4064.

Niu, S., Chau, K.T., and Jiang, J.Z. (2008a) A permanent-magnet double-stator integrated-starter-generator for hybrid electric vehicles. Proceedings of IEEE Vehicle Power and Propulsion Conference, H08359, pp. 1–6.

Niu, S., Chau, K.T. and Jiang, J.Z. (2008b) Analysis of eddy-current loss in a double-stator cup-rotor PM machine. *IEEE Transactions on Magnetics*, **44**, 4401–4404.

Niu, S., Chau, K.T. and Yu, C. (2009) Quantitative comparison of double-stator and traditional permanent magnet brushless machines. *Journal of Applied Physics*, **105**, 07F105, 1–07F105, 3.

Viorel, I.-A., Szabó, L., Löwenshein, L. and Şteţ, C. (2004) Integrated starter-generators for automotive applications. *Acta Electrotehnica*, **45**, 255–260.

Walker, A., Anpalahan, P., Coles, P. et al. (2004) Automotive integrated starter generator. Proceedings of International Conference on Power Electronics, Machines and Drives, pp. 46–48.

Wang, Y., Cheng, M., Chen, M. *et al.* (2011) Design of high-torque-density double-stator permanent magnet brushless motors. *IET Electric Power Applications*, **5**, 317–323.

ZF Friedrichshafen AG (2014) Electric Motors for Hybrid Drives for Passenger Cars and Commercial Vehicles, ZF Friedrichshafen AG, http://www.zf.com/media/media/en/document/corporate_2/downloads_1/flyer_and_brochures/ cars_flyer/elektrischemaschinenfrhybridantriebefrpersonenkraftwagenundnutzfahrzeuge.pdf, (accessed September 2014).

Zhang, J., Lv, C., Gou, J. and Kong, D. (2012) Cooperative control of regenerative braking and hydraulic braking of an electrified passenger car. *Proceedings of the Institution of Mechanical Engineers, Part D: Journal of Automobile Engineering*, **226**, 1289–1302.

第 11 章　行星齿轮电动变速器系统

尽管微混型和轻混型混合动力模式采用起动发电一体系统可实现部分混合动力功能，但只有全混型混合动力模式具备所有的混合动力功能，并能实现最高的燃油经济性。全混型混合动力汽车的关键核心技术是电动变速器（Electric Variable Transmission，EVT）系统，也称电子无级变速系统。自 1997 年 EVT 系统问世以来，汽车制造商推出了各种衍生产品。在本质上，绝大多数衍生产品都是以行星齿轮为基础，实现功率分配，从而实现 EVT。

本章将介绍各种行星齿轮（Planetary – Geared，PG）EVT 系统，包括系统配置、行星齿轮和基于行星齿轮的功率分配类型，即输入分配型和复合分配型。此外，相应的设计准则、设计案例及应用案例也将在本章进行讨论。

11.1　系统结构

PG EVT 系统具有电控功率传输的功能，能够将发动机的功率通过无级变速方式传递至车轮，即实现无缝转矩传递和平滑齿轮变换。该 PG EVT 系统一般可分为输入分配型和复合分配型两种类型（Miller，2006；Chau and Chan，2007；Wang，Cheng，and Chau，2009）。

首先，输入分配型 PG EVT 系统的结构如图 11.1 所示，该系统由一个功率分配器、两台电机、一个能量存储装置及一个最终传动组成。其中，功率分配器是该系统的关键部件，其实际上为一个行星齿轮，能够将发动机的输出机械功率分为两条支路：一条是机械支路，即通过功率分配器和最终传动将机械能量从发动机传至车轮；另一条是电气支路，即通过功率分配器、电机 1、电机 2 及最终传动将能量从发动机传至车轮。能量存储装置可以是电池或超级电容，其通常作为功率缓冲器存在于电机 1 和电机 2 之间。电池具有较强的能量存储能力，有利于大容量能量存储；超级电容具有较大的功率，有

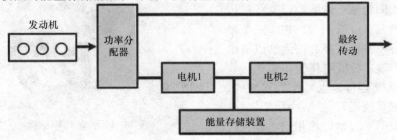

图 11.1　输入分配型 PG EVT 系统结构

利于瞬时处理大功率（Chau，Wong，and Chan，2003）。丰田系统和福特系统是两款比较经典的输入分配型 PG EVT 系统。

其次，复合分配型 PG EVT 系统的结构如图 11.2 所示。与输入分配型不同，该复合分配型系统具有两个功率分配器：一个安置于输入端，另一个则安置于输出端。基于该系统的四端口特性，可通过不同的结构控制，实现两种运行模式。一般而言，双运行模式能明显提升车辆性能及燃油经济性。基本上，在一种运行模式中，复合分配型系统与带有输出传动装置的输入分配型系统类似。也就是说，输入端的功率分配器实现转矩差动，而输出端的功率分配器则实现转矩放大。在另一种运行模式中，复合分配型系统输入端和输出端的功率分配器均用以实现转矩差动。现有三种主要的复合分配型 PG EVT 系统：GM – Allison 系统（通用汽车公司）、铁姆肯系统、雷诺系统。

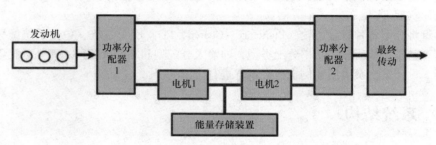

图 11.2　复合分配型 PG EVT 系统结构

11.2　行星齿轮

行星齿轮是 PG EVT 系统的核心部件，其由围绕太阳轮旋转的一个或多个行星轮组成。行星轮数越多，则带载能力越强，转矩密度也越大。行星轮安装于齿轮架的可旋转桥臂上，齿轮架与太阳轮可相对旋转。同时，其还采用了外齿圈啮合行星轮。如图 11.3 所示，总共有三个旋转轴：太阳轮轴、齿圈轴以及行星齿轮架轴，这三者一般同轴。在这三个轴中，任何一个轴均可视为输入轴或输出轴。因此，该系统既可作为单输入、双输出机械系统运行，也可作为双输入、单输出机械系统运行。

与传统的平行轴齿轮相比，行星齿轮具有以下优势：

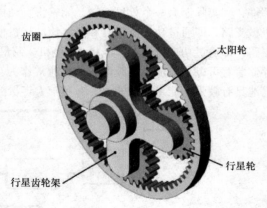

图 11.3　行星齿轮结构

- 功率密度和转矩密度都较大
- 传输效率高
- 在给定体积情况下，减速比大
- 同轴运行运动学组合多样化
- 负载分布性好，稳定性强

　　然而，行星齿轮也存在着轴承载荷大与设计复杂度高的缺点。由于具有同轴运行运动学组合多样化这一特点，EVT 系统成为了实现功率分配的关键部件。

　　图 11.4 为具有四个行星轮的行星齿轮示意图，该模型被用于推导行星齿轮各部分之间的速度关系（Mi, Masrur, and Gao, 2011）。首先，齿轮的切向速度 v 和角速度 ω

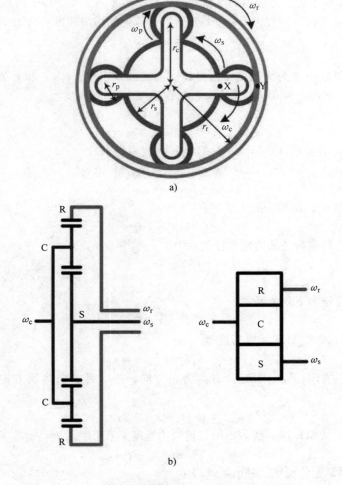

图 11.4　行星齿轮示意图：a）模型；b）符号

之间的关系为 $v = r\omega$，其中，r 为齿轮半径。当两个齿轮耦合时，它们接触点的切向速度必须相同。因此，两个耦合齿轮之间的速度关系为

$$\frac{r_1}{r_2} = \frac{\omega_2}{\omega_1} \tag{11.1}$$

式中，ω_1 和 ω_2 分别为两齿轮的角速度，r_1 和 r_2 分别为两齿轮的半径。与此同时，齿轮齿距 p 和齿数 N 的关系为 $2\pi r = pN$。当两齿轮耦合时，它们必须以相同齿距转动。因此，两耦合齿轮齿数关系为

$$\frac{r_1}{r_2} = \frac{N_1}{N_2} \tag{11.2}$$

式中，N_1 和 N_2 分别为两齿轮的齿数。

对于行星齿轮而言，主要有两个接触点：X 点和 Y 点。X 点位于行星轮和太阳轮之间，而 Y 点则位于行星轮和齿圈之间。因此，X 点处的切向速度 v_X 可表示为

$$v_X = \omega_s r_s \tag{11.3}$$

$$v_X = \omega_p r_p - \omega_c r_c \tag{11.4}$$

式中，ω_s、ω_p 和 ω_c 分别为太阳轮、行星轮、齿架的角速度，r_s、r_p 和 r_c 分别为太阳轮、行星轮、齿架的半径。相似的，Y 点处的切向速度 v_Y 可表示为

$$v_Y = \omega_r r_r \tag{11.5}$$

$$v_Y = \omega_p r_p + \omega_c r_c \tag{11.6}$$

消除 v_X 及 v_Y 后，式(11.3) ~式(11.6) 可改写为

$$\omega_s r_s = \omega_p r_p - \omega_c r_c \tag{11.7}$$

$$\omega_r r_r = \omega_p r_p + \omega_c r_c \tag{11.8}$$

进一步消除 ω_p，可得下列关系式：

$$\omega_r r_r = \omega_s r_s + 2\omega_c r_c \tag{11.9}$$

另一方面，行星齿轮的内部半径关系为

$$r_r = r_c + r_p \tag{11.10}$$

$$r_r = r_s + 2r_p \tag{11.11}$$

消除 r_p 之后，可推出下列关系式：

$$r_c = (r_r + r_s)/2 \tag{11.12}$$

将式(11.12) 代入式(11.9) 之后可得

$$\omega_r r_r = \omega_c(r_s + r_r) + \omega_s r_s \tag{11.13}$$

为统一旋转方向，规定顺时针方向为正方向，逆时针方向为反方向。式(11.13) 可改写为

$$\omega_r r_r = \omega_c(r_s + r_r) - \omega_s r_s \tag{11.14}$$

根据式(11.2)，式(11.14) 所表示的行星齿轮速度关系可表示为

$$\omega_s = (1 + \rho)\omega_c - \rho\omega_r \tag{11.15}$$

式中，ρ 为行星齿轮传动比，并由下式表示：

$$\rho = \frac{N_r}{N_s} \tag{11.16}$$

11.3　输入分配型 PG EVT 系统

输入分配型 PG EVT 系统主要有两种类型：一种是丰田为其 Prius 混合动力汽车开发的；另一种是福特为其 Escape 混合动力汽车开发的。为了正确地评估它们的速度和转矩之间的关系，需要准确建立系统动态方程。两种系统动力学模型的详细推导可参考 Miller 与 Everett 在 2005 年及 Miller 在 2010 年发表的论文。

11.3.1　丰田混合动力系统

1997 年丰田 Prius 的出现是混合动力汽车发展的重要转折点，该车型推出了第一款 PG EVT 系统（Sasaki，1998）。图 11.5 为丰田混合动力系统（Toyota Hybrid System，THS）的基本结构。这是一款众所周知的 PG EVT 系统，主要由行星齿轮、电池组、电机 1（一般作发电机运行）、变换器 1（一般作可控整流器运行）、电机 2（一般作电动机运行）以及变换器 2（一般作逆变器运行）构成。在该系统中，行星齿轮组作为功率分配的关键部件，将发动机功率分为两路功率流：机械功率流与电气功率流。一方面，发动机所产生的机械能通过齿圈传递至传动系统。另一方面，太阳轮与电机 1 连接，从而可将发动机所产生的一部分机械能转换为电能以驱动电机 2，通过电机 2 将能量最终传递至传动系统。变换器 1 和变换器 2 与电池组一起工作以缓冲电机 1 和电机 2 之间的功率传递。如果车辆所需功率比发动机输出功率大，则电池组释放电能以提供额外能量；反之，电池组将回收存储多余能量。

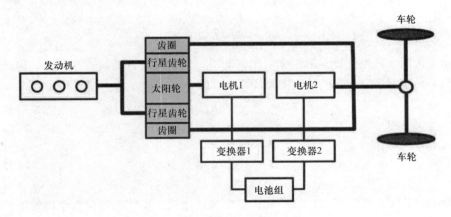

图 11.5　丰田混合动力系统

丰田混合动力系统模型如图 11.6 所示，其中，ω_e、J_e 和 T_e 分别为发动机的转速、转动惯量和转矩；ω_g、J_g 和 T_g 分别为发电机的转速、转动惯量和转矩；ω_m、J_m 和 T_m 分别为电动机的转速、转动惯量和转矩；ω_d、J_d 和 T_d 分别为传动系统的转速、转动惯量和转矩；J_r、J_c 和 J_s 分别为齿圈、齿轮架和太阳轮的转动惯量；G_{cs} 为齿轮架 - 太阳轮传动比；G_{rs} 为齿圈 - 太阳轮传动比；G_{ad} 为轴 - 传动系统传动比。在没有离合器的情况下，行星齿轮与车辆一起运行。

根据 Jourdain 原理，行星齿轮的
转矩关系可由下式表示：

$$T_c = (1 + \rho) T_s \quad (11.17)$$

$$T_c = \frac{(1 + \rho)}{\rho} T_r \quad (11.18)$$

$$T_s = \frac{1}{\rho} T_r \quad (11.19)$$

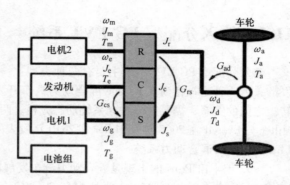

式中，T_r、T_c 和 T_s 分别为齿圈、齿轮
架和太阳轮的转矩。

图 11.6　丰田混合动力系统模型

为简化推导过程，所有的转动惯
量被归化于行星齿轮的三个轴上。相
应的发电机转动惯量、发动机转动惯量以及电动机转动惯量可被表示为

$$J'_g = J_g + J_s \quad (11.20)$$

$$J'_e = J_e + J_c + G_{cs}^2 J'_g \quad (11.21)$$

$$J'_m = J_m + J_r + G_{rs}^2 J'_g + J_d + \frac{J_a}{G_{ad}^2} \quad (11.22)$$

因此，发动机轴和电动机轴的动态方程可表示为

$$J'_e \frac{d\omega_e}{dt} = T_e - G_{cs} T_g - G_{cs} J'_g \frac{d\omega_g}{dt} \quad (11.23)$$

$$J'_m \frac{d\omega_m}{dt} = T_m - T_d - G_{rs} T_g - G_{rs} J'_g \frac{d\omega_g}{dt} \quad (11.24)$$

由于齿圈、齿轮架及太阳轮分别和电动机、发动机及发电机直接相连，因此，式
（11.15）所表示的三者之间的速度关系可改写为

$$\omega_g = (1 + \rho) \omega_e - \rho \omega_m \quad (11.25)$$

同时也可表示为

$$\omega_g = G_{cs} \omega_e + G_{rs} \omega_m \quad (11.26)$$

$$G_{cs} = 1 + \rho \quad (11.27)$$

$$G_{rs} = -\rho \quad (11.28)$$

将式（11.26）代入式（11.23）和式（11.24）之后，发动机轴和电动机轴的动态方
程可表示为

$$J_{eo} \frac{d\omega_e}{dt} = T_e - G_{cs} T_g - J_{go} \frac{d\omega_m}{dt} \quad (11.29)$$

$$J_{mo} \frac{d\omega_m}{dt} = T_m - T_d - G_{rs} T_g - J_{go} \frac{d\omega_e}{dt} \quad (11.30)$$

式中，等效转动惯量可表示为

$$J_{eo} = J'_e + G_{cs}^2 J'_g \quad (11.31)$$

$$J_{mo} = J'_m + G_{rs}^2 J'_g \tag{11.32}$$

$$J_{go} \doteq G_{cs} G_{rs} J'_g \tag{11.33}$$

因此，可推导出发电机和传动系统的转矩表达式：

$$T_g = \frac{1}{G_{cs}} \left(T_e - J_{eo} \frac{d\omega_e}{dt} - J_{go} \frac{d\omega_m}{dt} \right) \tag{11.34}$$

$$T_d = T_m - \frac{G_{rs}}{G_{cs}} T_e + \left(\frac{G_{rs}}{G_{cs}} J_{eo} - J_{go} \right) \frac{d\omega_e}{dt} + \left(\frac{G_{rs}}{G_{cs}} J_{go} - J_{mo} \right) \frac{d\omega_m}{dt} \tag{11.35}$$

式（11.35）代表了该输入分配型 PG EVT 系统最终驱动转矩，该转矩必须与道路荷载相等。在稳态模式下，所有系统动态响应为零，所以稳态模式下发电机和传动系统的转矩可表示为

$$T_g = \frac{1}{G_{cs}} T_e \tag{11.36}$$

$$T_d = T_m - \frac{G_{rs}}{G_{cs}} T_e \tag{11.37}$$

将式（11.27）和式（11.28）代入式（11.36）和式（11.37）后，相应的稳态转矩可表示为

$$T_g = \frac{1}{(1+\rho)} T_e \tag{11.38}$$

$$T_d = T_m + \frac{\rho}{(1+\rho)} T_e \tag{11.39}$$

这种输入分配型 PG EVT 系统主要有四种运行模式：全电驱动、巡航运行、加速运行和再生制动：

● 全电驱动：在此模式下，发动机为避免低效率运行而停机。如图 11.7 所示，电动机从电池组中吸收能量并直接向传动系统提供转矩。因此，将 $T_e = 0$ 代入式（11.39）中，可得

$$T_d = T_m \tag{11.40}$$

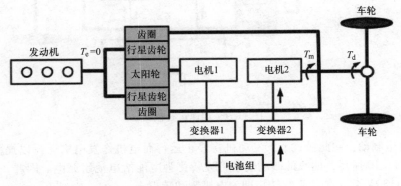

图 11.7　全电驱动模式

● 巡航运行：在此模式下，由于车辆所需能量低于发动机所输出的能量，因此，所产生的多余能量被分流至电池组并以电能的形式被存储起来，如图 11.8 所示。同时，电动机处于停止状态，仅发动机通过齿圈向传动系统提供转矩。因此，将 $T_m = 0$ 代入式 (11.39) 中可得

$$T_d = \frac{\rho}{(1+\rho)} T_e \tag{11.41}$$

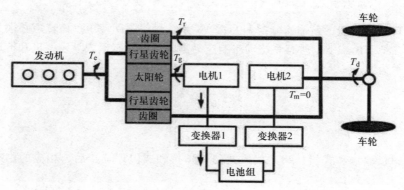

图 11.8 巡航运行模式

● 加速运行：在此模式下，由于车辆所需能量高于发动机所输出的能量，因此，如图 11.9 所示，电池组将释放电能以补充能量缺口。如式 (11.39) 所示，发动机和电动机将共同向传动系统提供转矩。

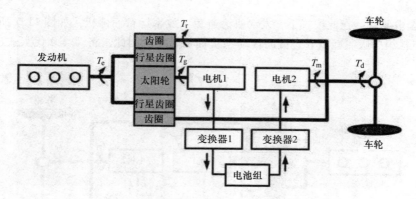

图 11.9 加速运行模式

● 再生制动：在此模式下，发动机将停止运行而电机作发电机运行以提供制动转矩，如图 11.10 所示，回收的制动能量将被转化为电能给电池组充电。因此，将 $T_e = 0$ 代入式 (11.39) 后，传动系统转矩即为电机制动转矩：

$$T_d = -T_m \tag{11.42}$$

在功率分配的正常运行模式下，其控制策略能维持发动机沿最佳运行线（Optimal

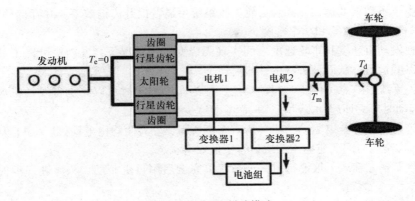

图 11.10　再生制动模式

Operation Line，OOL）工作。图 11.11 为一条典型的以最低燃油损耗和最佳燃油经济性为标准制定的发动机 OOL。在给定车辆传动系统的速度和输出功率条件下，发动机可根据其燃油消耗特性 OOL 推断出其最佳工作点（T_e，ω_e）。根据传动系统和发动机的速度，发电机所需的运行速度可由式（11.25）获得。该发电机转速可由相应的变换器通过控制其输出功率加以调节。因此，电动机转矩可由车辆所需转矩减去传至齿圈上的发动机转矩获得。发电机吸收的功率通过直流母线及电池组反馈至电动机，通过对该功率流的控制，发动机可在传动系统转速变化的情况下恒速运行，从而实现发动机转速和车轮转速之间的无级变速。

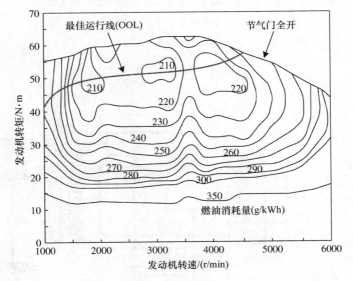

图 11.11　发动机最佳运行线（OOL）

混合动力汽车用输入分配型 PG EVT 系统的优点可总结如下：

- 由于不需要变速器或离合齿轮，该系统可显著提升传输效率，并降低整体体积，从而提升能量转换效率和功率密度。
- 在发动机速度和车轮速度之间实现无级变速的情况下，发动机可以于最佳能效点或沿 OOL 运行，从而显著减少燃油消耗。
- 该系统具有怠速停止 - 起动功能，即当车辆停止时可以完全将发动机熄火，并在车辆起动时可立即起动发动机，从而显著减少燃油消耗。
- 该系统具有全电驱动功能（所有车辆所需驱动转矩均由电动机产生），从而可显著改善起动响应时间而避免发动机运行于低效率状态。
- 当车辆减速或下坡滑行时，该系统可完全启用再生制动，从而进一步提升燃油经济性。
- 该系统便于全油门加速，即发动机与电动机共同运行以输出车辆所需动力。

11.3.2 福特混合动力系统

福特混合动力系统（Ford Hybrid System，FHS）是另一款众所周知的输入分配型 PG EVT，如图 11.12 所示。和 THS 类似，FHS 由一个行星齿轮、一台电动机、一台发电机、一个电池组、一个可控整流器及一个逆变器构成，以实现功率分配。此外，该系统的电动机和最终传动之间还配有一台输出齿轮，因此输出转矩放大器通常采用直齿轮模式。

该 FHS 系统模型可如图 11.13 所示，其中，G_{12}、G_{13} 及 G_{23} 为额外增加的输出齿轮的齿轮比。与之前推导类似，首先将所有的转动惯量归化于行星齿轮的三个轴之上。归化后的发电机转动惯量、发动机转动惯量、电动机转动惯量可由下式表示：

$$J'_g = J_g + J_s \tag{11.43}$$

$$J'_e = J_e + J_c + G_{cs}^2 J'_g \tag{11.44}$$

$$J'_m = J_m + G_{13}^2 J_r + G_{13} G_{rs} J'_g + G_{12}^2 J_d + \frac{G_{12}}{G_{ad}} J_a \tag{11.45}$$

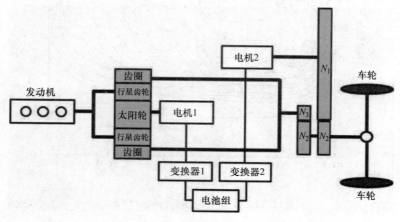

图 11.12　福特混合动力系统

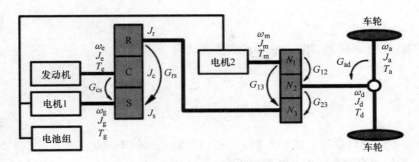

图 11.13　福特混合动力系统模型

因此，发动机轴和电动机轴的动态方程可由下式表示：

$$J'_e \frac{\mathrm{d}\omega_e}{\mathrm{d}t} = T_e - G_{cs}T_g - G_{cs}J'_g \frac{\mathrm{d}\omega_g}{\mathrm{d}t} \tag{11.46}$$

$$J'_m \frac{\mathrm{d}\omega_m}{\mathrm{d}t} = T_m - G_{12}T_d - G_{rs}G_{13}T_g - G_{rs}G_{cs}G_{13}J'_g \frac{\mathrm{d}\omega_g}{\mathrm{d}t} \tag{11.47}$$

发电机转速可由发动机转速和电动机转速共同表示为

$$\omega_g = G_{cs}\omega_e + G_{rs}G_{13}\omega_m \tag{11.48}$$

将式（11.48）代入式（11.46）和式（11.47）后，发动机和电动机轴的动态方程可改写为

$$J_{eo} \frac{\mathrm{d}\omega_e}{\mathrm{d}t} = T_e - G_{cs}T_g - J_{go} \frac{\mathrm{d}\omega_m}{\mathrm{d}t} \tag{11.49}$$

$$J_{mo} \frac{\mathrm{d}\omega_m}{\mathrm{d}t} = T_m - G_{12}T_d - G_{rs}G_{13}T_g - J_{go} \frac{\mathrm{d}\omega_e}{\mathrm{d}t} \tag{11.50}$$

式中，以集中参数形式表示的等效转动惯量为

$$J_{eo} = J'_e + G_{cs}^2 J'_g \tag{11.51}$$

$$J_{mo} = J'_m + G_{rs}^2 G_{13}^2 J'_g \tag{11.52}$$

$$J_{go} = G_{cs}G_{rs}G_{13}J'_g \tag{11.53}$$

因此，可得发电机和传动系统的转矩为

$$T_g = \frac{1}{G_{cs}}\left(T_e - J_{eo}\frac{\mathrm{d}\omega_e}{\mathrm{d}t} - J_{go}\frac{\mathrm{d}\omega_m}{\mathrm{d}t} \right) \tag{11.54}$$

$$T_d = \frac{1}{G_{12}}T_m - G_{ed}T_e + \left(G_{ed}J_{eo} - \frac{J_{go}}{G_{12}} \right)\frac{\mathrm{d}\omega_e}{\mathrm{d}t} + \left(G_{ed}J_{go} - \frac{J_{mo}}{G_{12}} \right)\frac{\mathrm{d}\omega_m}{\mathrm{d}t} \tag{11.55}$$

式中，G_{ed} 为发动机至传动系统的等效传动比，由下式表示：

$$G_{ed} = \frac{G_{rs}G_{13}}{G_{cs}G_{12}} \tag{11.56}$$

在稳态模式下，系统动态响应为零，因此，发电机和传动系统的稳态转矩可表示为

$$T_g = \frac{1}{G_{cs}}T_e \tag{11.57}$$

$$T_d = \frac{1}{G_{12}} T_m - G_{ed} T_e \qquad\qquad (11.58)$$

式中，传动比 G_{12}、G_{13} 可用输出齿轮的齿数表示为

$$G_{12} = \frac{N_1}{N_2} \qquad\qquad (11.59)$$

$$G_{13} = \frac{N_1}{N_3} \qquad\qquad (11.60)$$

因此，将式（11.27）、式（11.28）、式（11.59）、式（11.60）代入式（11.57）、式（11.58）后，可得稳态转矩，其表达式为

$$T_g = \frac{1}{(1+\rho)} T_e \qquad\qquad (11.61)$$

$$T_d = \frac{N_2}{N_1} T_m + \frac{\rho}{(1+\rho)} \frac{N_2}{N_3} T_e \qquad\qquad (11.62)$$

通过对比式（11.61）、式（11.62）与式（11.38）、式（11.39）可发现，FHS 与 THS 非常相似。由于都具备输入分配型功率分配器的特征，两套系统的发电机转矩相同。然而，由于 FHS 采用了额外的输出齿轮，在机械特性方面更具优势，因而能够有效放大电动机转矩与发动机转矩。因此总结来说，FHS 与 THS 的运行模式从本质上而言也是相同的。

11.4　复合分配型 PG EVT 系统

与输入分配型 PG EVT 系统相比，复合分配型 PG EVT 系统结构与功能更为复杂，关键在于其融合了变结构控制的特点。随着机械离合器的使用，该系统可以形成多种结构。具有代表性的复合分配型 PG EVT 系统是通用双模式混合动力系统。当然，还有各种不同的变体，如雷诺、铁姆肯系统。

11.4.1　通用双模式混合动力系统

通用双模式混合动力系统如图 11.14 所示。该系统主要由三个离合器、两个行星齿轮、两台电机、两个功率变换器及一个电池组构成（Holmes and Schmidt，2002）。相应的等效模型如图 11.15 所示。由图可知，发动机通过离合器 CL_1 与第一行星齿轮 P_1 的齿圈 R_1 相连。电机 M_1 一般作为发电机与 P_1 的太阳轮 S_1 相连。P_1 的齿轮架 C_1 与第二行星齿轮 P_2 的齿轮架 C_2 相连，且两个齿轮架都与传动系统相连。电机 M_2 一般作为电动机与 P_2 的太阳轮 S_2 相连。其中，两个离合器可使 P_2 的齿圈 R_2 与电机 M_1 相连（通过离合器 CL_2）或接地（通过离合器 CL_3）。通过接合或分离不同的离合器组合，该系统可以改变其结构，从而提供更灵活的传输控制。

在城市驾驶的情况下，混合动力汽车运行于低速模式（被称为低速区模式）。此时，闭合离合器 CL_1 与 CL_3、断开离合器 CL_2，从而第一行星齿轮作输入功率分配运行，而第二行星齿轮作输出齿轮运行，该系统运行模式与 FHS 类似。而在高速巡航的情况

下，混合动力汽车运行于高速模式（被称为高速区模式）。此时，闭合离合器 CL_1、CL_2、断开离合器 CL_3，从而第一、第二行星齿轮均作为功率分配运行，即所谓"复合分配"。而当离合器 CL_2、CL_3 同时断开，则车辆处于空档状态。因此，这种双模式 PG EVT系统可同时优化低速与高速运行模式下的燃油经济性。

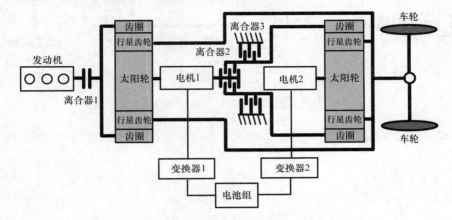

图 11.14 通用双模式混合动力系统

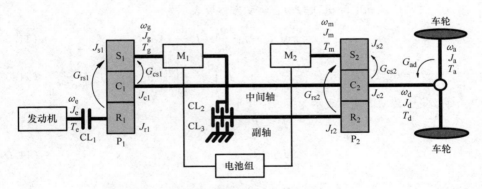

图 11.15 通用双模式混合动力系统模型

为准确地评估通用双模式混合动力系统转速和转矩之间的关系，需要建立该系统在不同运行模式下的动态运动方程，其详细推导过程可参考 Miller（2006，2010）。

11.4.1.1 低速区模式

在低速区模式下，闭合离合器 CL_1 和 CL_3，并断开离合器 CL_2。第一行星齿轮作为输入功率分配，而第二行星齿轮则作为输出齿轮。图 11.16 为该低速区模式的等效模型，其中，J_{r1}、J_{c1} 和 J_{s1} 分别为第一行星齿轮齿圈、齿轮架和太阳轮的转动惯量；J_{r2}、J_{c2} 和 J_{s2} 分别为第二行星齿轮齿圈、齿轮架和太阳轮的转动惯量；G_{cs1} 和 G_{rs1} 分别为第一行星齿轮齿轮架 – 太阳轮传动比和轮圈 – 太阳轮传动比；G_{cs2} 和 G_{rs2} 分别为第二行星齿轮齿轮架 – 太阳轮传动比和轮圈 – 太阳轮传动比。

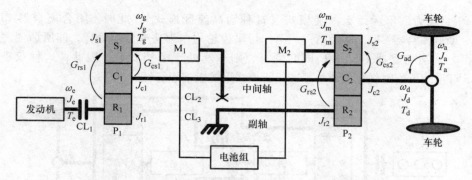

图 11.16 低速区模式下的通用双模式混合动力系统模型

与之前推导类似，所有转动惯量均归化于发电机轴、发动机轴及电动机轴，并可由下式表示：

$$J'_g = J_g + J_{s1} \tag{11.63}$$

$$J'_e = J_e + J_{r1} + G_{rs1}^2 J'_g \tag{11.64}$$

$$J'_m = J_m + J_{s2} + \frac{1}{G_{cs2}^2}\Big[J_{c1} + J_{c2} + J_d + G_{cs1}^2 J'_g + \frac{1}{G_{ad}^2} J_a \Big] \tag{11.65}$$

因此，发动机轴和电动机轴的动态运动方程可表示为

$$T_g = \frac{1}{G_{rs1}}\Big(T_e - J_{eo}\frac{\mathrm{d}\omega_e}{\mathrm{d}t} - J_{go}\frac{\mathrm{d}\omega_m}{\mathrm{d}t} \Big) \tag{11.66}$$

$$T_d = G_{cs2}T_m - \frac{G_{cs1}}{G_{rs1}}T_e + \Big(\frac{G_{cs1}}{G_{rs1}}J_{eo} - G_{cs2}J_{go} \Big)\frac{\mathrm{d}\omega_e}{\mathrm{d}t} + \Big(\frac{G_{cs1}}{G_{rs1}}J_{go} - G_{cs2}J_{mo} \Big)\frac{\mathrm{d}\omega_m}{\mathrm{d}t} \tag{11.67}$$

式中，等效集中转动惯量可表示为

$$J_{eo} = J'_e + G_{rs1}^2 J'_g \tag{11.68}$$

$$J_{mo} = J'_m + \frac{G_{cs1}^2}{G_{cs2}^2} J'_g \tag{11.69}$$

$$J_{go} = \frac{G_{rs1}G_{cs1}}{G_{cs2}} J'_g \tag{11.70}$$

在稳态模式下，相应的发电机转矩和传动系统转矩可表示为

$$T_g = \frac{1}{G_{rs1}}T_e \tag{11.71}$$

$$T_d = G_{cs2}T_m - \frac{G_{cs1}}{G_{rs1}}T_e \tag{11.72}$$

根据式（11.26）~式（11.28）所示的行星齿轮转速关系，传动比 G_{cs1}、G_{rs1}、G_{cs2}、G_{rs2} 可表示为

$$G_{cs1} = 1 + \rho_1 \tag{11.73}$$

$$G_{rs1} = -\rho_1 \tag{11.74}$$

$$G_{cs2} = 1 + \rho_2 \tag{11.75}$$

$$G_{\mathrm{rs2}} = -\rho_2 \tag{11.76}$$

式中，ρ_1 和 ρ_2 分别为第一、第二行星齿轮齿数比。因此，将式(11.73)~式(11.76)代入式(11.71)和式(11.72)后，可得相应的稳态转矩：

$$T_{\mathrm{g}} = -\frac{1}{\rho_1}T_{\mathrm{e}} \tag{11.77}$$

$$T_{\mathrm{d}} = (1 + \rho_2)T_{\mathrm{m}} + \frac{(1 + \rho_1)}{\rho_1}T_{\mathrm{e}} \tag{11.78}$$

由式(11.78)可知，低速区模式下传动系统转矩是由发动机和电动机转矩加权结合而成，权重比则是根据相关行星齿轮传动比确定的。同时，由于 ρ_1 和 ρ_2 一般情况下大于 1，因此，传动系统转矩更依赖于电动机而不是发动机。

11.4.1.2　高速区模式

在高速区模式下，离合器 CL_1 和 CL_2 闭合而离合器 CL_3 断开，从而第一、第二行星齿轮均运行于功率分配模式。图 11.17 为高速区模式的等效模型。与之前推导类似，归化后的发电机、发动机及电动机轴转动惯量可表示为

$$J'_{\mathrm{g}} = J_{\mathrm{g}} + J_{\mathrm{s1}} \tag{11.79}$$

$$J'_{\mathrm{e}} = J_{\mathrm{e}} + J_{\mathrm{r1}} + G_{\mathrm{rs1}}^2 J'_{\mathrm{g}} \tag{11.80}$$

$$J'_{\mathrm{m}} = J_{\mathrm{m}} + J_{\mathrm{s2}} + \frac{1}{G_{\mathrm{cs2}}^2}\Big[J_{\mathrm{c1}} + J_{\mathrm{c2}} + J_{\mathrm{d}} + G_{\mathrm{cs1}}^2 J'_{\mathrm{g}} + \frac{1}{G_{\mathrm{ad}}^2}J_{\mathrm{a}}\Big] + \frac{1}{G_{\mathrm{rs2}}^2}\big[J_{\mathrm{r2}} + J'_{\mathrm{g}}\big] \tag{11.81}$$

从而可得发动机和电动机轴的动态运动方程为

$$T_{\mathrm{g}} = \frac{1}{G_{\mathrm{rs1}}}\Big(T_{\mathrm{e}} - J_{\mathrm{eo}}\frac{\mathrm{d}\omega_{\mathrm{e}}}{\mathrm{d}t} - J_{\mathrm{go}}\frac{\mathrm{d}\omega_{\mathrm{m}}}{\mathrm{d}t}\Big) \tag{11.82}$$

$$T_{\mathrm{d}} = \frac{1}{G_{\mathrm{cs2}}}T_{\mathrm{m}} - \frac{1}{G_{\mathrm{rs1}}G_{\mathrm{cs2}}G_{\mathrm{rs2}}}T_{\mathrm{e}} + \frac{1}{G_{\mathrm{cs2}}}J'_{\mathrm{eo}}\frac{\mathrm{d}\omega_{\mathrm{e}}}{\mathrm{d}t} - \frac{1}{G_{\mathrm{cs2}}}J_{\mathrm{mo}}\frac{\mathrm{d}\omega_{\mathrm{m}}}{\mathrm{d}t} \tag{11.83}$$

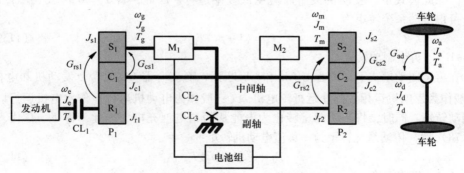

图 11.17　高速区模式下的通用双模式混合动力系统模型

式中，等效集中转动惯量为

$$J'_{\mathrm{eo}} = \frac{1}{G_{\mathrm{rs1}}G_{\mathrm{rs2}}}J_{\mathrm{eo}} - G_{\mathrm{rs1}}G_{\mathrm{rs2}}J'_{\mathrm{g}} - G_{\mathrm{rs2}}^2 J_{\mathrm{go}} \tag{11.84}$$

$$J_{eo} = J'_e - \left(G_{rs1}^2 + \frac{G_{cs1} G_{rs2} G_{rs1}^2}{G_{cs2} + G_{cs1} G_{rs2}} \right) J'_g \tag{11.85}$$

$$J_{mo} = J'_m - \frac{1}{G_{cs1} G_{rs2}} J_{go} + \frac{G_{cs1} G_{rs2}}{G_{cs2} + G_{cs1} G_{rs2}} J'_g \tag{11.86}$$

$$J_{go} = \frac{G_{cs1} G_{rs1}}{G_{cs2} + G_{cs1} G_{rs2}} J'_g \tag{11.87}$$

在稳态模式下，相应的发电机转矩和传动系统转矩可表示为

$$T_g = \frac{1}{G_{rs1}} T_e \tag{11.88}$$

$$T_d = \frac{1}{G_{cs2}} T_m - \frac{1}{G_{rs1} G_{cs2} G_{rs2}} T_e \tag{11.89}$$

将式(11.73)~式(11.76)代入式(11.88)和式(11.89)后可得相应的稳态转矩：

$$T_g = -\frac{1}{\rho_1} T_e \tag{11.90}$$

$$T_d = \frac{1}{(1 + \rho_2)} T_m - \frac{1}{\rho_1 \rho_2 (1 + \rho_2)} T_e \tag{11.91}$$

由式(11.91)可知，高速区模式下的传动系统转矩也是由发动机和电动机转矩加权结合而成。对比式(11.91)与式(11.78)可知，在低速区模式和高速区模式下的传动系统转矩是完全不同的。尤其是在低速区模式下，发动机仅需通过第一行星齿轮向传动系统输送转矩，而在高速区模式下，发动机则需通过第一、第二行星齿轮向发动机传递转矩。一般而言，发动机运行于恒速以获得最佳的燃油经济性。

11.4.1.3 全电驱动模式

全电驱动模式本质上是一种低速区模式，此时离合器 CL₁ 和 CL₃ 闭合而离合器 CL₂ 断开。在此模式下，发动机关闭以避免低效率运行。因此，将 $T_e = 0$ 代入式(11.78)后，可得传动系统转矩为

$$T_d = (1 + \rho_2) T_m \tag{11.92}$$

11.4.1.4 再生制动模式

在再生制动模式下，离合器 CL₁ 和 CL₂ 断开，而离合器 CL₃ 闭合。发动机和电机 1（一般作为发电机运行）停止运行。电机 2（一般作为电动机运行）作发电机运行以提供制动转矩，同时，将制动能量转化为电能从而给电池充电。因此，将 $T_e = 0$ 代入式(11.78)后，传动系统转矩为一负值电动机转矩：

$$T_d = -(1 + \rho_2) T_m \tag{11.93}$$

11.4.1.5 模式切换

和上文所述 THS 及 FHS 不同，这种通用双模式混合动力系统在不同模式之间具有不同的机械结构，尤其在低速区模式和高速区模式之间。因此，为使机械扰动最小化，需要在合适的条件下进行模式切换。

如图 11.18 所示，车辆在关闭发动机的情况下运行于全电驱动模式。当电动机不能完全满足车辆转矩需求时，发动机起动以提供额外输出转矩。因此，车辆由全电驱动模

式切换至低速区模式。低速区模式和高速区模式之间的切换主要由车速控制。与此同时，当第一行星齿轮太阳轮转速和第二行星齿轮轮圈转速一致时，低速区模式和高速区模式之间可实现无机械扰动转换。因而无论制动踏板是否工作，在当前运行模式转为再生制动模式之间总有一个过渡过程。

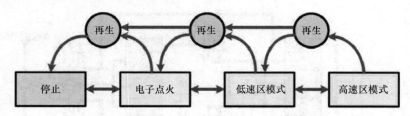

图 11.18　通用双模式混合动力系统模式切换

11.4.2　雷诺混合动力系统

图 11.19 为雷诺复合分配型 PG EVT 系统示意图，此系统也称为无级变速系统（Villeneuve, 2004）。雷诺复合分配型 PG EVT 系统具有两台电机、两个行星齿轮，但没有离合器。电机 M_1 和第一行星齿轮 P_1 的太阳轮 S_1 连接，而电机 M_2 则和第二行星齿轮 P_2 的太阳轮 S_2 连接。发动机和 P_1 的齿轮架 C_1 及 P_2 的齿圈 R_2 连接。P_2 的齿轮架 C_2 及 P_1 的齿圈 R_1 和传动系统相连。由于不含离合器，该系统只有一种机械结构，因此，在切换运行模式时不存在机械扰动的问题。

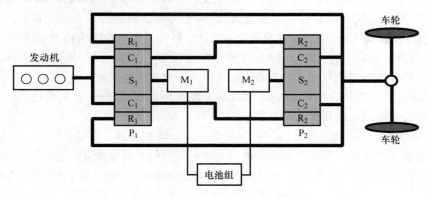

图 11.19　雷诺混合动力系统模型

雷诺混合动力系统是一个完整的四端口构型：具有两机械端口和两电气端口。通过控制两台电机，当给定一个输入转速（发动机转速）时，输出转速（车轮转速）可实现"无级"变速，即不使用任何离合器或等效装置，连续地从负速度（反转）经过零至正速度（正转）变速。

11.4.3　铁姆肯混合动力系统

图 11.20 所示为铁姆肯混合动力系统，也称为机电无级变速系统（Ai, Mohr, and Anderson, 2004）。这种双模式复合分配型系统由两台电机、两个行星齿轮、两个离合器

及两个制动器组成。电机 M_1 和第一行星齿轮 P_1 的太阳轮 S_1 相连，同时也可通过离合器 CL_2 和第二行星齿轮 P_2 的轮圈 R_2 相连。电机 M_2 和 P_2 的太阳轮 S_2 相连，发动机和 P_1 的轮圈 R_1 相连。P_2 的齿轮架 C_2 和传动系统相连，而 P_1 的齿轮架 C_1 则通过离合器 CL_1 与传动系统相连。齿轮架 C_1 及太阳轮 S_1 可分别通过制动器 B_1 及 B_2 进行锁定。

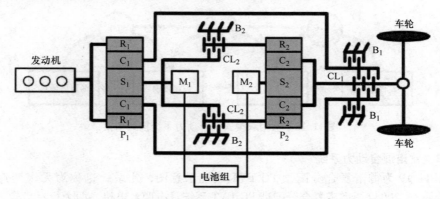

图 11.20 铁姆肯混合动力系统模型

通过合理地利用两个离合器与两个制动器，铁姆肯混合动力系统可实现如下各种运行模式（Mi, Masrur, and Gao, 2011）：

- 全电驱动：断开离合器 CL_1 和 CL_2 并激活制动器 B_1 和 B_2，即制动器 B_2 锁住 P_2 的轮圈 R_2 以便电机 M_2 直接通过 P_2 的齿轮架 C_2 向太阳轮 S_2 输送转矩；与此同时，制动器 B_1 锁住了 P_1 的齿轮架 C_1 以便发动机熄火。因此，传动系统转矩完全由 M_2 提供。
- 低速区模式：闭合离合器 CL_1 并激活制动器 B_2，而离合器 CL_1 及制动器 B_1 则保持断开，则系统与通用双模式混合动力系统低速区模式完全一致。
- 高速区模式：闭合离合器 CL_1 和 CL_2 并断开制动器 B_1 和 B_2，则系统与通用双模式混合动力系统高速区模式完全一致。
- 串联模式：闭合离合器 CL_1 和 CL_2 并激活制动器 B_1 和 B_2。于是，齿轮架 C_1 被锁定，从而发动机通过 P_1 的太阳轮 S_1 向电机 M_1（作发电机运行）传输能量，之后，电机 M_1 所产生的电能在轮圈 R_2 锁定的情况下通过 P_2 的太阳轮 S_2 驱动电机 M_2（作电动机运行）。

11.5 设计准则

PG EVT 系统的设计比较复杂，因为其需具备全混型混合动力系统的全部特性，即全电驱动、起动、发电、怠速停止–起动、再生制动以及 EVT 运行。所有系统设备需与发动机紧密协作，并在恶劣的环境下（如大振动和高温度）工作。EVT 系统的设计目标是严格的，并可总结为如下所述：

- EVT 系统具有很多种类，如输入分配型与复合分配型，不同类型的混合动力汽车需要不同的 EVT 系统。一般而言，输入分配型更适合乘用车或运动型多用途车使用，而复合分配型则更适合货车或卡车使用。

- 为顺利起动汽车，电动机起动转矩应达额定转矩的四倍。相应电机在设计过程中，应保证转矩密度最大化以减小重量和体积。
- 为实现汽车宽调速范围，电动机恒功率运行范围应达基速的四倍。在相应电机在设计过程中，应保证功率密度最大化以减小重量和体积。
- 发电机输出功率需足够高以执行发动机输出功率分配。
- 发电机运行转速范围需足够宽以实现有效发电，从而保证电池充电。
- 作起动电动机运行的发电机，其输出转矩需足够大以实现冷起动。
- 行星齿轮应足够耐用以执行发动机功率分配，从而形成两路功率流。
- 发动机应足够耐用以执行上百万次的怠速停止 – 起动循环。
- 电动机应在较广的转矩 – 转速区域内能够提供高于 85% 以上的效率。
- 电动机再生制动效率应超过 60%。
- 系统应可承受至少 20g 的加速度及 – 30～120℃ 的工作温度范围。
- 系统应具备高可靠性和良好适用性，尤其是电动机和发电机应免于维护。
- 系统应具备良好的燃油经济性，以弥补增加的复杂性和额外的成本。

11.6　设计案例

由于输入分配型 PG EVT 系统是最为基础的 PG EVT 系统，本节选择此系统作为实例。另外，由于永磁同步电机具有效率高、功率密度大以及转矩脉动小的优点，输入分配型 PG EVT 系统选择此种电机作为系统电机。

11.6.1　基于永磁同步电机的 PG EVT 系统结构

基于永磁同步电机的 PG EVT 系统结构如图 11.5 所示，其中，电机 1 和电机 2 均采用永磁同步电机结构。在此系统中，行星齿轮作为关键部件将发动机功率分为两路：一路是由齿圈传至传动系统的机械功率，另一路是由电机 1（一般作发电机运行）、功率变换器 1（一般作可控整流器运行）、电池组以及功率变换器 2（一般作逆变器运行）传至传动系统的电气功率。这种设计的关键之处在于行星齿轮和两台电机的高度集成。由于所有装置都有独立的转动轴，图 11.5 所示的系统布局并不适合实现这种集成。

将行星齿轮和两台电机集成的系统布局如图 11.21 所示，其中，行星齿轮嵌于两台电机之间，发动机轴通过电机 1 的中心铁心与行星

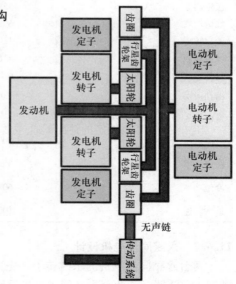

图 11.21　输入分配型 EVT 系统实际布局

齿轮相连，行星齿轮的齿圈则与电机 2 的转子一起，通过无声链与传动系统相连。无声链的链条上具有链条齿，链条齿与传动系统的链轮齿啮合，可平滑而稳定地实现有效的转矩传递。

由于行星齿轮和电池组需要占用一定的空间，为满足推进需求，两台永磁同步电机（一台主要作发电机运行，另一台主要作电动机运行）需要进行合理设计。根据典型的客运混合动力汽车的需求，一套输入分配型 PG EVT 系统的规格见表 11.1，相应的两台永磁同步电机规格见表 11.2。

表 11.1 输入分配型 PG EVT 系统规格参数

发动机峰值功率	65kW
电动机峰值功率	60kW
发电机峰值功率	35kW
电池电压	200V
齿圈齿数	78
太阳轮齿数	30
行星轮齿数	23
电动机 – 车轮速比	4

表 11.2 输入分配型 PG EVT 电机规格参数

电动机	
直流电压	500V
额定功率	35kW
峰值功率	60kW
额定转矩	120N · m
峰值转矩	416N · m
恒转矩区	0 ~ 1400r/min
恒功率区	1400 ~ 6000r/min
发电机	
直流电压	500V
额定功率	35kW
峰值功率	60kW
最大转速	10000r/min

11.6.2 永磁同步电机设计

两台永磁同步电机的永磁转子优先采用聚磁结构以获得高转矩密度和高功率密度。如图 11.22 所示，两台永磁同步电机采用和 Prius（Staunton et al.，2006；Burress et al.，2011）类似的内嵌 V 形永磁转子，而不是使用内嵌圆周式永磁转子，以减少漏磁。内嵌 V 形永磁转子的性能位于内嵌圆周式永磁转子和内嵌径向式永磁转子之间，可通过调整两永磁体之间的 V 形夹角以调整聚磁率和凸极率，并寻得最优点。

由于 d 轴电感和 q 轴电感不等，因此，此电机具有两种转矩分量：永磁转矩和磁阻转矩。一般而言，永磁转矩分量大于磁阻转矩分量。理论上，当电枢电流和反电动势初始相位角相差 0° 时，电机永磁转矩分量达最大值，而当电枢电流和反电动势初始相位角相差 45° 时，电机磁阻转矩分量达最大值。因此，最佳电流初始相位角位于 0° ~ 45° 之间，并取决于具体的工况，如电流幅值和转子转速等参数。

根据所需规格，两台永磁同步电机关键设计参数和尺寸参数见表 11.3。

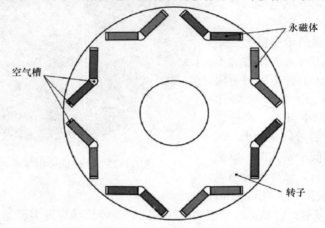

图 11.22　V 形永磁转子

表 11.3　输入分配型 PG EVT 系统用永磁同步电机关键参数和尺寸

	电动机	发电机
相数	3	3
极数	8	8
定子外径/mm	280	240
定子内径/mm	171.7	145
定子轴长/mm	50.8	83.6
转子外径/mm	170	143
转子内径/mm	54	86.4
转子轴长/mm	50.8	83.6
气隙长度/mm	0.85	1.0
定子槽数	48	48
定子每相绕组匝数	88	72
永磁体型号	Nd – Fe – B	Nd – Fe – B
永磁体尺寸/mm	20.25 × 7 × 50.8	19.1 × 6.58 × 83.6

11.6.3　永磁同步电机性能分析

通过有限元仿真，可获得两台永磁同步电机的磁场分布。图 11.23 为电机 2（一般作电动机运行）的典型磁场分布，从中可评估电机铁心的饱和程度，最为重要的是，还可评估整个气隙磁密。气隙磁密越高，则单位电枢电流所产生的转矩越大。

为了评估永磁同步电机的转矩能力，对电机在不同转子位置和不同电枢电流下产生的转矩进行有限元计算。相应的矩角特性如图 11.24 所示，由图中可知，峰值转矩随着电枢电流的增加而增大。因此，在电机转速低于基速时，电机在基速（1400r/min）允许的峰值电流下产生的峰值转矩可达 416 N·m。

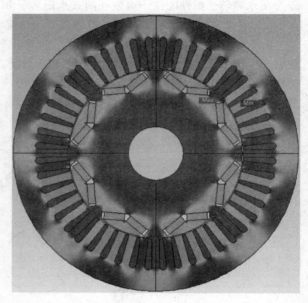

图 11.23　永磁同步电机磁场分布

当电机转速高于基速时，则运行于恒功率区。此时，峰值转矩随着转速的增大而减小。相应的转矩 - 转速特性如图 11.25 所示。

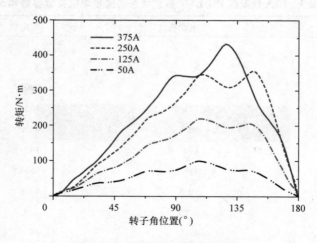

图 11.24　永磁同步电机矩角特性

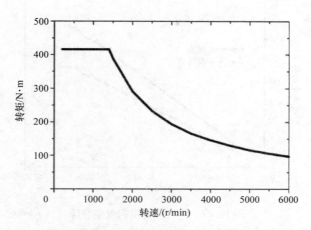

图 11.25　永磁同步电机转矩 – 转速性能

另一方面，电机 1 （一般作发电机运行）磁场分布，如图 11.26 所示。和上文类似，从图中可评估电机铁心饱和程度及整个气隙磁密。和电动机不同的是，发电机更关注于发电性能，即产生感应电动势的性能。气隙磁密越高，其感应电动势越高。

为了评估永磁同步电机的发电能力，现对发电机在不同转速下产生的感应电动势进行有限元计算。发电机转速从 0 升至 10000r/min，相应的感应电动势大小如图 11.27 所示。由图中可知，发电机感应电动势的峰值及有效值随着转速的上升而线性增加。在峰值转速为 10000r/min 工况下，发电机的感应电动势峰值达到 500V。

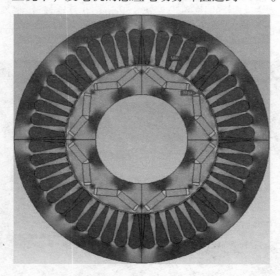

图 11.26　永磁同步电机磁场分布

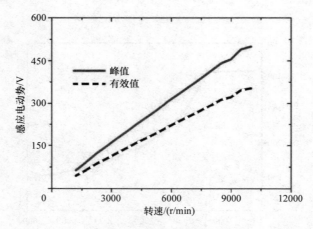

图 11.27　永磁同步电机发电性能

11.7　应用案例

丰田 Prius 是混合动力汽车发展的一个里程碑，如图 11.28 所示。第一代 Prius 于 1997 年开始销售，该车是第一款大批量生产的混合动力汽车。Prius 采用的输入分配型 PG EVT 系统，也被称为 THS，是混合动力系统的一次技术突破。如图 11.29 所示，THS 由发动机、发电机、行星齿轮以及电动机组成。发动机功率可达 43 kW，并在 4000 r/min 的转速下可输出 102N·m 的转矩。同时，其电动机可在 0~940r/min 的转速下输出 305N·m 的转矩，并且在 940~2000r/min 的转速下，其输出功率达到 30kW（Carfolio, 2014）。随着电池、电机及发动机技术的进一步发展，Prius 动力系统也在不断改进，以进一步提高燃油经济性。目前，Prius 已拥有 Prius 插电式混合动力型，Prius v 型及 Prius c 型等一系列混合动力汽车。

图 11.28　丰田 Prius（图片来源：Courtesy Wikimedia Commons，
http：//commons. wikimedia. org/wiki/File：1st_Toyota_Prius_－－_01－13－2010. jpg）

图 11.29　丰田混合动力系统（图片来源：Courtesy Wikimedia Commons，
http://commons. wikimedia. org/wiki/File：Toyota_1NZ – FXE_Engine_01. JPG）

　　图 11.30 所示为福特汽车公司的 Escape 混合动力汽车，该车自 2004 年问世以来，是第一款商用全混合动力运动型多功能车（Sport Utility Vehicle，SUV）。该车装备了输入分配型 PG EVT 系统，也被称为 FHS。FHS 由发动机、发电机、行星齿轮、电动机及一组正齿轮构成。发动机能在 6000r/min 下输出功率达 114kW，并在 4500r/min 的转速下，输出 184N·m 的转矩，同时，电动机在 5000r/min 下输出功率达 70kW（Automobile – catalog，2014）。FHS 输出的最大复合功率可高达 132kW。

图 11.30　福特 Escape 混合动力汽车（图片来源：Courtesy Wikimedia Commons，
http://en. wikipedia. org/wiki/File：2nd_Ford_Escape_Hybrid_ – – _04 – 29 – 2011_1. jpg）

　　通用汽车于 2004 年推出了 Silverado 混合动力汽车。自 2009 年开始，通用汽车推出了如图 11.31 所示的第二代雪佛兰 Silverado 混合动力汽车。该混合动力卡车装备了通用双模式混合动力系统。其 6LV8 发动机可在 5100r/min 转速下输出 248kW，并在 4100r/min 的转速下输出 498N·m 的转矩（GM，2014）。在两台 60kW 电机的支持下，系统最大输出功率可达 282kW。

图 11.31　雪佛兰 Silverado 混合动力车（图片来源：Courtesy Wikimedia Commons，
http://en. wikipedia. org/wiki/File:Chevrolet_Silverado_Hybrid_-‐-_01‐07‐2012. jpg）

11.8　PG EVT 系统技术是否成熟

　　近年来，全混合动力汽车是全球汽车产业增长最快的部分之一。丰田 Prius、丰田 Camry Hybrid、福特 Escape Hybrid、福特 Fusion Hybrid、通用雪佛兰 Silverado Hybrid、GMC Sierra Hybrid 以及起亚 Optima Hybrid 是这种典型混合动力汽车的商用实例。它们具有混合动力汽车的全部主要特征：全电驱动、发动机冷起动、发电、急速停止‐起动、再生制动以及 EVT 运行。

　　由于 EVT 系统是全混合动力系统的核心技术，相应的研究也一直在加速进行。事实上，由于丰田 Prius 的普及，基于永磁同步电机的输入分配型 PG EVT 系统已经成熟并大规模生产。与此同时，复合分配型 PG EVT 系统也日趋成熟，并可进一步降低制造成本。不过，现有的 PG EVT 系统仍存在两个技术缺陷：首先，虽然永磁同步电机具有效率高和功率密度大的优点，但是安置于转子的永磁体却需要承受 EVT 运行过程中的高离心力、剧烈振动及高温；其次，行星齿轮是 PG EVT 系统的关键部件，该机械装置由于其结构特性会不可避免地出现磨损情况，同时，还有齿轮噪声、传输低效及需要定期润滑维护等缺陷。因此，为解决这些问题，需要对 EVT 系统进行后续研究，比如在 PG EVT 系统中采用更先进的无永磁电机，或者采用双转子电机或磁齿轮以代替机械行星齿轮等方法，这些都是今后研究的方向。

参 考 文 献

Ai, X., Mohr, T., and Anderson, S. (2004) An electro-mechanical infinitely variable speed transmission. Proceedings of SAE World Congress, Paper No. 2004-01-0354.

Automobile-catalog (2014) 2012 Ford Escape Hybrid Limited AWD, Automobile-catalog.com, http://www.automobile-catalog.com/car/2012/1419305/ford_escape_hybrid_limited_awd.html (accessed September 2014).

Burress, T.A., Campbell, S.L., Coomer, C.L. *et al.* (2011) *Evaluation of the 2010 Toyota Prius Hybrid Synergy Drive System*, U.S. Department of Energy, Washington, DC.

Carfolio (2014) 1997 Toyota Prius Technical Specifications, Carfolio.com, http://www.carfolio.com/specifications/models/car/?car=230824, (accessed September 2014).

Chau, K.T. and Chan, C.C. (2007) Emerging energy-efficient technologies for hybrid electric vehicles. *Proceedings of the IEEE*, **95**, 821–835.

Chau, K.T., Wong, Y.S. and Chan, C.C. (2003) An overview of energy sources for electric vehicles. *Energy Conversion and Management*, **40**, 1021–1039.

General Motors (2014) Chevrolet Silverado Hybrid – 2012, http://media.cadillac.com/media/us/en/chevrolet/vehicles/silveradohybrid/2012.html (accessed September 2014).

Holmes, A.G. and Schmidt, M.R. (2002) Hybrid electric powertrain including a two-mode electrically variable transmission. U.S. Patent 6 478 705 B1.

Mi, C., Masrur, M.A. and Gao, D.W. (2011) *Hybrid Electric Vehicles: Principles and Applications with Practical Perspectives*, John Wiley & Sons, Ltd, Chichester.

Miller, J.M. (2006) Hybrid electric vehicle propulsion system architectures of the e-CVT type. *IEEE Transactions on Power Electronics*, **21**, 756–767.

Miller, J.M. (2010) *Propulsion Systems for Hybrid Vehicles*, IET, Stevenage.

Miller, J.M. and Everett, M. (2005) An assessment of ultracapacitors as the power cache in Toyota THS-II, GM-Allison AHS-2 and Ford FHS hybrid propulsion systems. Proceedings of IEEE Applied Power Electronics Conference and Exhibition, pp. 481–490.

Sasaki, S. (1998) Toyota's newly developed hybrid powertrain. Proceedings of International Symposium on Power Semiconductor Devices and ICs, pp. 17–22.

Staunton, R.H., Ayers, C.W., Marlino, L.D. *et al.* (2006) *Evaluation of 2004 Toyota Prius Hybrid Electric Drive System*, U.S. Department of Energy, Washington, DC.

Villeneuve, A. (2004) Dual mode electric infinitely variable transmission. Proceedings of SAE TOPTECH Meeting on Continuously Variable Transmission, 04CVT-19.

Wang, Y., Cheng, M. and Chau, K.T. (2009) Review of electronic-continuously variable transmission propulsion system for full hybrid electric vehicles. *Journal of Asian Electric Vehicles*, **7**, 1297–1302.

第 12 章　双转子电动变速器系统

电动变速器（EVT）系统是全混合动力汽车的核心技术，一直处于不断发展的状态。现有的 EVT 系统都是基于行星齿轮传动的使用，其本身不可避免地存在传输损耗，齿轮噪声，以及需要定期润滑的缺点。为了克服这些缺点，现研究了一种新型 EVT 系统，关键技术是采用双转子（DR）电机来达到所需的功率分配。

本章将介绍各种 DR EVT 系统，包括系统结构、双转子电机、基本的与先进的双转子类型，以及相应的设计准则、设计案例及应用前景。

12.1　系统结构

PG EVT 系统，包括输入分配和复合分配两种，均采用行星齿轮来实现发动机输出的功率分配。行星齿轮作为一种机械齿轮，不可避免地存在传输损耗，齿轮噪声，以及需要定期的润滑的缺点。而且，间隙和失调问题几乎不可避免。相较于使用机械装置，电气设备是一个执行功率分配很好的选择，因而可从根本上解决与机械传动相关的问题。其中关键技术是使用双转子电机来实现所需的功率分配。

图 12.1 描述了 PG EVT 系统的系统结构，包括一个行星齿轮，一个通常作为发电机工作的电机，另一个通常作为电动机工作的电机，一个通常作为可控整流器的功率变换器，另一个通常作为逆变器的功率变换器，以及一个能量存储装置，通常是电池。当发动机驱动行星齿轮的载体时，动力被分成两条路径：机械路径和电气路径。从发动机到传动系统的机械路径是通过行星齿轮的齿圈实现的。电气路径包括行星齿轮的太阳齿轮、发电机、可控整流器、电池、逆变器和电动机，各部分作用为：太阳齿轮驱动发电

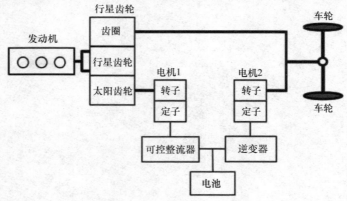

图 12.1　PG EVT 系统的系统结构

机转子；发电机定子产生电力；可控整流器调节发电机定子和直流母线之间的功率流；电池作为能源缓冲器；逆变器调节直流母线和电动机定子之间的功率流；电动机转子驱动传动系统。

图 12.2 描述了 DR EVT 系统的系统结构。通过允许电机 1（最初作为发电机）定子和转子的自由旋转，该电机变为一个原始双转子电机，可以同时提供行星齿轮分配发动机功率和发电机产生电力的功能。电机 1 将发动机功率分成两条路径。一路通过电机 1 的内、外转子从发动机到传动系统和电机 2（简单地作为电动机运行）的转子。另一路通过电机 1 的内转子、可控整流器、电池、逆变器以及电机 2，其作用分别为：发动机旋转内转子；内转子产生电力；可控整流器调节内转子和直流母线之间的功率流；电池作为能源缓冲器；逆变器调节直流母线和电动机定子之间的功率流；电动机转子驱动传动系统。因此，行星齿轮和由其引起的问题可以完全消除。

由于电机 1 外转子和电机 2 转子的直接耦合的特性，它们应该集中在一起，形成一台具有一个定子和两个转子的电机，即所谓的双转子电机。如图 12.3 所示，该系统结构比 PG EVT 系统简单得多。当发动机驱动内转子旋转，发动机的功率可分为两条路径。一条路径通过内转子和外转子到达传动系统。另一条路径通过内转子、可控整流器、电池、逆变器、定子以及外转子达到传动系统。因此，外转子是两个驱动力矩的求和点。

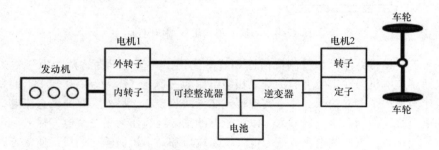

图 12.2　使用级联电机的 DR EVT 系统的系统结构

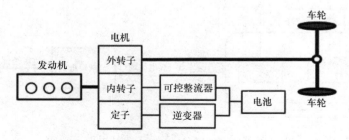

图 12.3　使用单电机的 DR EVT 系统的系统结构

12.2   双转子电机

随着机电能量转换需求的不断增加，电机的发展已经由传统的单输入单输出系统扩展到多输入多输出系统。由于多输入多输出机电系统包含两个以上的端口（一个电气端口和一个机械端口），被称为多端口电机。当一个电机有两个机械端口时，这个多端口的电机被称为双转子电机。

12.2.1   多端口电机的概念

对于传统电机，无论是什么类型，都是一种单输入单输出的机电能量转换系统。出于这方面考虑，传统电机可以被描述为一个含一个电气端口和一个机械端口的耦合的电磁场装置（Xu，2006）。如图 12.4 所示，传统电机利用输入电压和电流来代表相应的电气端口，而用输出转矩和速度来表示相应的机械端口。

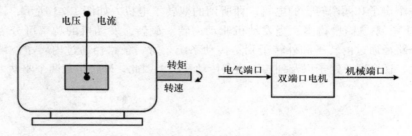

图 12.4   单输入单输出双端口电机

为了提高运行性能，如控制灵活性和效率优化，一些电机拥有两个电气输入。例如，双馈感应电机以在定子上的一套三相绕组作为一个电气输入，以在转子上的一套三相绕组作为另一个电气输入，便于实现转差能量回收控制。另外，双凸极直流电机以定子上的电枢绕组作为一个电气输入，以定子上的励磁绕组作为另一个电气输入，可实现在线效率优化。由于这些电机有两个电气输入端口和一个机械输出端口，通常可以被归类为双输入单输出三端口电机，如图 12.5 所示。

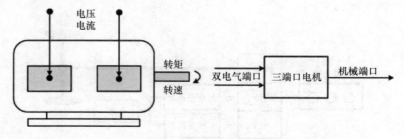

图 12.5   双输入单输出三端口电机

与双输入单输出三端口电机的快速发展不同，单输入双输出三端口电机发展缓慢。

主要的原因仅仅是缺乏需要双输出机械端口的应用场合。随着两个旋转体应用的快速增长，如电动汽车的双车轮和工业搅拌机的双叶轮，单输入双输出三端口电机的发展近年来一直在加速。如图 12.6 所示，这些单输入双输出三端口电机有两个轴是横向偏移或同心圆排列。因此，通过增加一个电气端口来提升运行性能，可较易形成如图 12.7 所示的双输入双输出四端口电机。

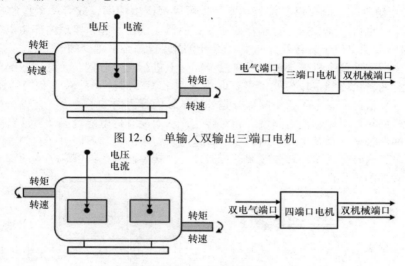

图 12.6 单输入双输出三端口电机

图 12.7 双输入双输出四端口电机

与所有机电设备相似，所有端口都是双向的。也就是说，输入和输出端口是可互换的，电气和机械端口均允许能量双向流动。

12.2.2 双转子电机结构

双转子电机的基本结构的横截面示意图如图 12.8 所示，该电机实际上是一个通用的双输入双输出的四端口电机。电机分为三个基本部分，即内部、中部和外部，这些部分由两个空气隙分开但存在磁耦合（Xu，Zhang，and Wen，2009）。一般来说，所有部件都可以安装绕组。内、外部的绕组作为两个电气端口，同时内、中部的两个轴作为两个机械端口。此外，双转子电机还有一些特殊的性质：

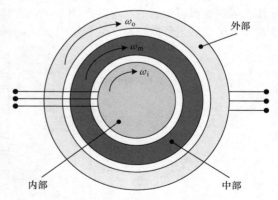

图 12.8 双转子电机的基本结构

• 两个机械端口可以在三个部分之间自由分配，主要取决于哪些旋转部件更适合特定的应用。

• 对于两个电气端口，一个必须是固定部分的绕组端，另一个是两个旋转部件之一的绕组端。

- 中间部分由内、外气隙夹持，使相应的转矩为两个气隙产生的电磁转矩分量之和。

- 两个机械端口可作为两个驱动部分、两个被驱动部分，或一个驱动部分和一个被驱动部分。

- 两个电气端口既可以都接收功率，也可以都产生功率，或者一个接收功率，一个产生功率，也可以通过两个背靠背的功率变换器连接在一起，实现内部功率控制。

- 当电气端口位于旋转部分，集电环和电刷装置是必不可少的。

如前文所述，两个机械端口可以在三个部分上进行自由分配。无论这些部分如何分配，电机有两种可能的工作模式，主要取决于两个旋转部件（外转子和内转子）的相对转速。以外层部分是定子，中间部分是外转子，内部为内转子为例。首先，当两个转子具有同样的转速时，它们之间没有相对转速，从而没有机电能量流动。这台电机基本上是传统的两轴电机。其次，当内转子的转速与外转子的转速不同时，它们之间有一个转差。此时，内转子需要用转差频率进行激励。由转差而流过内部转子的功率流的正负性取决于转差的正负性。

12.3 基本的 DR EVT 系统

一个基本的 DR EVT 系统主要是基于双转子感应电机。虽然双转子电机是一台单机，但出于解释和建模的缘故，它通常被分成两个级联的感应电机。同时，它也有助于阐述全混合动力汽车的各种工作模式。

12.3.1 DR EVT 系统结构

如图 12.9 所示，一个基本的 DR EVT 系统结构是由一个双转子感应电机，一个通常作为可控整流器运行的功率变换器，一个通常使用电池的能量存储装置，以及另一个通常作为逆变器运行的功率变换器组成（Hoeijmakers and Ferreira，2006）。

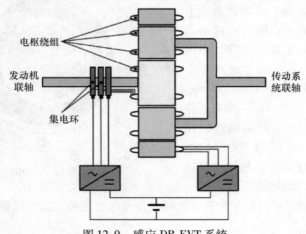

图 12.9　感应 DR EVT 系统

如图 12.10 所示，双转子感应电机有定子、外转子和内转子，都是同心布置的。相应的定子通常绕着三相分布绕组，这与传统的感应电机类似。外转子装有笼型短路端环，这与传统的笼型感应电机类似。内转子也绕有三相分布绕组，其相端分别连接到三个集电环，这和通常的集电环感应电机类似。

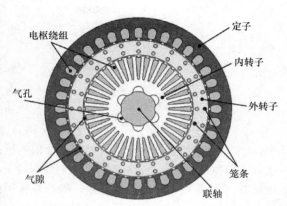

图 12.10 双转子感应电机

为了方便介绍和分析感应 DR EVT，将双转子电机分为两个级联的感应电机，如图 12.11 所示，电机 1 是一个原始的双转子电机，电机 2 是一个传统的电机。电机 1 的外转子与电机 2 的转子机械耦合，提供了两个路径的功率流。一个路径通过电机 1 的外转子和电机 2 的转子之间的机械耦合。另一个路径通过背靠背的功率变换器和电池实现电机 1 的内转子和电机 2 的定子之间的电气连接。因此，当发动机驱动电机 1 时，电机 1 作为发电机，而电机 2 作为一个电动机工作。

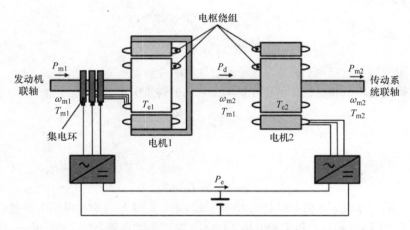

图 12.11 感应 DR EVT 系统模型

12.3.2 DR EVT 系统模型

对于电机 1 的建模需要考虑双转子的影响，而电机 2 的建模与传统感应电机是相同的（Cui，Cheng，and Chan，2006）。

对标准感应电机的坐标变换进行扩展，设电机 1 的外转子磁链在 d 轴上。因此，电机 1 的电压方程可以表示为

$$u_{d1} = R_1 i_{d1} + \frac{d\psi_{d1}}{dt} - (\omega_s - p\omega_{m1})\psi_{q1} \tag{12.1}$$

$$u_{q1} = R_1 i_{q1} + \frac{d\psi_{q1}}{dt} + (\omega_s - p\omega_{m1})\psi_{d1} \tag{12.2}$$

$$0 = R_2 i_{d2} + \frac{d\psi_{d2}}{dt} \tag{12.3}$$

$$0 = R_2 i_{q2} + \omega_{sl}\psi_{d2} \tag{12.4}$$

式中，u_{d1} 和 u_{q1} 分别是内转子的 d 轴和 q 轴相电压，R_1 是内转子电阻，i_{d1} 和 i_{q1} 分别是内转子的 d 轴和 q 轴相电流，ψ_{d1} 和 ψ_{q1} 分别是内转子的 d 轴和 q 轴磁链，ω_s 是同步转速，p 是极对数，ω_{m1} 是内转子的机械转速，R_2 是外转子的相电阻，i_{d2} 和 i_{q2} 分别是外转子的 d 轴和 q 轴相电流，ψ_{d2} 是外转子的 d 轴磁链，ω_{sl} 是转差角频率。其中相应的磁链表达式为

$$\psi_{d1} = L_1 L_{d1} + L_m L_{d2} \tag{12.5}$$

$$\psi_{q1} = L_1 i_{q1} + L_m i_{q2} \tag{12.6}$$

$$\psi_{d2} = L_m i_{d1} + L_2 i_{d2} \tag{12.7}$$

$$0 = L_m i_{q1} + L_2 i_{q2} \tag{12.8}$$

式中，L_1 是内转子的自感，L_2 是外转子的自感，L_m 是互感。因此，同步转速和转差角速度可以表示为

$$\omega_s = p\omega_{m1} + \omega_1 = p\omega_{m2} + \omega_{sl} \tag{12.9}$$

$$\omega_{sl} = s\omega_s = \frac{L_m i_{q1}}{\tau_1 \psi_{d2}} \tag{12.10}$$

式中，ω_1 是内转子角频率，τ_1 是内转子的电气时间常数。

为了研究电机 1 和电机 2 的相互影响，它们的转矩关系式如下：

$$T_{m1} - T_{e1} = J_1 \frac{d\omega_{m1}}{dt} \tag{12.11}$$

$$T_{m2} - T_1 = J_2 \frac{d\omega_{m2}}{dt} \tag{12.12}$$

$$T_{m2} = T_{e1} + T_{e2} \tag{12.13}$$

式中，T_{m1} 和 T_{m2} 分别是电机 1 和电机 2 的机械转矩，J_1 和 J_2 分别是电机 1 和电机 2 的转动惯量，T_{e1} 和 T_{e2} 分别是电机 1 和电机 2 由于气隙产生的电磁转矩，ω_{m1} 和 ω_{m2} 分别是电机 1 和电机 2 转轴的机械速度，T_1 是负载转矩。因此，可得到下式：

$$T_{m1} + T_{e2} = T_1 + J_1 \frac{d\omega_{m1}}{dt} + J_2 \frac{d\omega_{m2}}{dt} \tag{12.14}$$

式（12.14）表明，电机 1 产生的机械转矩和电机 2 在气隙产生的电磁转矩之和等于负载转矩和电机 1 由于转动惯量产生的加速转矩以及电机 2 由于转动惯量产生的加速转矩之和。事实上，电机 1 产生的机械转矩是发动机转矩，而电机 2 在气隙产生的电磁转矩是 EVT 系统的电动机转矩。

12.3.3　DR EVT 系统运行原理

EVT 系统的运行是基于使用电机 1 的发动机输出的功率分流，即发动机的一部分功率通过电机 1 的电磁场从内转子传到外转子，之后再驱动电机 2 的转子；另一部分发动机功率转化成电机 1 内转子的电功率，之后再通过集电环和两个背靠背的功率变换器反馈到电机 2 上。忽略功率损耗（Cheng et al.，2007），两者的功率关系可由以下表达式表示：

$$P_{m1} = T_{m1}\omega_{m1} = P_d + P_e \tag{12.15}$$

$$P_d = T_{e1}\omega_{m2} = T_{m1}\omega_{m2} \tag{12.16}$$

$$P_e = P_{m1} - P_d = T_{m1}(\omega_{m1} - \omega_{m2}) \tag{12.17}$$

式中，P_{m1} 是电机 1 转轴上的机械功率，P_d 是从电机 1 直接传到电机 2 的机械功率，P_e 是从电机 1 传到电机 2 的电功率。由电机 1 产生的电功率反馈给电机 2，其反过来产生的转矩可以由下式给出：

$$T_{e2} = \frac{P_e}{\omega_{m2}} = \frac{T_{m1}(\omega_{m1} - \omega_{m2})}{\omega_{m2}} \tag{12.18}$$

因此，由式（12.16）和式（12.18），可得到最终的传动系统转矩表达式为

$$T_{m2} = T_{e1} + T_{e2} = T_{m1} + \frac{T_{m1}(\omega_{m1} - \omega_{m2})}{\omega_{m2}} = \frac{T_{m1}\omega_{m1}}{\omega_{m2}} = \lambda T_{m1} \tag{12.19}$$

式中，λ 称为电动变速传动比，且连续可变。

图 12.12 为一个发动机典型的最佳运行线。对于一个指定的油门踏板给定的油门水平 α，发动机的最佳转矩和转速受两个函数影响：

$$T_{m1} = f_T(\alpha) \tag{12.20}$$

$$\omega_{m1} = f_\omega(\alpha) \tag{12.21}$$

当车辆运行在 P_2 点，其中所需的传动系统的转矩和转速分别为 T_{m2} 和 ω_{m2}，P_1 点是发电机在恒功率条件下在最优运行线上的等效运行点。EVT 系统控制器要求电机 1 改变 $\Delta\omega_m$

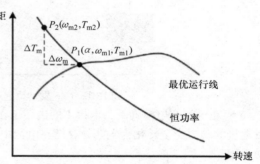

图 12.12　DR EVT 系统控制策略

的速度量，同时，要求电机 2 改变 ΔT_m 的转矩量。因此，当车辆提供可变的传动转矩和转速时，发动机可在最优条件下运行。

类似于其他的 EVT 系统，该系统除了上述的功率分流或 EVT 系统模式外，还能提供其他的工作模式，即电起动、发动机起动、电池充电和再生制动：

● 在电起动模式下，发动机不工作，传动系统的转矩是由电机 2 提供。系统功率流如图 12.13 所示。

● 在发动机起动模式下，电机 1 作为起动电动机而电机 2 不工作。由于作用和反作用，旋转磁场的方向与内转子的转动方向相反。需要特别注意的是，作为发动机通常

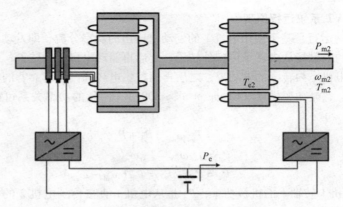

图 12.13　电起动模式的功率流

有一个特定的旋转方向。图 12.14 显示了在发动机起动模式中的系统功率流。

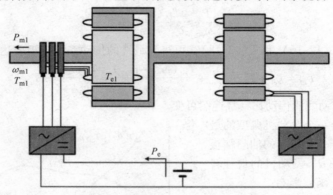

图 12.14　发动机起动模式的功率流

• 在电池充电模式下，电机 1 的内转子在车辆停止时产生电力给电池充电。此时，发动机的动力完全转化为电能并存储在电池中。图 12.15 显示了电池充电过程中的系统功率流。

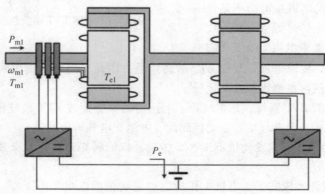

图 12.15　电池充电模式的功率流

● 在再生制动模式下，电机 2 作为发电机来回收制动能量。相应的功率流如图 12.16 所示。

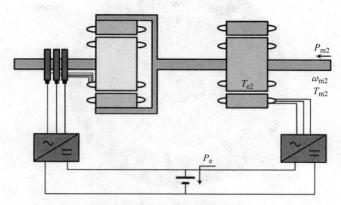

图 12.16　再生制动模式的功率流

12.4　新型 DR EVT 系统

与传统电机的发展历程相似，双转子感应电机正面临着来自其他新型双转子感应电机的挑战，如永磁同步双转子电机和开关磁阻型双转子电机。此外，轴向磁场型双转子电机和新型无永磁型双转子电机也有望应用于 EVT 系统中。

12.4.1　永磁型 DR EVT 系统

为提高双转子电机的效率和功率密度，可采用永磁同步电机的拓扑结构。图 12.17 为永磁型 DR EVT 系统的系统结构，相应的电机拓扑结构如图 12.18 所示，包括定子、外转子和内转子。

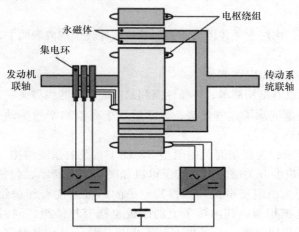

图 12.17　永磁型 DR EVT 系统

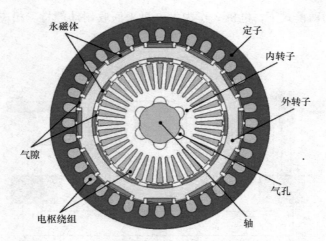

图 12.18　永磁型双转子电机

与普通永磁同步电机相似，该电机定
子上置有三相电枢绕组。此外，其内转子
上也置有三相电枢绕组，与普通外转子永
磁同步电机相似。两层永磁体分别安装在
外转子的内外表面上，为保证永磁体在高
速运转中的机械完整性，可将内层永磁体
安装于外转子的内表面上，而将外层永磁
体嵌入外转子的外表面，如图 12.19 所示，

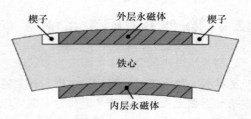

图 12.19　外转子永磁体安装方式

图中面包片状的永磁体可提供比同等厚度永磁体更多的正弦气隙磁密（Nordlund and Sa-
darangani，2002）。同时，在永磁体与铁心之间安装楔子，以避免永磁体侧产生不必要
的漏磁通。

同时须注意到，内层永磁体因离心力而紧压在外转子的内表面上，因而无法保证其
机械完整性。

12.4.2　开关磁阻型 DR EVT 系统

开关磁阻电机以其结构简单、可靠性高和制造成本低的优势而广为人知。而开关磁
阻型双转子电机正是继承了这些优势，非常适用于高温和剧烈振动运行环境下的 DR
EVT 系统。

如图 12.20 所示，为新型开关磁阻型 DR EVT 系统的系统结构（Cui，Yuan ，and
Wang，2008）。相应的开关磁阻型双转子电机如图 12.21 所示，包括定子、外转子和
内转子。与普通开关磁阻型电机相似，其定子的凸极上绕有相绕组，此外，与普通
外转子开关磁阻电机相似，其内转子上的凸极也绕有相绕组。同时，外转子的内外
表面均为凸极且无任何绕组。与其他双转子电机一样，其内外转子可等效为电机 1，
而定子和外转子可等效为电机 2。电机 1 和电机 2 均采用相同的磁极分布，即典型的

6/4 极或 8/6 极。

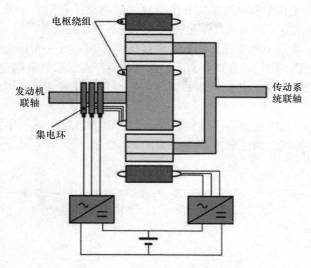

图 12.20　开关磁阻型 DR EVT 系统

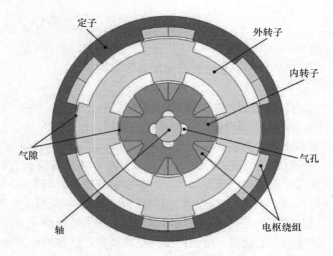

图 12.21　开关磁阻型双转子电机

由于开关磁阻型双转子电机的内外气隙很小，内外电磁场中可能会存在磁耦合现象。磁路如图 12.22 所示，其中 F_s 与 F'_s 为定子线圈每极磁动势；F_i 与 F'_i 为内转子线圈每极磁动势；R_{sy} 与 R_{sp} 分别为定子轭磁阻与定子极磁阻；R_{iy} 和 R_{ip} 分别为内转子轭磁阻与内转子极磁阻；R_{oy}、R_{oop} 和 R_{oip} 分别为外转子轭磁阻、外转子外极磁阻和外转子内极磁阻；R_{oa} 和 R_{ia} 分别为外部气隙磁阻和内部气隙磁阻。ψ_1 和 ψ_2 分别为电机 1 和电机 2 的主磁通。R_{oa} 和 R_{ia} 均随转子的位置改变而改变，其在极 – 面 – 极与极 – 面 – 槽之间周期性变化。可得到三种状态：

- 并联磁路：电机 1 和电机 2 均有各自独立的磁路，它们的主磁通通过外转子轭形成完整的独立磁回路。两电机只存在机械耦合而不存在磁耦合。
- 串联磁路：电机 1 和电机 2 均不能通过外转子轭形成一个闭合磁路，因此，它们的主磁通实际上是一样的。在该状态下，两电机间存在强烈的磁耦合。
- 串并联磁路：电机 1 和电机 2 的部分主磁通通过外转子轭，因此两电机间存在部分磁耦合。

由于外转子轭的磁阻可忽略不计，不同磁路下（并联、串联、串并联）的磁耦合并不会对电机 1 和电机 2 的主磁通产生太大的影响。因此，两电机可独立运行或同时运行。

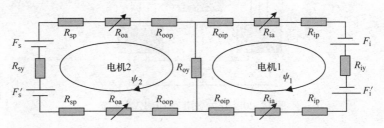

图 12.22   开关磁阻型双转子电机的磁路

12.4.3   轴向磁场型 DR EVT 系统

前文所述的 DR EVT 系统全都建立在径向磁场形态的基础上，这种径向磁场形态存在两个主要缺点：

- 双转子电机的内转子会因散热或冷却困难而受损。
- 双转子电机的磁负荷受到齿的大小和形状的限制。

通过将径向磁场形态转变为轴向磁场形态（Lee，Liu，and Chau，2014）而形成的轴向磁场型 DR EVT 系统可解决上述的问题。图 12.23 为轴向磁场型永磁 DR EVT 系统，图中左转子与径向磁场电机的内转子等效对应，右转子与径向磁场电机的外转子等效对应（Eriksson and Sadarangani，2002）。左转子上缠绕着三相电枢绕组并置有三个集电环，右转子上安装了两层永磁体且与传动系统机械耦合。定子上也缠绕着三相电枢绕组，由左转子通过两个背靠背功率变换器和电池产生的电能供电。这种轴向磁场型 DR EVT 系统的运行原则与径向磁场型的相应部分相同。

值得注意的是，这种轴向磁场永磁双转子电机比径向磁场双转子电机具有一定的优势——更高的转矩密度和功率密度。此外，与径向磁场双转子电机的内外转子不同，轴向磁场双转子电机的左右转子能更好地与环境接触，大大减少了散热和冷却的困难。然而，轴向磁场电机通常都会有不同的空间要求，且由于定子与两转子之间的引力，加大了其轴承安装的困难。额外的定转子虽可缓解该问题，但会大大增加系统的复杂程度。

12.4.4   新型无永磁型 DR EVT 系统

近年来，人们提出了许多新型无永磁型电机，如双凸极直流（DSDC）电机（Fan

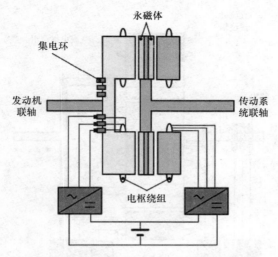

图 12. 23　轴向磁场型永磁 DR EVT 系统

and Chau，2008），磁通切换直流（FSDC）电机（Tang et al.，2012）、游标磁阻（VR）电机（Lee，1963）和游标磁阻式直流（VRDC）电机（Taibi，Tounzi，and Piriou，2006）。上述电机中，DSDC 电机在电动汽车和混合动力电动汽车（HEV）中的应用日趋成熟。相对于开关磁阻电机，DSDC 电机具有一定的优势，即具有更高的转矩密度和功率密度，且保持了开关磁阻型电机相应的优点——结构简单，可靠性高，制造成本低（Lee et al.，2013）。渐渐地，由于可控的直流励磁电流，DSDC 电机可在线控制气隙磁通以适应不同的混合动力电动汽车运行方式，如在高速运转或起动时增磁，在高速恒功率运行时弱磁，调整磁通进行效率优化。因此，DSDC 双转子电机有望应用于 DR EVT 系统。

　　图 12. 24 所示为一种新型无永磁型 DR EVT 系统的系统结构，即双凸极直流 DR EVT 系统。与开关磁阻型 DR EVT 系统不同，双凸极直流双转子电机有两个额外的电气输入端口，可允许其两个直流励磁绕组自励磁。因此，双凸极直流电机可看作是一个六端口装置，四个电气端口和两个机械端口。这四个电气端口中，有两个为交流电枢绕组，分别位于定子和内转子上；同时，其他两个电气端口为直流励磁绕组，同样分别位于定子和内转子上。在两个机械端口中，一个是与发动机结合的内转子，而另一个是与传动系统连接的外转子。

　　双凸极直流双转子电机的结构如图 12. 25 所示，由定子、外转子、内转子组成。与开关磁阻型双转子电机相似，定子凸极和内转子凸极均绕有相绕组。与开关磁阻型双转子电机不同的是，其定子和内转子上有独立的直流励磁绕组。外转子的内外表面上均为凸极。与其他双转子电机相似，其内外转子可被视为电机 1，而定子和外转子可被看作电机 2，电机 1 和电机 2 均可采用相同的磁极分布，如 6/4 极，8/6 极，12/8 极。

　　在认识到双凸极直流双转子电机比开关磁阻型双转子电机具有优势的同时，也应了

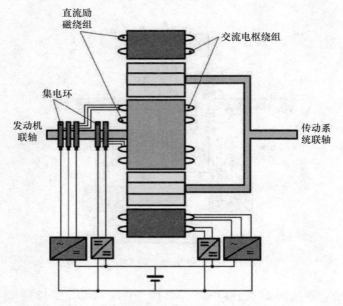

图 12.24 DSDC DR EVT 系统

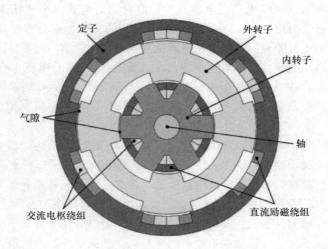

图 12.25 DSDC DR 电机结构

解其最大的弊端，即双凸极直流双转子电机需要一对额外的电刷和集电环，以确保为内转子提供直流电流。因此，这种双凸极直流双转子电机最好采用三相而非四相，如 6/4 极，12/8 极，以最小化电刷和集电环的个数。

与开关磁阻型双转子电机相似，双凸极直流双转子电机的内外气隙很小，可能导致内外电磁场的磁耦合。因此，需要合理设计外转子轭。假设外转子轭的磁阻很低，磁耦合对电机 1 与电机 2 的主磁通并不会产生太大的影响，因此，两电机可独立或者同时运行。

12.5　设计准则

DR EVT 系统由三个关键部件组成：执行期望的功率分配、实现电动和发电功能的双转子电机，为功率流调节提供可控整流和逆变的背靠背变换器，以及用于能量存储和缓冲的电池组。在 DR EVT 系统中，有感应型 DR EVT 系统、永磁型 DR EVT 系统或开关磁阻型 DR EVT 系统，因而由它们的特定名称可知，DR EVT 系统的关键部分为双转子电机。

无论采用何种双转子电机，应用于全混合动力系统的 DR EVT 系统的设计标准都是一致的，将它们总结如下：

- 对于各种车辆操作，期望的传动系统转矩和功率应该通过发动机和电动机所提供的转矩和功率的总和来满足。
- 双转子电机的内转子（或者轴向磁场形态中的左转子）应具有使得发动机功率在空载和满载间变化的功率分配能力。特别需要注意的是，内转子（或左转子）的集电环和相关联的电刷必须能够承受分配功率和最大转速。
- 在整个工作范围内，双转子电机的功率分配能力应该能够使发动机工作在最优运行线上。
- 两个背靠背变换器的功率处理能力应该能够提取全部分配功率，并充分满足电动工作时的功率要求。
- 电池容量或荷电状态应该使系统能够吸收分配功率和再生制动能量。

双转子电机作为 DR EVT 系统的关键部件，其设计需要特别的考虑。在磁性方面，应设计适当外转子磁轭（或右转子磁轭），使得相应磁阻足够低；否则，两台电机不能彼此独立地运行。在散热方面，内转子固有的散热问题需要特殊的冷却设备；与之相反，轴向磁通状态时的左转子将具有更好的散热性能。在结构方面，整个双转子电机包含有一对气隙，位于不同旋转速度的双转子间，这种架构需要牢固的结构和高精度的制造。特别值得注意的是，集电环和相关电刷降低了整体机械完整性。因此，在根据相关电机的设计标准初始化电机参数后，详细的设计必须采用迭代多物理场有限元分析，在满足性能要求的前提下对于磁场、热场和结构进行迭代计算。

12.6　设计案例

选用不同类型的双转子电机，可以产生不同类型的 DR EVT 系统。如前文所述，最基本和相对成熟的系统是感应型 DR EVT 系统，而处于技术前沿的系统则包括永磁型、开关磁阻型、轴向磁场型和新型无永磁型 DR EVT 系统。先进的无永磁型电机在混合动力电动汽车应用领域正越来越具有吸引力，因此，以下介绍双凸极直流 DR EVT 系统的设计案例。

12.6.1 DSDC DR EVT 系统结构

DSDC DR EVT 系统结构如图 12.24 所示。图 12.25 为 DSDC 双转子电机的结构，其中内转子和外转子被认为是电机 1，而定子和外转子被视为电机 2。图 12.26 所示的系统将发动机功率分为两条路径。一条路径的功率通过内转子和外转子直接馈送给传动系统，而另一条路径的功率通过内转子、可控整流器、电池、逆变器、定子和外转子馈送给传动系统。这两种主要功率流动路径通常都是双向的。定子和内转子都由流过两个分开的 DC-DC 变换器的附加直流励磁电流馈电。由于这些直流励磁电流用于激励气隙磁场，相应的功率流动是单向的。通过适当控制可控整流器、逆变器和两个 DC-DC 变换器，DSDC DR EVT 系统具有以下功能：

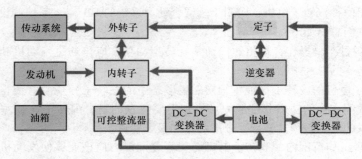

图 12.26   DSDC DR EVT 系统的功率流动路径

- 在 EVT 工作模式下，发动机可以始终工作在最佳工作曲线下。也可以提供其他的工作模式，包括急速停止 - 起动、电起动和再生制动等。

- 直流励磁电流的控制灵活性和由其引起的内外气隙磁场的控制灵活性能极大地促进磁场强化，从而提高发动机起动和电起动的转矩，也能快速地弱磁，以保证电池充电时宽转速范围内输出电压恒定。此外，可以通过对这些气隙磁通密度的在线调节来达到各种操作下的效率优化。

- 可以完全避免机械传动装置的缺点，如传动损失、齿轮噪声和对常规润滑的需要。此外，由于双转子电机具有功率分配和功率求和的功能，基本上集合了 PG EVT 系统中行星齿轮、发电机和电动机的所有功能，使得 DR EVT 系统具有比 PG EVT 系统更小的尺寸和更轻的重量。

12.6.2 DSDC 双转子电机设计

DSDC DR EVT 系统的核心部件是 DSDC 双转子电机。表 12.1 给出了符合典型载客混合动力电动汽车要求的 DSDC 双转子电机规格，其中内转子和外转子被认为是电机 1，而定子和外转子被认为是电机 2。遵循以上规格，图 12.27 展示了 DSDC 双转子电机的设计，并在表 12.2 中给出了它的关键参数和几何尺寸。

12.6.3 DSDC 双转子电机分析

通过有限元分析，可以很容易确定 DSDC 双转子电机的电磁场分布。图 12.28 显示了在额定直流励磁电流 5A/mm² 下，电机 1（内部电机）和电机 2（外部电机）独立和同时运行时的电磁场分布情况。可以观察到两者运行情况类似——它们的磁通线都聚集在相关的磁极尖端上。由于双转子电机（包括电机 1 和电机 2）都具有足够厚的外转子轭，在技术角度上磁阻能维持足够低的水平，因此在电机 1 和电机 2 之间没有明显的电磁耦合，可以在不同的工作模式下彼此独立地工作。

表 12.1 DSDC 双转子电机的规格

电机 1	
额定功率	8kW
最大转速	10000r/min
电机 2	
额定功率	12kW
额定转矩	100N·m
恒转矩运行	0 ~ 1200r/min
恒功率运行	1200 ~ 6000r/min

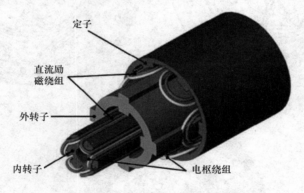

图 12.27 DSDC 双转子电机

表 12.2 DSDC 双转子电机的关键参数和空间尺寸

定子相数	3
定子凸极数	6
定子每相电枢绕组匝数	15
定子每相直流励磁绕组匝数	20
外转子双凸极极数	4
内转子相数	3
内转子凸极数	6
内转子每相电枢绕组匝数	8
内转子每相直流励磁绕组匝数	12
定子外径	300mm
定子内径	241mm
外转子外径	240mm

（续）

外转子内径	120mm
内转子外径	119mm
内转子内径	40mm
外气隙长度	0.5mm
内气隙长度	0.5mm
有效轴向长度	350mm

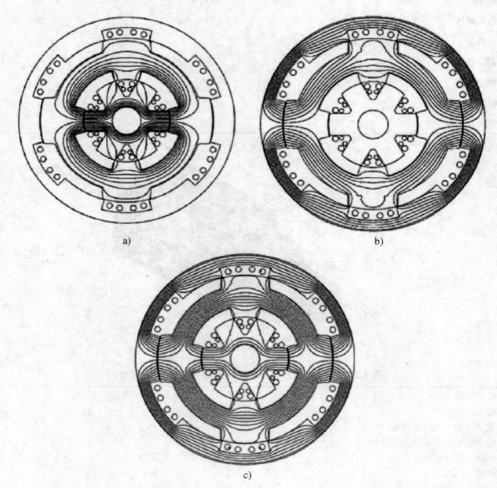

a)   b)

c)

图 12.28　DSDC 双转子电机的电磁场分布：a）电机 1；b）电机 2；c）电机 1 和电机 2

如前文所述，DSDC 双转子电机的电机 1 和电机 2 能够彼此独立地运行且相互不受影响。为了分析电机 2 的转矩能力，电枢绕组和直流励磁绕组加上不同的电流，而内转子未被激励且保持静止。图 12.29a 和 b 分别给出了电枢电流变化且直流励磁电流保持额定值 5A/mm² 时外转子的转矩 – 转子位置角特性，以及直流励磁电流变化且电枢电流保持在额定值5A/mm²时的另一种转矩－转子位置角特性。可以观察到，当直流励磁电流和电枢电流都保持额定值时，平均转矩可以达到100N·m的期望值。同时，还可以观察到，直流励磁电流可以有效地调节转矩大小，这对于临时提高发动机起动或电起动时的起动转矩是非常有效的。

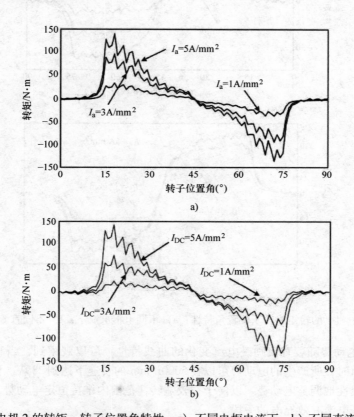

图 12.29 电机 2 的转矩－转子位置角特性：a）不同电枢电流下；b）不同直流励磁电流下

类似地，为了评估电机 1 的转矩能力，内转子的电枢绕组和直流励磁绕组被施以不同的电流，而定子未被激励且外转子保持静止。图 12.30a 和 b 分别给出了当电枢电流变化且直流励磁电流保持在额定值5A/mm²时的内转子转矩－转子位置角特性，以及直流励磁电流变化且电枢电流保持在额定值5A/mm²时的另一种转矩－转子位置角特性。可以观察到，当直流励磁电流和电枢电流都保持在额定值时，平均转矩可以达到30 N·m。与外转子的情况类似，直流励磁电流也可有效调整转矩大小。值得注意的是，电机 1 在运行时通常被用作发电机，而不是电动机，以达到分配发动机功率的目的。

由于双转子电机的内转子与发动机直接耦合，电机 1 通常被用作发电机运行。为了得到电机 1 的发电特性，使内转子由发动机驱动，定子处于非励磁状态，并且外转子保持静止。图 12.31a 给出了当直流励磁电流维持额定值5A/mm²时，电动势随着发动机转速（从零上升到最大速度）变化的曲线特性，图 12.31b 则给出了当发动机转速维持

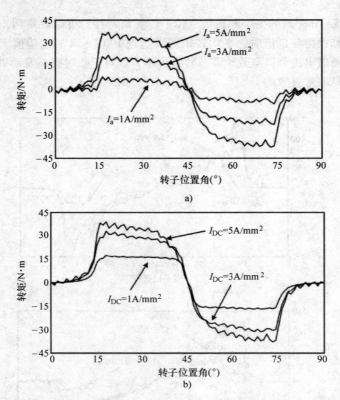

图 12.30 电机 1 的转矩 – 转子位置角特性：a) 不同电枢电流下；b) 不同直流励磁电流下

5000r/min，电动势随着直流励磁电流变化的曲线特性。可以观察到，当直流励磁电流保持在额定值时，所产生的电动势可以在 5000r/min 的转速下达到 280V。同时，直流励磁电流可以线性地调整电动势，以便于在较宽转速范围内维持恒定电动势，这是一种非常实用的保证电池有效充电的手段。

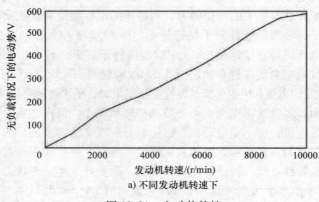

a) 不同发动机转速下

图 12.31 电动势特性

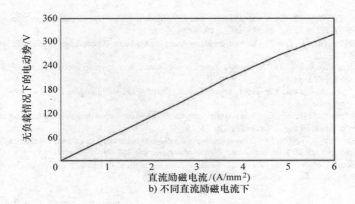

图 12.31　电动势特性（续）

12.7　应用前景

在上述的 DR EVT 系统中，无论采用什么类型的电机，都依赖双转子来分配发动机功率，其中电功率由内转子产生并通过集电环和电刷控制。然而，集电环和电刷不可避免地涉及可靠性以及需要定期维护的问题。在混合动力电动汽车的应用上，该缺点将导致 DR EVT 系统不能真正地超越 PG EVT 系统。事实上，这两种 EVT 系统都有各自的优点和缺点。

近年来，已经有科研机构和企业为摆脱集电环和电刷进行了不断的尝试，例如使用附加定子来捕捉由发动机驱动的内转子的分配功率。这个额外的定子可以与传动系统中的原始定子级联（Zheng，et al.，2013）或放置在内转子内部（Niu，Ho and Fu，2013）。这种双定子双转子的分布必然会使系统变得非常复杂，从而降低了它们在混合动力电动汽车实际应用的可行性。

参 考 文 献

Cheng, Y., Cui, S., Song, L. and Chan, C.C. (2007) The study of the operation modes and control strategies of an advanced electromechanical converter for automobiles. *IEEE Transactions on Magnetics*, **43**, 430–433.

Cui, S., Cheng, Y., and Chan, C.C. (2006) A basic study of electrical variable transmission and its application in hybrid electric vehicle. Proceedings of IEEE Vehicle Power and Propulsion Conference, pp. 1–4.

Cui, S., Yuan, Y., and Wang, T. (2008) Research on switched reluctance double-rotor motor used for hybrid electric vehicle. Proceedings of International Conference on Electrical Machines and Systems, pp. 3393–3396.

Eriksson, S. and Sadarangani, C. (2002) A four-quadrant HEV drive system. Proceedings of IEEE Vehicular Technology Conference, pp. 1510–1514.

Fan, Y. and Chau, K.T. (2008) Design, modeling, and analysis of a brushless doubly fed doubly salient machine for electric vehicles. *IEEE Transactions on Industry Applications*, **44**, 727–734.

Hoeijmakers, M. and Ferreira, J. (2006) The electric variable transmission. *IEEE Transaction Industry Applications*, **42**, 1092–1100.

Lee, C.H. (1963) Vernier motor and its design. Proceedings of IEEE Winter General Meeting, pp. 343–349.

Lee, C.H.T., Chau, K.T., Liu, C. *et al.* (2013) Quantitative comparison and analysis of magnetless machines with reluctance topologies. *IEEE Transactions on Magnetics*, **49**, 3969–3972.

Lee, C.H.T., Liu, C. and Chau, K.T. (2014) A magnetless axial-flux machine for range-extended electric vehicles. *Energies*, **7**, 1483–1499.

Niu, S., Ho, S.L. and Fu, W.N. (2013) A novel double-stator double-rotor brushless electrical continuously variable transmission system. *IEEE Transactions on Magnetics*, **49**, 3909–3912.

Nordlund, E. and Sadarangani, C. (2002) The four-quadrant energy transducer. Proceedings of IEEE Industry Applications Conference, pp. 390–397.

Taibi, S., Tounzi, A. and Piriou, F. (2006) Study of a stator current excited vernier reluctance machine. *IEEE Transactions on Energy Conversion*, **21**, 823–831.

Tang, Y., Paulides, J.J.H., Motoasca, T.E. and Lomonova, E.A. (2012) Flux-switching machine with DC excitation. *IEEE Transactions on Magnetics*, **48**, 3583–3586.

Xu, L. (2006) A new breed of electric machines—basic analysis and applications of dual mechanical port electric machines. *Journal of Electrical Engineering & Technology*, **1**, 73–79.

Xu, L., Zhang, Y. and Wen, X. (2009) Multioperational modes and control strategies of dual-mechanical-port machine for hybrid electrical vehicles. *IEEE Transaction Industry Applications*, **45**, 747–755.

Zheng, P., Wu, Q., Zhao, J. *et al.* (2013) Performance analysis and simulation of a novel brushless double rotor machine for power-split HEV applications. *Energies*, **5**, 119–137.

第 13 章　磁齿轮电动变速器系统

混合动力电动汽车（HEV）中的电动变速器系统（EVT）的关键是功率分配装置，其中行星齿轮（PG）是最常用的功率分配装置，但是行星齿轮会存在着传输损耗、齿轮噪声以及需要定期润滑等固有问题。双转子（DR）电机是一种新型的无齿轮功率分配装置，但由于电刷和集电环的使用会降低可靠性同时需要定期维护。为了克服这些缺点，发展了一种新型的基于无接触式磁齿轮的磁齿轮电动变速器系统（MG EVT），具有无刷和伪无齿轮功率分配操作的优势。

本章将介绍混合动力电动汽车的 MG EVT 系统，包括系统结构和多端口磁齿轮，其中多端口磁齿轮分为磁性行星齿轮（MPG）和磁性同心齿轮（MCG），及相应的设计准则、设计案例和应用前景。

13.1　系统结构

PG EVT 系统使用行星齿轮将发动机功率分成两部分：一部分通过齿圈机械地耦合到传动系统，另一部分通过太阳齿轮、发电机、可控整流器、电池、逆变器以及电动机和传动系统进行电气的连接。系统如图 13.1 所示。由于使用了行星齿轮，除了间隙和角误差外，系统不可避免地存在着传输损耗、齿轮噪声和需要定期润滑的问题。此外，系统包含行星齿轮和两个电机，因此体积庞大而笨重。

DR EVT 系统采用带两个转子的电机使得发动机功率分成两部分：一部分通过双转子电机外转子从机械上推动传动系统，另一部分通过双转子电机的内转子、可控整流器、电池、逆变器和双转子电机的定子从电气上给传动系统传递能量，系统如图 13.2 所示。虽然该系统消除了行星齿轮所存在的问题，但是由于使用了电刷和集电环又引入

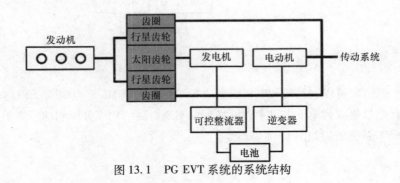

图 13.1　PG EVT 系统的系统结构

了其他的问题，因为电刷需要定期维护，而集电环降低了系统的可靠性。尽管如此，和 PG EVT 系统相比，由于 DR EVT 系统只采用一台电机就能完成传动系统需要的功率分配和功率集中，因此 DR EVT 系统更加集成可靠。

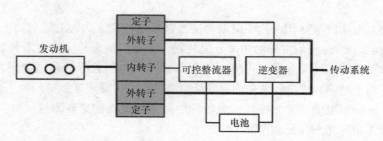

图 13.2　DR EVT 系统的系统结构

近些年来，磁齿轮的发展展现出很好的前景。和机械齿轮相比，磁齿轮具有高传输效率、高可靠性、无需维护和固有过载保护能力等优势。使用稀土永磁（PM）材料的磁齿轮可以达到超过 $100kNm/m^3$ 的转矩密度，与机械齿轮的转矩密度近似。所以，使用由永磁内转子、调制环和永磁外转子构成的磁齿轮来取代 PG EVT 系统中行星齿轮，由此形成的 MG EVT 系统可以产生无刷和伪无齿轮功率分配操作的优势。因此，PG EVT 的机械齿轮问题与 DR EVT 的电刷和集电环问题可以从根本上得到解决。MG EVT 的系统结构如图 13.3 所示。

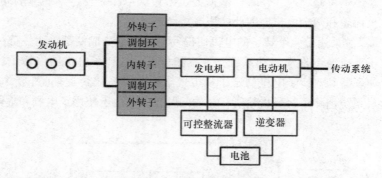

图 13.3　MG EVT 的系统结构

此外，磁齿轮可以轻易地和电机组合成一个磁齿轮（MG）电机，所以进一步将磁齿轮和两台电机集成到单个电机中，同样可以实现需要的功率分配和功率集中。这种集成的 MG EVT 系统结构如图 13.4 所示。

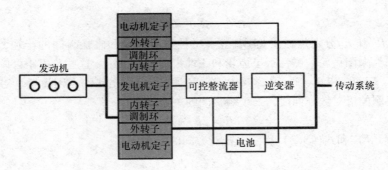

图 13.4 集成 MG EVT 的系统结构

13.2 多端口磁齿轮

为了实现功率分配，磁齿轮需要提供多个机械端口。对于 MG EVT 的应用来说，磁齿轮应该有一个与发动机耦合的输入机械端口和两个进行发动机功率传递的输出机械端口。其中一个输出机械端口也可以和一个电机集成为一个电气端口。多端口磁齿轮主要有两种：磁性行星齿轮和磁性同心齿轮。

13.2.1 磁性行星齿轮

将磁齿轮的概念应用到机械行星齿轮中，得到的磁性行星齿轮既具有机械行星齿轮的多端口特性，也有磁齿轮低传输损耗、工作无噪声和无需维护的优点（Huang et al., 2008）。

图 13.5 展示了磁性行星齿轮的原理图，其中包括磁性太阳齿轮、磁性行星齿轮、行星架和磁性齿圈。磁齿轮间的转矩传输基于稀土永磁体，而不是机械齿轮的齿槽。由于永磁体极对数有限，永磁体极对数通常远低于机械齿轮齿槽数，因此在设计磁性行星齿轮应该十分注意。通常来说，磁性行星齿轮数量越多，整个磁性行星齿轮所能达到的转矩密度越高。因此磁性行星齿轮可以达到高达 $100\mathrm{kNm/m^3}$。

图 13.6 所示为磁性行星齿轮的几何模型。根据磁性行星齿轮内的每个磁齿轮的极距必须相同，可得

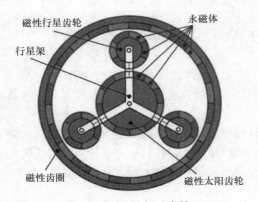

图 13.5 磁性行星齿轮

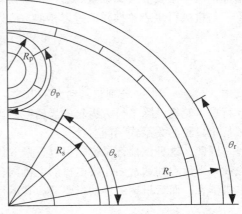

图 13.6 磁性行星齿轮几何模型

$$R_s\theta_s = R_p\theta_p = R_r\theta_r \tag{13.1}$$

式中，R_s、R_p 和 R_r 分别是磁性太阳齿轮、磁性行星齿轮和磁性齿圈的半径，θ_s、θ_p 和 θ_r 分别是磁性太阳齿轮、磁性行星齿轮和磁性齿圈的角极距。这些角极距可以写成 $\theta_s = 2\pi/P_s$、$\theta_p = 2\pi/P_p$ 和 $\theta_r = 2\pi/P_r$，其中 P_s、P_p 和 P_r 分别是磁性太阳齿轮、磁性行星齿轮和磁性齿圈的极对数。同时，三个半径间的关系如下：

$$R_r = 2R_p + R_s \tag{13.2}$$

由式（13.1）和式（13.2）得三个极对数间的关系如下：

$$P_r = 2P_p + P_s \tag{13.3}$$

当磁齿轮的极对数已经设定，可以求出对应的角极距。因此，可以推导得出齿轮的半径，推导时应该考虑磁齿轮之间气隙的限制，即半径应该包括磁齿轮之间气隙长度的一半。

由于磁性行星齿轮的数量是决定整个磁性行星齿轮转矩密度的关键参数，如下步骤可确定行星齿轮最大数目（Huang et al.，2008）：

- 在设定好磁性太阳齿轮和齿圈的极对数比例后，可以如下简单地推导出自然数 a 和 b：

$$\frac{P_s}{P_r} = \frac{a}{b} \qquad a,b \in N \tag{13.4}$$

- 推导出 a 和 b 后，可能的最大磁性行星齿轮数 N'_p 如下：

$$N'_p = \frac{2P_r}{b} \tag{13.5}$$

- 最后，得到实际最大的磁性行星齿轮数 N_p 如下：

$$N_p = \begin{cases} N'_p & a \text{ 和 } b \text{ 是奇数} \\ N'_p/2 & a \text{ 或 } b \text{ 是偶数} \end{cases} \tag{13.6}$$

尽管增加磁性行星齿轮的数量可以增加总的转矩密度，但是由于齿槽转矩也会随之增加，故不必安装最大数量的磁性行星齿轮。

与机械行星齿轮推导的过程相似，磁性行星齿轮之间的速度关系可以写成

$$\omega_s = (1+\rho)\omega_c - \rho\omega_r \tag{13.7}$$

$$\rho = \frac{P_r}{P_s} \tag{13.8}$$

式中，ω_s、ω_c 和 ω_r 分别是磁性太阳齿轮、行星架、磁性齿圈的角速度，而 ρ 定义为磁性行星齿轮比。除了机械齿轮的齿槽被磁齿轮永磁磁极取代外，上述关系式本质上和机械行星齿轮的关系式相同。

因此，这种磁性行星齿轮可以直接取代机械行星齿轮，从而产生 MG EVT 系统，即磁性太阳齿轮和通常用作发电机的电机耦合；磁性环形齿轮和另一台通常用作电动机的电机耦合；而行星架由发动机驱动。其运行原理和控制策略与 PG EVT 系统相同。

13.2.2 磁性同轴齿轮

　　磁性同轴齿轮的出现对磁齿轮的发展具有里程碑式的意义（Atallah, Calverley, and Howe, 2004）。相对于磁正齿轮，磁性同轴齿轮可以提供更高的转矩密度（Jian et al., 2009）。同轴结构的主要特征是所有的永磁体同时参与转矩传输，因此可以获得高达 150kN·m/m³ 的高转矩密度。图 13.7 所示为磁性同轴齿轮，其中内外部分由永磁体片装配而成，具有不同的极对数，中间部分由铁磁块支撑，用来调制两个永磁部分间的

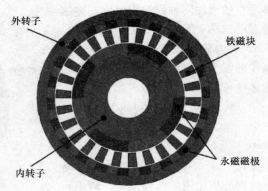

图 13.7　磁性同轴齿轮

磁链。通常来说，磁性同轴齿轮有两种操作方式（Frank and Toliyat, 2009）：

　　• 如图 13.8a 所示，将中间部分作为静止的调制环，从而内外两个部分成为以相反方向旋转的永磁转子。这是实际中最常用的磁性同轴齿轮的操作方式。内转子和外转子齿轮速度的齿轮比 G 定义如下：

$$G = \frac{P_o}{P_i} = \frac{N_s - P_i}{P_i} \qquad (13.9)$$

式中，P_i 和 P_o 分别是内、外转子的永磁极对数，N_s 是调制环的铁磁块数。

　　• 如图 13.8b 所示，使外转子保持静止，从而内永磁转子和调制环同向旋转。内转子和调制环速度的齿轮比 G' 可定义为

$$G' = \frac{N_s}{P_i} = \frac{P_i + P_o}{P_i} \qquad (13.10)$$

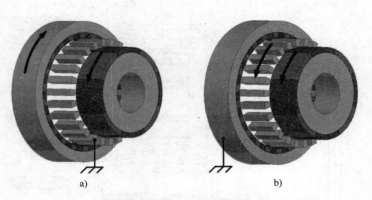

图 13.8　磁性同轴齿轮操作方式：
a）调制环固定；b）外转子固定

　　磁性同心齿轮的三个部分都能旋转，因此可视为多端口磁齿轮。为了和传统铁磁块

环静止的磁性同轴齿轮相区别，称这
种多端口的磁齿轮为磁性同心齿轮。
图 13.9 为磁性同心齿轮的原理图，
其中的三个部分都是旋转的，且它们
的速度按同方向定义为

$$\omega_i + G\omega_o - (1+G)\omega_r = 0$$

$$(13.11)$$

式中，ω_i 是内转子速度，ω_o 是外转
子速度，ω_r 是调制环速度。当忽略
磁性同心齿轮内的传输损耗，转矩间
关系如下：

$$T_i\omega_i + T_o\omega_o + T_r\omega_r = 0 \quad (13.12)$$

$$T_i + T_o + T_r = 0 \quad (13.13)$$

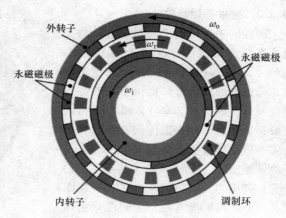

图 13.9　磁性同心齿轮

式中，T_i 是内转子转矩，T_o 是外转子转矩，T_r 是调制环转矩。

13.3　MPG EVT 系统

用磁性行星齿轮替代机械行星齿轮，可以得到 MPG EVT 系统。由于磁性行星齿轮
是圆柱形且同轴，因此能方便地集成到永磁无刷电机中。图 13.10 为全混合动力汽车中
的 MPG EVT 系统，其中，磁性行星齿轮和永磁无刷电机结合形成了单个电机——电机
2（Zhu et al.，2012）。从图中可以看出，发动机和电机 1 的转子以及电机 2 的磁性太阳
齿轮耦合在一起。电机 1 通常作为发电机，而电机 2 的磁性行星齿轮通过行星架连接到

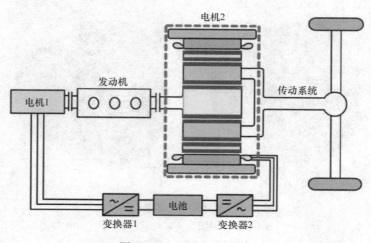

图 13.10　MPG EVT 系统

传动系统上。同时，电机 2 的磁性齿圈由定子绕组控制。因此发动机的功率分成两部分：一部分由电机 1 转换成电能，并通过两个背靠背变换器和电池给电机 2 的定子供电；另一部分通过磁性行星齿轮直接反馈到传动系统上。因此，发动机在不同路况负载下可以一直工作在最佳工作状态。

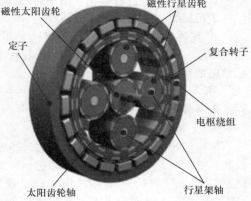

图 13.11　磁性行星齿轮永磁无刷电机

图 13.11 为 MPG 永磁无刷电机的结构，其中磁性行星齿轮巧妙地集成到永磁无刷电机中以实现结构紧凑。MPG 永磁无刷电机由绕有电枢绕组的定子和不同的可旋转部分构成：复合转子，磁性太阳齿轮，行星架和磁性行星齿轮。复合转子的内外表面都贴装有永磁块，可以同时作为永磁无刷电机的转子和磁性齿圈。行星架和四个磁性行星齿轮耦合，因此磁性行星齿轮可以同时绕着磁性太阳齿轮旋转而将行星架作为机械输出端口。定子在复合转子上产生转矩的方式和传统的永磁无刷电机相同。

由式（13.7）和式（13.8）得，MPG 永磁电机上的行星架速度可以用磁性太阳齿轮速度和磁性齿圈速度进行表示：

$$\omega_c = \frac{P_s}{P_s + P_r}\omega_s + \frac{P_r}{P_s + P_r}\omega_r \qquad (13.14)$$

式（13.14）也可以用磁性行星齿轮比表示：

$$\omega_c = \frac{1}{1+\rho}\omega_s + \frac{\rho}{1+\rho}\omega_r \qquad (13.15)$$

由于磁性太阳齿轮速度可以由电机 1（发电机）用电气方式控制，磁性齿圈速度可以由电机 2（电动机）用电气方式控制，因此行星架的速度和传动系统的速度可以根据不同工作模式灵活地进行控制：

- 在功率分配模式中，磁性太阳齿轮和磁性齿圈的转矩和速度的方向相反，所以发动机和永磁无刷电机同时给行星架和传动系统输出功率。式（13.15）描述了它们的关系。这种模式对需要加速和爬坡性能的交通工具尤其有用。

- 在电起动模式中，发动机关闭，电动汽车仅由永磁无刷电机驱动。因此，将 $\omega_s = 0$ 代入式（13.15）中，传动系统速度（行星架速度）变成和复合转子速度（磁性齿圈速度）成正比：

$$\omega_c = \frac{\rho}{1+\rho}\omega_r \qquad (13.16)$$

式（13.16）表明，传动系统速度比复合转子速度略低，从而传动系统转矩稍有增加。

- 在巡航模式中，永磁无刷电机被关闭，交通工具仅由工作在恒定速度的发动机驱动。因此，将 $\omega_c = 0$ 代入式（13.15），传动系统速度（行星架速度）与发动机速度（磁性太阳齿轮速度）成正比：

$$\omega_c = \frac{1}{1+\rho}\omega_s \tag{13.17}$$

从式(13.17)可以看出，由于传动系统的速度显著比发动机速度低，因此传动系统转矩可以大幅增加。

- 在再生制动模式中，发动机被关闭的同时，永磁无刷电机作为发电机运行产生制动转矩，进一步降低电动汽车的行驶速度。因此，制动能量由永磁无刷电机转换为电能给电池充电。

13.4 MCG EVT 系统

将机械行星齿轮替换为磁性同心齿轮就可以得到 MCG EVT 系统。作为功率分配的设备，磁性同心齿轮具有三个旋转的机械端口。该 EVT 系统的设计重点是如何将发动机连接到输入端口，并将两个电机连接到输出端口。图 13.12 展示了两种可行的 MCG EVT 系统结构：Ⅰ型和Ⅱ型（Jian and Chau，2009a）。在Ⅰ型系统结构中永磁内转子与发动机耦合，作为输入端口；永磁外转子作为输出端口与电机 2 和传动轴连接；调制环作为另一个输出端口，连接到电机 1。另一方面，Ⅱ型系统结构中调制环作为输入端口与发动机耦合；永磁外转子作为输出端口与电机 2 和传动轴连接；永磁内转子作为另一个输出端口，与电机 1 相连。

Ⅰ型和Ⅱ型系统外转子轴的动态方程相同，并由下式给出：

$$T_o = T_{om} + T_{od} \tag{13.18}$$

$$T_{od} - T_d = J_d\frac{d\omega_o}{dt} \tag{13.19}$$

$$T_{om} + T_{m2} = J_{m2}\frac{d\omega_o}{dt} \tag{13.20}$$

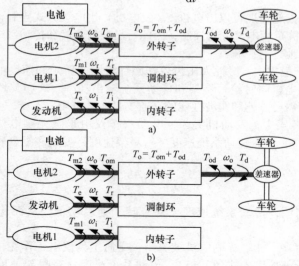

图 13.12 两种可行的 MCG EVT 结构：a) Ⅰ型；b) Ⅱ型

式中，T_{om} 和 T_{od} 分别是电机 2 的轴和传动轴上 T_o 的两个分量；T_{m2} 和 T_d 分别是电机 2 的输出转矩和传动系统的负载转矩；J_d 和 J_{m2} 分别是传动轴和电机 2 的轴的转动惯量。

Ⅰ型系统的调制环和内转子轴的动态方程如下：

$$T_r + T_{ml} = J_{ml} \frac{d\omega_r}{dt} \tag{13.21}$$

$$T_e + T_i = J_e \frac{d\omega_i}{dt} \tag{13.22}$$

式中，T_{ml} 和 T_e 分别是电机 1 和发动机的输出转矩；J_{ml} 和 J_e 分别是电机 1 轴和发动机轴的转动惯量。另外Ⅰ型系统的调制环和内转子轴的动态方程由如下给出：

$$T_e + T_r = J_e \frac{d\omega_r}{dt} \tag{13.23}$$

$$T_i + T_{ml} = J_{ml} \frac{d\omega_i}{dt} \tag{13.24}$$

对于每一种结构，发动机轴和传动轴的方向可以相同，也可以相反。有四种可能的结构：

- 结构 IA：Ⅰ型系统，发动机轴（ω_i）和传动轴（ω_o）的方向相同。
- 结构 IB：Ⅰ型系统，发动机轴（ω_i）和传动轴（ω_o）的方向相反。
- 结构 IIA：Ⅱ型系统，发动机轴（ω_r）和传动轴（ω_o）的方向相同。
- 结构 IIB：Ⅱ型系统，发动机轴（ω_r）和传动轴（ω_o）的方向相反。

正如前文所述，EVT 系统的设计目的是为了让发动机工作在最优工作曲线上，同时还要满足传动轴上的动力需求。出于简化的考虑，可以选择一个发动机的最优工作点，然后考察传动轴的不同工作点。图 13.13 展示了选定的发动机最优工作点（3000r/min，50N·m）和六个传动轴的典型工作点：W_1（500r/min，320N·m）、W_2（700r/min，210N·m）、W_3（900r/min，190N·m）、W_4（1100r/min，130N·m）、W_5（1300r/min，100N·m）和 W_6（1500r/min，80N·m），相对应的功率以柱形图的形式给出。由图可以看

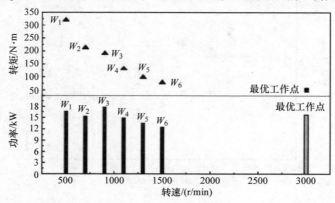

图 13.13　MCG EVT 系统最优工作点

出，在工作点 W_1 和 W_3 电池与发动机共同为传动轴提供所需的功率，而在 W_2、W_4、W_5 和 W_6 这些工作点上发动机多余的功率会反过来为电池充电。

利用式(13.11) ~式(13.13) 和式(13.18) ~式(13.24)，两个电机的工作点可以根据发动机的最优工作点和传动轴的各工作点计算出来。图 13.14 ~图 13.16 分别为不同内外转子齿轮比（$G=1$、2、3）的转速与转矩关系。在结构 IA 和结构 IB 情况下，电机 1 工作于低速大转矩区。因此，电机 1 应该遵循低速大转矩的设计原则，而这种设计会导致很大的电机体积和高额定电流，并不适合 HEV 的应用。与之相反，在结构 IIA 和结构 IIB 情况下，电机 1 工作于高速低转矩区，这样可以设计小型轻量的电机，非常适合 HEV 的应用。对比 II 型系统的两种结构，结构 IIA 相对更好，因为在结构 IIA 中电机 2 的工作转矩低于结构 IIB，而且结构 IIA 中电机 1 的转速较结构 IIB 中的转速更合适。对于不同的齿轮比，齿轮比（G）越大，电机 1 的转矩越低，转速越高。

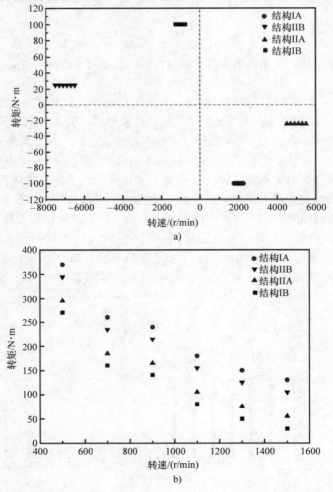

图 13.14　MCG EVT 系统转子齿轮比（G）为 1 时的工作点：a) 电机 1；b) 电机 2

综上所述，MCG EVT 系统应选择 II 型系统中的结构 IIA，调制环与发动机耦合，内转子与电机 1 相连，外转子与电机 2 和传动轴连接，同时发动机轴和传动轴的方向相同。正如图 13.17 所示，两台电机的电枢绕组通过两个背靠背变换器和一个电池相连。

由于在起动或者低速爬坡阶段发动机效率低，因此在爬坡时关闭发动机作纯电动运行。由于发动机关闭，调制环会一直处于静止状态，磁性同心齿轮的齿轮比是固定的。因此，汽车可以只由电机 1 驱动。一旦驱动轴输出转矩的需求超出电机 1 所能承受的范围，电机 2 就会起动，协助电机 1 共同驱动。

在 EVT 工作模式下，发动机和电机以如下准则工作：
- 满足传动轴的转矩和功率需求。
- 发动机工作于最优工作曲线。
- 可以维持电池容量或荷电状态。

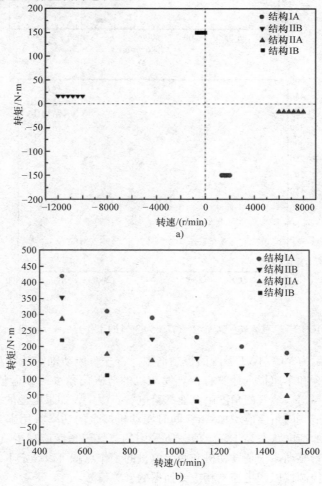

图 13.15　MCG EVT 系统转子齿轮比（G）为 2 时的工作点：a）电机 1；b）电机 2

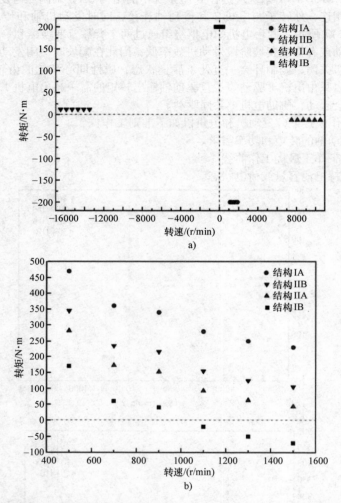

图 13.16 MCG EVT 系统转子齿轮比（*G*）为 3 时的工作点：a）电机 1；b）电机 2

图 13.18 所示为 MCG EVT 系统的控制框图。首先，传动轴的转矩和功率需求由加速指令、制动指令和车速指令计算得出。发动机的节气门角度的参考值 *α′* 由事先确定的最优工作曲线导出。节气门角度由电池的荷电状态决定，如果电池的荷电状态低于额定值，所采用的节气门角度应增加 Δ*α*，同时发动机多余的功率将用来为电池充电；反过来，如果电池的荷电状态高于额定值，所采用的节气门角度应减少 Δ*α*，电池会放电以协助发动机进行驱动。于是发动机和两台电机的工作点就可以确定下来了。最后，参考信号输入电机控制器以产生控制相应变换器的开关信号。

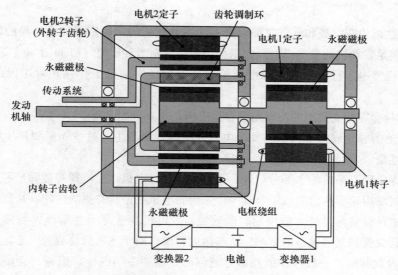

图 13.17 MCG EVT 系统结构图

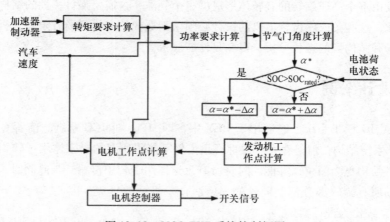

图 13.18 MCG EVT 系统控制框图

13.5 设计准则

MG EVT 系统可分为 MPG 和 MCG 两种，就系统的构成而言，该系统与传统的 PG EVT 系统非常相似。两种系统都是利用多端口齿轮实现功率分配，两个电机用来实现电动和发电，两个背靠背的变换器实现功率可控的整流和逆变，电池提供能量存储和缓冲。MG EVT 系统的设计准则可归纳如下：

- 在整个运行阶段发动机和电机提供的转矩和功率要满足传动轴的转矩和功率

需求。

- 磁性齿轮在空载和满载时都应具有功率分配能力，特别是磁性齿轮的转矩传递能力还要满足发动机的最大出力；否则会出现磁转矩滑动现象（Chau et al. , 2008）。
- 电机发电运行时的功率分配容量应同时保证发动机工作在正常工况的最优曲线上。
- 两台背靠背变换器的功率处理容量应满足功率分配容量。
- 电池的容量或荷电状态应吸收功率分配过程中产生的过量能量和再生制动过程中产生的能量。

尽管 MG EVT 系统的大部分组件，包括磁齿轮、电机、变换器都能满足各自的设计准则，但将磁齿轮和两台电机组合成一个磁齿轮电机是很具有挑战性的。从磁性角度来说，三个磁性设备的磁链（磁齿轮、电动机、发电机）应尽可能解耦；否则，它们的工作性能将会受到其他设备的影响。从热角度考虑，由于三种磁性装置同心定位，内装置（一般为发电机）一般存在散热困难的问题，需要专门的冷却设施；否则，温度的升高会导致热不稳定甚至稀土永磁体热退磁（Chen et al. , 2012）。从结构上讲，集成一体机涉及由多个高速旋转的旋转体形成的多个气隙，这需要强鲁棒性的结构和高精度制造。因此，这些集成磁齿轮电机的设计必须采用迭代的多物理场有限元分析，并进行磁场、热场和结构场的迭代分析，以满足性能要求。

13.6 设计案例

有两种 MG EVT 系统已经应用于 HEV 中，即 MPG 和 MCG 系统。前者直接模拟机械 PG EVT 系统结构，但是存在着磁性行星齿轮不能将所有的永磁体用于转矩传输的缺点。而后者结构更为简单，并能同时将所有永磁体用于转矩传输。与此同时，由于磁性同心齿轮的所有旋转部分都是同轴的，更适合于机械的集成。因此，现本节以集成的 MCG EVT 系统作为设计案例。

13.6.1 MCG EVT 系统结构

图 13.19 所示为 MCG EVT 系统的结构，其关键在于将两个电机并入磁性同心齿轮从而形成一体（Jian and Chau, 2010b; Jian et al. , 2011）。这种集成 MCG 电机的结构如图 13.20 所示，可以看到电机 1 的转子的内外表面都有永磁块，同时也是磁性同心齿轮的内转子。相似的，电机 2 的转子内外表面也有永磁块，同时也是磁性同心齿轮的外转子。电机 1 的定子安装在磁性同心齿轮的中部，同时电机 2 的定子安装在磁性同心齿轮的外围。作为系统输入的发动机，与磁性同心齿轮的调制环相耦合。电机 2 的转子作为系统的输出，与传动系统相连。

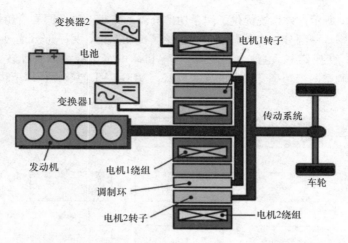

图 13.19　集成 MCG EVT 系统

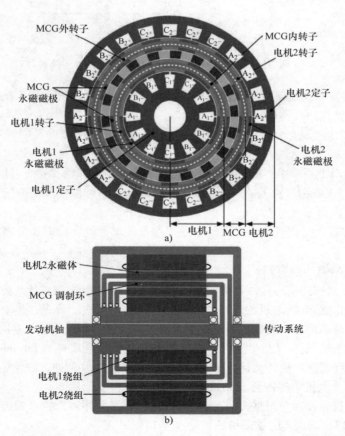

图 13.20　集成 MCG 永磁无刷电机：a）齿轮机构分布；b）轴向分布

如图 13.21 所示，该系统提供了两条功率分流的路径。磁性同心齿轮的调制环分流了发动机的功率，一部分经由外转子直接供给了传动系统，另一部分通过内转子、电机1 的定子绕组、变换器 1、电池、变换器 2、电机 2 的定子绕组以及外转子供给传动系统。通过适当调整两个功率变换器的开关模式，MCG EVT 能够提供以下优势：

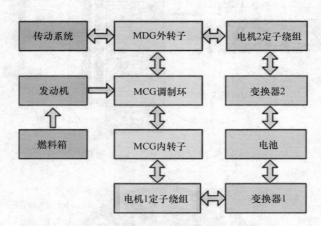

图 13.21   在集成 MCG EVT 系统中的功率流通路径

- 可以实现车辆道路载荷以及发动机最佳工作状态之间的无缝匹配，能极大减少燃料的消耗以及温室气体的排放。
- 所有其他的混合特征，包括怠速停止 – 起动、电起动以及回馈制动都可以被保留。
- 在 PG EVT 系统中，由机械接触机构所引起的传输损耗和噪声可以得到解决。
- 在 DR EVT 系统中，由于电刷和集电环而引起的可靠性及需要定期维护的问题可以得到解决。
- 高度集成化可以有助于提高传输效率和系统可靠性，同时也能减少整体的尺寸与重量。

13.6.2   集成 MCG 电机设计

MCG EVT 系统的核心元件是集成 MCG 电机。因为所有三个磁性装置本质上都是彼此间解耦的，集成 MCG 电机的规格是基于独立装置的规格。首先，传动系统所要求的工作点分布，是由汽车行驶周期以及车辆参数共同决定。其次，每个电机所要求的运行点分布可以根据所采用的发动机的燃料消耗图和能量管理策略（Liu and Peng，2008）推断出来。不同的磁齿轮传动比可推断出不同的电机规格，例如，磁齿轮的传动比选定 $G = 2.6$，则两台电机的规格见表 13.1。

磁性同心齿轮极对数根据式(13.9) 选取。因此，内外转子的永磁极对数可确定为 $P_i = 5$ 和 $P_o = 13$，调制环上铁磁块的数量 $N_s = 18$。

表 13.1　集成 MCG EVT 系统的电机规格

电机 1	额定功率	15kW
	额定相电压	100V
	额定转速	2500r/min
电机 2	额定功率	30kW
	额定相电压	100V
	额定转速	950r/min

在该集成电机中，磁性同心齿轮和两个电机的电磁区域应尽可能解耦，否则会对系统的运行造成不利的影响。因此，利用了 Halbach 阵列的概念（Jian and Chau, 2009b; 2010a）。如图 13.22 所示，内转子的每一个永磁磁极都是由四个永磁部分构成，而在外转子的永磁磁极都是由两个永磁部分构成。相应的磁化强度方向由箭头所指示。因为 Halbach 阵列具有自我屏蔽的优点，转子的轭部非常薄，由此可以节省铁料并减小尺寸。同时，两个非磁性屏蔽层分别置于两个转子中以进一步提高解耦效应。另外，Halbach 阵列可以提供更接近于正弦的而且更大的气隙磁密，因此分别减少了磁性同心齿轮的齿槽转矩，提高了转矩传输能力。

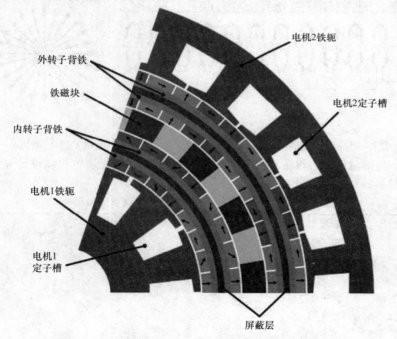

图 13.22　集成 MCG 永磁无刷电机中的 Halbach 阵列

两个电机的定子都采用分数槽集中绕组（El - Refaie, 2010）。图 13.23 所示为两个电机电枢绕组的连接方式，其中每个电枢线圈都环绕一个单独的定子齿。也就是说，电机 1 和 2 定子上的槽数分别为 12 和 24。每极每相的相应槽数分别是 2/5 和 4/13。这些分数槽集中绕组具有比传统分布绕组更明显的优势：

- 能够减少端部绕组，因此可减少端部的用铜量和铜损耗。
- 能够缩短电机轴向长度，因此提高了整体的功率密度。
- 能够方便电机制造，因此节省了制造成本。
- 能够提高槽满率。
- 能够增加电枢绕组 d 轴的电感，因此拓宽了调速范围（El - Refaie and Jahns，2005）。

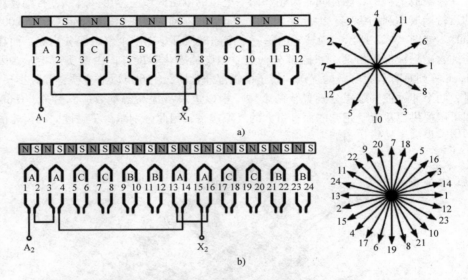

图 13.23   集成 MCG 永磁无刷电机中的绕组连接：a）电机 1；b）电机 2

至此，包括磁性同心齿轮和两个电机的整个 MCG 永磁无刷电机就设计完成了。其相应的关键参数与尺寸见表 13.2。

表 13.2   集成 MCG 永磁无刷电机的关键参数和尺寸

电机 1	相数	3
	定子槽数	12
	极对数	5
	定子内径	30mm
	定子外径	86.5mm
电机 2	相数	3
	定子槽数	24
	极对数	13
	定子内径	153.5mm
	定子外径	195mm

（续）

调制环	铁磁块数	18
	调制环厚度	15mm
	气隙长度	1mm
	永磁体厚度	6mm
	屏蔽层厚度	4mm
	转子背铁厚度	4mm
	有效轴向长度	200mm

13.6.3　集成 MCG 电机分析

利用有限元分析方法可以简单地估计出集成 MCG 永磁无刷电机的电磁特性。首先，在空载和满载条件下相应的电磁场分布如图13.24 所示。可以看出没有明显的磁力线通过屏蔽层，这正说明 Halbach 阵列和屏蔽层能够提供在磁性同心齿轮和两个电机间的所需要的解耦效果，可显著提高系统的可控性。另外，由于解耦的固有性质，尽管磁性同心齿轮和两个电机集成于一个电机上，但仍可以进行单独分析。

基于电磁场分布，很容易得到空载电动势（EMF）。图 13.25 显示了两个电机在额定速度运行时空载电动势的波形。另外，相应的谐波谱如图 13.26 所示，可以看出两个电机的空载电动势谐波含量相当小，也证实了 Halbach 阵列永磁体能够提高磁场的正弦分布。

通过一步步地旋转内转子同时保持外转子和调制环静止，可计算出磁性同心齿轮的转矩传输能力。图 13.27 显示了转矩与角度的曲线关系。可以发现在内转子、外转子和调制环上的最大转矩分别为 227N·m、590N·m 和 816N·m，并呈现不同的正弦变化。因此，可以推断出两个转子（T_o/T_i）最大转矩的比例为 2.6，与齿轮传动比 2.6 一致。另外，上述三种最大转矩与式（13.13）一致，同时两个转子的曲线与调制环的曲线相位相反。

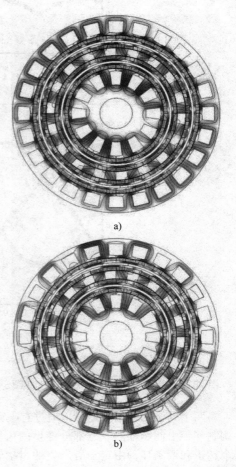

a)

b)

图 13.24　集成 MCG 永磁无刷电机的电磁场分布：a）空载；b）满载

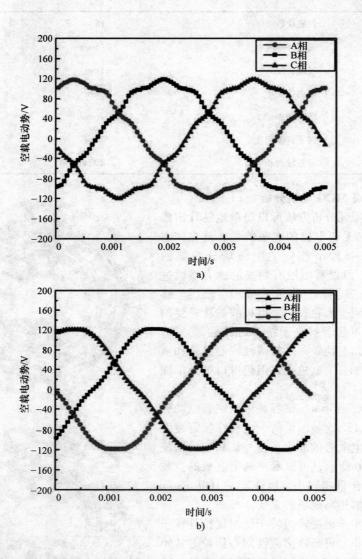

图 13.25　集成 MCG 永磁无刷电机在额定转速下的空载电动势波形：a）电机 1；b）电机 2

　　两个电机的齿槽转矩可以通过有限元分析方法进行计算。保持两个转子静止并旋转调制环，由调制环的铁磁部分产生的齿槽转矩，如图 13.28a 所示。接着，同时旋转两个转子和调制环，由定子齿产生的齿槽转矩如图 13.28b 所示。可以发现，与输出转矩相比，齿槽转矩可忽略不计。

　　最后，两个电机的主要参数见表 13.3。由于所有的永磁磁极是安装在表面的，两个电机的 d 轴的电感 L_d 与 q 轴的电感 L_q 近似相等。图 13.29 显示了电流与电压对两个

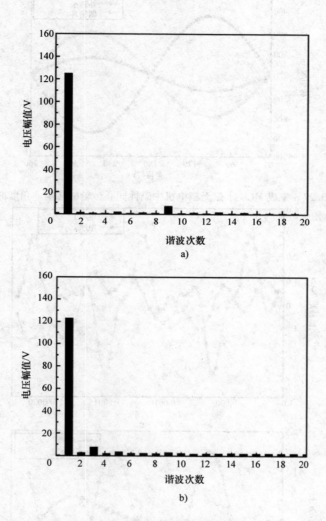

图 13.26　集成 MCG 永磁无刷电机在额定速度下
的空载电动势谐波成分：a）电机 1；b）电机 2

电机运行的约束情况。电流极限圆的半径 R_I 等于额定电流 I_{rated}，而电压极限圆的半径 R_U 与电压限制 U_{lim} 成正比，与旋转速度 ω_r 成反比。定子电流 i_s 必须落在电压与电流极限圆的重叠区域。当速度低于基准速度时，定子电流要沿着 q 轴方向以提供每安培最大转矩，也即恒转矩运行。一旦速度超过基准速度，定子电流偏离 q 轴，相应的电流 i_d 削弱定子磁链以保证反电动势低于电压限制，即弱磁运行（Sun et al.，2010）。图 13.30 显示了两个电机相应的转矩 - 转速曲线。

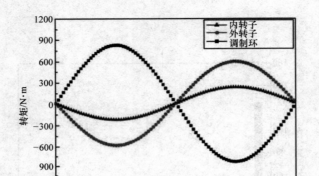

图 13.27 集成 MCG 永磁无刷电机中磁性同心齿轮的转矩 – 角度曲线

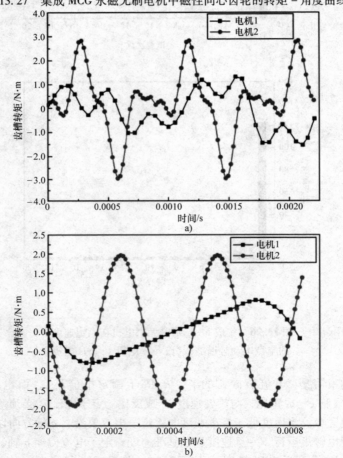

图 13.28 集成 MCG 永磁无刷电机中两个电机的齿槽转矩波形：a）调制环铁部引起；b）定子齿引起

表 13.3　集成 MCG 永磁无刷电机中两个电机的参数

	电机 1	电机 2
永磁磁链 ψ_{pm}/Wb	0.094	0.108
定子电阻 R_s/Ω	0.084	0.080
d 轴电感 L_d/mH	0.81	0.69
q 轴电感 L_q/mH	0.81	0.69

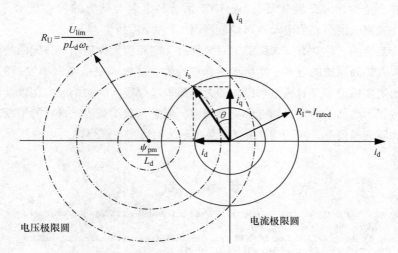

图 13.29　集成 MCG 永磁无刷电机中的电流与电压约束

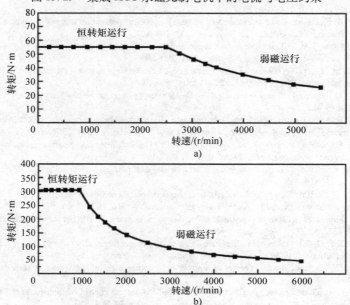

图 13.30　集成 MCG 永磁无刷电机中转矩与转速的大小关系：a）电机 1；b）电机 2

13.7   应用前景

可以预见的是，纯电动汽车、混合动力电动汽车以及燃料电池电动汽车将会共同出现在市场上。在各种类型的混合动力电动汽车中，由于全混合动力电动汽车能够提供所有所需的混合特性，因而最具吸引力。EVT 系统是全混合动力的核心技术，因此 MG EVT 系统在未来的混合动力电动汽车中展现出了巨大潜力。

相对于其他的 EVT 系统，MG EVT 系统拥有无刷和伪无齿轮功率分配的特点。这些特征可以大大提高系统的效率、功率密度和可控性，能够满足电动汽车发展的高要求。这项技术的主要挑战在于对稀土永磁体的大量需求造成很高的初始成本，以及由于使用三个磁性装置而增加了的电机制造的复杂程度。但是，在新型永磁材料的不断发展以及越来越高的制造精度下，MG EVT 系统定会在不久的将来在混合动力电动汽车领域拥有广阔的前景。

参 考 文 献

Atallah, K., Calverley, S.D. and Howe, D. (2004) Design, analysis and realization of a high-performance magnetic gear. *IEE Proceedings – Electric Power Applications*, **151**, 135–143.

Chau, K.T., Zhang, D., Jiang, J.Z. and Jian, L. (2008) Transient analysis of coaxial magnetic gears using finite element comodeling. *Journal of Applied Physics*, **103**, 07F101, 1–07F101, 3.

Chen, M., Chau, K.T., Li, W. and Liu, C. (2012) Development of non-rare-earth magnetic gears for electric vehicles. *Journal of Asian Electric Vehicles*, **10**, 1607–1613.

El-Refaie, A.M. (2010) Fractional-slot concentrated-windings synchronous permanent magnet machines: opportunities and challenges. *IEEE Transactions on Industrial Electronics*, **57**, 107–121.

El-Refaie, A.M. and Jahns, T.M. (2005) Optimal flux weakening in surface PM machines using fractional-slot concentrated windings. *IEEE Transactions on Industrial Electronics*, **41**, 790–800.

Frank, N.W. and Toliyat, H.A. (2009) Gearing ratios of a magnetic gear for wind turbines. Proceedings of IEEE International Electric Machines and Drives Conference, pp. 1224–1230.

Huang, C.C., Tsai, M.C., Dorrell, D.G. and Lin, B.J. (2008) Development of a magnetic planetary gearbox. *IEEE Transactions on Magnetics*, **44**, 403–412.

Jian, L. and Chau, K.T. (2009a) A novel electronic-continuously variable transmission propulsion system using coaxial magnetic gearing for hybrid electric vehicles. *Journal of Asian Electric Vehicles*, **7**, 1291–1296.

Jian, L. and Chau, K.T. (2009b) Design and analysis of an integrated Halbach-magnetic-geared permanent-magnet motor for electric vehicles. *Journal of Asian Electric Vehicles*, **7**, 1213–1219.

Jian, L. and Chau, K.T. (2010a) A coaxial magnetic gear with Halbach permanent magnet arrays. *IEEE Transactions on Energy Conversion*, **25**, 319–328.

Jian, L. and Chau, K.T. (2010b) Design and analysis of a magnetic-geared electronic-continuously variable transmission system using finite element method. *Progress in Electromagnetics Research*, **107**, 47–61.

Jian, L., Chau, K.T., Gong, Y. *et al.* (2009) Comparison of coaxial magnetic gears with different topologies. *IEEE Transactions on Magnetics*, **45**, 4526–4529.

Jian, L., Xu, G., Wu, Y. et al. (2011) A novel power-train using coaxial magnetic gear for power-split hybrid electric vehicles. Proceedings of International Conference on Electrical Machines and Systems, pp. 1–6.

Liu, J. and Peng, H. (2008) Modeling and control of a power-split hybrid vehicle. *IEEE Transactions on Control Systems Technology*, **57**, 1242–1251.

Sun, Z., Wang, J., Jewell, G. and Howe, D. (2010) Enhanced optimal torque control of fault-tolerant PM machine under flux-weakening operation. *IEEE Transactions on Industrial Electronics*, **57**, 344–353.

Zhu, X., Chen, L., Quan, L. *et al.* (2012) A new magnetic-planetary-geared permanent magnet brushless machine for hybrid electric vehicle. *IEEE Transactions on Magnetics*, **48**, 4642–4645.